谨以此书纪念范长江同志诞辰110周年

范长江新闻文集补遗

范长江 著

范苏苏 编

学苑出版社

图书在版编目（CIP）数据

范长江新闻文集补遗 / 范长江著；范苏苏编 . —北京：学苑出版社，2019.6
ISBN 978-7-5077-5709-5

Ⅰ.①范… Ⅱ.①范… ②范… Ⅲ.①新闻—作品集—中国—当代 Ⅳ.①I253

中国版本图书馆CIP数据核字（2019）第101746号

出 版 人：孟　白
责任编辑：陈　佳
封面设计：齐立娟
版式设计：逸品书装
出版发行：学苑出版社
社　　址：北京市丰台区南方庄2号院1号楼
邮政编码：100079
网　　址：www.book001.com
电子信箱：xueyuanpress@163.com
联系电话：010-67601101（营销部）、010-67603091（总编室）
印 刷 厂：北京通州皇家印刷厂
开本尺寸：710×1000mm　　1/16
印　　张：32.5
字　　数：426千字
版　　次：2019年7月第1版
印　　次：2019年7月第1次印刷
定　　价：108.00元

20世纪50年代范长江在人民日报社工作照

1952年8月14日范长江签发的《人民日报》大样

論目前抗戰形勢

——三月十二日在本社座談會演詞由鄭洪範紀錄——

長江

主席，各位在抗日陣線上共同工作的同志：

今天得有較長的時間，來討論目前抗戰形勢。並且今天又是總理逝世十四週年紀念日，我們應於沉痛的紀念總理逝世的時候，乘着總理的遺志，與日本帝國主義展開持久的抗爭！總理一生為革命而奔走，為的是想澈底地解放中國，整個地改造亞洲諸民族近百年來的命運。然而總理的偉大抱負，倘未成功，便和我們全中國四萬萬五千萬同胞永訣了。在十四年後的今日，總理一手教養的中華民國的人民，已有五分之三在敵寇屠刀的宰割下，總理一生造成的中國民國的領土，也有五分之三在敵寇鐵蹄的踐踏之下，而最可痛心的，便是總理的陵墓，也竟被日寇的戰兵踩躙得不堪！這在我們紀念總理的時候，是如何的內疚於心！

我記得常前年南京失守的時候，敵閻華中司令官松井曾經在總理的陵墓前大哭一場，假仁假義的自白，正像今日敵寇盜用三民主義的陰謀一樣！遭個仁假義的陰謀，也是今後抗戰形勢的發展。在座諸位都是文化界有識之士，而兄弟一方面因為修養太淺，另方面又因時常在旅途上奔波，因此我所分析的當然是很不澈底不完全的，很希望大家共同的研計。

目前抗戰形勢在總的方面看來，以一個「轉」字可以代表，一切都在轉變之中。去年十月三十一日委員長在告國民書裏，說目前抗戰是轉收為勝的時期，自武漢自動撤退後，敵我部在「轉」之中，如果把這個開始轉變的抗戰形勢分我方敵方國際三方面來看，那末：

（一）

我方是努力爭取相持準備反攻局面的到來。敵方是戰略進攻在原則上已經衰退，但仍保留繼續進攻的力量。

關於目前的抗戰形勢，可以分做三部門來檢討：一是總的看法，二是政治經濟軍事各方面分開來看，三是今後抗戰形勢的發展。

總理的陵墓前大哭一場，假仁假義的自白，正像今日敵寇盜用三民主義的陰謀一樣！總理近世十四週年的今日，在我國抗戰二十個月後的今日，我們已可以大體告慰總理在天之靈，我們已殺出一條光明的大道來，這在我們有的結論，一個必然的信念。

總理的大亞細亞主義，才來逼攻中國，才來佔領南京，才來踐踏陵墓！這個仁假義的陰謀，也是今後抗戰形勢的發展。

（二）

國際方面是各國從觀望的態度，轉變到實際的援助。

由這樣一「轉」，把我國轉到進步的、多助的局面，而敵寇却轉入於退步、孤立的形勢？由這個「轉」字再發展下去，那便是堅守為攻，最後勝利來臨的時候。這是一個總的觀點。

（三）

總的觀感是由於分開看法的綜合，因此需要我們深入地分開來看，把政治經濟和軍事三方面分開來觀察。

第一、政治方面：——戰爭的延長，由於敵我兩方面。先就敵人方面說，敵人對中國的政略已根本動搖。敵人對中國的基本政略是維持一個屈服「兩字上面」，他本來不願意拿炮火來毀滅整個不戰而勝的念頭，是天天幻滅於日間的腦海，而是拿張樓大炮來嚇伏中國的，這個不戰而勝的念頭，是天天幻滅於日間的腦海，然而他沒有

《论目前抗战形势》报影（1938.3.12）

志大才疏阴险虚伪的胡宗南

新华社记者作

胡军又被红军消灭了一个旅，还是十年内战的最后一仗，胡宗南随着红军转战败千里，一直以红军俘虏军的身分，还大言不惭的给解放军以"破袭"什么的。现在坐在延安的胡宗南，对於这一次实抗战。以後日军进攻南京，胡宗南逃到浦口。一九三八年防守平汉南段之信阳一带，又是迎敌连连败。以此发入邓南，逃避抗日战争。在河南沦陷，洛阳失守地所谓"第一战区"的胡宗南军，又是一闻风即逃，望风而遁。

从一九三八年武汉会战到现在十个年头，胡宗南一直发在西北，专门压迫人民，经营内战。他曾经发动了五次反共战争：第一次於一九三九年夏，向我闭中解放区进攻，先後占了淳化、栒邑、正宁、宁县、镇原五个县城，诚入抗战中挑起内战的第一人。第二次於一九四三年七月，鄜县陷落，立即受挫败退。一九四四年第三次向关中进攻，又取於铩山。一九四六年第四次犯关中，但亦被击退。今年三月的倾巢西犯其规模之大，动员其嫡系部队二十四个旅，还配合宁夏、青海、甘肃、榆

林等非嫡系的十一个旅，共达三十一旅之众。胡宗南即不自量力的企图袭击中共首脑与西北人民解放军主力，还大言不惭妄称胡宗南"攻略"什麽之中，然结果经过四设了"破坏"什么的。

在胡宗南的心目中，以为占领陕北、甘、宁、青、新，都是唾手可得的。西安事变後，胡宗南即乘机把持西安，从此未曾放手，胡、马、宁、青、新，故通去蒋介石在西北的大員如朱绍良、蒋鼎文之流，对於胡宗南部这支配不动的蒋介石派还杀人的目的，也是为了控制胡宗南的威名

蒋介石的最後一张牌——胡宗南，现在也疯了: 进又进不得，退又退不得，胡宗南现在是骗上了老虎背，蒋介石增援胡宗南作他的忠实走狗，显露爪牙已经二十余年了。清心寡欲也是骗不过去的。蒋介石在走投无路之後，决定回延安，才便用了胡宗南的全部兵力，在占领延安时，蒋介石实在高兴了一番，三月召开的国民党三中全会，还抬了一个「嘉奖電」，把胡宗南所推得上天。然而不到两個月，事实证明蒋介石所依恃的胡宗南，实在是一個「志大才疏」的饭桶。

他将蒋介级大革命开始，胡宗南一直是蒋介石的"內战"工具。除了打内战，胡宗南成了蒋介石的"梯度门生"。蒋介石对他的信任也是超过陈诚。但飞胡宗南在内战（以及抗战）中却绝无打胜仗，是有名的"常败将军"。一九三二年至三三年，胡宗南在鄂豫皖首先出马与红軍作战，蒋，蔡昇熙、陈庚等将军率领的人民军队所挫败。一九三五年在川陝甘边作战时，又曾被红军一、四方面军困於松潘地區，几乎全军覆没。一九三六年陕甘边山城堡之役，

序言 "继续前辉 更张后绩"

《范长江新闻文集》于2001年由新华出版社再版后，范苏苏等同志没有停止对长江先生生平事业追寻的脚步，2008年又出版了《范长江与"青记"》，2009年和2012年又分别再版了长江先生20世纪30年代主编的《西线风云》和《卢沟桥到漳河》等书。近几年来，经过辛苦的搜集、鉴别、整理，又发现了很多长江先生的遗作，共达30多万字，今年恰逢长江先生110周年诞辰，现在集结成书作为"补遗"出版，以飨读者。

这部"补遗"的内容十分丰富，十分厚重。其中多数是从20世纪30年代至50年代的出版物中搜寻到的，也有一部分没有公开发表过，弥足珍贵。这部"补遗"，既是研究范长江的珍贵资料，是研究中国新闻史的珍贵资料，也为研究抗日战争史等提供了珍贵的资料。

"补遗"中的文稿，大体上可分为以下几方面内容：关于抗日战争期间前线战事和后方同仇敌忾、全力支前备战的报道；关于战争期间新闻理念、新闻工作组织和新闻记者职业修养的论述；关于世界战争形势分析和某些国际问题的论述；关于跟随毛泽东转战陕北情况的报告；关于根据地和新中国新闻工作、文化工作的论述；关于20世纪50年代初期工人居住状况和农村合作社发展状况的调查报告，等等。

关于抗日战争中战事进展情况的报道在"补遗"中占了很大比重。

1937年卢沟桥事变发生，全面抗战爆发后，范长江作为《大公报》派往前线的战地记者，写了大量翔实生动的战地通讯，揭露了日本侵略者烧杀抢掠的罪恶行径，歌颂了前线将士英勇抗敌、可歌可泣的英雄气概。他所写的从四川调到鲁南抗日前线川军高昂的士气、与当地群众亲密的关系，给人留下深刻的印象。对台儿庄战役的全过程，从在最前方与敌人浴血奋战、殊死搏斗的战士，到胜券在握、指挥若定的最高指挥官李宗仁，他都有精彩的报道。

在抗日战争的正面战场上，有两场给日本侵略者以重创的大战，一场是山东的台儿庄战役，这一仗很著名；另一场是广西的昆仑关战役，是杜聿明将军指挥的，打得也很惨烈，以我军胜、日军败而载入史册。昆仑关战役不像台儿庄战役那么著名，但是它在中国人民抗日战争史上的地位也是不容忽视的。范长江作为一位杰出的战地记者不但对台儿庄大捷作了详尽的报道，而且对昆仑关大捷也作了精彩的报道，这是非常难能可贵的。

作为杰出的新闻记者，范长江也是一位杰出的战争问题观察家，具有政治家的战略眼光。除了对在激烈的战事中敌我双方的情况做了大量报道外，他对于如何夺取抗日战争的胜利也有深入的思考。在1938年初《赶紧洗刷我们不合理的政治》一文中他提出："我们许多朋友的基本认识是，国际短期内出兵打日本是不可能，而日本要用军事完全占领中国，又办不到。我们需要'苦撑'，而且一定能'苦撑'。苦撑主要的要靠自己的力量。因此洗刷我们自己本身不合理的政治和社会现象，赶紧产生新的力量，是当前整个民族最迫切的课题。"他对不合理的政治是什么，应当如何洗刷不合理的政治提出了若干具体的主张。他所提出的"苦撑"论，实际上也就是要打持久战的思想。

对于抗日战争中的汉奸问题，范长江有独到的观察和研究。对头号大汉奸汪精卫卖国求荣的无耻行径，他予以尖锐的揭露和鞭挞。在1937年12月发表的《严重的汉奸问题》一文中，他提出："今天抗战过程中所感受的困难，内在的汉奸问题，和外在敌人的优势兵器，至少有同等的严重性。"他认为："汉奸原则上可分两种：一是自觉的汉奸，一是盲目的汉奸。前者是思想问题，后者是生活问题。"前者被称为"大汉奸"，后者被称为"小汉奸"。他分析了两种汉奸产生的原因，并提出了处理的思路和办法。范长江关于汉奸问题的论述独具一格。

众所周知，范长江既是一位杰出的新闻记者，也是一位杰出的新闻工作的组织者和领导者。在这方面，"补遗"又提供了许多生动的材料。1937年11月8日范长江在上海发起成立了"中国青年新闻记者协会"后，不辞辛劳，为团结、组织各地新闻记者投入抗日救亡的宣传事业做了大量工作。《今后之战时新闻政策》《建立积极的新闻领导政策》等对国民党政府的战时新闻政策提出尖锐批评。《祝记者学会长沙分会成立》《怎样推进广西地方新闻工作》《怎样纪念今年记者节》等则对新闻工作者提出了恳切的希望和要求。

范长江认为，新闻工作者应坚持人民的利益，讲真话，而不应以追求个人升官发财为目的。他在1941年9月1日记者节发表的《九一散记》中说："'御用记者'在人民面前是被看作卑鄙无耻的奴才，因说真话的人，往往又被少数人看作'洪水猛兽'。分别就在真话。一条路是：出卖人格，昧良心以博个人物质的尊荣。一条路是：严守正义，说真话，不顾个人生活的颠沛，甚至冒生命的危险。实在前一种只是升官发财之一道，不能算做记者的正途。要做记者，就不能违反人民的利益。"

在抗日战争期间，范长江主持的青年记者协会的工作十分活跃，创办"记者宿舍"是颇有创造性的亮点之一。战争期间，记者到处采访，颠沛流离，飘忽不定，寻找吃住是一大难题。针对这一情况，范长江他们先后在武汉、长沙设立了临时的"记者宿舍"，使远道而来的记者们有了一个临时歇脚的"家"，为他们解决了生活急需。记者们还在这里办壁报"记者之家"，交流战时采访的经验和体会。"记者宿舍"不但是记者们临时的生活之所，也成为他们提高思想政治素质和业务素质的生动活泼的学习班。

写于 1947 年 9 月 11 日的《范长江同志关于在陕北坚持工作的情况给总社社委会的信》，具有很高的历史价值。在胡宗南率二十万大军向陕北发动重点进攻，企图一举消灭我党中央的危急时刻，他作为承担通讯联络工作的"四大队"的负责人之一，跟随毛主席、周副主席等中央领导转战陕北，度过了近一年惊心动魄的时光。在给新华总社社委会的信中，他对这段难忘的历程，特别是 6 月中旬和 8 月中旬两次险境作了简要的回顾。范长江由此谈了自己发自肺腑的五点体会：

第一是中央同志始终压倒敌人的气概，无论敌人如何猖狂，根本就没有考虑过敌人（无论远的或近的）是不可战胜的。因此能惊人的镇定，研究敌人的错误与缺点，不断出奇制胜，转劣势为优势，渡过重重危难。

第二是真正地对人民负责，中央宣布与边区人民一道，坚持陕北。现在深深知道是很不容易的事情。没有根深蒂固的人民立场与对人民的高度热爱，是无论如何坚持不下去的。不少人劝过中央过河东，中央始终不动摇。

第三是自力更生的精神。我当初决没有想到中央只带三四个连坚持陕北，以为起码有几个旅保护，而事实上中央绝不要大部队掩护自己，只要他们很好地去独立作战，自己的安全完全靠自己严密侦察与不畏艰难的行动来保证。

第四是科学的工作方法。

第五是动人的工作作风。

这五点体会，是范长江在时代的疾风暴雨中亲身经历、亲身体验、亲眼观察总结出来的，是极其宝贵的历史经验。

1938 年 1 月，当范长江还是《大公报》的记者时，曾写过一篇文章《抗战中的党派问题》，主张抗日党派的民主团结，反对蒋介石提出的"一个党，一个主义，一个领袖"的反动路线。《大公报》老板拒绝发表这篇文章，并要他改变态度，并和他开始产生政治上的分歧。当时他把这篇文章拿到邹韬奋主编的《抗战三日刊》上去发表了。同年秋天，当这种政治上的分歧进一步发展，范长江还是离开了《大公报》。范长江感到有自己创办新闻事业的必要，摆脱老板们的压迫，力争言论自由，坚持抗日和民主的主张。于是，他和胡愈之等人发起成立了国际新闻社，他任社长，积极宣传抗战、团结、民主、进步的主张。国新社的名称虽然和美国的"国际新闻社"的名称一样，但是组织上没有任何联系。国新社是中国共产党领导下的进步新闻事业，在桂林由八路军桂林办事处主任李克农同志领导，在社内有地下党支部。

"文革"中他受到残酷迫害，被冠以种种"莫须有"的罪名，于1970年10月23日在河南确山全国科协"五七"干校被迫害致死。

在20世纪30年代初到40年代中期的整个抗日战争期间，邹韬奋和范长江是中国新闻出版界的双子巨星，对于团结鼓舞广大爱国青年投身抗日救亡的时代洪流、推动中华民族独立自由解放的事业作出重大贡献。在本"补遗"中，收录了范长江的两篇文章《韬奋的思想的发展》《一个光辉的榜样——纪念韬奋同志逝世二十周年》，对邹韬奋的业绩和思想给予很高的评价。惺惺相惜，于兹可鉴。邹、范二星贡献相近，命运迥异。邹韬奋英年早逝于绝症，年仅50岁，实属不幸，令人惋惜；范长江身体健康，年逾六旬，有望高寿，却被"文革"摧折，怎不令人万分痛惜！

于 宁
2019年2月于海南三亚

编者说明

2018年是一个重要的年份,它不仅是中国青年新闻记者学会在武汉召开第一次全国代表大会80周年,也是抗战中中国军队取得台儿庄大捷80周年。在庆祝台儿庄大战胜利80周年系列活动中,台儿庄大战纪念馆特地设立了"台儿庄大战战地记者馆",并于4月8日举行开馆仪式。该馆把采访过台儿庄大战的中外记者的事迹陈列其中,对我父亲在当年的许多报道都有所介绍。这一年的12月8日,武汉市也建立了一个"中国青年新闻记者学会历史陈列馆"。

在筹建这两个馆的过程中我一直在想,我父亲是"青记"的主要发起人和领导人之一,也是"国新社"的发起人和领导人之一,他为创建和发展这两个组织付出了许多心血,做出了重要贡献,但除此身份之外,他更是一个出色的战地记者。在这个时期,他写的文章非常多,仅在《大公报》上发表的战地专电和战地通讯就已经近20万字。他的战地通讯特色鲜明,真实地反映了前线军民同仇敌忾、热血奋战的场景,既写国民党高级将领,也写普通士兵,还有普通百姓在战争年代的遭遇,以及他在采访中的个人经历,因此影响力和号召力非常大。"不仅活跃在敌后抗日民主根据地的青年记者向他学习,在大后方的广大青年记者也更是以他为榜样。"

他为什么能做到这一点,我认为原因有三:

第一，卢沟桥事变之前，1937年2月3日，他曾克服重重困难，闯到了西安城内，有幸会见中共领导人周恩来，了解了西安事变的真相。随后又在2月9日到达延安，采访了毛泽东主席，并和他彻夜长谈。这对他的一生起到很重要的作用。用他自己的话说就是："把我十年来东摸西找而找不到出路的几个大问题全部解决了。我那天晚上之高兴真是无法形容。"随着抗日战争形势的进一步发展，国共合作的新的局面渐已形成，同时也出现了许多新问题，他感到不能解决，于是在1937年底和1938年初，通过马叙伦和张香山先生去延安的机会，又分别给毛主席带去了两封信。毛主席收到信后，于1938年2月15日亲笔回信，这是他继1937年3月29日之后给我父亲写的第二封信。这封信有1000多字，对我父亲提出的许多重要问题，一一耐心地给予解答。周恩来副主席对我父亲也非常关心。在"青记"成立前后，他不仅直接过问，而且也给我父亲写过好几封信。我父亲1938年5月从徐州前线回到武汉，5月26日到6月11日不到20天的时间里，周恩来副主席一共给他写了三封信。除对他表示慰问之外，还要他们与国民党军委会政治部主任陈诚、副主任黄琪翔见面，详细汇报前线的情况。这些汇报在一定程度上推动了国民党军政状况的改进。在毛主席和周副主席的帮助下，我父亲本人在这几年中思想认识水平得到了不断发展。

第二，是由于他有《大公报》这样好的一个平台。《大公报》的主要领导张季鸾、胡政之，在抗战问题上是比较坚定的。特别是胡政之，我父亲去西安和延安采访之后所写的《动荡中之西北大局》，胡政之是冒着一定的风险"违检"将之发表的。他还任命我父亲为采访科主任，全面负责安排记者的采访工作，为他提供了部分言论自由的平台。

第三，是因为我父亲在青年时期的军旅生活经历，以及在三次求学过程中，刻苦学习，积累了丰富的政治、军事、历史、文学、天文、地理等学科知识，为他从事战地记者报道打下了坚实的基础。他那种追求真理、爱国爱民的精神，以及独特的人格魅力，也为年轻的新闻记者起到了示范作用。

  时至今日，父亲当年所写的新闻报道，是否仍能对今天的新闻从业者以及年轻人有所启发，有所激励？我们所能做的，就是尽力去把这些文章收集、整理并出版出来，问题的答案，交由读者去探寻。

  1989年中国新闻出版社出版《范长江新闻文集》（上下册），共收录225篇文章，并于2001年由新华出版社再版。然而由于当时资料搜索范围、手段有限，难免有所疏漏，留下了一些遗憾。由蓝鸿文老师病中口述、周凤文老师记录的《范长江有哪些新闻作品未收入〈范长江新闻文集〉——给读者提供一个研究目录》一文（载《国际新闻界》2009年第3期），曾列出新闻文集所遗漏的60篇文章的标题。此后，我们又经多方搜索，并进行内容比对、甄选，最终将116篇文章收入这部《范长江新闻文集补遗》中，是为补充。其中大约有一半以上，是在抗战时期写的战地通讯和政治评论文章，这些宝贵的资料对于进一步的研究我父亲的生平和新闻思想有重要的价值。

  需要说明的是，其中有几篇文章如《川军在山东前线》《桂兵佳话》等，《范长江新闻文集》曾经收录过，但在近年新发现的1938年7月江声书店出版、由我父亲亲自编选、作序的《淮河大战之前后》一书中，我们发现上述几篇文章更为丰富、完整的版本，且因与书中其他文章在内容上密切相关，所以本次将《淮河大战之前后》全书照录（本书59—136页），以飨读者。细心的朋友，可以对照看一下。2009年我编《范长江百年诞辰纪念集》时曾收录过我父亲的《观国术》一文，是1962年他应孟秋江同志之约为《文汇报》所写，这次也一并收入本书。

  本书大体上按照文章的写作、发表时间排序。对于一些字词，如"凭藉""供献""年青""部份"以及"的、地、得"等的使用，统一遵循旧时用法不做修改；标点符号的使用，除对个别明显排印错误或有可能影响阅读、产生歧义的情况做修改外，也尽量按照原样，文中不再一一说明。此外，因很多文章发表于20世纪三四十年代的报刊之上，且再未出版，所以难免存在因报刊印刷和留存问题造成的字迹漫漶、查证困难的情况。编者在整理过程中尽最大努力做了识别工作，实在难以辨认的，在书中统一用□代替。我们也希望有心的读者，可以帮助我们进一步完善这个版本。

此次整理出来的新闻作品，从重要程度上来讲，可能部分文章不如《范长江新闻文集》里已发表的作品，但它们是范长江新闻思想和新闻实践不可或缺的一部分。这些作品散见于过去的各种报刊，把这些作品发掘出来，我想一定会对广大的新闻爱好者和专家进一步了解我父亲，并进行更深入的研究有所帮助；这也一定是蓝鸿文老师生前的希望。

范苏苏

2019年3月

目录

北京中文书精华"善本书"之概况　/ 001

北大之研究教授及其工作　/ 004

北大军训风潮
　　——小误会演成大风波　/ 007

北大图书"丛书"之现状　/ 010

北大研究院所藏明清档案及其整理　/ 013

顾颉刚主持之"禹贡"学会与中国沿革地理之研究　/ 018

绥战的检讨　/ 021

对于妇女参政运动的一点意见　/ 026

平凡论　/ 030

蓉沪空中遇喜多　/ 032

中原杂感　/ 034

几点要务　/ 038

平汉北段军事　/ 042

如何巩固抗敌阵线　/ 044

上海当前形势的说明　/ 046

严重的汉奸问题　/ 049

赶紧洗刷我们不合理的政治　/ 051

今后之战时新闻政策　/ 054

《淮河大战之前后》序　/ 059

中原大战之前夕　/ 061

李宗仁纵谈抗战前途　/ 073

川军在山东前线　/ 076

敌人威胁下的鲁南煤矿　/ 088

淮上观战记　/ 091

变动中的徐州　/ 103

苏鲁豫皖战区民众动员问题　/ 106

豫南到皖西
　　——好转的征候　/ 110

安徽政治在转好中
　　——以六安为中心的新局面　/ 114

江淮间的运动战
　　——初次胜利的战术经验　/ 119

皖中战影　/ 123

封锁线外的安庆
　　——川军在安庆有很好的努力　/ 130

桂兵佳话　/ 134

鲁南顽敌成瓮中鳖，两万之众势将聚歼　/ 137

鲁南我军确定胜利，台儿庄顽敌大溃退　/ 139

鲁南我军追击中，残敌为掩护退却反攻被痛击　峄县敌陷重围
　　我并逆袭枣庄，台儿庄内外敌遗尸三千之多　/ 140

峄县郊外激战中，敌仍固守待援传国内动员　我生力军已调上
　　即将总攻　/ 141

我克韩庄威胁峄县，临沂方面激战又起　我分路邀击使敌从容
　　布置难，第二次大会战周内或将展开　/ 142

慰问台儿庄　／ 144

台儿庄血战故事　／ 150

鲁南运动战的经验　／ 153

光辉的战场　／ 159

在复兴进程中的新四川　／ 164

祝记者学会长沙分会成立　／ 168

我们要"真"的集体生活　／ 171

长沙行　／ 173

另眼看庐山　／ 180

夜过马头镇的追忆　／ 183

地小任大的阳新　／ 187

建立积极的新闻领导政策　／ 191

集体主义一个试验
　　——记者宿舍　／ 194

对外苦撑与对内洗刷　／ 204

一个新闻记者的认识　／ 207

南宁战争的意义和教训　／ 209

对汪精卫最后处置的期待　／ 213

论目前抗战形势
　　——三月十二日在本社座谈会演词　／ 215

南国的生长（一）　／ 228

南国的生长（二）　／ 232

南国的生长（三）　／ 235

南国的生长（四）　／ 238

南国的生长（五）　／ 241

南国的生长（六）　／ 244

用更大的团结纪念本会的诞生　／ 247

平凡的估计与平凡的努力　／249

论日本的新战略　／251

最近英日在远东之冲突　／256

平凡的成就

　　——为本会周年纪念会及桂林分会成立会而作　／262

台儿庄光荣胜利一周年　／264

怎样推进广西地方新闻工作　／267

今年"六一七"的特殊意义　／272

看敌人有多少炸弹？

　　——重庆五·二五被炸后感想　／274

宪政运动在重庆

　　——记第一次宪政座谈会　／277

两年来的新闻事业　／280

记取英日谈判的教训　／291

英日谈判与中国　／295

不要忘记了胜利的经验　／298

怎样纪念今年记者节　／300

日本对朝鲜的苦闷　／304

泛论我对英法美苏应有的关系　／308

敌国舆论对于苏联的期望　／311

在轰炸下进步　／313

桂南敌我形势的对比　／317

寒假中的工作　／322

敌人包围了昆仑关之后　／326

论敌人在桂南的新动向　／329

印度民族解放运动的新形势　／335

怎样粉碎敌人的新阴谋　／344

桂南战局之现状与前途 / 348

论南宁战局
　　——参观了昆仑关战地之后 / 356

国际新形势与抗战前途 / 360

集体主义的实践 / 373

宁波同乡慈善工作的中心：上海四明公所三厂停柩所具有
　悠久历史，战后受影响陆续运柩回籍 / 375

重庆与昆明 / 379

越南革命的新时代 / 384

摧残新闻界人权之一例
　　——湖南《开明日报》受摧残之经过 / 389

九一散记 / 397

悼季鸾先生 / 399

云南在抗战中的新地位 / 401

正确估计
　　——港战杂话之一 / 405

苏北建设突飞猛进　政治经济文化提高　人民踊跃参加
　抗战 / 410

论放手创作 / 412

关于新闻工作中的三个问题
　　——在华中新闻工作座谈会上的总结 / 418

殷秀岑落难汉口 / 423

志大才疏阴险虚伪的胡宗南 / 424

范长江同志关于在陕北坚持工作的情况给总社社委会
　的信 / 428

居院长农民本色 / 431

北平办报初期的一些经验 / 432

这一期的教学重心应当是什么？ / 443

认清任务　虚心学习
　　——纪念北京新闻学校成立一周年 / 445

拥护缔结和平公约，坚决反对武装日本 / 446

毕业是新的学习的开始 / 452

太原工人住宿问题今天仍然十分严重的主要原因
　　在那里？ / 453

川底村的农业生产合作社 / 460

川底村的农业生产合作社（续昨） / 470

韬奋的思想的发展 / 477

观国术 / 491

一个光辉的榜样
　　——纪念韬奋同志逝世二十周年 / 495

编后记 / 497

北京中文书精华"善本书"之概况

【北平通信】 北大新建图书馆外部工程,约本年十月底可以完成,其内部设备,须明年春假后,始克告竣。在新馆未完成以前,北大所有图书二十余万册尽藏于狭暗潮湿而零乱之松公府旧式房屋中,如自外形观察,则北大之图书馆,实不足称为一"大学图书馆"。然北大自清光绪二十四年诏立京师大学堂以来,至今已有三十六年之历史,北大最初之图书馆,始于光绪二十八年之藏书楼,今已达三十二年之寿命,其所藏中文书籍达十五万余册,内多与社会文化悠久而为国内不易得之珍贵版本——"善本",记者为介绍北大善本书之概况,特往访该馆中文编目主任张允亮(按:张为袁世凯之婿,对于中文图书之版本鉴别、分类、管理等,经验颇富),承其答示极详,兹志概要如次:

善本书之来源

所谓"善本",如依古董家的狭义解释,当以宋元以前之版本为限,兹所著录,乃断自明本,而以校本稿本旧抄本及禁书之罕见者附之。北大在京师大学堂时代,所征各省官书,无多可述。至光绪三十年巴陵方氏以其所藏大批书籍捐赠,内多明本。构成北大善本之主干部分。缘方氏曾宦游百粤,于光绪初年,乘日本明治维新变法,排斥外国书籍之机会，大批购进日本佐伯文库所藏之珍本，质与量皆甚可观；惜其在光绪二十五六年间，售出藏书之大部分，故宋元本已皆不存，即明本之以版刻著称者亦无几（方氏售书情形，阅叶昌炽藏书纪事诗卷七，方功惠及缘督厅日记，光绪己亥年四月至庚子年四月，可得其概）。方氏当日以多藏明人集部见称，而今所存者亦不甚多。方氏藏书之散失于外者，为数不少，被该馆历年零星购入者已至十余种之多，如方氏手校本计有两种，一为吴刻四书集注，一为唐百家诗选，前者在方所捐助部分中，后者则为该馆由坊间所购得。民（国）十八年马衡长（掌）馆以后，购进大批金石书，善本书亦不少；以后随时皆有购置。

善本书之概观

该院所藏善本以明本为主，明本之中，除明人集部已相当充实外，关于明代史料部分，有明钞本大明实录一书，计有明太祖实录六册；太宗实录二十四卷，二十册；仁宗实录二卷，三册；宣宗实录十卷，二十册；英宗实录十五卷，三十册；景帝实录八卷，十六册；孝宗实录十九卷，三十册；世宗实录四十六卷，七十册；穆宗实录六卷，十二册；神宗实录（原五百九十四卷）存二百二十七卷，八十一册。内中以太祖实录最旧，惜稍有不全，英宗实录，只有一半，神宗实录为原钞。此书为研究明史最有价值之参考资料。

关于明代"经世"之论，有皇明经世文编一书，五百四卷，补遗四卷，姓氏爵里一卷，为明代陈子龙等选辑，崇祯十一年平露堂刻本，共八十册。国内藏此书者，惟上海徐家汇天主堂及湖北徐行可各藏一全部，傅沅叔有残本。

明天启间，关于明朝对满洲之战争，孙承宗所撰督师奏疏一书颇多珍贵史料，此书为仅存之明刻本，计十六卷，三十二本。按孙承宗为天启兵部侍郎，督师辽阳广宁，屯兵锦州，松山及大小凌河，魏忠贤逸之，乞归高阳故里，清兵攻高阳，承宗死之。故此书所处之时代，至可重视。

万历年间，赵士桢所纂《神器谱》，内中多讨论到西洋和日本的军火问题，所谓"西洋铳"，和"倭铳"，计四本，为明代仅有刻本，日本以为独有此孤本，不知北大还有一部。

方志方面，今尚从未被人发见之一部地方志——刘文徵撰汉志，明天启间抄本，该院独有一部，计三十三卷，二十八本。

该馆所藏明崇祯刻本小说，有剑啸阁批评秘本出像隋史遗文一部，计十二卷，六十四回，为明袁韫玉撰，惟未署名。计日本东京帝国图书馆，未泽市立图书馆，宇治山田神宫文库及大连满铁图书馆各有一部，国内据所知者，以此为第一部。

至于清代图书，该馆有一完全无缺之论摺汇存，自光绪十九年起，（中间除二十七年名北京新闻汇报）至三十三年十一月，改名《华制存考》与政治官报衔接，而政治官报自光绪三十三年九月起至宣统三年七月改名为内阁官报直至清亡止。此为晚清史料之要书。

今后购置方针

末后，张氏并告记者，该馆今后当随时增购有价值之书籍，购置方针大致分补增两项，凡该馆已有而不完全之书，则补足之，凡该馆所无之名贵书籍，亦不惜重价收买，并希望学术界多多介绍云。

载《大公报》（天津）1934年10月14日

北大之研究教授及其工作

【北平通信】 北大自于民国二十一年度起与中华文化基金委员会合组"研究合欵"以后，于一般教授之外，又有"研究教授"的设立。研究教授之待遇，较一般教授为高，最低每月为四百五十元，最高为五百元。研究合欵之总额，原为四十万，北大与基金会各任二十万。自美金跌价以后，自本年度起基金会方面减为十万，合北大二十万共为三十万。故研究教授除正式薪金以外之待遇——如研究费等，自本年度起，已被取消。研究教授于每年度终了时，须提出研究工作报告。其第一次之研究工作报告，辑成付印于二十二年六月，第二次之研究工作报告，辑成于本年六月，现已整理完备，付印公布。兹摘录其概要如次：

二十二年至二十三年度之研究教授，共二十一人，其中法学院方面三人，文学院方面五人，其余十四人皆为理学院研究教授。即理学院一院之研究教授，较法学院几多五倍，较文学院几多三倍，较文法两院之总数亦几达二倍之多，此或可瞻北大近年来教育动向之一般矣。

一、法学院研究教授及其工作

1. 张忠绂教授：其已成工作有："欧洲外交史一八一五至一九三三"。未完成者为："中华民国之外交，一九一一至一九三一（九一八事变）"。

2. 赵廼搏教授：已成有："商业循环的理论"。

3. 刘志敫教授：续完"平津铺底问题"研究，新研"典当之损害赔偿"问题。

二、文学院研究教授及其工作

4. 周作人教授：续译注西腊神话，并翻译日本"古事纪"之"神代卷"。

5. 张颐教授：研究"康德哲学之酝酿及其发展历程"，及黑格儿哲学上之诸问题。

6. 陈受颐教授：集中研究"明末清初的中西文化接触"的各方面的问题。

7. 汤用彤教授：编纂"汉魏两晋南北朝佛教史"。

8. 刘复教授：其已成者有："西汉时代之日晷"，"莽权价值之重新考定"，"吕氏春秋昔黄节解"，及"四乙二音高推断尺"；改编"十韵汇编"；测验故宫所藏古今乐器之音律；各地旅行，考察"古声律研究"。（按刘氏已因入蒙考察方言而牺牲，学者惜之！）

三、理学院研究教授及其工作

9. 丁文江教授：赴美参加国际学会，宣读论文；又赴苏俄考察地质。

10. 李四光教授：已定"房山地质详图"，"扬子江流域第四纪之永川现象"，"东亚山脉之型式与地壳运动"等六篇论文。

11. 谢家荣教授：作皖南等地"野地调查"，及煤铁金等有用矿床之显微镜的研究。此外有论文四篇。

12. 格拉普 Grabau 教授：完成"沧桑论中之轩轾"，"中国之二叠纪及其于二叠纪分层之意义", "人类之初期" 等七篇论文。

13. 饶毓泰教授：研究 "溶解物之溶量对于溶质拉曼频率及拉曼线之强度之影响"。

14. 刘树杞教授：完成 "各类皮革品质及形状之改良"，"羊皮去脂法" 等三篇论文。

15. 曾昭抡教授：成就甚多，关于有机分析仪器之改良，醌之化学研究，谷酸之研究，溴代物制造之研究，古聶氏反应之研究，及分析化学方面之研究，多有特殊成绩。

16. 冯祖荀教授：有 "柯虚氏积分公式之新证法"，"柯虚氏收敛定理之新证法"，及 "椭圆函数论" 三篇。

17. 斯伯纳 Sperner 教授：完成 "解析几何及代数" 第二卷，及 "柔当曲线定理" 之简单证明。

18. 张景钺教授：完成 "被子植物初生剥皮之发达" 一文，续作 "光与植物生长" 之研究。

19. 汪敬熙教授：研究 "以光刺激网膜大脑皮质上视觉中枢，及上四叠体内所生之电势变动"，已有论文二篇发表。

20. 朱物华教授：研究 "滤波器之□流"。

21. 江泽涵教授：研究 "二度的有向的闭簇（Manifold）之抽象的彭加宾群（Porncares Gronys）"。

载《大公报》（天津）1934 年 10 月 22 日

北大军训风潮

——小误会演成大风波

【北平通信】 北大军事训练、自上月三十日因平市军训委会委员李亚雄氏到该校视察时，因故与该校学生误会，现已六日，记者因熟知此次风潮之真相，觉其空气虽高，而其内容并无严重之意义，初意不久即可自然解决，孰料竟愈演愈烈，双方各走极端，大有扩大风潮趋势，爰将此次风潮之发生及其现势详志如次。

简单原因

按北大军训在华北创办最早向由白雄远氏任军训组主任，本年度南京训练总监部改组平市军事训练计划实施后，北大军训亦因而改组，白氏调任平市国民军事训练委员会主任委员，另委李封岚为北大军训主任，上月三十日下午二时该校军训正在讲室内举行学科之时，平市军训会专任委员李亚雄氏乘马赴该校视察，因知正在讲授学科，乃由李封岚引导至某教室视察，李氏启门入室后，在室内讲学科之教官即呼"起立""敬礼"之口令，学生皆直立向李氏致敬，乃学生因李氏并未答礼，心怀不满，李氏未察觉，旋即外出，甫行数步，室内"通""打"之声遂起，李氏闻室内发生对彼攻击之声后，即返身追问，李本军人，猛受刺激，故其态度异常激昂，彼此情绪高涨，哄闹愈烈，李氏乃当众痛责该校军训主任李封岚，谓其教导无方，然后离去，次日（本月一日）平市军训会即明令北大军训组，停止该校各年级军训，同时致一刺人感情之公函于北京大学行政当局，请彻查此次肇事之学生，并呈请南京训练总监部撤换该校军训主任及教官，同时报载消息，多谓该校学生此次举动非对人，乃对事，即谓反对军训，北大当局方面于此事发生之次日曾由该校课业长樊际昌晤李亚雄恳谈解决方案，而李氏态度甚为坚决，经长时间之商讨，始决定大致之步骤，一面布告警戒学生，饬令军训组查报肇事学生，同时函覆国民军训会通知办理情形，上述布告于本月三日始行公布，其内容除澈查肇事学生外，措辞侧重希望该校学生善保过去之校风与纪律。

自北大当局发表布告后，一面饬令该校军训组设法立即恢复军训，澈查肇事学生，一面诰戒全体学生，以后不得再有此种举动。此事本有趋于解决之可能，然该校军训迄未恢复，致演成该校军训组主任及全体教官之总辞职。据四日李亚雄氏在报端之谈话，谓该校学生之目的在反对军训，已呈报训练总监部请示办法，该校学生至此认为事态重大，尤以四年级同学更形不安，因本年度起，各校学生其军训成绩之是否及格，乃决定其是否能升级及毕业之必要条件，该校军训似此长期停顿，则对于明年毕业之四年级同学实有重大之影响，于是经多方商议之结果，乃决定一面督促学生会负责进行解决此次风潮，赶紧恢复军训，一面于四日晚间发表宣言，表明此次风潮之真象，在于对李氏个人之不满而起，对于军训本身则无任何反对之用意，末对李氏提出四项条件，希望答复：（一）立即恢复该校各年级军训，（二）立即使该校军训教官复职行使进行军训职权，（三）立即向关系各方声明此次事件之责任在其本身，并声明其所发表之消息之不正确，（四）如仍恶意相加，则该校同学将向最高军训当局提起控诉。上项宣言发表后，该校同学为讨论进行解决此次风潮之具体方案，使早日恢复军训起见，并于昨日下午二时曾拟开全体同学大会，后因通告时间短促，同学未及周知，多未能赶到出席，现已定于最近期内再行召集云。

载《北平晨报》1934年12月4日，第9版头条

北大图书"丛书"之现状

【北平通信】 北京大学因历史悠久的关系，对中国学术文化上有其不可磨灭的影响，近二三年北大之教育动向，因中国政治社会之演化，显然已有转变，然而过去北大在各方面之成就，与中国近二三十年来之政治、思想、学术等有其独有的关联。即在图书方面，自一般的观点言之，北大所藏图书，不能谓为异常充足，而自某一部门观之，北大图书却有其独具之"特点"。此为欲了解北大图书者必备之基本概念。北大图书以中文为最多，而中文图书中，以"善本"及"丛书"为两大特色。关于"善本"情形，记者已于前次通信向读者作过概略的介绍，此次通信，则专介绍北大之"丛书"。

一、北大"丛书"之概观

北大图书馆现藏之"丛书"，其来源可分为二种：第一，由于该馆历年来之购置；第二，由于各方面之捐赠。以数量言之，购置部分远较捐赠部分为多。主要之捐赠者，为方蔡二家。光绪三十年（一九〇四）七月巴陵方氏曾以其所藏大批中文图书捐赠北大，内中即有一部分为丛书。民初江西督军蔡成勋亦曾捐赠北大丛书不少。以丛书版本而论，则北大之"丛书"，不如"善本"之多，而以清以后之刻本为主，明本仅占少数。然而北大丛书如与其他各图书馆或私家所藏丛书比较，版本方面，虽少珍奇之书，而普通丛书，则大概完备，对于这一部门的研究者所需要参考之典籍，大体不感缺乏。

二、北大丛书之内容

北大所藏丛书，因卷帙浩繁，而完备之目录则因历年政治多故，学校行政迭受影响之关系，至今尚未完成，故关于丛书之内容及平日阅览时之收藏等事，全恃该院内老馆员辈之记忆，苟易新手，必至于无所措手足。自张允亮氏接长中文编目事后，年来从事登录与编目工作，近已编目完成，即可付梓，此诚为北大丛书整理上一重大之工作。依此新成之编目，分丛书为六类：（一）汇刻，此为北大丛书之最多部分，其中四部皆备者，如四部丛刊、抱经堂丛书等。（二）自著，数量方面，稍次于前者。凡一人所著者属之。如亭林遗书、戴氏遗书等。（三）类刻，专刻某部或某类者属之。如十三经注疏、百子全书等。其量又次之。（四）郡邑——以全省或一府或一县为范围者，如畿辅丛书、四明丛书等。为数又次之。（五）族姓——凡一家或一姓之丛书属之。数量较少。如高邮王氏遗书、金陵朱氏家集等。（六）辑佚——此部最少。其原书已佚而无存，从他书再行辑出者。如玉函山房辑佚书、汉学堂丛书等是。

三、北大丛书之特点

北大丛书之最大特点在于"完备"。此虽因各私家及各图书馆所藏丛书缺乏完备之目录，尚未能作精确之比较，而熟习各家藏书之诸先进大体对此皆有相当之承认。从版本而论，虽以清代刻本最多，新刻本亦不少；而明版中除朱载堉撰之乐律全书，徐光启等撰之崇祯历书，陈仁锡纂评之八编经世类纂，闵景贤纂之快书，邵閣生纂之古今书及子汇等书为比较习见者外，李之藻辑之天学初函一书，则颇为珍贵。天学初函计十九种五十四卷，共二十八册，为明万历天启间刻本。内容为泰西利玛窦、熊三拔、艾儒略、庞迪我、毕方济、阳玛诺及国人徐光启等介绍西洋天文、几何、水利等学术到中国来的撰述与翻译等作品，为研究十六七世纪西学东渐的重要文献。即以晚近丛书而论，一般丛书中所罕见之集部，北大丛书中亦有足本。如清本之胡承珙求是堂丛书及凌廷堪校礼堂全集，北大皆有最完备之版本。又胡念修刻鹄斋丛书，为清光绪刻本之不多见者，而北大则藏有此书，且其内容较丛书举要上所载书目尚多数种。

惟北大向无适当之图书馆，关于藏书设备，缺点甚多，尤以此大量之丛书，间受潮湿鼠啮之损害，幸新图书馆不久即将完成；丛书将全部迁入新藏书室，此后保存与管理方面皆可大为改进，利用丛书者，亦将感受莫大的便利云。（长江于北平）

载《大公报》（天津）1935年1月5日

北大研究院所藏明清档案及其整理

【北平通信】"档案"（官署案卷）为编修信史的第一等史料。因为档案是历史中的直接材料，比实录碑记等间接材料可靠些。自然官方记载有时多有避讳，有赖于详实的私家材料作为参正，不过，"档案"是"日月不苟，文件存列"的详备的记载，所以始终是史料的重要来源，真正的信史是不能不从"档案"中考核出来的！

欧美各国的教会和法庭大半保存着完备的档案，作为国史家重要的参考。中国则缺乏此种有悠久性的安定机关从事这种工作，各朝代的档案，大半多随时毁弃，未曾完备的保存遗留下来。这实在是研究中国历史的一个重大遗恨！

但是，在这种不幸之中，关系于中国近代史上重要时期——明末至清一代——之档案，却至今仍然存在。虽然中间经过了几次的厄运，受了许多损失，然而主要部分仍然能得保存下来，而且已经有了相当的整理工作。这部档案整理工作如果完成，我们可以预料必定有增加一部较充实的中国近代史出现的可能性。

这里所说的明清档案，原是清宫内阁大库所收藏的，宣统时曾一度流散出来，几经波折，后来又被北京大学、故宫文献馆和中央研究院历史语言研究所三个机关将主要部分分别收藏起来。本文记载在简略的说明大库档案流出的经过，特别在介绍北京大学所藏档案之内容和整理档案工作的经过和成绩。

一、大库档案流出之经过

清宫内阁大库计有礼乐射御书数六库。书字库所藏者为各省府县志及赋役书等；数字库所藏为明文渊阁旧藏诸书及清代乡试卷等；至礼乐射御四库所藏则皆为档案。如从时代上划分，可分为：（1）明档，为清初征集的天启崇祯朝的档案；（2）清档，为清代入关以后的一切案卷图册碑记等；（3）盛京旧档，为后金天聪、崇德间的文件，清初由盛京移来。

宣统元年内阁大库屋坏，遂将此大量档案移置屋外庑廊及庭院中。当时阁议以"旧档无用"，奏准焚毁档案，后来因为学部参事罗振玉的请求，才撤回了焚档令，将档案分存国子监和学部。这是大库档案经过的第一次危险。民国二年教育部设历史博物院筹备处于国子监。五年移馆址于端门午门上，档案亦改存于端门洞中。将其中比较整齐的档案捡出若干，堆积在午门楼上。民国十年历史博物馆将选余旧档装入八千麻袋，计十五万斤，以四千元的代价卖予北平同懋增纸店，作为再度造纸的材料！同懋增得了这大批档案后，除零星卖掉一部而外，用火车分装为两起，一起送到定兴县，一起送到唐山。罗振玉氏知道了这个消息，又出一万二千元的代价从同懋增买回，将定兴的运回北平，将唐山的运回天津。大库档案才逃过了第二次的危险。旋罗氏以财力不胜，外人曾以重价相求，幸天津李盛铎氏以一万六千元向罗氏购得，档案因得免流于海外。这是大库档案的第三次危险。民国十七年中央研究院历史语言研究所出资一万八千元向李氏购回，此部大库档案始收归公有。计较民十历史博物馆售予同懋增时少二万余斤，惟尚有十二万余斤，诚为不幸中之幸事。

二、北大档案之由来与内容

北京大学所藏档案，乃民国十年以前历史博物馆从大库档案中所检出堆在午门楼上比较整齐的部分。民国十一年五月北大研究所国学门主持人沈兼士商请北大校长蔡元培，呈准教育部将此项档案移交该校整理，共计装运六十二木箱，一千五百零二麻袋。由午门移至松公府北大研究所国学门，共占屋八间之多。如以件数计之，则约六十余万件。

此六十余万件之档案，从时代上可分为明档与清档。明档计有一千余件，全为天启、崇祯间兵部之题行稿（题稿为各省或各部向中央奏请拟办事项之文件；行稿为中央交令各部各省执行事项之文件。"题"了不一定能"行"，"行"的亦不必一定先有"题"。故有"题"、"行"兼备之档案，有仅备"题"或"行"之档案）。内容所载者多关于关东战事及流寇事件等之事，其在史料上之价值甚为重大。其余皆为清档，以数量言，明档仅占清档六百分之一。清档之中，主要者为题本（即上奏之本章等）计约有五十余万件，次多为有清各代之报销册，计约九千余件，内有满文报销册一千余件。其余为揭帖、贺表、誊黄等杂件，计约二万件。题本之中有不少关于太平天国、南明、文字狱等重要史事之资料，而报销册则为研究清代经济财政之重要参考资料。

三、北大档案整理之经过方法及其成绩

甲、经过

北大档案之整理工作，可分为三个时期：第一期为十一年至十五年，此为最紧张之时期；第二期为十五年至二十一年上半期，此为停顿时期；第三期为二十一年下半期至现在，此为整理工作之再兴时期。第一期为沈兼士氏任研究所所长时代，由沈氏及朱希祖、马衡、单石庵、

杨栋林等诸氏组织"整理案会"，后改"明清史料整理会"。釐定整理方法后，积极从事整理工作。成绩甚佳。至十五年后，因国内革命军兴，学校行政多故，负责无专人，整理无专欸，故除有一二人负看管之责外，几无工作之可言。二十一年后，校政粗定，江苏武进孟森氏接长整理工作，与戴文魁，吴世拱诸氏重整规模，一面继续以前未完工作，一面择要从事结束刊印公布，以供社会之参考。惟终以人力财力所限，未能迅将全部整理工作早日完成。

乙、方法

该会整理此项档案所用之方法，计分三步进行：第一步工作为区分档案的种类及朝代。种类方面计分题本、报销册、杂件等类；朝代方面，则分天启、崇祯、顺治、康熙、雍正等朝。第二步工作则为编号及摘由，将第一步分类之结果，再作进一步的整理。如对"题本"则就内容摘录年月机关或区域及事实因果等，再以事实性质归纳若干总类，如军政、学政、财政、国际事件等。并再分若干细目，然后编号上架。如对"报销册"则摘录年月机关或区域及名目，大别其类为地丁、糟米、旗营、军饷、垦牧、建筑、濬治、清丈、盐引课税、物价等项，而归入于各朝代，如顺治朝报销册，康熙朝报销册等是。第三步工作为刊布报告整理成绩，研究考证各重要事件，及编制统计表等。如关于大政变，文字狱及史乘不详之事件，皆加以考证，编为报告，并根据题本报销册等编制各地之风俗、物价、财政等统计调查表解。

丙、成绩

根据上述方法整理之结果，明档部分比较完整者已在民国十五年前将第一及第二两步工作完竣，但此时"题""行"二者并未分开。至二十二年孟森氏接长明清史料会后，重作明档第二步工作，一面加入以前残弃的破烂残件，同时分别"题""行""题行""手本"及"咨文"等类，再行整理。计至二十三年年底止，此中之"题"及"行"两类大体已完，其全部工作则预定在二十四年底完成。至于清部分，则第一步工作已全部完竣。第二步工作之已完成者计有题本五十余万件，报销册九千余件，其余为杂件，其中计揭帖七千余件，移会五千余件，贺表二千余件，誊黄二百余件，清代起居注二百余册，堂稿试卷及档册等约一千余件。至于第三步整理工作，因须长期之研究工夫与大批刊布费用，至今尚未能将主要部分完成。惟就两朝档案现已刊行之出版品言，计已有"明崇祯存实疏抄""明南京车架司职掌""清太上皇起居注""顺治元年奏疏"及"清九朝报销册目录"。此外则量少而性质重要之口件，已提为"要件"，陈列"要件陈列室"中，以供参考。又据该会吴世拱氏称：该会已预定于本年底，刊印关于郑成功、吴三桂及讨平吴世璠诸重要史事之关系史料云。（长江于北平）

载《大公报》（天津）1935年1月11—12日

顾颉刚主持之"禹贡"学会与中国沿革地理之研究

【北平通信】 中国历史之真象，因各代典籍多为"御批""钦定"及"伪作"等原因，典籍记载遂多与事实不符，使信史之建立大感困难！此种情形，尤以上古史事被典籍所蒙蔽者为甚。顾颉刚氏及其同志于十年前即开"古史辨"之风气，辩斥伪青及伪史，曾引起极大之论争。惟"古史辨"时期之争论，始终在"青本的本身上"做文章，未有另外"实际的"系统知识作基础，对于论辩终难得明确的结论。近数年来顾氏用联合同志组织禹贡学会，出版禹贡半月刊，从事于中国沿革地理——尤其中国古代地理——之研究，以为人类活动始终不能脱离地理环境的支配，苟能澈底明了一代地理之状况，则当时之文物制度、学术思想等真象当易于了解，而伪青伪史之作用必大为减少矣。记者日前往访顾氏，承告以近代中国沿革地理一科发展之近势及禹贡之研究工作甚详，兹特介绍如次：

一、近百年来中国沿革地理研究之发展

清季学者对于中国沿革地理研究之成绩，甚为可观。道光光绪之间，国家多故，尤以西北与帝俄之交涉频繁，需要西北方面之地理资料

至为迫切，于是关于西北之著述，迭有发表。如道光间何秋涛氏之"朔方备乘"，张穆氏之"蒙古游牧记"，李文田氏之"元秘史注"，及光绪时洪钧（赛金花丈夫）之"元史译文证补"，皆为著者。惟对于东北地理方面因对清室避讳关系，研究发表者较少。至于讨论中国一般沿革地理之主要著作，有顾祖禹氏之"读史方与记"，杨守敬氏之"历代地理沿革图"三十巨册，更为斐然大观。此外则毕沅、洪亮吉、孙星衍、戴东原及全祖望诸氏对于沿革地理及古代地理皆有相当之研究。

当时各家所依据之地理参考典籍，大体以《禹贡》，汉书《地理志》及《水经注》三青为主。民国改元以后，地理研究风气顿衰，惟张相文氏（张星烺氏之父）主编自清末开始刊行之"地学杂志"尚断续出版。

近数年来，地理研究活动，又转兴盛之途，专攻边疆地理者，有戴季陶氏主持之新亚细亚学会出版之《新亚细亚月刊》，侧重地文者有中国地理学会出版由翁文灏张其昀二氏主编之《地理杂志》，及张其昀独力主编之《方志月刊》，其他如《新青海》《新蒙古》《康藏前锋》等刊物对于边疆地理亦常有片断的研究文字。至于纯粹研究"中国沿革地理"而又有组织有较大规模计划者，则唯"禹贡学会"，其成绩之发表刊物，则为《禹贡半月刊》。

二、"禹贡"与中国沿革地理之研究

禹贡学会为顾颉刚氏所主持，现有会员一百余人，以北京大学、燕京大学及辅仁大学三校教职员学生为主要部分，余如清华大学等处及北平以外学校暨学术机关亦有人参加。该会以会员会费收入为经费，出版《禹贡半月刊》，由顾氏及谭其骧氏主编，现已出版至第二卷第十期，共计已刊行二十二期。每期销行五百份至七百份。日本方面销去一部。"禹贡"的研究工作，完成侧重在"中国沿革地理"方面。在方法上是采取分工合作的办法，对于中国地理作"断代"和"分部"的研究。就其现在工作分配情形而论，计保定培德中学马培棠专攻《禹贡》一书，北京大学教授钱穆专研西周地理，钟凤年专注战国，辅仁大学教授谭其骧专究汉代，厦门大学教授叶国庆研究三国，北大助教余逊研究南北朝，燕大引得编辑聂崇岐研究宋代，冯家昇研究辽金元，清华助教吴春晗研究明朝，中央研究院社会调查所赵泉澄研究清代，厦门大学教授郑德坤则专门研究《水经注》，燕大图书馆中文编目主任朱士嘉则全力研究地方志。

此种分工研究之结果，除随时在《禹贡半月刊》上发表外，其具体之目标，则集中于下列几点：（一）编制中国沿革地图。其步骤系先将清季杨守敬氏之历代地理沿革图合以经纬度改印成由若干单小张合成之新式地图；以此为底本，然后分散给"各代"或"各地方"的研究者，将研究讨论所得随时注明。本此研究的结果，然后合编而为中国沿革地图。并拟据此出版大学及中学用地理挂图。因杨守敬氏之历代沿革图上自上古，下至明代，皆有详细记载，日本出版之中国沿革地图即系以杨图为根据。上述之底本工作，现已印或一部，预计本年年中完成，而完备之沿革地图则拟定本年年底编制成功。（二）编制中国地理沿革史。中国沿革地图编制成功，而进行编制中国地理沿革史，如是对于一般历史之研究，可给予强有力的参证之便利。（三）编著中国民族史，对于中国地理变迁的沿革，有了系统的知识，然后对于中国历代民族演变的历程，自易求得清晰的了解。顾氏末笑对记者称：如中国沿革地理之研究工作得到系统的结果，则各时代之经济政治社会学术生活当可明了其大概，而若干伪书及其所记载之伪造史事当有不待辨而自明者矣云。（长江）

载《大公报》（天津）1935 年 1 月 25 日

绥战的检讨

一、大陆封锁计划

从我们的研究，和所得秘密材料看，某方有一个大陆封锁中国的计划。他们似乎看到封锁的困顿，比一块一块的占领强些，假如封锁线要是很巩固的话。他们可以收"不战而亡中国"，或者"略战而亡中国"的效果。封锁中国的办法，他们觉得西太平洋上中国的海上交通，以他们现有的海军力，一定可以相当圆满的控制，现在成为问题的，是大陆上对苏联的交通，一条是察绥通外蒙，一条是甘肃通新疆。在他们看来，如果不切断中国与苏联的联络可能，不但在军事上无法征服中国，而且万一苏联与中国联成一气，在军事见地上是非常危险。（诚然目前的中苏两国能否联合，又是另一问题。）

大陆封锁的线路，是以内蒙的自然区域为依归。热河是另一问题，往西是察北，绥东绥北，宁夏西部之阿拉善与额济纳蒙古，南过祁连山是青海蒙古，西去是新疆蒙古。他们想利用内蒙古民族，来造成听他们指挥的傀儡国家，这个傀儡组织的外表是"民族自决"，骨子里完全是他们愚弄的一批糊涂虫。内蒙古民族之外，如果还有利用的机会，他们也异常的希望。他们西进的路线，是比较侧重蒙古地方，由热河随行往西到察北的多伦，是一个小站。多伦往西是张北，这是一大站。张北西北到德化（嘉卜寺）是目前策划内蒙的军事政治中心。德化西去百灵庙，他们对百灵庙的期望，非常之大，将来这条封锁线的中心点，就在这个地方。再顺百灵庙而西，至外内蒙边境上的松稻岭，又分为两路，一路南下阿拉善旗之定远营，一路西去额济纳旗，从此两点南下，定远营南经凉州（武威），额济纳南过肃州（酒泉），分途入青海。下手的办法，是挑动民族感情，扩大民族冲突，同时对于凡是可以扰乱地方的力量，无不借用，一切土匪，皆所欢迎。

绥远是这个路线的一环，而且是致命的地方，所以对绥远的作法，和察北不一样。察北方面，只要控制好张北，后方可以无问题。而绥远形势却与此大不相同，如果绥东还在我方，则不但绥北随时可以被我截击，察北亦随时有受到绥东袭击的可能，故对方对于绥东，势在必得。绥东之中心在平地泉（集宁），平地泉如被控制，则归绥包头等地，皆将成无用之地，而他们西进封锁的计划，可以免去中途的威胁。

同时最重要的一点，是对方的西进政策，他们自己并没有真正的力量，可以参加，他们是利用蒙古民族和中国少数汉奸，另外配上些无知愚民和胁纵群众，他们利用我们历史遗留下的若干政治上的弱点，只有少数的特务工作人员在其中发纵指挥。

二、我们的认识和决心

九一八以前直到二十二年的热河战争，中国军人和民众，虽充满爱国的热忱，而对于对方之估计与认识，多涉浮夸，深带"恐怖病"意味。淞沪战争与长城战争以后，大家对于对方之作战能力，渐有新的认识，恐惧意味，逐渐减消。在政治上，大家亦有新的了解，从进逼无已止的政治要求看来，感觉到无论用什么方法，什么态度和他们苟全，终久是弄不好的。他们尽管有暂时利用的意思，而一切被利用的个人和势力，最后都不会为他们所容留。

从事实的教训，与对于对方研究的进展差不多中级干部以上的军官，都已经了解下述的事实：在当前他们国内情势，与国际情势中，他们能加于中国的军事力量，是有限的，特别是某军的力量和分布的情形，不容许他随便抽调多量的兵力。他们只是"利用"中国人以乱中国。

绥远的地位，大家亦有了新的见地，对方对于绥远的进攻，不只是局部的领土问题，而是关系于对我一大军事政治阴谋的支持点的问题。绥远如果不守，整个西北的门户洞开，对方的封锁计划，可以顺流而下，我们将来民族解放战争，将受到致命创伤，因此守绥远，不只是"守土"，而是针对着一个大阴谋，加以当头痛击。

收复察北，尚有各种连带的问题，而我们不允许绥远土地一丈一尺被人侵略，则有坚定不移的决心。被利用的伪匪，我们固有消灭的打算，就是对方的正规军出马，我们亦毫无疑问的将对之作英勇的战争。

这一次比从前任何一次都有进步，从中央到地方，关于军队的编制调遣，军器和饷粮，乃至于军令的发布，皆有通盘的策画，和统一的指挥，决非局部战的老调，所以将士的情绪，不但勇敢兴奋愉快，而且有最后胜利的信心！

三、胜利和缺点

从所得秘密文件上看到，两次进攻红格尔图之役，第一次是王道一，第二次是王英，目的在打通从民地（已开垦地而有村落人口者）西过绥北的道路，特别是王英这一次，具有更大的企图，希望经绥北到绥西，扰乱绥远后方，并且牵动甘肃宁夏青海的土匪，先造成绥远全盘的混乱，然后可以从容控制绥东，顺利的去做蒙古民族的分离运动。然而我们骑兵步兵与民团在红格尔图的英勇抗战，根本粉碎了他们这一阴谋。

红格尔图急切不能攻下，对方的企图转到绥北百灵庙，一面想加强百灵庙的蒙兵力量，一面令王英绕蒙古草地，移向绥北，以牵制归绥包头，我在对方布置尚未完全周密的时候，我们又由骑步兵异常的攻击精神，击破百灵庙这一据点，使对方立刻丧失阴谋策动之凭藉。

战术上，我们这次绥远抗战，有异乎长城战争之点。我们暂时的作战"方针"是"守"，然而我们守的"手段"，却是"攻击"，即所谓"攻击的防御"。因此我们以极少的兵力，守着几个"要点"，大部分兵力，皆在休息，到了敌人来围攻的时候，我们雄厚的兵力，一旦出面袭击，以歼灭的姿势，取得战争的胜利。

一个国家和民族，是和个人一样，最神圣的基性是"生存"，故为生存而战争，是最神圣的战争。神圣的战争能激发战斗者超乎寻常的勇敢，与精忠殉难之决心，所以从绥东抗战到绥北鏖兵，我们将士奋不顾身之事迹，令人可歌可泣。一般本来教育很落后的群众，对于这种为民族生存的大义所激发的民族战争，是无条件的供献其全力。后方民众的踊跃输将，不辞劳苦的慰问，甚至若干青年自动放弃其中人以上之生活，投到前线服务。这些事实表现为中国各阶级民族对外的一致性。由于这种一致性的表现，更可以表示我们民族解放战争前途的光明。

对方最近计划反攻百灵庙之役，金宪章石玉山等通电反正。这件反正的事实，表现一种特殊意义。第一，我们在防战运动中，并没有忘去对我们被利用同胞的劝服工作，我们不是单纯的好战主义者和英雄主义者，我们有深厚的政治了解和对于自己同胞爱护的热忱。第二，被利用的同胞的投诚，证明中国民族彼此间有特殊的不可分性，任何利用政策，决不能收到最后的效果。

但是，我们这次绥远抗战亦有其不尽令人满意的地方：第一，我们太缺乏与邻省一致的全盘计划，省界主义，错过了多少可宝贵的时机。红格尔图击破王英之后，本可直下商都。商都如下，则百灵庙不战自退，更不能有大庙为根据地的反攻百灵庙之役。但是这里已经涉及到中央对外方针与步骤的问题，不是局部的将领所能主张，因此迄未向商都进取，我们从纯军事立论，不能不说是一点缺陷。第二，我们对于被利用同胞的特种政治工作，做得不够。我们对于自己同胞间的对立，应即刻设法中止，免耗去自己精力，所以我们应该有系统的有组织的散布大批特务工作人员，至伪匪军中，不仅对于高级将领希望他们反正，并且要普遍到下级干部和士兵，使他们整个动摇和瓦解，让我们的力量真真实实的对外。第三，我们军队中政治工作人员的缺乏。因为我们这回的战争，有相当的对外性和特种政治性，所以我们前线作战的队伍，必须有外国文修养及有特种政治头脑的政治工作人员参加，很机敏的处置由战场上所得的特种文件和情报。然而红格尔图和百灵庙之役，我们因为没有上述的准备，许多有特殊价值的文件和书册图表，皆牺牲于士兵们战斗情绪之中！我在攻下百灵庙四天以后去过一趟，我还发现了不少有价值的文件散在破纸堆中。

四、今后

我们绥远抗战的胜利，在精神上，表现为中华民族整个的解放战争胜利的先声。这不仅是绥远将士和民众的光荣，而且是整个中华民族的光荣！

绥远抗战，不仅保全了绥远的领土，而且粉碎了敌人的大陆封锁政策，所以不仅是绥远的胜利，乃是西北各省和全中国的地位的巩固！

暂时守势的绥远战争，应赶快转变为攻势，最低限度，我们应速收复察北！

西安事变，有颠覆整个对外阵线的危险，劫持统帅，殊非适当的办法，应速谋善后，集中力量，重新开展辉煌的对外阵容！（十二月十六日平地泉）

载《国闻周报》1937年1月1日，第14卷第11期

对于妇女参政运动的一点意见

妇女参政运动，最近甚为各方面所重视，各地妇女代表正集南京，要求应有的合理的对于国民大会之出席权。妇女界态度之严正，目标之正大，人才之汇聚，情绪之热烈，要为不可多得。前途是否能令妇女界满意，现尚不得而知，而此种集体要求参政运动之本身，已表示妇女界政治意识的进步，和政治活动能力的加强。

从母系社会进到父系社会，妇女慢慢从支配的地位降为男性的附庸，这样在男性支配下过生活，在中国已经好几千年了。我们所知，到现在为止的一部人类文明史，无论在政治上经济上乃至于学术思想上，都是男性占着主导的地位，妇女在其中的供献，固然有不可忽视的部份，而与男性的对比上，实在微乎其微。这是由于社会之男性中心的机构，女性没有工作的机会，即或努力有所收获，只是便利了男性的活动，或者直接为男性所掠有。妇女沦于这样不平等的境地，实在太久了。因而妇女界之起来争取各种应有的权利，争取与男子有同等致力于社会之机会，乃为人类道义所同情。

就人类社会全般之机能上讲，在女性统治男性时期，固然男性表现能力的机会减少，构成人类能力效率总和上之损失；而男性把女性屈居于附庸地位以后，女性应有的供献能力于社会之机会，亦根本为之摧毁。使本以男女两方在数量上大致相等而组成的人类社会，成为男性主力支持的天下，因而仍未脱人类史上"半边文明"的时期。从而为挽救人类能力之不幸的损失，加强妇女之解放运动，即等于加厚人类文明创造的力量。特别是在今日之中国，解放妇女群众，使得参加各种社会活动，这无异对民族解放运动，给以加倍新的势力。

但是社会关系的转变，是紧随社会实际经济生活状况而来，经济生活上占支配地位的人，在社会关系上一定占领导地位。母系社会时代，妇女地位之崇高，是因为她们负着主要的生产工作，男性除游荡外，完全依靠她们为生。现在蒙藏民族中，还有不少母系社会之遗留，她们不但操持全家生活所寄之家务，而且牧畜与粗放种植的工作，她们至少与男性平等参加，男性工作，除战争外，只有供她们性的驱使。但是到了生产工作逐渐完全为男性所代替，女性退到家庭中，她们又逐渐坠入前一时代中男性的遭遇。这种历史阶段，在中国到现在还没有渡过。

因此，中国妇女之解放问题，其根本要义争取参加社会经济生活之机会，不但在法律上要争得空洞的平等条文之规定，而且要在实际上建立妇女界支持平等社会关系的力量。妇女自己本身无力量，绝对不能使久居优越地位的男性，自动放弃其支配的传统；且纵令在理论上假定男性自愿让出，社会上二分之一的工作机会，中国当前妇女界能否有负担此二分之一的社会工作力量，恐怕还是疑问。

诚然，我们不是主张男女一切绝对平等者，男女生理上天然的差异，素质上自有不同，平均来说，男子体力强于女子，而女子的审美心却远非男子所及，因此，男女纵在合理的社会中，亦有若干种工作，是偏适于男子或女子的。这里所谓"平等"，只是指参加社会工作之机会，女子应争得与男子一样，除了女性自己能力或志趣限制外，不能再被歧视，再被摈弃。换言之，男女在社会的，法律的，政治的，经济的地位，应该相同。等于全社会在赛跑，男女应同时可以参加，而且出发点应该一样。至于愿否参加赛跑，以及以后跑的成绩怎样，这是个人的责任。

中国今日妇女界争取的对象，应该是打破过去传统的桎梏，把久已丧失了的自由参加赛跑的权利，重新夺回来放在全国妇女同胞之前。同时中国妇女界不要忘了，如何培养中国妇女在社会生活中的力量，还是这一运动的先决条件。

我们很幸运，中国今天已育养出许多进步的妇女界领袖，无论在思想上能力上，都构成了突飞猛进的新中国人才之一面。然而我们不要忘去了，这点数量对于全国二万万以上的妇女同胞说，仍如一粟之于沧海。全国一般妇女之政治意识，能力水准，生活状况，和少数先进领袖比较，不知尚相差若干万里，真正急待解放的，是这般广大的妇女群众，而真欲达到妇女解放之目的，也只有她们普遍的觉醒和努力，才有可能。要唤醒广大的妇女同胞，这是繁重而艰巨的事业。

因此，中国妇女运动当前的中心工作，应该利用各种机会教育妇女群众，唤起她们的政治觉悟，使她们了然于所处环境之不合理，而指出光明所在的地方。进而扩充妇女界在社会经济生活中的力量。在这种基本工作没有作好以前，中国妇女界一般地位之提高，暂时不能不说是不可能的理想。

中国妇女界此时需要一部份先进的份子，参加到政治机构里去。运用政治力量，为妇女界谋利益。所以要求国民大会给予妇女界更多的出席权，其意义甚为正确。我以为先进的妇女领袖，应该更认识一点，这次政治运动的本身，是一个非常良好的教育妇女群众的机会。因为大的运动能促起一般群众注意政治问题的兴趣，利用她们注意的机会，施行政治教育，这是最有效的时机。

我以为全国妇女代表大会此时之最重要工作，不必斤斤于取得对此次国民大会要求之胜利，而在兼此时机作两种基本工夫：

第一，发动全国各地之妇女组织，分配干部加强其领导；

第二，由大会制定简单明确适用之政治纲领，对全国妇女作普遍而深刻之政治宣传。因为妇运真正的成功，必在她们广泛的参加之后。

二十六，七，五。上海。

编者按：当本刊付印的时候，全国妇女代麦大会，早已闭幕，各地代表，也都已纷纷回家了。长江先生的提议，失去了供献给大会作提案参考的机会，不免遗憾！幸喜大会虽散，尚有重开第二次大会的机会，那时与会的代表，不妨拿来做参考。同时我们更怀着百二十分的热忱与希望，盼望大会的留京办事处，能急速地召集各地代表开一临时大会。因为谁也知道，敌人的炮火，已向着我们腹心地芦沟桥猛攻了，中央已电平当局，必要时决准备牺牲，并坚嘱：不许后退，不准接受任何条件。伟大的民族抗战不久即将开始了，占民族半数的妇女同胞，我们将往何处去？我们将怎样干，敌人的炮火已对着我们的心腹我们那还有安乐的家乡，那有安身的家庭，更也不必为私人的尊荣而劳碌，我们应该抛弃一切私人的享乐利欲，急速地重行会合，更应广泛地召集各地县乡妇女代表，严密地组织一个强有力的团体，来从事作救亡图存的工作，日本的妇女已组织国防妇女会集合全国上中下的妇女来帮同侵略我们了！我们怎可不来个坚强的防御与进攻呢？姊妹们团结起来吧，只有团结才能生出力量来，来巩固我们的国防吧。

载《妇女生活》1937 年第 5 卷第 1 期，第 5—7 页

平凡论

许多人常常觉得某些人是特别的人物，是所谓"伟人"，是所谓"英雄"，而不是普通人所能做到的。同时有些人自己故意弄些外表，显得自己是"与众不同"，而保持着特殊的地位。

社会上有许多特殊成就的人物，不论在学术上，政治上，和一般事业上，都是确有的事实。不过，我们要明白这些成功的人物，不是成功在"特殊"上面，相反的，他们是成功在"平凡"上面。

一个科学家发明一种定律和法则，并不是他用他特存的智慧，凭空造出来这样一个东西，而只是对于宇宙中"原有的存在"之"发现"。一个革命领袖干出轰轰烈烈的政治运动，也不是他随意想出一些理论和政纲，就可以号召群众，建立新的局面。他必须是能了解他所关联的社会真正的痛苦和需要，而且切切实实的去排除痛苦，争取需要的满足，才能得人的拥护。同样，一个文学作品，如果内容尽说些与实际社会和人生不相干的事情，这种作品只有作者自己也许感觉兴趣。

并不是因为有了算学之后，"三"加"二"才等于"五"，不是因为有了瓦德，水蒸气才有力量，不是有了许多革命家，各国才先后有了革命，不是因为有了高尔基，俄国社会才会如此黑暗和痛苦。

客观事实是原来存在的，原来存在的事实，是一件"平凡"的事情，了解这种平凡的事情，应该每个人都有可能，这里没有什么"特别"。

许多人因为环境关系,没有得到这种平凡成就的机会,完全是受了环境的限制。没有享受到这种平凡的待遇。

假如机会能大致相同,社会上将出现不可胜计的"英雄人物",成功的人物多了,现在认为是特殊的事实,将成为平淡无奇的现象。

载《新四川月报》1937年第1期,第23—24页

蓉沪空中遇喜多

日本驻华武官，除在北方的另论以外，其名字最熟的，要首推大使馆武官喜多少将。

前天（十九日）午后在成都正和刘湘先生谈些川谣和川灾问题，他的副官向他报告说，日武官喜多等四人当日午后由昆明飞成都，预定和刘湘见面后，定昨日搭欧亚机飞上海。刘湘先生当即对记者说："早点走也好，免得又多生枝节。"

昨天早晨日武官一行和记者先后达到成都北门外凤凰山飞行场，他们有四五人一起，我并分不清谁是引人注意的喜多诚一。

前天到成都是四个日本客人，而昨天上机的只有两位，听说一位留成都，一位要去重庆，川谣声中留外宾，无论如何，客观上是给人重视的。

机上喜多氏首先和记者交换名片，我才详细的看他一番，中等个儿，粗壮身躯强健的皮肤，秃着头，初夏的西装，约莫五十的年纪，看书要戴上近视眼镜才行。

另外一位叫宫崎繁三郎，盘着腿坐在椅上，拿着二百五十万分之一的川陕等省地图来细看，上面有深浅颜色表示地势高低，特别是航空线划得明白。

喜多氏正看一本名为《黄河之水》的日文中国小史，上面是说南宋如何败于金，亡于元，也许友邦人重视这些历史经验。

机身此时已近大巴山上空高升到三千三百公尺，发动机声音太闹，我用笔和他问答。他告诉我，他到云南是从安南去的，在昆明住了四天，见过龙云主席。前天到成都和刘湘主席见面的结果，认为是："他的识见不错，现在有一点儿有病的样子。"我问他所谓"识见"指的那方面，他说是："努力建设和破除恶习。"

话说来不深入，我索性问他："西安事变以后，东亚大局应该怎样才可求得和平？"而他的答复是："要彻底防共！"我又问他："假如中国共产党改变了过去的政策，来完成中国的统一，对于东亚和平果有何碍？"而他却怀疑的说："完全更生，是疑问也。"

昨天天气清明，二千公尺上空仍可以看清蜿蜒在汉中盆地中的汉水，对面就是秦岭，高峰上积着白云，他看着起劲，写给我道："山顶降雪。"我把"降"字替他改成"积"字，同时给他写道："那是我们的秦岭！"

西安航空站负责人对于他们看详细地图，提出抗议，把它收到行李房里，完全是应该，当然他们有几分不愿意，然而我们国家为了生存的必要，我们是不能完全顾友邦人意的。在上海龙华飞行场和喜多先生道"再会！"时，心中如是感想。

载《大公报》（上海）1937年5月21日

中原杂感

九日午后五时日本海军陆战队便衣袭扰我上海虹桥飞机场，当夜十一时左右，全上海已弄得风声鹤唳，草木皆兵，许多人都呼吸着"紧张"的空气，而怀疑"一·二八"之是否再临。我那时匆匆赶到北站，打算搭火车离上海，外观上这是对于上海危机的逃避，然而那时是否能"逃"得了，许多人还认为有问题。为了任务，馆中已为我作第二步的打算，万一北站火车不能顺利开出则另乘汽车至苏州，转京沪火车以达北上目的。

大公报的大本营是在天津，若干先辈惨淡经营了三十年，他的读者密布着辽河黑龙江黄河三大流域乃至扬子江以北地区，扬子江以南，以至于珠江流域的知识分子，亦与大公报有密切之联系。"九一八"事件以后，日本军人强迫黑龙江辽河的同胞和大公报分别，最近平津的强占，使大公报的天津版与平津正当报纸一样，合法经营成为不可能。全国目前新闻事业的总中心，也是大公报的新根据地是上海，而日军的行动，又着着威胁上海的安全。日本对中国的侵略行为，往往自己造成些自我麻醉的理论，不是"保侨"，就是"生命线"，近年来要想起"共同防共"的理由，和中国缠扰不清。其实我们不必说些外交上冠冕堂皇的话，中国的事情你干脆少管，你觉的中国对于你侨民不安全（实际上海有什么不安全存在），最好请他们回国，中国防共不防共，你更管不着，中国人自有自己合理的打算。要说中国什么地方是你们生命线，那更是说不通，你以为富于煤铁棉花粮食森林等的中国领土，是你们的生命线，如果你们是今天的中国人，被人这样的逼迫着，试问你们作何感想，因为在中国人看来，这些正是我们自己的生命线所在的地方。

九日虹桥事件，日本一位海军中尉死在我们军用飞机场边，日本军人难免不借题向日本国民煽动，说中国保安队如何无理，枪杀日本军人。其实只要日本国民想一想，如果一位中国军人死在日本军事禁地的横须贺兵工厂旁边，或者被日本射杀在佐世保要塞附近。你们还能容许我们中国人说什么话吗？

沪平通车侥幸平安开出，然而这次时刻最准的蓝钢车，也误了点，因为应付紧急时局的兵车，须得赶快开出，我们在南京下关轮渡码头白等了好几小时，但是也没有人着急，大家心中已自然养成了"军事第一"的主张，保卫国家的当前紧急工作，要算军事，为了国家，我们愿军事顺利的开展。

中国在过去，在民众心理上，没有产生过真切的深入的爱国主义。即是他们的感觉是"国耻"，而不是"国痛"，即是大家对于国家之不利形势，只是精神的感触，而不是切身利害的尝受。九一八事件比较切实一些，但它所给予中国人的痛苦，仍比较限于局部的，不是全般，这次平津被占，同时全国动员，中国人的环境大不相同了。第一，平津已经是中国的心脏部分，和中国各地方的关系太深了。经济上平津固然与华北各省息息相关，痛痒立觉，而因平汉与津浦之长期贯通，南北利害，已相融于一体。北平为全国文化中心，全国领袖知识分子，大半从北平熏陶而出，而各省青年之近受教于北平者，亦不下二十万人，今一旦陷于日军铁蹄之下，此事与全国大部有力家庭以极大之痛苦，盖子弟陷敌军而生死不明，非等闲之消息也。

日本焚杀天津，占领北平之后，进而着着增兵，逼着中国不能不出于正当自卫之行动，我们也尽我们交通能力，调遣军队，作应有之布置,因为军运频繁,交通常态破坏,全国旅客无不感觉痛苦,在平时大家一定怨恨军队,而今天大家都不约而同的想到给予我们旅行痛苦的是横蛮的日本。

由于日本飞机的无理轰炸和扫射,南北在日机行动半径内的都市,都不得已而撤退妇孺。女人是最安土重迁的份子,而且是最留恋家庭的人物,因为日本的压迫要叫她们离开她们的丈夫,避到寂寞的乡间和遥远的内地,她们太不愿意了。女人们大半不习惯旅行生活,她们拖儿带女的长途旅行,生活习惯完全打破,而新的环境往往应付不来,她们怨恨,她们痛苦,她们虽然一般的缺乏知识,然而利害上她们已普遍的知道日本之为如何可恶的东西了。

家庭教育的主要影响者是母亲,这一代的中国妇女受了日本如此强烈的恶劣刺激,则下一代的中国人思想上会有如何的影响,当可推测而知。日本天天设法防止中国人有爱国思想,即取缔所谓"排日"思想,而日本自己却加紧用铁的事实来教育中国民众,告诉他们国家衰弱的痛苦,和发奋图强的必要。

津浦路明光车站上,一位打红绿旗的站员正高举着绿旗,口吹警笛,命令开车,似乎因为他站在大绿树下面,绿旗没有被司机注意到,他连吹警笛,都没有发生效力,他生气了,再拿着绿旗前进入两步,仍没有影响,他率性再走,他走到我站立一辆车门边,车箱上正有"开往北平"的白底黑字指示牌,他斜看了一眼,苦笑道:"嘿!还开往北平!天津都不行了!"我随便和着他说:"最多几年后总可以再开北平的!"他被"几年"两字怔着了,赶紧说:"也快,只要咱们队伍一上,就快了!"我看他神色沮丧得利害,左手虽然高举着绿旗,右手却拿着铜笛不断的摆动,头部左右摇动,逐渐低垂,他口中发出凄凉的声调说:"一家八口在天津,日本鬼子烧杀后,到今天还一点信没有!……"

徐州车站,几位老朋友的士兵,集起来谈天。他们的正饷是除伙食外,尚有余剩,"九一八"国难以后,国家财政困难,军队薪饷不免稍减，当然他们的收入不够支出，感到痛苦，而他们又知道痛苦之来由于国难，国难之成，则全由于日本。于是他们有了期待了。他们期待着国难的解除，来解除自身的痛苦。

我认为中国今后一定能产生真正的爱国主义。不只是感情的，而且是利害的，基于利害的爱国主义，其表现将大不相同了。

感情的行动，与实际利害的行动，其结果差异甚远，世界各国之开拓殖民地，如哥伦布，如维加达哥马，如麦哲伦，皆剑及履及，先锋所至，经济政治势力随之，而中国则冒险远征之英雄如傅介子，如班定远，如郑和，其探险事业之本身，皆不下于西哲，而其效果，则相去不可以道里计。梁启超先生论哥伦布等之远征，谓"其希望之性质，咸以母国人满，欲求新地以自殖"。而"我国之驰域外观者，其希望之性质，则雄主之野心，欲博怀柔远人万国来同等虚誉聊以自娱耳。"

在相反方面，如果国民对于国家，只觉得是"耻"，而不是"痛"，亦不会有彻底的爱国行动。所以中国国民爱国心之是否坚定，爱国行动之是否能有效的实际的开展，则要"痛"的感觉是否普遍以为断。而"痛"的感觉之普遍的传布，则全有赖于日本。（二十六年八月十一日郑州）

载《大公报》（上海）1937年8月17日

几点要务

不知如何，到了前方，一切希望立时笼罩在头上，单看我们几条单线的铁道，几列破旧的车皮，我们居然能够愉快的而且迅速的运输军队，而且在军运上没有一个地方表现纷乱，所有的军队也规规矩矩运来运去，对于经过地方没有任何的骚扰，这是不可小视的进步现象。我们军队的调试布置，我们亦认为有眼光，有决断。

彷徨犹豫的空气，要算上海最利害。在上海往上几天，会让你整个沉在谣言和风说里，弄得迷了方向。这一方面是投机家故意制造谣言，一方面是日本有计划的操纵人心，同时也是上海社会的特质。上海这个社会讲实效，讲现在的。如果你说"战"，必定要先打几仗来看，没有战事，一定是"和"了。一部分上海人希望知道的，是异常可怕的深刻，比方我们调过黄河的有多少军队？在山东一带如何布防？我们军事指挥人员的分配怎样？我们的坦克车有多少？出动没有？出动在那一路？飞机到底有几架可用？将来预备用在什么地方？我们那路主攻？那路主守？……似乎非完全知道不大放心。然而关于这些我们军事的秘密，如果我们全知道了，日本也早知道了，不必等到打仗，我们已立于必败之地了。

民众对于军事的关心，我以为应该有一定的限度。第一，关于这样的国家存亡的战争，我们应毫无疑问的弄明白当局的意向，因为我们和子孙的安危，都系于他们的手里，他们把我们带到那里去，我们得弄清楚。第二，政府领导我们走路的结果，我们得明白。第三，对于时局的过程上非关军事外交的部分，我们亦应该过问。然而我们万不可深入了军事部门。国家兴亡存覆，决于这次的中日战争，我们的军事物质占劣势，我们希望取胜的，是我们的军事经验，超过日本，即凭我们"运用之妙"，来和日本周旋。如果连这一点机微，也给我们自己破坏了，这无异我们自己整个断送了战争，断送了国家的生命！

  不过，让许多人苦闷的，也由政治上的缺点所构成，似乎因为过去国内政治问题上某种程度的对立，政府和人民之间还保持有某种程度的鸿沟，精神上没有融为一起。政府对于人民的态度，只有由上而下的官办的形式的训练，而没有从人民中养成自发的有组织的实际的动员。我们不相信单纯的标语传单和游行示威，即能对抗敌运动发生多大的效力。但是人民政治意识的动员，由普遍的人民政治意识的发动，而产生抗敌的人民政治行动，这里由政府加以领导，那是有不可思议的力量的。我以为目前政府应与人民领袖研究一个抗敌人民运动政治纲领。明示人民应该做些什么工作，在战地的和在后方的，在沿海的，在沿江的，他们有些什么特殊任务。比方说，沿海的渔民平时大家不甚注意，大家那里知道日本攻破旅顺军港之役，完全是中国渔夫带路。我们自己没有组织，少数无知分子，就会被人利用。就现我们海防情形，当然我们没有攻击的海军力量，同时我们也没有防守的海军力量，我们所能做的，是防止日军的登陆，这是我们陆军可以担任的。但是，中国海岸那样的长，我们的兵力只能集结防备要口，而不能一步步的完全防到，这里就有漏洞。因为假如用小汽艇和大帆船，只要能熟悉中国沿海岛屿情形，可以登陆的地方太多了。海关缉私巡船的欧美驾驶员因为终年缉私，利用电艇，在任何时节任何气候下与走私帆船斗争，这些走私帆船，向来不走正当港口，完全在乱礁中出入。缉私巡船人员终年和他们搏斗的结果，也将沿海礁岛熟悉。日本人在最近从大阪高级船员里调来几个人加入我海关缉私巡船服务，自然也是司马昭之用心。所以如何组织渔民，已经是迫切的一大问题。

至于如何训练民众，破坏敌方的交通，保护我方的交通，如何对敌人散布虚伪的情报，如何为我军作侦探，如何防止敌方谍报，如何防止敌方行动，这些非有组织的民众办不到的。这一次的战争，不是单单动员多少万军队，即可以达到最后的效果，必须动员全国民众，才能显现出巨大的力量，以支持这一次的战争。今天的政府不应再忧虑说："民众运动易发难收。"不要再回忆北伐以来血腥的经验，我们要坦白承认，这次中日形势的艰危，我们不是胜利，就是亡国，我们子子孙孙给日本做奴隶牛马。要想胜利，单靠我们这点常备军万万不行的。

同事王芸生先生不久以前曾发表两句精辟的话："对内开明，对外得坚定。"我们认为是当前国是最切当的方针。本于对内应该开明的大义，我这里应该明白指出过去城市里的"公会"和乡村里的"保甲"，都是有上层无下层的民众组织，即是只有官，没有民，它们只做到了压服反对政府的民众运动这目的，而民众运动之本身，却无内容。这在应付中日战争的大局，万万不够的。今后民众运动的态度，应该先议定政治纲要之后，要一般人民为政治意识动员所鼓舞，政府再加派有力份子，自民众立场上加以领导，彼此融为一起，将每一个城市，每一个村庄，全部组织起来，不浮嚣，不夸大口，老老实实的做每一个城市每一个村庄在当时当地应做的工作。

平津失陷后，至少有二十万青年学生无地读书，家庭根据地在北方的，根本已经破产，对于一般国家中坚的青年学生，在这非常时期我以为有非常考虑的必要。自今以后，国家需要更多更急切的自然科学人材，我赞成那些有自然兴趣，同时有可能环境的人，切切实实的退到后方安全地带读书。不要问当前战争的胜败，你们只求科学上有成就，报国于将来。

不过，对于那些不愿学或者没有力量学自然科学的人，假如他们愿投身于社会政治的活动，他们大可以不必亟亟于求恢复什么大学，此时正好委身于实际的抗日运动中，而开始学习与训练各种实际生活，从实生活中锻炼自己能力，创造自己和国家的前途。因为政治和社会人物之养成，绝不是读几本《政治学大纲》和《政治原理》之类，就可以成功；历史上政治人物之成功，中外古今，几乎无一不从复杂的实生活中陶养出来。不过，在平凡安静的时代，没有什么训练人的特殊环境，故多产生平凡人物，历史上大战争大革命大动乱的时代，是容易出政治人物的时代。目前展开的东亚大局，正是训练青年的好机会。

把许多青年从形式主义的学校解放出来，并不一定是可悲的现象，正好把他们经过相当训练之后，散在人民中间，在战场上领导民众战斗侦察，在后方领导民众有计划有组织的维持社会经济生活。这样他们对于国家的效用，要比集结在北平好得多了。

战时的新闻工作，我觉得我们新闻记者自己应该有个规范。因为战时最有影响的于民心、军心，而且最容易客观上作成敌人谍报的，是新闻纸。因此入了战时以后，我们时时刻刻要以负责任的态度，想想我们的工作所给予客观上的影响，我们应该警戒小心，但是断乎不能泄气。其次，我们军事行动部署等，我们最好不必深知，知可贻害，尤其万万不能轻易作为新闻而发表。固然民众如不明战争前后内幕，自易生疑，有赖于新闻纸的解说，但是也只能说一个大概方向，说深了便利了敌人的"知彼"工夫。

有人曾经喊出集中全国特务人员的口号，集中我们的力量，以对抗敌人的间谍。我们特别提出限制白俄及一般外国传教士的自由活动，因为他们的份子，难免有不纯粹的，最低限度，误漏军机的可能很大。国家到战时，就该拿出战时的铁面来。（二十六年八月十三日自太原寄）

载《大公报》1937 年 8 月 26—27 日

平汉北段军事

　　中日两国这一阶段作战目的物在北方。不在南方，因此中日战争的主战场，仍在北而不在南。目前江浙闽粤之遭日军袭击，其袭击力量，虽有大小之不同，而其性质始终不出牵制作用。

　　北方战场，又可分为两个，一是晋察绥的西战场，一是冀鲁豫的北战场，北战场是未来中日战争第一次大决战的地方。

　　北战场以津浦平汉陇海胶济四路为骨干。而四路之中，陇海为此区之命脉，津浦胶济只有节节抗战之凭藉，不如平汉能西藉太行之险，东向以雄视河北平原者可比，且为规复平津之大动脉。

　　平汉北段之另一意义，为山西东面之藩篱，特别以石家庄一地关系重大，石家庄如与大同同入敌手，则山西形势渐形孤立。

　　日军于大同占领之后，一方面固积极向绥远进攻，而同时为图北方战局之速决，有急图山西之可能。其进图山西之方法，当以攻略石家庄为上计，盖此着如再成功。则山西东北两面娘子雁门同感威胁，一则山西对外之联络不灵，二则日方希望山西政治上感受压迫。

　　因为津浦线的不甚巩固，平汉线有单线纵深突出之危险，故日军攻击平汉北段之方法，正面牵制固不用说。另外总用后方截断方法，使你不能不后退。他们要攻良乡，却由永定河强渡，经固安永清以攻涿县，他们集中打一点，当然防御困难。自然我们的右翼是有配备的，可惜军队素质不齐，力量不一，许多的布置，都有困难。

假使日军要攻保定，他一定从任邱这一带直扑石家庄，虽然不会一定成功，最低限度，他们希望动摇了保定前方军心。

最近听说土肥原要自任平汉线的攻击，我们许多中国军阀官僚都和他有多少关系，他对中国情形自命太熟了，也许他想这一次打一次大胜仗，完成华北大动脉的占领，以遂其升官发财军旧梦，不过，他们的打算恐怕慢慢要接近困难了。（二十六年九一八后一日）

载《战事画刊》1937 年第 2 卷第 8 期，第 8 页

如何巩固抗敌阵线

历史的事实昭告我们，任何一种斗争中，不论敌对的力量，多么顽强，都可以用各种不同的方法应付。只有自己的阵营不巩固，才是致命的创伤。

章乃器先生最近在抵抗十一期《现阶段的救亡工作》一文上，指出"目下的问题，已经不是战不战的问题，而是如何战，和如何保证最后胜利的问题了"。然而我以为如何巩固抗战阵线，不要发生动摇，还是重要前提之一。

一般的说来，我相信每一个中国人都是爱国的。因为存亡休戚的关系，在一条船上的人，对于大家生命所寄的船艇，不会不爱惜。但是中国今天这条船，自鸦片战争以后，近百年的对外经济关系，把这条船弄成了一种不是自我完整的状态。船的本身有了变态，在船里的份子有许多并不生存于船的合理存在上面，相反的是生存于外力对于这条船之毁灭工作的过程上面，这条船的完整运动，就是这些变态生存者的痛苦，甚而至于灭亡。

所以在理论上，今天中国任何人不能公然说出反对抗日的主张，但是抗战过程中，我们看到过去一向领袖全国的沿海都市的没落和崩溃。这些都市的领袖人物，也多半是全国领袖人物。沿海都市的没落，对于许多领袖的事业和地位，当然给予极大的打击。而抗战逐渐演变到激烈阶段，这些事业和地位，简直会发生根本存亡问题。换句话说，抗战发展之前途，最后胜败还没有看到，而有些人辉耀安适的地位已经牺牲了。

这确乎是一种事实，国家的利害和个人的存亡发生冲突的时候，容易发生重大的考虑。本来人之所以爱国，也是为了现阶段的人类历史，没有了国家，个人是无法生存。然而如果个人已经有了优裕的生存，在国家苦斗过程中，眼看到要受现实的牺牲，国家苦斗成功的结果，要想恢复若干人今天已有的地位，还是一个遥远的前途。就平常人的心理讲，对于抗敌战争之延续，难免不生不愿之感了。

上海情形，可以表现许多的趋势。平时上海是有影响全国政治力量的大都市，几乎代表全国各界最有力的阶层，无疑的，上海是中国的心脏。然而这个心脏，却因为殖民地性的政治经济的发展，更因外交的束缚，使这个心脏露处在国防线外面。所以日本和我们作战，首先是想占领上海，控制我们无保卫的心脏。我们从八一三抗战到今天，表示我们不愿放弃上海，然而无情的猛烈的战争在无保护的心脏周围打起来，这颗心脏当然经不起这样的摧残，眼看这颗心脏要走上幻灭之途了。

客观上，这样心脏的支持份子，不能不有相当留恋，因而对于抗战的继续与扩大，发生消极和恐惧的观念。

要根本解决这种动摇的可能趋势，就要藉战争的力量，整刷过去培植下来的不合理的生存，而纳之正轨。自然这一整刷过程中，不能不有多少强制力量。我们要藉此把我们的经济心脏，有计划的移到内地，从国防线外，移到国防线内。不容许一部分人始终留恋于变态的安乐，而且在国民经济和国家物质有关的部门撤退之后，沿海都市成为死物，大家纵欲留恋，而莫可如何。寄生租界的心理，可以根本加以涤除。

只要国家完成了基本的国防阵营，国防线之内，国民存亡线是一致的，存亡利害一致，对外抗敌的阵线才可以走向比较巩固之余。（九月二十三日）

载《国闻周报·战时特刊》1937年9月23日第11期

上海当前形势的说明

昨天是初冬的阴雨,自然界是那样的凄凉沉闷,令人觉到季候似乎有新的转变。而上海的战局从五日到六日仅仅两日,的确也有很大的变动,在沉郁的天气中酝酿新情况的到来。

"十·二十六"闸北退兵以后,上海人的心理只是黏着在一个问题上,即是:"苏州河一线还可以守多久?"因为据一般人的想法,浦东有我们"铁军"创始者×××先生在,他有一批××××首脑部在他周围,这般人精明干练,让敌军在浦东总不容易登陆。大家只担心苏州河一线,因为这里是敌人主力所在地方,敌人继大场幸得之虚骄对于苏州河必来几次猛烈的突击,大家担心苏州河一线是有理由的。所以苏州河南面一个一个的小村庄都被人注意起来,"厅头"和"吴家库"这一类小地名,居然在报上用超号大字当第一条新闻刊出,我们在苏州河南岸的军队出乎敌军意料之外地"顽强抵抗",一周来敌机和敌炮在沪西拼命地消费,结果仍然只是一村一沟的得失,苏州河和虹桥路是近距离的平行,虽然只有几里路的空间,然而我们的将士在中间做了一重铜墙铁壁,让虹桥路仍保持交通的安全。于是上海的人们渐渐松了一口气,以为上海还有至少一个月可以支持。

"金山卫敌军登陆!"这消息是五日的新闻纸传给市民的,但是五日这天,受这条消息刺激的人并不多。也不过如"敌军占金门岛"一样,只认为是局部军事行动。到六日，这条消息的影响，慢慢在人们意识中大了起来，于是东也谈"金山卫"，西也谈"金山卫"，由金山卫谈到松江，谈到沪杭公路黄浦江渡口米市渡。于是大家的视线从苏州河移到黄浦江上游，即是从前线正面的忧心，转到对于后方的悬念。杭州湾北岸登陆，直接扰乱沪杭的交通，问题尚小，而威胁浦东和沪西的后方，影响甚大。于是暂时告稳的人心，昨天引起了普遍的波动。在大家忧虑沉闷中，似乎又埋怨到×××××，彷徨着上海和自己个人的前途。

上海之××，当然还在相当挣扎之后，但是她×××××，那是必然的。而且她××的必然性并不在金山卫失守之后，当我们决定对日抗战时，就已经有上海××的了解。

卢沟桥事变起，我们全国不都赞成对日抗战吗？从政府当局到一般民众对于抗战的基本战略，都看清是"持久战"，是"长期消耗战"，是"全面抗战"而且都知道我们所争取的是"最后的胜利"。就是说，我们在抗战之初，即已知道我们是弱势的国家，军事力量不如人，经济力量不如人，人民的训练和组织都不如人，然而我们被压迫到不能不抗战，因此在本质上我们的抗战就不能不有相当的牺牲。什么是不可免的牺牲呢？短期内获得胜利的希望不能不牺牲，单纯地希望我们军队迅速有什么胜利，那是妄想，要想不牺牲沿海的都市，让我们在舒服的物质生活中，等待抗战胜利的到来，更是不可能的奢念。换句话说，当我们主张抗战的时候，我们就应该意识到上述事实的到来，这并不是我们的失败，而只是抗战过程的开始。

因此上海之走上她可能的命运，并不是刻意惊惶的事件，反而是我们抗敌意识更实际化的过程。这时我们应当庆幸"八·一三"以来我们抗战"意外"的成功，这将近百日的抗战，还是在我们预定的兴登堡之前而进行，敌人海陆空如此费力的攻击，上海战场地方死亡已近六七万之众，到今天又大举在杭州湾登陆，而上海还在我们手里，我们怎样也不能算失败！相反的，我们党更加坚信我们将士抗战的忠勇，和他们的忠勇所发挥的雄伟的力量！如果我们照这样逐步抗战下去，我们毫无问题的可以得最后的胜利！

　　不过，就上海已过的战争经过来说，以我们战斗的成绩来讲，如果再加以更健全的指挥和活跃的民众组织的支持，当可以表现更大的力量。所以正确的说，上海战局万一照预定计划而走到其应走的阶段，只能让我们更深的感到如何加强军事政治的健全的领导，和民众组织的早日策进。由这样内部的健全运动中，以撑持战争，以博取最后的胜利！

（十一月七日）

载《大公报》（上海）1937年11月8日

严重的汉奸问题

今天抗战过程中所感受的困难，内在的汉奸问题，和外在敌人的优势兵器，至少有同等的严重性。

因为今天的抗战，从事实的经过告诉我们，日本比我们强一点的，就是大炮和飞机，此外他们不但不比我们优越，简直是下下之流。因为日本军人除少数军阀之外，其余军人对于这次侵略中国简直是人无斗志，无斗志的军队，当然不堪一击了。

大炮和飞机等兵器问题，我们慢慢有解决方法，就目前说，我们亦有新的作战方法，可以减少这方面的困难。然而抗战工作一再感受不利的，是汉奸问题的存在。

运用之妙，在乎秘密。中国军队在中国人民所居住的中国领土内和日军作战，日本平日无论调查得如何详细，始终不会有中国当地人熟悉，运用人与地的关系，就可以制胜敌方。但是汉奸的存在，就根本破坏，最低限度减少了我们这一优点。

汉奸原则上可分两种：一是自觉的汉奸，一是盲目的汉奸。前者是思想问题，后者是生活问题。

普通所谓大汉奸，往往身居要职，而且拥有多金，他们之所以当汉奸，是他们自以为对国家的前途太清楚了，他们以为国家的将来不会有希望，最低限度在他们这一生不会有希望，他们如果为国家而奋斗，他们从自己的立场看，是牺牲的前途。将来万一有光明，他们自己已经不能享受了。因此他们率性作汉奸，弄些钱，希望把下半生舒舒服服的过了再说。

常常被人发现在各地枪毙的汉奸，那实在是可怜的同胞，他们因为穷而愚，于是为着三角五角的代价，作了卖祖国的罪人。然而在主观上，他们并不鲜明的意识到这是一件严重的罪过，所留心的只是三角五角怎样可以到手，使他们的妻子儿女又可以多延长几天生命。

黄秋岳这一流人物，并不是因为一时糊涂，误为敌方利用，而是因为身任行政院机要秘书，太知道政府内幕，太过于聪明，他没有勇气看到未来的希望，他自愿背叛国家了。这一类明白的汉奸，是最可耻，是最可杀的汉奸。但是，这类汉奸，在国家政治渐有办法，而光明不远的情形下，可以大大减少，甚而可以作成"治世之能臣"。

一般的小汉奸，他们发生的背景，整个和大汉奸不同。他们的动机是相当可以值得令人怜恤的。对付大汉奸要严厉，对付小汉奸要宽厚。大汉奸平日养尊处优，满口仁义，而到国难当头，反而卖国自肥，此等人当处以最残酷的刑罚，而小汉奸之中，大半迫于饥寒，尤以战争期间，经济停滞，百业破产，失业增加，实因生活紧迫，一时糊涂而至此。因此根本肃清汉奸的方法，为战时国民生活的安排。消极制裁方法，只能发生补助的效力。

为保障抗敌军事的胜利。政府对于各地失业群众应负责加以登记，并给予相当的维持。一面对于内地经济事业，有计划的指导其发展，因而有计划的安插战区失业群众。政府只要肯负责，再加上宣传教育工夫，失业群众生活无论如何困难，只要有了希望，汉奸的趋势，准可减少。而且利用都市工商业上熟练的工作人员，计划的发展内地的工商业，战时社会经济且可因此而稳定。

载《抵抗》1937年第12期，第4页

赶紧洗刷我们不合理的政治

我们许多朋友的基本认识是，国际短期内出兵打日本是不可能，而日本要用军事完全占领中国，又办不到。我们需要"苦撑"，而且一定能"苦撑"。苦撑主要的要靠自己的力量。因此洗刷我们自己本身不合理的政治和社会现象，赶紧产生新的力量，是当前整个民族最迫切的课题。

最近各地方青年朋友，常常来信谈到各地方的政治状况，他们自己因这些现象而对整个抗战感到焦急，客观上这些事实也构成当前抗战中最严重的问题。这里引一段关于湖北省的一些通信：

"我现在告诉你这儿的两件危机：第一，现在抗战不可讳言的，已经到了紧迫的时候，后方的人现在不只于要供应前方的人力和财力，更要紧的是应该马上布置敌人打到了的应付方法，尤其是湖北的东北两方的几县，是刻不容缓的。可是事实糟糕得很，这个地方简直甚么事都没有做。我把这个问题问到县长和负党部责任的干事，他们都表示着焦急，然而他们自己不想办法，他们说，他们日夜盼望上方行下来的办法。可是上方却不见有办法行下来，民众自己想起来的办法，地方当局又以'不要乱动'来阻碍。就这样等，等到敌人来到的时候，撇下老百姓一跑，这是很可能的趋势。第二，是非常痛心的，而且是难于对外发表的，然而讳疾忌医，将更坏事，我很希望你们把这问题，提出来叫大家惊醒一下子,而且立刻就该想办法改革。在我下乡以前,知道征兵募债,在施行上已发生流弊,少数的不肖之徒会藉此中饱的。没有想到这次到了乡下,听的见的,这种不肖之徒,太多太多了,联保主任比土匪还利害,征兵变成了买兵,甚至于发生'有吏夜捉人'的惨剧,弄到一家妇孺,没有饭吃,而富人的子弟仍然游手好闲的在家享福,地方当局对这些流弊装聋作哑,民众的怨声都集中到政府身上。最近这几个土匪闹得利害,前几天,南漳(邻县)县城,被匪人攻陷,钟祥等各县晚间戒严,听说土匪常拿征兵募债的不平来号召,所以近来剿匪的部队找不到土匪,因各民众对土匪,是同情的,在掩护上,是可以帮助土匪的。"

当然我们希望这样的现象,不要是普遍的现象,然而后方如果充满着这样现象,产生新的抗战力量是不可能的。新的抗战力量不能继续产生,虽然日本无征服我们的力量,而我们自己也会日即崩溃了。

解决这个严重问题的方法,我们一些朋友想到了几点,这里提出来供各方面参考:

(一)迅速健全指挥战时政治之机构,很精密而且灵活地开展各种抗战政治设施,使全国城市与乡村皆在整个计划下,积极活动,不要使地方政治无所适从。

(二)鼓动民众之自动组织,并允许民众有为解除自己不合理负担而奋斗之自由。如此民众自下而上之政治基础,可以逐渐建立,根绝官僚政治立脚之基石。

(三)在不违背抗战利益之前题下,应允许舆论有批评战时政治之自由。舆论有暴露贪污之权力,则许多腐败官吏,绝对无法立足,最低限度要相当收敛其腐败行为。

(四)大批训练青年,使之练习战时政治工作,逐渐尽可能多用受过训练之青年,以代替没落的官僚,使这般有热情能吃苦之新青年在战争中苦熬熟练,使之成为抗战胜利后新中国之政治干部。

这些平易的办法,并不是难于作到的,只要我们肯作,我们相信,不久将来一定可以洗刷出合理的有生气的有力量的战时政治。(二十七年一月四日)

载《抗战三日刊》1938年第34期,第3页

今后之战时新闻政策

一、新形势与新需要

以攻略武汉为中心之日本对华侵略战争,现正着着开展,敌军作战方针,以占据陇海平汉两线为进犯武汉之行踪步骤。日寇在黄河以北及长江以南之主力部队,多抽调或转移作战方向至黄河与长江之间,进行战略的会战。徐州、新乡、合肥、信阳诸点之战争,对于第二期战争将表现决定意义的战役。武汉之安危,全视中原战争之演化以为断。

南京失守以前之战争经过,说明了两点:第一,单纯的军队抗战,而不能在外交上,政治上,群众动员上,全体开展抗战之阵容,已便我方军事遭受过于迅速之失败。第二,我们过去所恃之"准备",一方面说,对于如此大规模战争之应付,还嫌不够;一方面说,过去"准备"之内容,有若干欠确实性地方。

因此第二期战争的主要任务,自然的也出不了两大课题:第一,从军事以外的各方面同时动员,配合着军事力量,撑持危局,困顿敌人,迟滞敌人的进展。第二,赶紧培植新的战争力量,特别是新军事工业的建立,新正规军的编练,新军事交通的改进等。如此一面抗战,一面准备,等我们力量强壮充实之后,然后配合着国际变局,进入第三期对日本的全面反攻。

目前战争，正是第二期战争的开场。

为了要全面性的动员，为了要影响国际舆论，要鼓励一般民众抗战情绪，要说服人民乐于从军，要鼓励军队作战的勇气，要提高官吏对抗战的积极性，更要能解剖过去失败和成功的原因，指出许许多多血肉换来的经验，让这些经验普及于全国人民，成为我们新胜利的基础。并且在我们新力量的准备过程中，如何纠正错误与腐化的倾向，如何奖励优良的工作人员，这些工作成为今后迫切的需要。这些工作之推行，固然主要的要政治上能发生出大的领导力量，而全国新闻纸与新闻从业员之如何动员，亦为在此抗战新形势中的重要工作。

二、过去的新闻政策

国家到战时，对于新闻政策，应视为重要工作之一种。而新闻政策之当否，影响于战争者至大。过去六个月抗战期中，全国各报馆与各报新闻从业员之活动皆有相当之进步，中央通讯社尤表现更多之成绩。然而自全国范围与自抗战新闻政策观点观察，过去状况，缺点尚多：

（一）缺乏原则　国家之战时政策，无论对于何种方面，皆应有一定方针，新闻工作即本此方针而努力，如外交上友敌之分，内政上是非之别，军事上之胜败，将士之功罪，皆应确定标准，全国新闻界即在此种原则之下，广为发挥，以造成国民之公共视听，鲜明有力的抗战阵容。今原则不定，使新闻界无所适从，新闻检查者仍关于战前之成见，以自身无过为上策，对于稍有生动意味之消息，一律不敢放行，尤对主持是非功过之论说，顾忌特深。中央宣传机关往往遇事临时电达各报，指示对某问题之意见，此在当局自身当感手续之繁难，而在报界方面则有消灭自发性自尊性，甚至养成报纸对政治问题不负责任之倾向。

（二）缺乏组织　全国各报，本以各自营业立场而存在，战后新闻活动，亦本于各自报馆之立场，自战时新闻采访至各报馆之迁移，多纯以报馆之需要为前提，政府并未能在其中善加领导，酌为分配，故往往知一地有新闻纸与新闻记者过多之现象，而若干地方则痛感缺乏。前若如目前之武汉香港重庆。后者如过去上海三个月之壮烈战争，各报并未曾配备充分有力记者，作深刻之报导，而西战场方面，则颇有战地记者过多之嫌。各报馆之间，对于抗战中各种问题，从无交换意见之机构，而新闻从业员间，亦多仅局部感情之往还，并无有力之联合，问题无从讨论，意见无从磋商，自无由养成深刻与一致之见解。

（三）缺乏训练 中国新闻记者大半非由新闻专门教育而来，全凭个人对中国社会人事与政治上之经验，由其新闻学校毕业者，亦多偏于新闻技术之修养，对于非常时期中各种重大问题之观察与判断，往往感受研究环境之缺乏。然而新闻记者每日必以其自身之纪述与见解与一般民众见面。战时新闻纸对于读者之影响，大过平日不知若干倍。就编辑新闻者言之，生活日夜颠倒，工作往往过度，修养研究之机会，剥夺殆尽，战时问题繁多，现象日日演进，应付当感难过。就采访新闻者言之，各报馆之教育机构，多付缺如，社会上更无教育新闻记者之场合，非常局面之下，客观上要求于采访记者多且繁，而采访记者之本身，并不易得新的训练。特别是战地采访记者，其一般所感受之缺陷，却难以圆满达成战时正确报导之神圣任务。

三、新新闻政策

显然的，过去新闻纸之现象，难以应付今后战时之要求，我以为今后应有如下之更强：

（一）建立战时统一新闻指挥的机关 照本年政府军事政治机构之调整趋势观察，国民党中央党部将自大本营之第五第六两部撤出，归还党部建制，而由总政治部任战时军训民训及国际国内对于"抗战第一""军事第一"之信念，已具体表现于政府机构之中。而自"军事第一"之原则立论，战时新闻政策之决定与施行，应由总政治部负其全责，如是始能亲切战时需要，超越传统鸿沟，而谋在战争中造成舆论一致之阵线。

（二）确定新闻原则　新闻政策不能脱离政治而独立，然而政治上已定之原则，则必须有机的表现于新闻政策上。如外交上决定与日本抗战到底，凡帮助日本侵犯中国之国家，常在反对之列。内政上，国共决定重新携手，则应明定携手方式，彼此各自教育党员，并以此表里如一之说法，告诉国际和国内。不可当面因循教育，而暗中则各有其另外说法。如对抗战不力，或营私舞弊之将领与官吏，决定惩罚，则任何系统下之军官及任何个人，皆为舆论所不容。原则已定，则应策动全国新闻界为此原则而努力。全国新闻检查所只能在此原则之下执行此职务。即此种原则为全国所必当服从之基本国策。新闻检查机关，或指挥新闻检查之机关，其自身如违反此种原则，亦当认为犯法。

（三）加强新闻界之组织　过去新闻记者公会之组织，虽遍于全国，而其所及于新闻界之影响，自优良方面观摩并不很多。盖此种含糊混沌之组织，以之代表各报之主持人，则嫌不足。以之代表广大的新闻从业员，则一般从业员实无过问力量。今后应在新闻记者公会之内，奖励新闻界自动分组协会，第一为报馆者协会，第二为新闻从业员协会。前者为经营报业者之结合，应与新闻指导机关合作，讨论战时新闻纸之分布，内地新闻纸之辅助，报业困难之解除，与一般新闻原则之商榷等。后者为纯从业员之组织，其作用在经常讨论战时政治军事经济诸问题，请新闻指导机关随时出席报告，并随时请专家讲演，关于工作技术之提高，与工作环境之改善，皆在研究之列。此种组织应为全国性，后方各重要城市及前方战场上新闻工作人员，皆应在此组织之中，作全国性的有关活动。

（四）从事新闻记者之训练　新闻记者不能作普通文化工作者看待，其影响于人心者太大，故新闻记者本身应有之训练，远比一般文化人要加强。训练方式，应以上述组织为基础，对于报业者协会，由各地政府要员定期出席报告国事，并要求各会员之讨论，对于意识太差之报业者，得勒令其更换主持人，甚至勒令停办。新闻从业员协会，应定期举行讨论会，在政府补助之下，举行编辑采访等训练班，目前应加强战时采访之训练，一面改进旧习惯，一面加添新方法。对于一般新闻从业员之健康改进与知识修养，尤应特别注意。

四、新政策推行的可能性

中国新闻界本身无计划无组织的发展而来，相沿至今，今欲加以计划的整理，似非易事。而且向来政府管理新闻之机关，只在消极的统制，限制新闻界不得为某某主张，不得刊布某某新闻，在积极方面，未曾为有计划的策动，故政府新闻政策之经验，可参考者亦少。

然而在民族革命战争的总形势上观察，中国新闻界之现状，应大大改进，盖为定论。再就平津沪京相继失守后，新闻事业之凋零现状观察，十九亦乐于政府之领导。自新闻从业员之一般境遇言之，客观上对于新闻事业之要求增高，而主观上新闻事业反呈收缩现象，新闻从业员今日之有业者十九工作过重，而失业之优秀新闻从业员，更不知凡几，故政府出面倡导改进，不但客观上将有大益于抗战，而且一定为新闻界各方面所欢迎。（一月十八日）

载《大公报》（汉口）1938年1月27日

编者按： 抗日战争时期，毛泽东主席曾于1937年3月29日和1938年2月15日先后给我父亲范长江写过两封亲笔信；周恩来副主席也曾于1938年5月26日至6月11日不到二十天时间内给我父亲范长江写过三封信。以下选取毛主席亲笔信其中一封信封和原件（复印件）及周恩来副主席的两封信的原件（复印件），以飨读者，信件图片按从右至左排列。

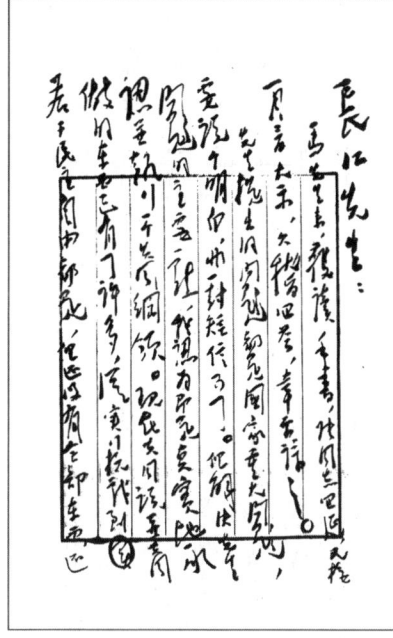 

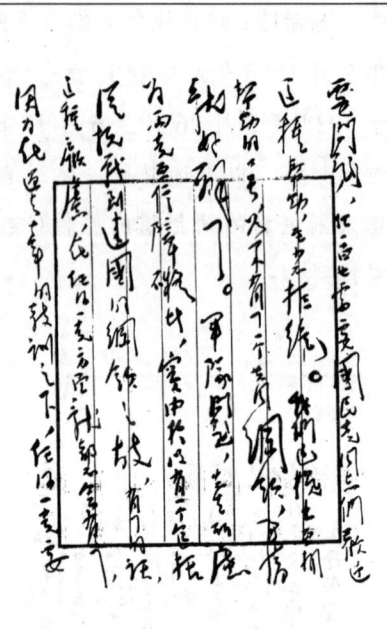
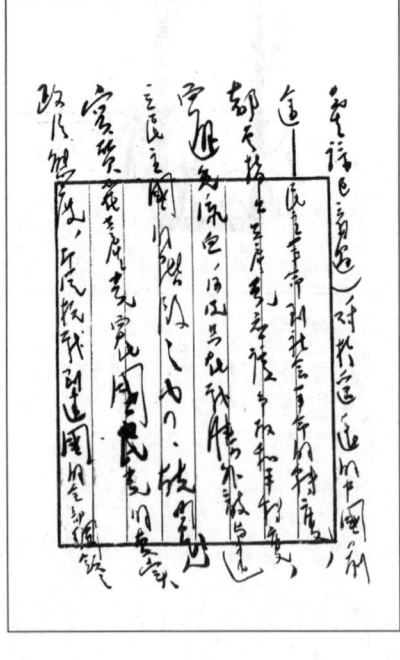
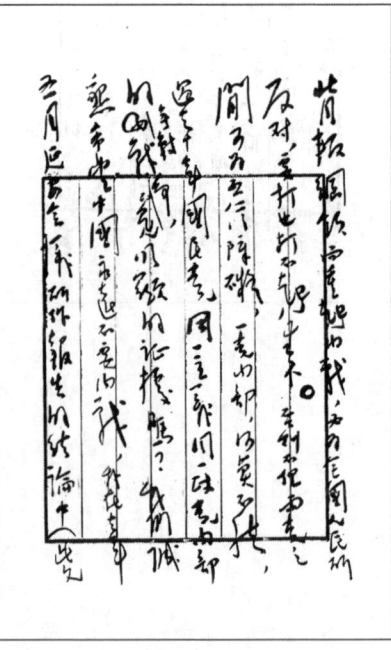

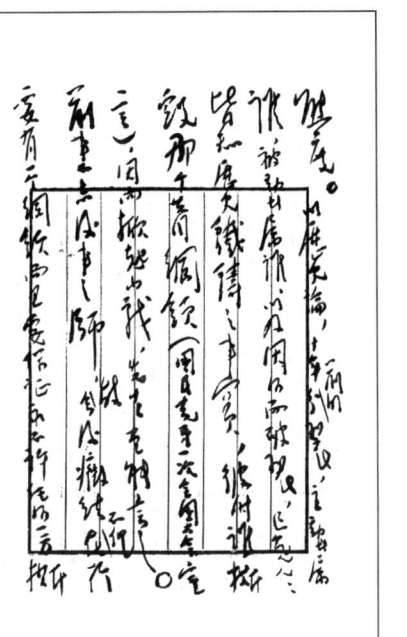
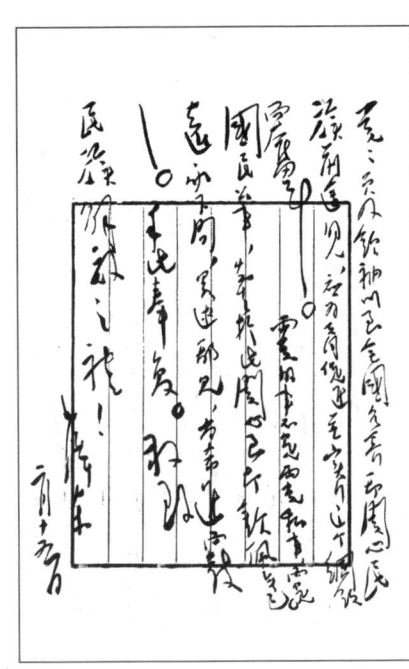
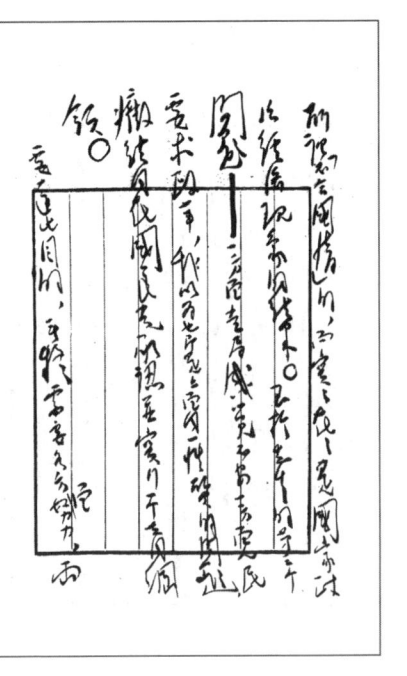

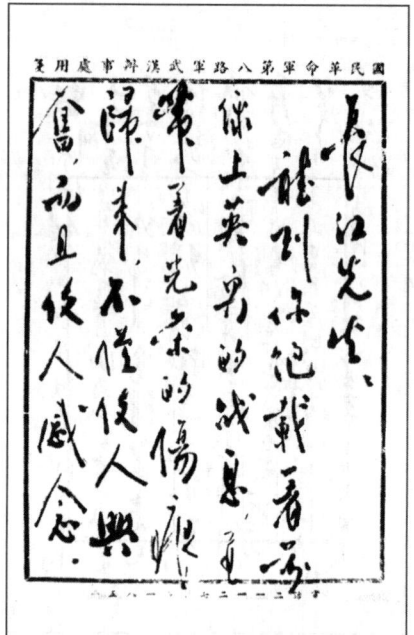

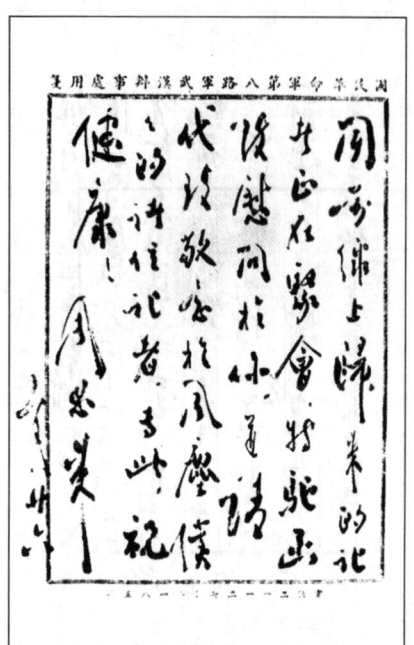

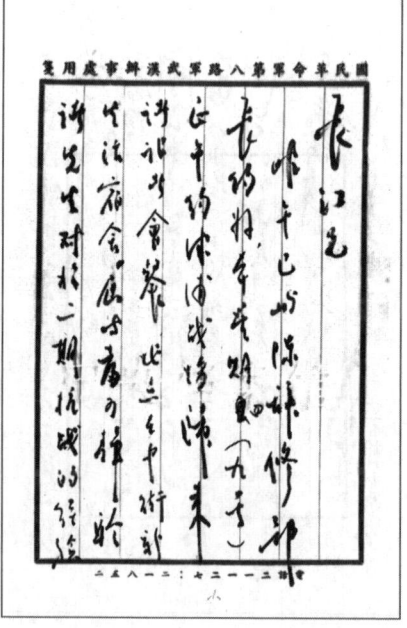

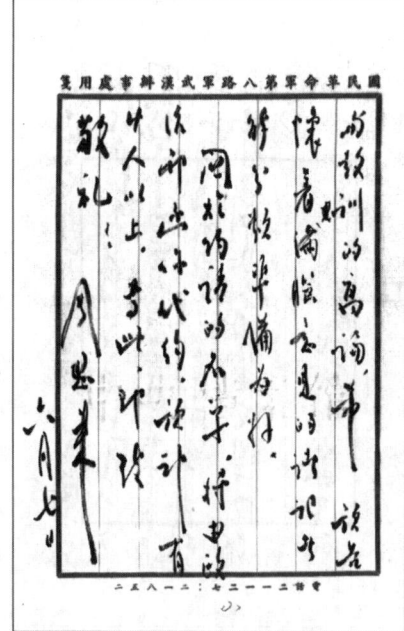

《淮河大战之前后》序

淮河战争是我们对日抗战第二期的开场。也是我们新战术思想——所谓以运动战为主，而以阵地战和游击战为辅的新战术——第一次的运用。从此以后，我们开始从无望的专守防御的阵地战中解放出来。我们开始转到主动的地位，开始用机动的姿态，打击敌人。

因为淮河战争能把敌人打退，而且不是用了什么机械化部队，主要的，是战术的变更，这一点增强了我们军民抗战胜利的信念，把南京失守后的失败主义，用新胜利的事实将它透澈的打击一番。随着淮河战争的开展，我们看到全国各方面胜利信心的恢复，和敌人气势的衰退。以后接着是鲁东南临沂两次胜利，山西敌人色当战法的失败，台儿庄的退敌，鲁南第二次会战的挫敌，这五个月来战争的好转，都是本着淮河战争以后一贯的战术作风。

这本小册子的目的，只是收集当时个人所亲见的一些材料。让我们从这些材料中反映出一个新抗战时期的抬头。这个新时期的出现，是第一期抗战无数量失败与牺牲所换得的结果。而我们半年来所看到的各种胜利的现象，完全是淮河战争中新而大胆的尝试，为我们开出的道路。

这本书，它本身并没有经系统整理过，但是材料相当忠实，则可以自信。

长江二十七年六月于汉口大公报编辑室

《淮河大战之前后》封面

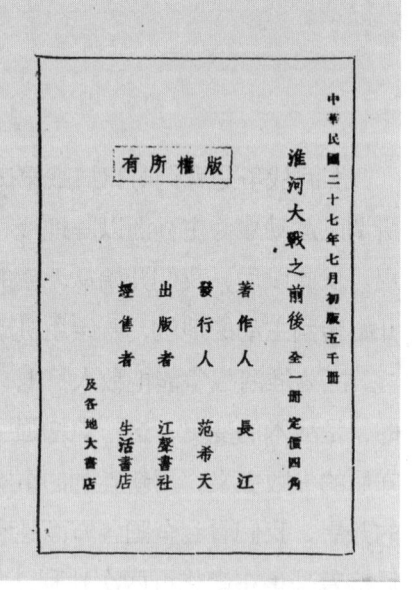

《淮河大战之前后》版权页

中原大战之前夕

（一）满怀兴奋入中原

气候有晴雨，时事亦有盈虚。在民族生命已走上紧急的存亡兴废关头，全民族的感情都为每日所发生的军事政治现象强烈地掀动。卢沟桥事变后的强硬态度，大家兴奋极了。"八一三"上海的进军，大家兴奋极了。上海三个月的苦战，大家兴奋极了。但是南京失守后，以武汉为中心所放射出来的政治动摇空气，却太使国民丧气了。

十二月十六日蒋委员长告国民书发表，大家叹觉得颓丧中发现了光明，接着是军事政治的整理，一步一步地实现，虽然整理的结果，还没有能够满足许多人所希望那样程度，但是军事政治总形势已经比从前进步多了。陈辞修先生接了武汉卫戍总司令，总政治部的组织也在积极地筹备，武汉当前的流亡青年问题，伤兵问题，保卫问题，和以全国为范围的战时政治开展问题，一天一天地有了端倪。

日本目前对我军事侵略重心，似由于英国态度之难测，与中国新军事布置的积极，在华南方面暂时不敢下手。而华中方面亦收缩江南兵力，移兵北上，合由津浦南下之敌军，欲行打通津浦路之老实计划。此时山东韩复榘率十数万大军，不战而弃山东，且将全师入豫，择地自全，不但使徐州以北轻委敌军，而其不遵命令，擅自撤退，且将牵动其他抗战部队。一般国民虽对国家总前途稍见宽心，而对于中原形势过速的演变，实亦不胜其焦虑。然而开封会议之后，韩复榘已被决于武汉，津浦军事为之逆转，洛阳会议之后，西北军事又全般筹划，八路军副指挥彭德怀先生对于蒋委员长之坚决态度，亦重致其敬慰。

然而敌军打通津浦之计划，势在必行，中国军事形势之好转，更将加强日军之急躁。故津浦陇海大战之揭开，为期不远，记者于上海大战中已重误其报导之职责，此次中原会战，预料其战斗将不如上海之猛，而战略上此役支持时间之久暂及其所及于敌军之影响，当有其划时期的意义。故在预定南行之前，特先绕行中原一周，将中原大会战战前之形势，为读者作相当周遍的报告。

离开武汉，正是大雪之后，在武汉街上几寸厚的白雪，被无数的行人车马践踏，很快的化成了泥水，污人衣履，所以只感到她的来到人间为多事，令人讨厌，然而出了武汉市街窄狭眼境的范畴之后，顺平汉路举目四望，我们旧日云梦泽所在的锦绣河山，似乎和全中国其他所有领土一样，感受着日本强盗的侮辱与欺凌，在我们民族颓势已行原则好转的今日，大雪的造临，象征着旧历史在获一场清森的场面洗刷过去，而另布置出光辉纯洁的前途。

车上遇到黄杰先生，他是黄浦军人中有"儒将"作风者，他与中国新闻界往还甚广，几乎过半以上，多与其有识面之缘，亦可谓现阶段军人中有新闻记者风格者。因他常与新闻界来往，较多知新闻界之现状。他以为抗战以后，中国新闻界应加合理的整刷工夫。如从基本工作上着想，新闻记者之训练，必须有内容充实之学校，关于新闻记者应有之技术与学理知识，皆善为培养，养成后，然后引导至国内各省市重要城市参观，各民族参观，各种特殊风物参观，使每一记者必须详细了解国内的各方面，对于其中优良分子，则选拔至国际参观，进而养成最优良之国外新闻记者，他以为此种新新闻人才之养成费，当在数百万元。

车自大别山下穿过，一位在北方某省党部工作的下级职员，与一士兵高声互嚷，惊动四邻。此位工作人员与一士兵谈话之结果，知兵已无路费，乃出其私囊若干，赠予士兵，兵不肯受，而对方则非要其接收不可，经再三坚持之结果，党部工作人员这样说："这些钱也是国家的，不必和我太客气！本来党部是联合军队和民众的，我们办党的人对于弟兄们的帮忙，尤其应该，你们弟兄以后如果作战失散，或有什么困难，可以到各县党部向委员接洽，他们也应该帮助你们的。"后来士兵受了钱，一定要赠钱人写他自己的姓名和职务通信处等；他还屡次推却。如果全国党部的办党人员都能和他这样，国民党一定全部改观了。

（二）纵思平汉线

三十日晚，使我最难解答的问题，是我已经知道有几个从机械化的部队中脱离出来的青年军官和学生，他们正走向延安去，他们希望在那面找理想的生活，找盼望的光明。我们明白目前抗战总形势的人，大家有一个一致的见地，是赶紧充实对日本作战的力量，特别是过去今天一直到第三期，这是担任与日本作主力决战的军队更应使它强化。固然这个力量的强化，需要多方面改革和补充，然而优秀青年干部不应从这里脱离甚而至于要更大量的投身进去，这是当前民族革命的需要。共产党自己的负责人在各方面亦已经表示，各地青年不应都往陕北跑，如果全国各地方，特别是华中华南各种工作中没有好的干部来撑持，全国的抗战如果都告失败，单单剩下西北这点地方，只剩下一部份的力量，对于民族总危机的挽回，有何用处？这些理论他们过去太没有了解的机会了，然而他们在部队中所遭受的不合理环境，实在是逼成他们不得不离开原工作岗位的原因。这里我们盼望各部队长官对于优秀的青年干部，应该善为了解，这次抗日战争，诚如蒋委员长所昭示，为"革命的战争"，战争的本身实在具备两个性质：第一，是从日本帝国主义压迫之下，争民族的解放；第二，藉战争伟大的力量，洗刷我们国家内部积年来的垢污，因为战争须有大的力量，而力量的产生，只有在内部健全的条件下，始能做到，只要战争，腐化恶浊自私的习惯是无法不淘汰的。青年人参加这样神圣的民族革命战争，绝对无可避免地会发生要求合理环境的思想，他们绝对不满意单纯军事技术的学习和工作，他们必须要求深入的政治了解，今天他们在自己和民族整个生死存亡线上，他们必先对于他们自己要作的事情，先问一个"为什么？"然后问一个："应当怎样？"这些问题圆满解答，才能令青年军人死心塌地去坚持他的岗位；才能令他毫无犹豫去牺牲，这里还有一个主要点，今天的青年人特别是青年军人，对于"主义"问题，兴趣极低；谁也不愿谈这些空洞的东西，他们只要两点即可以满足：第一，坚决的抗战；第二，振作的合理的环境，所以希望许多长官不要轻于疑断自己青年部下是有什么政治党派，任意给他们压迫或者开除，使他们从抗战的队伍中排除出去，我们要体念到国家养成一个军事技术人才，不是一件容易事，在我们正紧急用人的时候，让许多好的份子，都跑脱了，这是对民族有害的行为。

各色各样的士兵，用陕西话，河南话，山东话，交谈着。好些人提到韩复榘问题，有人说蒋委员长一向宽大为怀，不杀的成份多；有人说，韩复榘保全势力，不战而退，实质上是背叛国家，当然该死。赞成后一说的比较多些，这代表士兵们的公意。

山东兵谈山东军队，每一个班长也有几个老婆，因山东乡间有一种极贫苦的纺纱女，每日天微明即起床纺纱，一直纺到午夜以后，才能休息，而所得生活报酬，仍异常辛苦；山东军队已多年没有作战，饷项每月照发，故班长收入，已比一般劳苦民众为高，故纺纱女多愿嫁给班长，每月还可以吃几顿白面饭，所以军队驻防稍久，即有许多班长与纺纱女"结婚"，军队一旦移防，班长们在新地方亦同样挟优越条件，造成新的游击据点！

实际生活中，随处都是哲学原理的流露，欧洲某哲学家到野外散步，问一位牧羊者："你有哲学吗？"从书生的见地，这话问得荒唐，而从实际言之，这个却太过平常了。所谓哲学不过说明人生和宇宙的法则，这些法则是不因有无哲学而决定其存否。我们日常生活中无一日无一事不在严格的法则之中。车中小商人说南阳的白面现大批往许昌运，这一定是南阳面价比许昌便宜，任何事物必定向更好方向发展，只要你能造成更好的环境，不好环境的人一定会向你来的。有一位商人劝一位士兵不要抽香烟，因为三盒香烟要六角大洋，可买十四斤大米，可以供给二十个成人一顿的食用。如果那位士兵有直接的生活负担，一定接受这样建议，把他的经济力量，用到更需要的方面去。说到香烟这样昂贵，另外的商人说明国产香烟不能发达的原因。外国香烟公司不但对我们缴纳重税，且对我们烟税机关大大的贿赂，希望他们不要用重税去阻止他们香烟的销行，这样国产香烟根基不固，自无由与外烟竞争，而谋发展了。这是说明个人利益如果与集团利益相去太远，必难保持个人对于集团的忠诚。因此破坏集团的方法，使其中某一个人的利益特别超出该集团所能给予的利益，是重要习见的手段。

（三）下层的觉醒

事实是最好的教育，平日我们多少学生作民众宣传说得口吐长沫，还不见得会令民众相信，这回的抗战，平日许多人听了不入耳的国家民族那堆大道理，都用事实打进民众的心里了。三十一日晨间，车近许昌车站，车上两个老茶房却在三等饭车上大谈其抗日前途来。秃头茶房满口北平话，他说不久一定可以回北平，因为在他看来，这回战争，内部已经没有地盘观念，大家都可以归政府统一的调动，在他的经历上，从前是没有的，中国这样大，大家能够团结一致，你说有多少大的力量！再说从前吃了几个败仗，大家吃了些亏，这回蒋委员长亲自到开封洛阳开会，军事上布置，相当的反攻，加上苏联新近不断来的飞机，只要时候一到，那是不成问题的！最妙是他还提出我们对日本打胜仗，不能打胜得太快，胜得太快，有两点不好：第一，我们内部还没有彻底改造的时间，将来又是麻烦；第二，打日本是要"耗"的，没有把日本"耗"光，终久不算把仗已经打了。他比日本好像蜡烛，时间越长，力量损失越大。因为在战争期中，日本的工业不能照常做，商业也无法可做，以工商立国的日本，怎样经得起"耗"呢？我们是种地过活的人，无论日本占了中国多少地方，无论中国败到如何程度，中国照样可以生活下去的。单凭这点大道理，日本就非败不可了。四座的客人都听得起劲，结果一位客人还肃然起敬地为他冲了一杯茶。

另外一辆三等车里，却发生了一幕趣剧，一位天真的农村青年，穿一身河南乡下青年的服饰，他向人说打算回河北省大名府，想回家里看看。他本是教导总队某营长公馆里的当差，南京失败后，找不着营长，他陪太太到了汉口，没有事，只好回家，他并且听说："日本人占了河北，很不错！飞机炸坏了房子，茅房一间赔二十元，瓦房一间赔四十元……"许许多多的士兵和难民坐在他的四周，他这些话还没有讲完，四周的眼光变为惊奇与愤怒，有人叫出"胡说！"，有人叫出"汉奸！"，有人可怜说："这个胡涂旦！"把他顿时间弄得张皇失措，不知所以。有人说他："你还觉得日本好吗？"他急得神经失了主宰，似乎想起了什么似的，叫出一声："啊！打倒日本帝国主义！"河南口音的老头在一旁听了半天，这时叹气说："十年来的唤起民众工作做得太无实际了！"

伤兵是国家功臣，所以特别快车他们也一样可以免费上去，一群回山西战场的伤愈士兵，向难民和旅客们很生龙活虎地谈他们身经的大战，"忻口战争"是"南口战争"后第一大战，七十师参加过忻口大战，七十师在忻口受过伤的士兵一谈起这回战事，似乎大拇指要竖起来一样，有按制不住的光荣。他们说争忻口那座高山，不知死了多少人，日本的炮火利害，白天高山被他拿去，晚上我们又去冲锋，硬把山拿了回来，每天一来一往，我们晚上上去就是手榴弹，日本放催泪瓦斯，让我们流眼泪，什么也看不见，看不见也把手榴弹照着日本方向丢，彼此战壕有时相去二百尺，双方死尸都无法收拾回去，不过看服装就可以看出那个是日本死尸。

伤兵们恨日本，同时也恨汉奸，他们吃汉奸的亏，吃得不少了。要不是汉奸带路，作侦探，放信号，我们军队那会吃这样大的损失。因此伤兵们自然地发生了对于汉奸的特别警觉性。在临汾在信阳好些汉奸向伤兵打听消息，都被伤兵们诱捕法办了。

山西伤兵回营的情绪很高，信阳伤兵医院的伤愈士兵，经阎先生派人发饷慰问后，本规定二月二十五日在潼关集中，然而刚才一月三十一日他们已经全部赶上前方了。

许昌新郑一带，铁路两旁贫困现象日增，火车进站，乞丐与小贩同时自两侧拥来，大家同以求生的目的，而接近火车中的客人，不过小贩尚有可供营利之商品，而赤贫之乞丐，除以其可怜之外象，博旅客之同情外，他无所有耳。若干老者叩地求施，若干壮年妇女指怀中婴儿，希望得人之关心。其每日所能希望得到者，当不会多，此种乞丐之增加，当与战争有直接之关联，战争继续发展之结果，破产流亡之群众，必将日益加多，但此为中华民族挣落日本帝国主义这一巨大枷锁所不能不付出之代价，我们痛苦代价之偿还，只有在民族革命战争总胜利之后。

军运繁忙，"特别快车"在战时失去了威力，往往一个站上等上二三小时，我们已离郑州只有一小站，就是无法开去。只看到前面的车一趟一趟地南来，后面的车也一列一列地北去，我们当然不耐，但是，为了战争，为了民族整个的命运，我们毫无疑问地可以忍受的。

（四）异样心情过郑州

郑州的街道，我本来相当熟悉，然而现在到了郑州，找一家旅馆仍非常不容易。中国旅行社这样比较好的旅馆门外墙边，睡着许多难民与乞丐，有些简直一无所有的躺在地面上，在这样冰冻寒夜苦难中的同胞！不要忘了这样流离飘泊，全是我们横暴的东邻所赐予。

在郑州很高兴和苏联塔斯社记者查格拉斯基和毕洛夫两先生谈了许多问题，名运动家孙桂云的哥哥孙桂籍先生为我翻译，他翻得流利与恰当，让我们的谈话进行得非常顺利。

他们是在中苏互不侵犯协定之后，自苏联经西北直飞而来的，所以他们之到中国作新闻工作，在时机上是有不平常的意义的。中国这次对外抗战，本质是一种革命的过程，我问他们拿来和苏联革命时比较，不知形势怎样，他们以为中国今天的形势，比苏联当时好得多：第一，中国今天只有一个敌人——日本，而当时苏联，则国外有各国的干涉战争，国内有反革命的存在，内外一齐夹攻，苏联是在夹攻中奋斗。第二，今天中国像郑州这样地方，到处可以买到食物，冬天的旅馆，还有炭可以取暖，苏联革命时期比现在中国的生活情形差得太远了。不过，他们以为中国对于民众的宣传组织做得不够，一部份人还被日本人利用去作汉奸，民族政策不好，比如德王还受日本愚弄，还有很多蒙古人受他统率来打绥远。关于宣传问题，郑州这样已成前方重镇的地方，戏院里面还唱些旧剧，和目前实际生活，相去太远。今天日本已打到黄河北岸，我们剧院里演的"华容道"，怎样能做到宣传鼓动的工夫呢？毕洛夫说他在卫辉参加了几次群众大会，有些学生演抗日话剧和教救亡歌曲，群众受影响很大，而且收效甚快，查格拉斯基以为在这样平日无组织无训练的民众，要今天由蒋委员长来领导作艰苦长期的战争，此种领导工夫，太不平常的艰辛了。

到郑次日，遇到空袭，几个炸弹不知丢在那里去了，大家见惯了，到很少再打听飞机去后的新闻，反正打着算活该，没有打着的，我们还是照常的工作。那天碰上那天完，我们自己完了，旁人顶着干，这一代完了，下一代接上干，只要决心不动摇，看日本有多少炸弹可以填满中国重要城市和乡村！

火车完全失了时间性，车站上人也不知到车什么时候确实可以到，到了车站，才算可以告诉你"到了"。我们等东去徐州的车，只好在车站上去等，从下午三时等到九时半，火车才有，车站上近五六百的军民人等，等了半天也都等急了，所以火车一到，就如饿虎扑羔羊式的猛冲而入，里面的还没有出来，各车门口已经被"有力者"挤满，客人有些从窗口下来，有些也从窗口进去，平日警察对于这种现象是绝对不准的，现在也不得不准了。在月台一面钻窗孔，不算英雄，在背月台那面窗孔一跃擦身而入，也有不少好汉。

郑州车站上集积起津浦胶济各路车头，两三个车头衔在一起，闲着无聊，车头上涂了不少泥土，当然是防空用的：在津浦前方战场上，司机们冒着日机必炸的危险，不断的工作，涂泥土并不是有效的防空办法，但是他们能在不可靠的保护下无所恐惧的作战时运输，精神是伟大的。他们有一部份转到后方，他们的技术和带回来的器材，正可以开发我们西北和西南交通。

韩复榘的钢甲车头也在陇海车站上水上煤，原来车中的人大半跑了。韩在山东搜括不少的财物，自己乘着钢甲车，以为满可安全地退向一定地方，谁知自私行为超过了公家和民族利益所能给予的最大限度的容忍，绝对逃不出公理的制裁。公理制裁到来之后，什么钢甲车也不能保险了。

从窗口上挤进了车厢，然而在车厢里却已无转身的余地，行李架上，走道上，厕所里全住满了人，车门的一开一闭要影响到好几人的根本存在，开一次几乎非打一次架不可，车子里面人满了还不算，车厢外面也站得水泄不通，此时无所谓买票不买票，买了票不见得挤得上车，没有票上了车，也不会有人能通过车厢，进行查票。似站似坐地，我被挤在角落里，窗上玻璃已经打破，在百叶窗掩护下面，冬风分股向车里人袭来，我只感觉得衣服似乎愈夜深穿得愈少。人挤得那样紧，全身还是不断地打颤。疲困麻木了神经，在昏沉颠倒的深夜，随着辘辘车轮转动声，四肢间一切似乎有冰刀慢慢地插入。在车外的客人也许衣服还比我少,身体还比我弱,然而在今天的中国,战争未胜利之前也就无法说了!

含糊地过夜,次晨醒来,已到归德,从百叶窗隙看大地,原来昨晚下了一场大雪,雪风偏欺乱离人,无怪车中人的颜面,都被一夜熬煎苍白了。

(五)无恙到徐州

昨晚在车外与大雪寒风搏斗的有两个河南中学生,他们当然一夜没有休息,然而他们的面色是那样红润与强壮。他们是刚从豫北回来的社会训练工作者,他们在国难以后,经省府派到各县去宣传民众,和作壮丁们的政治训练,他们工作几个月来的结果,得了许许多多平日在学校想不到的实用知识。他们认为目前动员民众的两大障碍:第一,为官吏的腐败与无能;县政府和联保主任只会"应付公事",上面下来什么命令,什么办法,只是文牍先生忙一忙,"等因""奉此"几下,天大的问题搁起来了。这样政治情形下,任何动员计划是等于零的。第二,为官民的对立;民众对官吏向无好感,县长联保主任这般人说话,他们根本不相信,要叫他们积极动员,等于叫两条不相信的心去共做一桩事,无论如何难得真正弄好的。不过,他们的经验上又这样告诉他们,民众对于宣传,仍然很有兴趣,对于国家观念,一说就会明白的,问题在如何刷新政治上"官僚"的力量,让许多青年负责勇为的份子来担当动员的领导工作。

陇海特别快车,向东只开到开封,开封以东为不固定的车次,徐海既成战场,过开封以后,车上除军人外,普通客人极少。过归德后,军人也不多。但是苏北皖北一带的伤愈士兵回家者不少,这其中一部份是因为军官平日腐败,军队纪律不好,少数士兵在抗战中发了相当的非法横财,打算回家过"小康"之福。一部份是在治疗期中,没有好好的动员政治教育、提高他们抗战情绪，并且重新让他们认识抗敌必然更接近胜利的时机。而且有些部队太看不起士兵们对于抗战的神圣情操，把在战时几月欠饷，要他们再回到前方才肯发给他们，恐怕发了饷，他们不肯再去，这是小视士兵的人格，抹煞士兵们为国牺牲的尊严。以伟大心情待人者，人恒以伟大自爱；以宵小心情待人者，人亦以宵小对之。所以有些伤愈士兵根本灰心，而不愿意再干了。寄语各部队长官，寄语各机关官吏，拿你们的赤诚来对待士兵和民众，相信他们尊重他们，他们无知的地方，教育他们；在民族抗战的大纛之下，中华民族的儿女不会对不起祖宗的！

火车上遇空袭，是最讨厌的事情，因为火车没有地方可以隐藏的。火车将到徐州附近，突然往后退，大家知道空袭来了。接着火车头离开列车单独跑了，这列无头的列车毫无活气地躺在无站的轨道上，好像丧失了父母的流亡儿女，许许多多的旅客从车厢中吐出，散到铁道两旁的村庄树林和土堆的附近，有些老经验坐在车里照样睡觉，有些小局面的人，不但人下车，而且把他的箱子行李都费力的提着一齐逃难。一般说起来，人对于有利的事情，总希望独得，但是到危难的时候，总希望有更多的同伴；争坐位时，一个人能占两个人的位置最为理想，而躲起飞机来，大家总往人多的地方跑，似乎以为人多有障保。其实这是对付土匪强盗的防御习惯，对付这新式的杀人东西，就有些不行了。人积集越多，对飞机的危险性更大。

离开武汉的时候，想象徐州情况一定很紧，因为大家的想法，以为徐州之必然失陷，只是最近期内的时间问题，进了徐州街市，印象慢慢转变，商店虽然因为空袭等关系，有一部份关门；然而市面仍大半维持原状，街上来往的士兵官长没有不镇定安闲，从容不迫的。并且过往的军人有些发出"丢那妈"，有些发出"狗肏的"的方音，桂川军同到前线作战，使人发生深沉的感触，纷乱混顿的中国，被日本给我们侵略出头绪了。中国从辛亥革命到国民党的北伐运动，在实质上都没有把国家彻底凝为一气，特别是军事上大都貌合神离，没有造成军事真统一的局面，大家没有共同的目的。自然没有统一的指挥，然而中国的积弊，被日本给我们打破了。无论内部如何困难，今天中国任何地方的军队，能在抗日的目标之下，由最高统帅部任意调动了。军事统一是中国最不易作到的政治任务，军事统一完成之后，所有中国建造过程上若干节目，皆可迎刃而解了。这回中日战争的最后结果，还没有到来，而中国在艰难改造的进程上。日本已促成了我们这样重要的一段进步，我们已经获得达到最后胜利之前的最基本的胜利了。（一月三十一日）

李宗仁纵谈抗战前途

横亘津浦屏障武汉的重任,今天是落在平日主张"焦土抗战"的李宗仁先生身上,在一个月前,我们在武汉已听到徐州不能守的消息,因为对于徐州的保卫没有信念,所以武汉人心始终觉得不甚稳妥,然而到徐州以后,很奇异地觉得徐州比武汉还要安定,敌机几乎每天来,然而在敌机轰炸下,徐州仍然在镇定的发挥它支持南北抗战中心的作用。

当韩复榘决心不抵抗的时候,徐州局面确甚危险,然而始终抱定无办法中想办法,终得渡过难关,转危为安者,实由于李宗仁先生之坚定与从容。

记者到徐后,数度与李先生长谈,归纳他各方面的见解,觉得他今天的坚定与从容,并不是仅仅由于对国家单纯感情兴奋,而是有他若干年来对内对外的一贯认识,今天只是本此认识而发挥。

我见他在徐州这样安定,就奇怪他对于抗战究竟有什么把握?而他的看法,则以为日本已经没有把握,我们越强硬,他越没有办法。因为日本整个地对华作战的计划,是有一个根本假定作基础,即是"中国必降"。他们以为用精锐粉碎中国主力,占领中国的军事政治经济中心后,中国必然会屈膝,然而他们没有预料万一中国不屈服怎样办?所以他们计划的兵力,作战方法,都是在速战速决之原则下,以为在短期内可以达成征服中国的目的。今天我们中国的态度，整个的出乎日本军阀预料之外，我们不但不屈服，我们决心坚强抗战到底，不胜不停。这一下就够日本手忙脚乱了。日本的政略可以说完全失败，政略失败，战略也自然失了根据。所以只要我们自今天以后，处处强硬，无一时无一地不是日本意外的困难。不管每一战斗结果怎样，原则上都是日本失败了。步调已经错乱的日本，我们还怕他干什么！

对于整个抗战形势如此看法，对于他所主持战区的战争，自然更加无所顾惧了。他这一战区本是多面受敌，南北两面共可分六路袭来，而东海方面敌仍有登陆之可能。李所辖兵力践破杂乱，且北面屏障之"韩青天"不但不能挡日本之进攻，反而让开津浦正面，几引敌以乱陇海，然而李对此危局之应付，亦无动于衷，纵容调川军以填津浦之防。盖李已作最后打算，纵今日军强力贯通铁路，我军便将分兵两侧，绝对使日军无法安枕。敌沿路分散兵力。正予我以各别消灭之良好机会。

对于抗战之民众动员问题，李深感地方政治之难于符合需要，引为太息，盖第二期战争，以发动民众配合战争为要着，而发动民众，则地方行政机构与行政人员非廉洁有力不可。然而事到如今，若干地方官吏对于发动民众，仍不能着手，或则包而不办，或则虚应公事，不了解目前危机，不警惕国家艰难，只知防范民众，恐其一旦组织与武装起来，首先对腐败的官吏算账，顾计个人私利，宁遗误国家大局，到时多是一走了事，人谓"见了棺材流眼泪"，已经可怜，而今天若干官吏，简直"进了棺材也不流泪"，岂不更可痛吗？

然而他又坚信，只要能继续抗战下去，这些腐败现象，因客观环境压迫，不得不彻底革新，敌人的武力打来，只有真正力量，才能抵抗，腐败的机构中，不会有力量产生的。所以大家不能因为腐败不合理现象之无法痛快加以铲除而灰心，反而应当更加强化抗战工作，用抗战的力量，自然地扫荡腐败与贪污。所以不但从对外观点说，抗战已有必胜的前途，而就内政观点说，抗战也是促进新中国产生的巨大力量。

至于抗战以后之国家政治形态，他认为事实上已渐走向民主之路，将来一定为多党并存之局面。他认为共产党对其新政策，确具有诚心，故无论从任何方面看去，中国前途将日即于通达。（一月卅日 山东临城）

川军在山东前线

（一）新作风

到徐州后，我们非常兴奋地知道四川军队在津浦战局的挽回上尽了很大的力量。当韩复榘让开津浦正面，从济宁西退的时候，如果没有川军星夜赶到，日军可不费一弹而至徐州，徐州动摇，则今日的武汉，恐万万不能如现在这样安稳了。素来被人目为魔窟的四川，素来被人目为只知内战的四川军队，今天在民族神圣自卫战争的号召之下，竟自在山东这样远离四川的前方，发生捍卫祖国的功绩，这是多么不平凡的事迹啊！

难得的，并不只此，四川民众对于川军军纪的感觉，一般都是头痛的，然而在徐州一带，我们从民间得来消息，川军的军纪竟是非常良好，大家相处得相安无事。

为了这些令人高兴的奇迹，我们特别肃敬地去看邓锡侯和孙震两位川军统帅。由于事实的需要与习惯的观摩，四川军人过去那样威仪，在民族战争的战场上变得朴质了。有史以来，四川军队从剑门关出来，过巴山，越秦岭，横穿关中，转战太行山边，而今更东进至圣贤故里的山东作战，恐怕是空前的事情。诸葛亮六出祁山，所到不过渭水上游，姜维九伐中原，始终未出陇南一隅之地，今川军竟横行数千里外，勒马泰山边，西望巴蜀，东指扶桑三岛，四川军人之光荣，实亘古以来所未有。故上自将校，下至士兵，皆表现为一致之愉快心情。邓孙二先生一再道述，官兵对于今回战争，不论胜负如何，皆觉得死而无恨。

徐州为古彭城，即西楚霸王项羽之故都，今日徐州车站上却有不少巴蜀健儿之踪影，在山东前线的川军，把徐州作为他们的后方，交通车上有许多人都用纯粹的川音在对话。历史改变了，中华民族内部大交流了，日本人欺侮我们所谓"一盘散沙的中国"，也快成过去了。

一月三十日，正是旧历除夕，我们从徐州北去临城，看望我们已立不朽功劳的川军将士。到时已近夜，车站小贩营业兴隆，军民安堵如平时。据地方人士谈称，韩军西撤时，军纪荡然，抢掠无度，民众一面恐惧日军之到来，一面又恐惧韩军之蹂躏，乃相率逃至乡间。人心惶惶，亡国悲痛的阴影，笼罩于每一个民众心间，川军赶至，始相率回家，重度其几乎不能度过之旧历新年。

临城本为滕县之一镇，因有铁路东通枣庄台儿庄，枣庄中兴煤矿公司所在，故商务超乎各镇。镇东依山地，西滨微山湖，成为军事上之隘地，过此，则徐州形势，已失屏障。微山湖多鱼，且多野鸭，土人捕野鸭，常架双土枪先后连续射击，第一枪近地面，第二枪高数尺，土枪发群子，第一枪响时，野鸭惊起群飞，俟其刚展翅时，第二枪续发，所中特多，鸭肥而味佳，陈静珊师长于除夕之夜，享我们以腊味野鸭，感怀无极，盖以川军师长在山东前线以土味待客，其意义殊非等闲也。他日如陈静珊先生能请我们新闻记者在哈尔滨松花江游泳，更当令人兴奋也。

陈为富于政治头脑之军人，对国内政治形势，观察甚深，对于目前战局，甚抱乐观，川军武器较差，然而他认为变更作战方法，仍可以补救武器不如敌人的缺陷，如果我们军队能够机动地实行运动战，除少数正面牵制外，大部避实就虚自侧后方以攻击敌人，亦可以达成歼灭敌人的效果。但是欲此种军队达成新的任务，必须首先改造军队之自身，第一，军队战术观念必须改更；第二，军队自身政治教育必须加强；第三，军队对于民众运动，必须能健全地发动，与军队配合。具体言之，目前军队中唯一迫切需要在于扩大政治工作，最好能组织政治部。只要政治工作有办法，劣势兵器的军队，仍有打胜仗绝对的把握。

（二）辛酸的幽默

几位旅团长谈起他们在山西作战的经过，非常有趣。川军本来谁也没有想到到山西作战，所以对于山西地理形势的研究，友军的联络，敌情的考察等，都事先没有准备。当邓孙两部奉命北开，自四川徒步到陕西宝鸡，始搭陇海路车东开，原来预定在西安要整理休息一下，所以他们完全是赤足草履，短裤单衣，根本没有北方御寒准备，谁知道到了宝鸡，山西战事紧急，根本没有休息补充的机会，就这样以南方服装赶上山西战场，从宝鸡以后，东至潼关，过风陵渡，登同浦车，北进太原，完全过铁板车生活，人多车少，有站无坐，且适逢数日风雨，火车日夜不停，无法造饭，饥寒交迫，兵士痛苦不堪，有些士兵到终站下车时，已两腿发直，随铁门之开辟，已倾倒而出，于是一种喜意的怨声，普遍于士兵间："我们邓总司令告诉我们可以坐火车，里面有沙发椅子，坐在里面不要劳动，等于'洋房子走路'，这就叫洋房子走路吗？我们不是坐火车，简直是站火车了！"

邓锡侯先生为四川军人中富于政治术略的能手，此次出兵，在西安开部属的会议时，大家咸以为此次为国家生存而战，大家应一扫过去勾心斗角之习惯，以真诚坦率之态度，为国家效力，故到太原附近奉令进入右区阵地时，全军皆如命而入，谁知敌情早起变化，左中两军早已退却，只剩右翼军孤军深入，遂陷敌军重围中，最危险者为邓孙之部队在进入阵地之后，有大部已被敌人包围击溃，他们仍继续前进，在前进过程中，本已数度发现敌人征候，而仍以为自己部队在前方，谁知进入一个已被日军占领之村庄后，日军用机炮射击，初犹以为误会，殆其左右已伤亡累累，其自己乘马亦受伤后，始仓皇而退，几为敌所生擒。川军在山西作战，本为破天荒之举，对于外面情形，太不明白，中央军服装与敌人服装，分别不清，故某次遇敌人骑探，见其骑大马，服黄呢外套，脚穿大皮靴，佩长刀，疑为友军官长，不加射击，殆其已近，哨兵被敌射杀，始知为敌骑。

川军仓皇入晋，官长多尚无山西地图，对于敌人的基本知识，毫无所知，若干受伤士兵被弃战地，见敌人坦克车冲过，误为我军汽车，频呼其停车，自报军队番号，要求搭车到后方。

这一串酸辛幽默的故事，说明半殖民地的中国，在民族解放战争中，发动了各方面的力量，这些力量往往不适合于近代战争的条件，然而在神圣的民族解放战争之中，任何部分都自愿供献其全力，不管结果如何，参加抗战者的本身是忠诚庄重严肃的。而且事实是最好的教育，痛苦的经验，能给人以超常的进步，川军在山西尽了心，而没有造成很好的战争成绩，然而经过山西失败教训之后，四川军知道了日本军队究竟怎样，自己的缺点在那里，日本的短处在那里，要怎样才可以和日本抗战。因为有了这次教训，所以津浦路北段的危局，他们能很镇定地把它挽回了。

抗战是刷新政治的最好力量，因为要在生死线上打圈，不是有吃苦耐劳和牺牲性的人，是不敢干的。平时贪官污吏把持政府机关，手段多端，排除为难，然而官僚最怕苦，最怕死，真到生死关头，官僚不攻而自逃了。临城镇原来的公安局长在时局危急时私自逃了，现在的局长是滕县乡农学校的校长杨先生，他精干有为，临难挺身而出，维持地方，帮助军队，政治上只有这般人上台，才有办法。从这一观点，我们欢迎战争，欢迎战争来洗刷中国历史上积累下来的腐败恶浊的政治！

临城这样小的地方，敌机来投过二十八次炸弹，结果只伤一人死一人。日本这样拙劣的投弹技术，只有一个效用，就是告诉中国军民：

"日本飞机的本领，不过如此而已！"

川军的军誉，在前方更好，一方面是民众身受韩复榘时代痛苦，突然遇到川军，这样讲规矩，有点超常的感觉，至于川军的自身，则除因参加抗日，特别自爱而外，士兵生活的改善，也有很大的关系。川军士兵在四川之穷，为全国之冠，但现在的士兵，每人有一套棉军衣，和一件棉大衣，每月所吃军米为国家公米，不必出代价，故一士兵每月可得四五元之实饷，衣暖食饱而零用钱充足，当然军纪不容易坏了。

（三）滕县好县长

临城北五十里为滕县，即为今日津浦北段徐州北面唯一抗战重镇，滕县北之邹县，已入敌手，敌我两军相持于邹滕之间。同行同业海萍先生与铁甲车王队长有旧谊，蒙其特开专车，约一小时至滕县。滕县为春秋时之滕国，滕文公当小国王就在这里。今日滕县为山东南部大县，包括春秋时滕薛等四个小国，当时所谓"地方百里而可以王"，实在当时国家小得太不成话，当时许多名将贤相，实在没有什么大不了的本领。滕县县长要当古时四国盟主，而今却是行政上起码的单位。"孟子之滕，馆于上宫"，我们这次到滕县，就是住在古上宫所在进德会里面。这位滕县县长周同先生，我们一到就听到军民各方面异口同心的称道他的抗战决心和勇气。原来韩军一月三日弃兖州，日军即由兖州南下，川军七日始到，中间几天没有军队，完全靠周县长坚决撑持。敌军占邹县后，即速向滕县前进，前锋已到离滕县城十五里之白沙河，当时全城恐慌，汉奸维持会之组织，已将出现。周县长此时对民众坚决表示，愿"先人民而死"，力持镇定，闭门拒守，以待川军之来援。且已在滕县东部山地布置，准备万不得已时，入山抗战，仍使滕县之行政组织不至动摇。一般民众闻县长如此坚定誓言，皆曰："县长既愿先民而死，吾民当与共死！"于是人心一转，局势始安，汉奸未得早日活动机会，稍迟日军之前进，予川军以赶上接防之时机。否则，滕县早已入于敌手，川军赶到已迟，则徐州危矣！我们很为此临难不苟免之县长所感动，特别在下车后，即去看他。他在朴质的服装和坚毅的容颜中坦然谓："无他！中国已失去数百县，未闻有县长殉国者，我有心打破此种可耻纪录耳。"因此我们称县长为"滕文公"。滕县民众武装组织，现正积极开展，各种抗敌宣传，皆易为民众所接受。本来山东民众在韩复榘七八年来愚民政策与高压政策之下，军纪败坏，官吏贪污，民众恨政府刺骨，真有不少欢迎日军之来者，然而日军到曲阜邹县之后，其行动与表现，使滕县民众大吃一惊，张皇万状。山东所谓孔孟故里，礼仪之邦，一切皆可商量，惟有对于女性之奸淫行为，绝对不能忍受。曲阜为孔子故居，日军到曲阜后，即有该县巨绅吴廷玉。尹凤山等出而组织维持会，吴为过去道尹，尹为前清统领，以至圣故乡之巨绅，出面欢迎日军，日军亦素以尊崇孔教，欺骗民众，宜乎应该讲些礼节。日军问吴尹等要若干牛，吴等照办，要若干羊，吴等照办，要若干粮食，吴等照办，然后要二百女子，使吴等大感困难。然而此时迫于淫威，亦只好允设法雇佣妓女，但吴等正出外焦头烂额雇用妓女，无所结果之后，回家一看，各自全家老少妇女皆为敌军所奸淫。敌军正在纵欲狂欢，而吴尹等已骇得面无人色，随即羞愤自尽。邹县情形更惨，敌军索女人，维持会不能应，即纵兵搜索，家无幸免，上至五六十岁之老妪，下至十二三岁之幼女，因被奸致死者，城厢及各村镇日又所闻。这些山东同胞特别不能忍受的消息，让那些本受过汉奸思想"那个皇帝不纳粮"的麻醉的人民，也感觉到不行了。起来！不愿意任人蹂躏的人们！山东同胞不自觉地都普遍觉醒了。但是山东过去的军事政治，专以压迫人民为事，民众要起来，而怕军队和官厅的阻扰，幸而川军到后，军纪与韩军大不相同，一切公买公卖，特别尊敬山东男女之别，并且派人到各乡宣传，尽量扶助民众武力，人心便为之大壮，以为有了靠山，灰颓失意的民意，自此复燃了。

滕县民众受川军带来的新气象的刺激，大家觉得有希望了，城内的绅士如邱厚山（七十五岁）黄馥堂（七十岁）辈皆奋身而出，随军队政治工作人员到乡下宣传。滕县的青年也纷纷起来加入县动员委员会作宣传员。县城东北九十里之城前镇民众为欢迎川军前往，除沿途杀猪宰羊，烤制大饼，预备作饭柴火，送到镇上而外，且发动乡民将九十里长的道上积雪扫清，以迎川军。黄馥堂先生七代进士，滕县通家，特作七律古诗以迎川军将帅："天上遥瞻节钺临（指川军来），安危须仗老谋深（或系指邓总司令），晋文攘楚先三舍，忠武服蛮待七擒（指胜利在最后，目前胜败无足怪），中府一朝诛贰竖（指杀韩复榘），阳光普照祛群阴（指中央军威大振），川军将帅皆韩岳，岂有神州竟陆沉。"

（四）军民合作的新姿态

川军不扰民，而民间送川军之礼物特多，王副师长学俊曾下令转达民间，不必馈赠，然而各村各镇之送礼物者仍不绝于途。计已送到猪一百余只，粉条一千余斤，白菜以万斤计。村民送到即走，不管收否，商家更一致公议，在旧历年关为优待川军起见，破格不提高物价。川军多穿草履，雪地冰天，民众心中不忍，特纷纷送鞋袜，俾使士兵不至于感受缺乏。

鲁民这样爱戴川军：许多军官都受感动，而且是他们有生以来所未曾遇过的热爱，他们于兴奋之余，辄慨然谓："为民族而战争，能得民众如此爱戴，可以死而无恨了！"

二月一日再由滕县赴最前线之界河，用铁甲车专送前方，因十五里之北沙河桥已破坏，故必须下车换马前进。车中知刘队长存恩在胶东退兵时，曾有一段壮烈经过，可以作为全国军人之模范。当敌人刚过河之时，他是铁甲车第三队，奉令入胶东破坏胶济铁路桥，后来敌人已占胶济路上之周村以至济南之线，他这一列车被截在敌人后方两百余里，士兵大哗，而他仍主西返津浦路，但各站已无人负责，电话电报皆不通，但他料定敌人因欲利用铁道，不会破坏铁桥，如果只破坏铁轨，比较容易修复，强迫通过，但开至周村附近，敌已在周村，九股道路已被敌人破坏八股，他密派勇士，暗中将其余一股道搬好，然后猛冲而过，敌人枪炮大作，刘乃燃巨灯，一面看路轨，一面还击，终得通过周村，其余各站皆且打且退，殆至济南，已阒无军队，然他所率第三队铁甲车已转入津浦路，而且至今尚能在滕县最前方负守卫之责，国家如人人能如此负责，则国家不知要多保持多少力量。

下铁甲车骑四川小马，久不骑马，见马技痒，但骑惯西北大马，今骑上如此小马，意有未尽耳。然而川军将士跋涉万里，全赖此小马以代辛劳，此马为抗日而翻大山，渡旷野，本已极度辛苦，今竟蒙川军将士之厚爱，将其不能分离之马匹，借给我们不相干人之乘骑，心中实甚不安。

北沙河为日本骑兵曾到之处，北去界河十七八里，途中三五里一村庄，居民甚安静，红男绿女，村中尚有集而作赌博戏者，盖全不类战时气象。人民今觉有所恃，得安心过旧历年耳。北沙河以北之铁路，以由工程队加以破坏，令乡民自取枕木为薪，故沿路村中男子多在铁路上作拆毁工作，相聚成队，利之所在，人民自然趋之。但人民于拆毁铁路之余，自然想到战局之艰难，我军将自此与敌人长期战争，暂无北进之可能，生于此等地区之民众，当知前途之多难，敌军之必来，而速谋自身之组织与游击武装之建立也。

到界河后，车站已完全破坏，不见人影，我们数骑过后，哨兵惊出问何人，同行有政训员，始得过。又一里至界河镇。镇中军民集处，春联贴满墙门间，街道且为驻军扫清，丝毫纷乱气象皆无之，不知者，绝不知已入战场矣。墙上标语，有"不退倭兵誓不还！"盖表示川军出川之决心。

至前方指挥部，访谭尚修团长，知此间民众对于军队之爱护又比滕县为更甚。民众送谭团猪已三十余只，粉条近千斤，鞋袜则随时做好送来，民众见士兵无手套，乃大家赶做布手套，期使人各一双，甚者见我哨兵在雪山上监视敌人，雪风刺骨，乃亲送柴火至山上，亲为哨兵燃火取暖，见我作工事之士兵，雪时亦不停，除送柴火取暖外，拿出冻疮药，并亲为受冻伤之士兵绑扎，见工作过苦或有病之士兵，则在旁注视，不忍即去。

谭团在前方曾与敌人小接触数次，民众皆异常尽力，某次我军搜索前进，村中已有敌人，我军不知，一村民乃出来以手示阻止我军，我军不解其意，彼乃近前谓"村中有敌人"，因川军不习鲁音，亦不明了，村民乃以手阻我士兵前进，并指村中，频谓"有敌人！""有敌人！"至是士兵始明白，立即散开戒备，而村中敌人已知我军已至，立刻还击，此忠勇之村民，即为敌军所击杀，然而我军因此得以保全，皆此富有抗日意识村民之功。

又一次我军与敌军作战，遗下伤亡，不能立时撤走，战场附近民众乃自动将伤者之枪弹保存，而将死者尸体暂用土埋葬，伤者则暂收容家中，殆敌军退后，村民自动将死伤士兵抬送回营，而对死者，在交代尸体之后，与当地围观居民，同声痛哭，如丧考妣。让许多官兵反而节制了自己对于同伴应有的哀痛，而劝慰村民，谓他们系为国家而死，死后可以升天，不过为之过于伤感。

（五）打出了新胜利信心

一位曾经夜袭敌人最前进根据地两下店的尹惟一营长，畅谈其与日军接触后之所得，他谓"从来没有比现在更好打的仗了"。第一，民众帮助，事事不感困难。第二，有民众作耳目，敌情明了，知其虚实，避实就虚，处处有打胜仗的可能。第三，敌军攻击精神薄弱，只要稍为遇到一点我军攻击，即如乌龟式的缩头不敢外出。至于我方士兵则无人不轻视日本步兵行动之拙劣，但能避开日军之大炮坦克等正面冲突，一见日本步兵，那就算操了胜算把握了。

作战上他发明了新的作战方法，他以为同日本作战，假如我们兵器不能变到对等，则我们正面死守或者猛攻，都不能达到战争上以少的牺牲换得大的胜利之原则，他经验所得，应说用少数部队正面牵制敌人，而以主力控制于敌人侧面，正面但求韧性的牵制，不在与敌硬拼，侧面主力必发现敌人侧面，然后猛力加以攻击。此种作战方法，可以转变敌人前进方法，分散敌人兵力，扰乱敌人阵容，最低限度可以做到无甚损失，而有效地阻止敌人前进的预定计划。

敌情来说，据报在泰安者为矶谷师团，在邹县者为服荣联队，邹县与两下店之间，完全是空的，可以任我游击队活动，邹县与两下店敌人，皆用铁丝网将其驻营地围护，不敢轻出一步。邹县敌军人数不多，恐民众起来反抗，乃在四门上每日贴红纸大布告一张，上写"大军明日到此！"每日夜间，日军用数十辆炮车自城中拖出，次日又将原炮车拖入，示人每日有新炮到此，其实就是原来那几门炮。拖炮的马已经老百姓看熟了。而且某次，拖炮的马将炮衣咬破，里面乃系木制假炮，所谓堂而皇哉的数十门大炮，真正的钢炮，没有几门。在泰安一带敌军用汽车运输军火甚忙，有一次所谓"军火"的箱子不小心从车上跌下来，里面原来是些碎石子！敌人士兵因无战意，故戒备疏忽之至，我们的侦察可以自由出入日本所占领之城镇，并且可身怀利器，敌军不知觉。故往往若干下级干部与士兵皆请求自动袭击日军，盖自信有绝对把握，然而上方往往不准，故下级干部与士兵常感气闷。

越往东的山地县份中，民气越强，泗水县的民众曾自动入城将维持会份子捕去法办。蒙阴县的民众，甚至将盘踞县城的日本军队二百人打跑，打死日军一百余人。可以说日军在山东民众起来反抗之下，又感到处处困难，步步荆棘。

在界河的团部里，正在吃饭的时候，几位自动到军队中作宣传工作的地方知识分子，突然长袍马褂地进来了，叫一声"同志"！大家坐在一起了，旧历元旦在界河前方，看到大家在抗日的总目标之下不分彼此的神情，衷心快慰。我们问他们为什么要尽义务来帮助军队，他们的答复很简单，因为他们不愿做日本的奴隶！他们已经看过"高丽棒子"的先例，将来日本人要抽被占领地的壮丁去当兵，用中国人的钱雇养中国兵去打中国人，那是最悲惨的局面，万万不能干的。因为我们不愿，所以起来反抗！但是一般民众，过去太没有人作政治教育，政治认识不够，没有组织，不能发生大的抗战力量，所以他们今天的工作，首先着重宣传。

宣传，有内容的宣传，今天却确是一个很实切的问题。在临城在滕县，各方而来谈话的朋友，都问到中国今天真正的形势究竟抗战前途有无胜利的把握，国际对中国怎样，国内军事政治形势究竟有没有好转。为了这些问题的解答，我们在滕县特开了两次座谈会，第一次是政训处的雷声普先生主席，到会的是前方政训人员和战地服务团的青年男女。对于国际问题，大家关切英美对中国的态度，特别是苏联的态度；对于国内问题，大家都关怀国共两党的关系和抗战后中国的政治前途；至于抗战的本身，究竟日本还有多大力量？日本今天究竟走到什么样的阶段？中国自身抗战力量还有多大？对于青年问题，大家都感到战区青年如何能走上实际抗战之路，颇费研究。第二次座谈会是在县政府三堂，由周县长主席，到会的有县府重要职员，县府战时服务队，华北神学院的学生，和总动员委员会的干部，大家所提的问题比第一次还要深刻，还要周到。而且问题出在这些实际工作的人员身上，这表现一般政治意识的进展，我很兴奋地为他们解说国际形势的好转，和国内形势的渐佳。比如英美已经不再相信日本外交上的谎语，而用联合口军力量向日本示威；苏联对于中国物质和人材的供给；德国不满意日本的过度侵略中国，日本在世界上的朋友只一个意大利。对内来说，全国一致抗战到底的国策，今天已更鲜明，国共关系已原则上更有进步，而且将来国内党派关系由于共产党表示"愿与国民党共同建国"，亦已原则上有了解决方案。中央机构的改组，和韩复榘的枪决，大批失败将领的分别惩办，皆为内政好转之迹兆。至于日本方面因料定中国必降，一着弄差，政略战略同时失败，今天所剩下的问题，不是中国能否取得最后胜利的问题，而是最后胜利之取得已无问题，问题只在如何方法取得最后胜利。比如民众之组织与武装，比如青年之训练，如军队之改造，比如战时经济与战时军事工业之建立，我们每一个人只要在自己的岗位上努力，抗战前途必无问题。

两次座谈会的结果，这过百人的前方工作者，精神上重新建立起胜利的信念，他们不再傍徨，不再怀疑抗战之前途，不再存"鞠躬尽瘁，死而后已"的悲观莫可奈何的心理，国家已有了前途，民族已渐入康庄，日本已没有灭亡我们的可能，而我们目前虽然没有即刻打走日本帝国主义的力量，但是暂时这样让日本侵略势力的存在，反而是刺激我们，使我们加速进步的最好力量。

各方都满意地接触后，我们离开古滕国的古上宫而南返了。（二月三日，鲁南前方）

敌人威胁下的鲁南煤矿

敌人对中国的进攻，为了中国的煤也是重要的理由之一，中国煤分布情形就已经发现者而论，以东北及华北为最重要的部分，而就煤矿开采的规模而论，滦东的开滦煤矿而外，就要算鲁南枣庄中兴煤矿了。

中兴煤矿所在地的枣庄，与山东南部鼎鼎有名的土匪巢穴"抱犊崮"近在咫尺，而若干年前哄传世界的"临城劫车案"，就是鲁南土匪在枣庄西七十里地方之临城弄出来的。

所谓"抱犊崮"，是四周群山环抱，中有良田，周约四百里的险要去处，内中有洞，可容数百人，崮中村落相联，民风强悍，刘桂堂当年之老家即在于此，韩复榘攻抱犊崮亦曾费九牛二虎之力，进崮道路，多甚险峻，仰攻至难。

在这样一个土匪素著的地方，却藏着很好的炼焦煤的巨大煤矿。所谓峄县的矿产，在元明清诸代，皆已为人所注意，光绪二十五年李鸿章驻节山东，提倡采峄县之煤，至今已三十余年。京沪港及陇海路各处。该矿规模日见有扩张，如以民国二十年以后，逐年比较，则每年产煤总吨数，由二十年之七十五万五千吨，增至二十五年之一百七十三万吨，人工由二十年一百二十三万工增至二十五年之一百六十八万五千工；采煤效率，平均每一工人在二十年时每日采煤十八公斤，至二十五年时每一工人每日可采一千三百公斤；每吨出井费由二元五角减至一元七角。

外工采掘费由一元一角五,减至九角五;故该矿业务可谓蒸蒸日上,依卢沟桥事变前数月之统计,平均每日能出八千吨,最少亦六千吨。工人最多时平均每班六千人,每八小时一班,每日三班,共计有一万八千人。工人中管理矿内机械者为内工,约五百人,采煤工为外工,外工多兼在乡村有农村附业。

这一巨大煤区,在抗战开始以后,因交通被日本侵略战争所破坏,铁路大受打击,而且日本飞机曾不加警告地对矿区这样非武装地带,滥施轰炸,这一个煤矿共有三个大井,有两个井都被敌机轰炸过了。因此采矿工作无法继续。机器不能不拆走,工人已全部失业。

把这个矿一手经营成近代新式煤矿的,是德籍矿师克礼柯(Hritz Klieker M.E.)他经营中兴煤矿十余年,慢慢把这个老旧的纷乱的矿区,整理成为近代的矿区。出产方面,已走向旺盛之路,统计上的表现,正一天一天的进步,然而他今天无法不看见日本飞机向这个和平的矿区轰炸,无法不将他一手装成的机器又一片一片拆开,无法不让他心血经营成功的大矿渐即于冷落荒凉。

克礼柯矿师对于中国人民发生了好感,他以为中国人民能够随便吃点粮食,就可以生活,而且身体长得很壮实,乡村女人工作很苦,而生殖率很高,所生的农村小孩,身体是奇怪的健康,手足粗粗的,面红红的,他以为这是中华民族的大事,枣庄的工人们对于他很敬爱,远远地看见他就脱帽行礼,他也盛赞中国工人的工作能力,而且对于机械使用的学习力很快,固然农业生活中出来的中国工人,不能和有长久工业社会习惯的德国工人比较,但是照枣庄使用新式机器生产后的结论来说,德国工人每日能生产一千公斤以上,而中国工人亦已造成此种平均水准,这成万的工人,现在都不能不和他分离了。

枣庄的煤矿,还藏着二千万吨左右的大槽煤(上等烟煤)和大致同等数量的小槽煤(带琉璜质者,不宜炼焦煤用),照中兴公司的开采能力来说,还可以继续开采二十年。他为了这些未开采的煤矿,心中实恋恋不忍去，而且矿上德国的机器，在战争推移中要加以保护，也是他不愿离开枣庄矿区的原因。

山东南部山地，是将来横亘津浦路的重要游击根据地。枣庄正是在这个山地里，这山里面的农民和工人当然是这一区域中重要游击队的组成份子，特别是重要产业中失业出来的万余工人，他们的组织力和斗争力量，将无疑问的远比农民为优。然而到今天，这些工人，是正在无目的地星散，苦恼与徬徨，抗战要力量，这些力量是不能不赶紧设法的。

中兴煤矿的规模确乎不小，自己办有学校医院俱乐部浴室等，并且自备有武装齐全的警察有千余人之众，俨然一团正规军。李宗仁先生已对于这里另眼重看，已派刘廷弼先生接收矿业警察局，使这一部分武力将来能有效地表现于抗战上。

在枣庄积极活动的还有一位鲁南自卫军司令杨士元先生，他把滕县家产一千余石麦子，捐作军粮正在开始组织自卫军，不过，组织自卫军的方法，是否应当如正规军那样集中起来，调到前线作战，而且今天以后的战争艰难形势，领导民众武装的干部，及领导民众武装的方法，都不是用过去老方法可以收效的。（二月六日徐州）

淮上观战记

（一）一切都向好处转

鲁南归来，南面战事日紧，敌人似已从容进占淮南一部战略要点，而淮北之怀远，亦已陷入敌方，形势日即于紧迫。津浦战事如南面敌过淮河，则可战之处不多，且淮河天堑敌人重兵器过渡艰难，正予我军以作战便利之机会，记者知当局有守淮河之决心，并已严令河北各线机动出击，预料战争将渐入紧张阶段。特于二月八日由徐南去淮河北岸观察。

徐州南去的车辆，不管客人是如何拥挤，需要是如何迫切，而车上的设备，比平日相差太远了，车内的清洁整齐固然是谈不到，就是几块玻璃窗也破坏了十之八九。有些窗上改钉了杂色木板，虽然对于防御冷空气的侵入有相当效力，而普通车厢内应有的光明，却因此取消了。

站上间放着不少各种上等客车，特别是从前上海北平通车用的蓝钢车令人感动。上海北平还是我们中国的时候，每天有几千的客人来往于南北两大城市之间，南京浦口间还特别修筑了一座价值几百万元的轮渡，让这个蓝钢通车能通过这茫茫的大江，给予旅客们以舒适安稳与愉快，车子每到一大站，有许多工友上来洗拭车厢的内外，让它永远保持洁净高贵的姿态。然而今天的蓝钢车已经上上下下涂了一身泥污，连从前看了发亮的厚玻璃窗也暗然无光了。敌人的侵略战争让我们的物质环境退后,我们当然感觉痛苦,然而更深一层的回想,我们过去的建设,也太过于粉饰太平。因为在我们这样一个无国防的国度里,我们不应该有这样高贵的享受,而且这些高贵的物质享受,因为我们自己没有力量保护,漂亮的"行"之工具,也和南京漂亮的官署私邸和园林等一样,不是便利了敌人,就是提供了制造新灰烬的材料。

中国上上下下的毛病,都在这回战争中总暴露。车站上聚积些由东南两方拆回来的铁轨,似乎在叹气,叹气过去修筑铁路的人没有一点国防眼光,我们的铁路不曾以国防和国家经济的观点来敷设,几乎完全以帝国主义销售商品,吸收原料的便利为中心,随着帝国主义侵略都市,把中国分成几个交通系统。好些铁路应当重新拆来修过,否则毫无国防和国家经济上的价值。这回打起仗来,才感到大半铁路都没有军事功用,相反的给予敌人以莫大的利便,这些不合理的交通,不是这回抗战来大施手术,深刻给予大家"非彻底改造不可"的信念,中国不知道还要沉睡多少年在幻想之中。

更大的事件压在每个人的头上,破烂透风的车厢里,人们的情绪都实实在在地超过了现实的物质遭遇,而关怀到一些庄严神圣的战争事情。我们这头几个人在学唱抗战救亡的歌曲。那头几个铁路工人的高声谈话,引走了我们的注意。

"中国飞机十三架昨天炸蚌埠!奶奶的!也给他们一点利害!"

"奶奶,这个野蛮的东西,也让他看看中国的颜色!"

"听说炸得准!小鬼准有他妈好些回东洋了!"

"……"

因为我们关怀的都是一桩事情,于是我们坐到一起了。一位浦口的铁路工友,现在逃到李庄来避难。他说浦口被陷在敌人手中的,还有几千铁路工友,他自己虽然逃了出来,然而他是靠铁路生活的,铁路被敌人占领了,他们也没有生活了。他说他们是精强力壮的工人,他们都愿意武装起来参加战争,他们各站都有熟人,沿铁路的大小路径,他们都熟悉,抄袭敌人的后路,他们是不会感到人地生疏的。至于破坏敌人占领地带的铁路,更是他们的拿手好戏。他们听说李宗仁先生对于流亡工人的武装问题,已经郑重注意,他们切盼能够早一天奉到李司令长官的调集命令。

这群工友们的感觉,日本准定好不了。因为这"忘八旦的东西"到处烧房子,杀人,叫旁人的老婆和他睡觉,强奸了我们妇女之后,还要尽情侮辱,然后加以践杀,这是什么玩意!

黄昏后到固镇下车,零星几个客人抗拒着晚风在站台上上下,车站上告诉我们偌大的固镇因为敌人飞机乱炸,所有的居民都逃光了。我们如果要找旅馆实在相当困难。我们打听五十一军军部,站上很少人知道,有人告诉我们离开固镇还有相当的距离。没有法,我们设法去找五十一军的联络站,晚间在疏落的破房中找来找去也没有找到。在一所无窗的茅屋后面,我正用电筒在搜查,突然伸起一双带大皮帽的脑袋,枪口从窗洞中伸了出来,我才知道误入了警戒线,他们严厉地盘问我,声音一句比一句厉害,我赶紧申明我的身份,然而已经吃惊不小了。

(二)反省与同情

联络站上负责的洪副官,有人问他打听旁的军队作战情形,他说,"我们不能说战友的好坏!我们全国军队今天都是一条战线上的战友,我们都是穿灰皮的军人。好是我们大家好,有人不好,也是我们大家的耻辱。我们只管自己尽自己的责任,自己拼命的打,旁的我们是不便过问的!"我们盛赞他们枪枝与服装的齐备,他们说,西安事变以后,五十一军的待遇和一般国军平等了,在苏北和胶东驻防期内,五十一军曾自己切实作了一番充实工夫,现在是兵精粮足,官兵皆异常满意。提到服装,他们非常同情在淮南抗战的广西战友,这般在西南温暖天气中过惯的战友突然调到这寒冷的北方来作战,好些兄弟只有棉大衣,里面还是单衣服。有些没有鞋,赤着脚奔驰于雪雨之中,他们自己觉得比广西兄弟要少受痛苦多了。

在伟大的斗争中,始易产生正真的同情。对于广西弟兄的同情,不止表现在五十一军的官兵中,车站上另外一些铁路工友也有他们的议论,他们多半已经流亡了。他们觉到中国虽然已经吃了败仗,然而中国胜利的希望,已经眼看着摆在前头,就军队的纪律来说,他们有些在津浦路上干了二十多年,看过的军队太多了,特别是在战争中要像这回桂军这般样的表现是不多的。

夜渐深了。淮河两岸的炮声,因为"夜静"关系,已经透过九十里的空间,清晰地传送过来了。

我们感谢李伯棠先生派汽车把我们接到一个不知地名的村庄里。为我们解决了食宿,通过长约二里的固镇市街时,大半房屋已经空无人物,似乎通过经大瘟疫后的乡村。被飞机任意袭炸后的房屋,藉夜间月光仍可以分辨。车经街中,广西兄弟阻车盘问,车夫与之语言不通,他开车看了半天,有许多意思,无法表达出来,结果只说了一句:"几多个?"下文无法说,只好让我们走了。中国的方言问题,多少是中国民族发展的障碍,这次大战争,让中国民族大交流,以后的方言问题,自然会相当改进了。

淮北的乡村,木材困难,建筑物和器具制作,以高粱秆和泥土的使用最广。我们住的小村中,火盆和神龛都是土和高粱秆做的。普通床只是用几根柳条凑上,中间用麻绳牵成床身。既不是黄河流域的炕,又不是长江流域的床。淮北贫苦,这也是一方面的表征。

我们在村庄里吃的菜蔬肉类,和取暖用的木炭,都是从徐州买来,固镇被日机炸得什么都没有卖了。

次晨起来在另一村房里去会刚到前方的于学忠先生,同业有人提到五十一军士气甚旺,他笑了笑说:"无不可战之兵,只有不可战之官!"

他这部份军队，是从前清蜕化而来，他自己和这部份军队有极深长的历史关系，过去战争虽打得不少，而真真实实的对外作战，这回调守淮河，还是五十一军的处女遭遇。

前方报告，局势渐渐紧张。敌军已集合重兵，在小蚌埠和临淮关两点分别渡河，八日在小蚌埠过河之敌，已血战一昼夜，九日晨已大体肃清。而淮南之炮击则仍甚猛烈。九日午后我们乘卫生车南去曹老集车站，此时前方报告，正有敌机十二架在小蚌埠前方轰炸，小蚌埠与曹老集相去二十余里。小蚌埠对河为大蚌埠，即众人习知之"蚌埠"，津浦车站所在。自曹老集南望，蚌埠西面与西南之荆山涂山，皆了然在目。

在曹老集站上第一印象，即为前线受伤将士皆能纷纷抬至车站，五十一军之担架组织，自此次救护之事实观察，尚大体不差，但就全国作战范围言之，对于受伤将士之救护，还欠周到。盖自小蚌埠至曹老集二十余里间，受伤将士仅有帆布床将其抬下，无足够御寒之被褥将伤兵保护。在此天寒地冻的季节，任寒风侵虐二三小时之抬程，受伤将士之痛苦，实不堪言。

此时负小蚌埠之责者为周光烈师，周光烈与其参谋长王仲升先生在八日敌人渡河后，即彻夜指挥，未曾休息，九日小蚌埠之敌已完全扫荡，落水与被击毙淮河北岸者三四百人。在淮河岸上，我们曾经作相当的国防工事，那是由南向北的。因为我们原来顾虑的是日本由北面来攻，谁知现在弄了一个反，敌人从淮河南岸向我们攻来。我们那些国防工事，正好供献敌人利用，所谓淮河南岸优越地形荆山与涂山等不用说，我们做好的工事不用说，甚至于蚌埠市街上的高大建筑，无一不便利了敌人向淮河北岸我军阵地的观察与射击。五十一军全军之奉令防守淮河北岸，乃在蚌埠已入敌手之后，他们二月四日始到前方，而二日敌人已占淮涡两河交口之怀远。即淮河北岸敌人已占有一强固之根据地。如非涡河之屏障，淮北早已无法守御了。

(三)小蚌埠的胜利

当夜乘马至前方,去看身挡小蚌埠正面的窦希哲旅长,和梁忠武团长。他们这里是首先被敌人强渡突破,而同时是首先被我们忠勇将士扫荡的地方。近十匹马队在黑夜中急走,沿途村落,似已人稀。惟时遇民夫自前线抬伤兵归来,空气是静穆与奋张,我们有时走错路,但是大家似乎有什么东西高压着,不轻易说出话来,我们同情民夫们的辛苦,慰问他们:"老乡!辛苦了!"他们却用急促的声音答复道:"你们才真正的辛苦,我们这个不算啦!"显然地,他以为我们是军人了。

本来曹老集到小蚌埠只有二十余里,我们越走越近,小蚌埠市街被敌人炮击起火,百丈火光,照耀淮上,我们若干同胞的"居所"完结了!最使人伤心的是,蚌埠的电灯还在完好的发光,似乎蚌埠的放弃太仓皇了。

前方的难民告诉我们,日军进蚌埠是地方维持会从容欢迎过去的。维持会会长是前电灯公司经理唐少侯,他在蚌埠有一所花园叫"唐家花园",此外重要的是宝兴面粉公司经理杨三爷(树诚),某济医院院长余济陶,这些人平日都是蚌埠市上的"大人先生",特别是宝兴面粉公司大楼现在作成了日本军队的炮兵观测所,我们小蚌埠守军所最头痛的东西,然而我们为什么不加以破坏呢?

在离小蚌埠阵地三数里的小村庄里,遇见了窦旅长和梁团长。梁团长是东北名将梁忠甲之弟,沉默坚毅,窦旅长是东北少壮军人中主张抗战坚决的份子。这回他找着机会了。八日敌人攻入小蚌埠,梁团赵营牺牲过半,他自己带着奋勇队反攻,淮河南岸的敌人看见了,用大炮向他打来,他被迫卧在泥污里,左右的奋勇队伤亡了七八个。九日夜间我们见面,他的大衣和鞋袜军裤上的泥污,仍然未除掉。他和梁团长及前方的官兵,都两昼夜没有进饮食了。休息更谈不到,屋内火盆熊熊的燃着，窦希哲先生的面上，露出胜利后疲乏的笑容，火盆旁边，立着几位奋张的卫士，似乎在回想战斗经过，又似乎在怨恨他们的长官过度的工作，没有顾惜到身体。

日军这回在小蚌埠强渡，主要的渡河工具不是大家习知的橡皮船，而是我们成千的停靠在淮河南岸的商有船只。蚌埠有新旧两个停船的船坞，里面靠满了中国同胞自己所有木船，这个船坞保护着这些木船平时不受风浪，从南岸看去，船坞的堤坝隐藏了坞内船只的船身。退出蚌埠时我们没有人去把这些开走，或者把它毁灭，今天让日本人安安稳稳地利用。

因为有坞堤的掩护，敌人可以从容地在坞内将我们的木船作好渡河准备。在木船上装好沙包，或者用棺材装好泥土，挡在船头上面，每只船上架好机关枪，乘着夜色或者飞机大炮的掩护，突然放出河面，顺水流过河来。我们河堤上的守兵，一来仓卒开到，工事不坚，一来敌人隔河炮击利害，守兵抬头困难。所以渡河不易阻止，虽然好几只木船筏被我们打翻了，每只上滚下水去二三十人，但是仍然被他们渡过来三四百人，梁团赵营和他们正面战斗，因为敌炮的猛烈，和兵力单薄的结果，赵营在伤亡及半之后，退出小蚌埠了。这时孙文彬营赶紧上去，要恢复小蚌埠，有一连长觉得火线太猛，只好退下，然而孙营长对他说："我平日与你相处甚厚，今日无论为国家为部队为我们自己打算，都得要拼命，要反攻！"这位连长立即率部反攻，配合各方原有力量，两次和敌军进入白刃战，然后把敌人消灭了。我们有几位战士的肚子被敌人刺刀戳穿，肠子流了出来，他们自动又用手把它装进去，含笑看着敌人躺在淮河岸边的尸群。

中国兵简直把日本兵恨透了。在临淮关附近，南岸上三个日本兵追捕七个中国女人，北岸的守兵想过去援救，又没有办法，于是瞄准射击，把那三个禽兽打死了。放船过去救她们过来，一个五十左右的老妪，据她说，已经数遭蹂躏了。

因为恨这种禽兽野蛮的强盗，我们将士抗敌的情绪，实难于抑制的。依淮河北岸大堤布防的士兵，本来是最易给敌机轰炸和扫射的目标。敌机在八日掩护强渡战中，总是顺着长堤不断的来回射击，有些官长也奇怪，为什么我们第一线的士兵仍然没有把军心涣散，敌人只要登岸，我们未死的守兵立刻不顾一切的冲锋。

在八日敌人第一次大举渡河之前，七日我们轰炸机六架曾飞蚌埠敌阵轰炸，数十颗炸弹很准确命中敌人要害，任务完成之后，又飞至淮河北岸，在我军阵地上空，盘旋数次，机中战士并伸手向我地上战士招呼，表示慰问，地上将士每日受尽敌机的欺侮，今见我机之雄姿，大家抑郁心情，为之顿时减少。

（四）白刃战

九日晚仍折回曹老集车站，各种各样的战争有关工作人员在车站上紧张的活动。铁甲车把守车站之南，卫生列车和交通车等在站上忙碌的上下。守站的大约一班士兵，正在赌牌九。也许他们发了几个薪饷，没有地方安排。也许他们对于战争过分的悬念，拿这种活动来消遣。不过，一般说来，军队不只要把士兵送上战场才算战争，他们那怕在战场以外，我们应当在各方面加强他们对于战争的关联。

朋友们殷勤地挽留，我与扫荡报张剑心先生遂留宿前方，但是，朋友们太辛苦了，我们不愿和他们多苦话，不愿耽误他们应有的休息时期。这不只是朋友的友谊，而是为战争。因为将官精神过度疲劳，思考与指挥自难完全如意，对于战争措置失当，整个民族要受影响啊。

十日晨间，前方炮声忽紧。周光烈师长用电话问窦旅长："小蚌埠情形怎样？"而窦旅长的答复是："家常便饭！"但是到上午八时，前方电话来得一个比一个紧。小蚌埠方面窦旅长改了口气，说敌人攻击激烈，除了对面猛烈炮射之外，敌机又来了十二架在头上轰炸，敌人有五六百人渡河来了。司令部空气立即紧张，在周师的左翼，是五十一军的牟中珩师，牟师镇守临淮关对岸，一向没有出事，这时突然传来电话，敌轰炸机五架掩护步兵过河，已经过了大约两连之众。淮河北岸大堤之南坡，被他们占领了，而且还在继续的强渡。

周师长这时立刻下命令给窦旅长："拼！让他们没有占稳时拼！我们只有拼才是出路！我们已经不能再有什么地方退了！拼！拼完了算！"同时他立刻通知牟师长："我们这里也有敌人登岸了，我已下了命令叫我的部队硬拼，我看我们今天不能有丝毫考虑，只有死拼！要把过河的敌人拼光！才对得起我们自己！"

一会临淮关方面牟师的部属有人打电话给我："我们师长已经下令反攻了！他已经叫我们大家上起刺刀和敌人猛拼！"

小蚌埠和临淮关两点的敌人陆续增加，临淮关方面已增至五六百人！"拼！""死拼！"这样严厉的命令，不断地从电话上传出去。而司令部的气象，一秒钟一秒钟地变为严肃了。

十日上午十时左右，前方大炮炸裂声与飞机的震荡声，都忽然停止了。前方的报告是："敌人在小蚌埠已经过河两营，河堤已被占，现在双方正在拼刺刀！"

惨烈的白刃战开始了！双方合计三千左右的斗士，已经混战到一起，彼此已无暇放枪，敌人的大炮与飞机也无法使用，彼此用无情的刺刀互相刺杀。

显然地，窦旅在八九两日的战争中，已经把梁团牺牲得差不多了。今天支持这样惨烈的战争的，主要的是张团，张团本亦疲劳之师，难当必死的背水进攻之敌。周师长乃即下命令，令小蚌埠右翼之孟宪周旅的李团，立刻向小蚌埠攻击前进，必须恢复小蚌埠！最后还补上一句："绝对命令！"

命令是如此下了，而敌人还从淮南新旧船坞中不断地放出船来，强渡的人数，要慢慢地增加。等到十二时，小蚌埠情况，我军渐渐不利，张团已在小蚌埠街上与敌人数进数出，李团尚未达到攻击位置，本已精疲力尽的梁团，这时再择部增加，而少年英杰的孙文彬营长负伤了。

午饭时，白刃战的壮烈景象，吸引着大家的思想，周师长想起他的部下在长时间白刃战中的牺牲。特别想起那位精明有为的孙营长，和许许多多抬不下来的伤兵，他不禁自呜咽起来了。

小蚌埠白刃战的结果没有报来，临淮关方面牟师长的电话，敌人已渡河一千余人，后续部队还在续渡。意思是情况相当严重。实在这回五十一军防守的淮河北岸，西起怀远，东达五合，长达一百公里。绝非两师兵力所能胜任，何况敌人渡河便利，如此众多，集中力量，突破几点。我军防线过长，兵力处处单薄，而且交通不便，兵力临时转运艰难。牟师正面为淮河向南凸部份，三面被敌人隔河包围射击，防守不易。而周师长对他的建议是："乘着混战机会，向敌人死拼！我们这里也在硬拼。我们两弟兄就这样拼完了完事！"

（五）我们又胜利了

今天的时钟跑得特别的慢，屋子里的人都平静无声，都好像在等待什么。

窦旅长在下午二时，报告小蚌埠方面官兵死伤很大，白刃战已经过了四小时，张团的队伍已经残破有不支之势了。周师长再下令叫窦旅长："咬紧牙！咬紧牙！这才是生路！"窦的答复是："从昨晚起已经咬紧牙了！"

命令如山崩一样地一个个下去，胜利的消息，仍然不见到来。师长令周副师长打电话给孟旅长，鼓励他一番，希望他能全力恢复小蚌埠。打气的话说得太多，这位战士不能忍耐的说："你不要多说哪，我知道了！"

炮台烟筒里装的司太裴香烟，一只一只地少去，窗外太阳光一分一分地从窗上移进东屋来。

我们用电话通知孟窦两旅长，告诉他们，有两位新闻记者提着水笔，坐等他们的捷音，窦答复我："好的！我们谢谢你！"他的声音已经嘶了。

两位旅长先后上前线督战，约午后四时左右，敌人的大炮突然又放了几炮。大家料定是孟旅李团已经攻到小蚌埠附近，被敌炮看见了。援军已到，小蚌埠西北两面受我包围，敌人脚跟没有立稳，一干准把他们干倒。战士们！干吧！让背水阵的鬼子下水长期沐浴吧！

李团赶到，沉闷空气稍微打开一些了。然而是否我们能将如许强悍的敌人扫荡，实在也不能绝对担保。此时只是扩大了白刃战的集团。时候快要近黄昏了，如果黄昏前不能肃清小蚌埠之敌，则夜间敌人当可大批续渡，局面将更不堪问。

周师长对于他的部队虽有坚决必能达成任务的信念。而眼前的事实，是如此其壮烈与动荡。他不自禁念起仿照吊古战场文来了。"两军遇兮生死决，白刃交兮宝刀折。""降矣哉，终身亡国奴。战矣哉，骨暴淮河侧。"这是他同情他的部下，不过迟迟不决的战局，让他忧心，他说蓬莱自戚继光以后，都是抗日份子。戚继光在明朝时，即抗倭寇，以后代出有人。现在的吴大帅，也不能为日方所动，我们不能在于学忠所手创的部队上写上一笔坏账。

李团和敌人短兵相接的消息到了。下令张团赶紧同时反攻。有人说李团长是河北人，这一下，正是国难家仇，一齐来一个总解决。

中国的飞机这时恰好赶来了。后方通知前方，大家拍掌欢迎，我们的飞机既迅速又准确地把淮南敌军轰了一顿，大家说："王八旦！也有吃我们亏的时候！"随着我们飞机的轰炸，蚌埠机场逃出来一架敌人侦察机，仓遑狼狈的样子，让我们感到这些家伙，只有怕更大力量的打击。

黄昏了！黄昏还不能解决！明天就休想了！

军医院长来报告，今天伤兵下来特别多，而且多一半是重伤，因为今天的战争太激烈了。

黑幕慢慢落在大地上，我们不自主地走到农村广场上散步。南望淮河烟雾，不闻枪声，不见人影。"到底今晚如何呢？"我们都在想。

六时左右，我们又踱回参谋长室，电话响了，周师长自己接的电话："李团已血搏冲锋，自西而东，先克复文昌庙（小蚌埠之西侧），继克四台子。窦旅由北向南正面压迫，经过几返几复的街市战，敌军已被赶出小蚌埠市街，退至堤外河滩。正在加紧肃清中。"接电话人的脸上发笑，我们内心都松了一口气。日本鬼子又完了！（二月十二日徐州）

变动中的徐州

　　假如说现在全国政治经济军事的中心是武汉,而就军事部门说,目前战略的中心,却在徐州,敌人目前的战略是打通津浦路,在蚌埠与济南相继失陷之后,敌人只要能再占领徐州,津浦路就算初步打通,我们针对着敌人的企图,坚持着以徐州为中心的津浦线两端的抗战,就是给予敌人以强硬的答复。我们引为欣慰的是:今天我们的军事活动,不只是限于徐州一地之保卫,而且南北两端军事,皆已采取自主的攻势的战法。五十一军于学忠部在淮河北岸坚强的抵抗,重重地打击了淮南敌人燥急北进,图袭徐州的野心,敌人虽有一部份渡过淮河,而精疲力竭,强弩之末已无多大能力。紧接着五十一军光荣血战之后,淮南和山东国军皆奉最高统帅命令,分路全线反攻。山东方面则克汶上,搏济宁,围攻邹县蒙阴,另遣部队绕袭曲阜。淮南方面则下考城,围凤阳定远,游击队占明光,而另一大部则直指滁县。敌人南北受敌,兵力分散,处处牵连。尤以跨淮河而战之敌军,四面楚歌,移转艰难。整个中日战争形势,自此进入一崭新之时代。敌人此时突开始平汉线与山西战场的攻势,似亦为策应津浦战局的牵制办法,然而津浦线上敌军实已陷于进退维谷之苦境,则为彼等意外之困顿。津浦路颓势不能挽回,则淮河两岸之敌人有被消灭之充分可能,而陷入对华作战上之初步的重大失败。

　　故苏鲁豫皖战区之表现,关系于第二期战争初步的成败;而徐州之表现，又关系于这一战区的前途。在此新旧形势转换的当中，徐州的动态，一定为若干读者所悬念。

敌人自南北两面夹攻徐州，津浦路只余不及四分之一的长度。敌机对徐州的空袭已近五十次。而徐州人心之安定，反在武汉之上。每次空袭警报来时，街上虽暂时断绝交通，若干妇孺暂入天主教堂躲避，就一般市民与军人心理观之，大都平淡视之，屋内工作多照常进行。若干过徐州之人士，常于访李宗仁先生时，突遇空袭警报，李皆谈笑自若，从未入防空壕中一次，甚至踱步庭中，举目计敌机之数目。

在李宗仁先生赴安徽就皖主席职之前，徐州成为苏鲁豫皖战区所辖部分的政治中心。苏皖固勿论矣，山东自济南不守以后，鲁西南与鲁东南之联系，亦舍徐州而莫属。河南东部十二县，亦归李所辖战区范围，关于军事与民运事项，亦不得不就示于徐州。南京失守之后，全国英杰之士，多集中于武汉，武汉呈显大革命以来空前之盛况。津浦两端吃紧之后，徐州亦成为江淮河三大流域间东部豪杰荟萃之场。旅馆饭肆，几日日客满，而粗装陋服，常非等闲之辈。淮海藏蛟龙，山东出异客。各方干练之士，深入于津浦沿线民间者为数不少。敌人如过信其参谋人才之太过容易的铅笔进展计划，当不能不有覆没相当师团于津浦线上的觉醒。

徐州本不能算文化很前进的地方，但是战争日见紧迫以后，除了少数人逃跑之外，大多数人反而积极起来，每日站在街头看抗战壁报和壁画的民众非常拥挤，本地报和汉口出版的报纸在徐州销数，出乎意外的增加。在淮河防线又被敌人突破，徐州已受震动的二月十四日的黄昏，徐州中山纪念堂的广场上竟有半万的群众来参加响应国际反侵略市民大会。主席台上叫一声"打倒日本帝国主义！"广场上长长短短的几千条手臂，毫不迟疑一致地举了起来！

徐海一带乡村妇女近来纷纷加入"大刀会"，十六岁以上三十岁以下的妇女，她们感觉得日本军队奸淫的惨暴，非起来想法抵抗不可。于是纷纷加入迷信组织的大刀会，请法师来告诉他们防身的符咒，她们以为记得符咒，喝了法水，就可以不怕日本兵。日本兵进行非礼时，事实上不能不是个别行动，这时候就很容易把他杀死了。

苏鲁豫皖战区的青年，因为平日被不同的省界限着，过去自然没有统一而强有力的组织。徐州本江苏一隅之地，自不足以当四省青年组织领导之任，然而战争使青年不能再过其无声无息的生活，他们从学校，从家庭，从农村，从商店中流亡出来。这一战区竟成为很大的数目。战区青年军团招去了五千人于潢川训练，十七军团胡宗南又招去了千人以上，此外各种短期训练班亦招容起近千人的数目，各地游击队工作团等，亦吸收青年不少。然而流亡到徐州的青年，仍有增无减，最大规模的青年军团已经暂告不能容纳，于是留在徐州的一部分比较的觉醒的青年，乃进一步号召本战区的各种阶层各种职业的青年组织青年救国团。他们打算把这一战区的青年广泛的组织起来，在战区民众总动员委员会领导之下，成为该会一个主要的支柱。

不仅如此，目前军事新闻的采访工作，徐州也是全国最紧张的部分。全国各主要报纸，各主要通信社在徐州都有特派员。有一家名"朝阳"的旅馆，几乎为新闻记者所独占。中央社在徐州的特派员胡定芬先生以异常警觉干练作风，活跃于这一战区，他每天发出去的电讯，成为国内大部报纸主要的头条电讯。不仅个别的采访的工作，在本战区高度的展开，而大家工作过程的反省结果，大家共认今天的新闻工作，不只要求个人自己工作上的成功，而贵在造成全国新闻界共同强有力的报导作业。为了避免消息矛盾，为了求各个报导的更加充实，这一战区恐怕在任何战区之先，在二月十五日成立了新闻记者联谊会。

战争是改造中国的动力。只要战争能照今天最高统率部主动方针作战下去。中国各方面的发展，将更加迅速。在首当战争紧张部分的苏鲁豫皖战区，特别是这战区中心的徐州，将不可避免的有更新的成就。

（二月十七日郑州）

苏鲁豫皖战区民众动员问题

李宗仁先生就任第×战区司令长官后，即组织民众总动员委员会，以夏次叔先生为组织部长，负该会组织上之重责。于本年一月中即发表"七项禁令"，令该战区官民共同遵守，以为民众动员之根本要策。"第一，本战区党政军各机关，除依据政府明令规定，不得向民众强征任何劳役及向民众强派任何捐款或物品。第二，本战区各级政府公务人员，办理征兵征工及其他征发事宜，须绝对公平廉洁，其有贪污贿赂或徇私舞弊情事，一经查实，当以军法处置。第三，本战区征兵办法，应以地方人口多寡，公平分配，用抽签方法征取，除故意规避抽签，及私自逃亡之壮丁外，禁止使用强力逮捕。第四，禁止擅自征发民枪，各县民枪以保留于乡镇自卫为原则，并应由县府编队训练，以增强地方自卫力量。第五，本战区民众在不违反抗日救国原则及在本战区民众总动员委员会指导之下，得享有集会结社言论出版请愿之自由，各政府不得妄加干涉。第六，本战区征派粮食，或捐款，须向殷实富户摊派，不得向自耕农及佃农强征。第七，本战区征用民力，须酌给伙食，并禁止拉夫。"

这"七项禁令"显然地不是普通官样文章，而是针对着目前这一战区内的时弊。换言之，这一战区内过去显然有禁令中所指的事项，过去若干地方政府并不照政府明令之规定，而向民间强征劳役与物资。特别是若干保甲人员办理征工征兵派款等事，往往有不公平不廉洁的现象，而使民怨沸腾。征兵问题，各地实际现象是很少照人口多寡，公平分配。若干地方对于民众自有枪械，皆设法提出控制于地方政府手中，以为压制民众的力量。甚则野心家以此为扩张私人势力之基础。各地民众仍不能在抗日救国原则下，有言论出版集会结社等自由。而征派粮食与捐款，并未照有钱出钱的原则。而对于贫苦民夫之使用，往往要他们自备伙食。

上述这些现象，自然不能说第×战区全部都是如此，然而这是一种相当普遍的现象，却是不能否认的事实。这些事实表现出三种重要的问题：第一，不肖官吏与土劣构成的保甲机构，利用民族存亡所系的战争来赚钱；第二，战争的实际痛苦与负担，大半落到中下层人民身上，而使有钱有势的人不负应负的责任；第三，许许多多要想供献力量于战争的人民，却死死地被腐败的地方政治所束缚，而无由以致力战争。

所以如果照蒋委员长去年十二月"告国民书"所提示的今后中日战争的新方略，意谓中日战争之决定胜负，不在沿海沿江之城市，而在广大之乡村。则第二期战争开始以后之战争，动员民众，配合军事，成为目前与编练新军同等重要之急务。而所谓动员民众，自人口数量言之，中下级之人民，当占全人口之最大部分。如果占全人口最大部分的人民，因为战争而遭受到上述那样不合理的政治待遇，他们未遑考虑到战争前途的希望，而眼前的事情，已经使他们不能支持。则他们要求当前政治待遇的改进，将比关怀战争还要来得急迫。

因此这"七项禁令"，实在是一种"战时社会政策"。这个政策包括三个要点：第一，整刷政治；第二，合理负担；第三，吸引大多数人民参加战争。实际上，这也可以叫做"约法七章"，为李宗仁先生领导第×战区的政治态度。"七项禁令"发表之后，全战区的民众，皆一致拥护，往往在战区司令部所派视察员到达各县各乡镇时，民众即纷纷派代表请求"七项禁令"的实现。他们将所遭不合理的待遇，一一陈述，而即刻盼望视察员将"七项禁令"在该县该乡实行。所以只要切合民众实际需要的东西，并不要官厅如何宣传，而民众之拥护，即异常坚决。

问题却在这里，政策是很好了，民众也拥护了。而"实行"问题，却有不能顺利的地方。现行战区司令部的组织，法理是另外一件事，而事实上，只是在原有的几块政治区域，机构和人事上加上一顶空帽子，帽子的下面尽是原来的存在，一切政令的施行，还是必须通过禁令所禁事项有关的若干政治机关，于是除"等因奉此"外，自然不会有好结果。比方某县是和徐州近在咫尺的地方，早已得到司令长官部七项禁令，这县第四区是教育比较普及的区域，青年知识分子比较众多，民众知识程度，亦较其他各区为高，他们受津浦南北两段紧张时局的刺激，和敌军残暴消息的影响，为了准备应付非常局势起见，特在乡村小学里面开了一个"民众抗敌代表大会"，然而区长突然出来干涉了。不但干涉大会，而且对于大会主持人给予种种威胁。自然不能说这位区长一定是汉奸，但是他对于民众的组织行动，却有防范他们清算自己已非法作为的恐惧。在这县邻近的另一县里，民众代表向司令长官部视察员泣血陈述征兵之不合理，及因请求改正不合理办法而遭受之毒刑，并请照禁令发还民枪，组织地方武力，准备御敌。这时县长区长怒目而视该代表等，终至下令其警兵等将代表们打散，视察员欲加援手而亦无可如何。

事实所趋，要能贯彻禁令，就必须有惩治及撤换地方官吏之权。战区司令长官部没有这种权力，就无法整顿吏治，无法使政令见诸实行。

司令长官部在政治权力上既有限制，因此第×战区总动员委员会的工作，就相当艰难。总动员委员会已作的工作，是完成战区内各级动员委员会的组织，和派遣民众动员宣传队及工作团等分赴各县区作宣传鼓动的工作。总动员委员会的经费异常困难，各县工作团的经费，都是令各县筹款供给，但是总会和各地宣传工作人员，皆兴奋而辛苦的工作着。至于各级动员委员会的组织，亦已大体完成。战区司令部并在经济极艰难情形下，出版了鼓吹动员民众的"动员日报"。

苦恼在：一、各级动员委员会，成立虽快，而大都就地方原有官吏与绅商组织而成，有名无实者多。完全自上而下的发展，缺乏有力的社会基础。二、民众大体能接受宣传抗日救国，实行七项禁令，他们都衷心赞成。然而他们指出许许多多具体障碍，让他们动员不起来。然而这些工作团又没有为他解除困苦的力量。结果，彼此都是苦恼。

开封会议之后，蒋委员长令李宗仁和程潜分兼安徽河南主席，也许对于民众动员问题有相当考虑。（二月十八日河南信阳）

豫南到皖西——好转的征候

平汉线军事变到"黄河为界",而津浦线又南北同时开展的今日,我们自然将依地理形势慢慢转变到以太行山和大别山为倚托而从事大规模运动战的有利姿态。这江、淮、河三大流域间的广大原野上,只要我们能适当地开始运动战,以主动的,攻击的,机动的军容,与骄谩残暴的日本军队周旋,敌人一定要逐渐尝到困顿与苦恼,以至于局部被我消灭,演成全局的崩溃。

当二月十日左右,敌军大举渡淮,大有直下徐州之势,谁知淮南我军突然向西挺进,要夺津浦南段,切断敌人后路,于是曾经重大牺牲,始得渡淮的敌人,又不得不仓皇后退,还我淮北军民所曾拼命捍卫的领土。这是中日战争以来第一次运动战的胜利。

战争局势真正的转变。当然不单纯是军事部门所能奏效的。因此报告些倚托于大别山系的豫南和皖西的状况,虽然是非常简单,恐怕也是许多人关心的事情。

二月十八到二十日这三天,我们留在豫南重心的信阳,信阳完整和富厚的市街,在刚刚看过大轰炸后的郑州之后,真有人间地狱之感!我们终日昏昏沉沉忙来忙去,被战争占据了整个的心灵,在信阳郊外突然感到江南似的乡村,和欣欣出土的绿草。同业陆诒先生和我皆大吃一惊:"原来又是春天到了!"

信阳是多匪的区域，目前据说有土匪四万有余，枪约二万枝。在抗战重要后方有这样大的扰乱治安的力量，当然不是小事情，我们引为可喜的是：许多驻防的军人已经认识到所谓"土匪"，并不是怎么严重得了不得的东西，而是由于腐败的地方政治，由于征兵派款不公这一原因上，所逼上梁山的一大群良善的人民。其中惯性土匪是占绝对的少数，因此他们不主张用兵去"剿"土匪，而主张政治上要整制。因为前方要抗战，后方还要剿匪，那是不可能的。

认识的进步，还表现在另一方面，某次某部的新兵，因为空袭警报，官长把队伍带到野外去"散开"，等到集合的时候，少了一百多人，高级军官很能认识到，这不是因为他们国家观念薄弱，而是腐败的征兵制度下，他们被捆绑强迫而来的结果。要新兵不逃跑，只有从改革不合理的征兵办法下手。

战争是破坏的，同时在另一方面却是建设的。信阳街上普遍的有四川橘子，和江西南丰橘子出售，目前属于日本的辽东半岛和台湾水果不见了，美国水果更难见了。中国因为海关税落在外国人手里，始终无法建立起保护关税，保护我们土产的发达，一切工商业都成为外国工商业的附庸，自己的生产事业，日见衰落；有了战争，我们用战争来造成强有力的海关壁垒，给我们未失领土上的工商业以发展的充分机会，而且这样的发展，才是真正的"民族"产业的发展。

从信阳东去六安，我们搭的军用运输车，这个车队是湖南征调出来的，□□□□□□们做"湖南汽车队"，因为车辆是湖南省的，司机的也是湖南人，不过，在我们初次向汽车队接洽车辆时，我们看到许多说湖南话的年青人在玩排球，他们完全是学生行径，衣服非常清洁，手部足部头部无一不年青、洁净、灵活，我想一定是汽车队的管理员之类，谁知上车之后，这般人全是"司机"，他们非常谨慎地熟练地操纵着汽车，而且非常小心地爱护着汽车，他们自己的车厢内，虽在长途奔波中，仍然非常整洁，这和我在各地方所见过的"司机"完全不同，他们太可爱了！在休息的时候，他们吹口琴，他们唱歌，通过城市和乡村，他们绝不无故停留，更无任何不良好的习尚。

二百四十里过潢川，南北两城夹河而立，第五战区青年军团即设于此，各方来此受训练之青年，已达三千余人。又百余里至商城，青年军团有分团设此，将有安徽青年一千余人来此受训。商城到六安的道上，我们遇到不少徒步的学生，男的女的都徒步向商城前进，学生大半无长途步行之准备，普通都市内服装，尤不宜于长途步行，故他们行进中甚为辛苦，然而他们精神却甚愉快。我们常常听人在抗战以后骂青年学生，说他们在抗战前天天叫抗战，天天要求政府抗战，到抗战来了后，他们却四散逃了，似乎简直可恶之至。其实青年不是怕辛苦，不是怕牺牲，这次他们长途步行，实在已够辛苦的。他们之所以在有些地方不能表现抗战的行动，是他们平日缺乏政治军事训练，而临时大半都是教职员先逃，学生失了有力的领导，他们不跑也无从作起。所以我们不能太笼统地责难学生。

豫鄂皖边区，从前所谓"苏区"地方，一般人民过去都经过了二三年以上的苏区生活，特别是年青人们，他们讲得津津有味，问他们苏区时代就竟怎样，他们只说："那时候就是'纪律'利害！'犯错误'也了不得！常常开大会，犯纪律和犯错误的人都容易杀头！"说起"抗战"，年青人的嘴唇有点不自主地抽动，好样要说出"我也想去一个"。在史河渡口上十四岁的"船夫之子"，他学着父亲样子，背着双手，踱着方步和我大谈战争；他觉得子弹车太重，压坏了好几只渡船，让我们前方得到接济太慢，使他有点苦恼。

这里豫皖两省交界在史河稍东的小溪，小溪之东就是霍邱县的叶家集。民众对于广西军队，简直有几分开玩笑，有些玩皮的老百姓围笼来看我们经过，有些士兵为了保护车辆，要他们走开些，他们有些不但不肯走，而且提高嗓子和士兵比赛，结果是士兵们忍不着笑，自己走了算了。叶家集的农民非常兴奋地告诉我们："我们每家出鞋子一双去'拥护'!"他们没有很圆熟的话来完全表达他的意思,不过,说到"拥护"上面,他的头似乎往前使劲提了一下。同时他们很有把握很有倚靠地说:"街上有女队伍召集开会,说是要'组织'!"我们又知道广西女学生军的活动,已经在各村镇展开了。(二月二十三日六安)

安徽政治在转好中

——以六安为中心的新局面

从豫南到皖西,特别在安徽新政治中心的六安盘桓了些时,觉得安徽的土地太肥美,农民大都聪明勤苦,乡村与城市风景,十九兼黄河与长江两流域之长。中国的土地太可爱了,中国同胞太可亲了。

六安,在淠河东岸的六安,在以竹木茶麻出产著名的六安,特别是茶叶一项闻名中外的六安,目前成为安徽战时政治军事支撑重心的六安,出人意料之外的,今天还是丝毫未改平时富厚安闲的风度,街市上熙来攘往的男女,仍若无其事的享有太平景象。旅馆饭店虽然因为军政人员的突然增加,时时客满,而老板仍十九还是宽袍小帽,笑逐颜开,而未尝意识到当前局面之严重。

六安的知识界和民众方面非常兴奋地为我们谈安徽事情。

过去的安徽,是奇怪而骇人地腐败!

我们亲自在途中观察到的,已经觉得稀奇了!这样重要的公路交通,特别是安徽战场的后方支撑线,公路全是烂土路,几块木片凑起来算桥梁,过一次车简直是过一次难关,没有路面,石面固然没有,沙面也没得,而且没有涵洞,两旁稻田通水和排泄山洪,都是在路面上挖横沟,弄得处处是坎,随地有坑。老百姓说还是征工征料;如果修公路的人向政府还领过筑路费,那实在有些过不去!这样□□□□□□□□

口,也太息说:"如果军运紧急,在这种路上,实在没有法子!"

许多人谈安徽保安队的败坏,安徽土匪如毛,其大胆到可以缴少数军人的枪枝,部份保安队下乡剿匪,拉夫之外而且就食地方,往往剿匪结果,彼此皆无伤亡,而粮弹等报销甚大,我们不一定相信。不过我们在霍邱县的叶家集,正遇到保安队下晨操,排长把双手相互对插在袖口里,游来游去;班长右手提起自己的腰皮带,左手插在裤袋中,"稍息""立正"不已的在下命令。

不要说县长专员委员厅长,安徽乡间的联保主任区长等,出门也是盒子炮几只,甚有公然大坐四人大轿!

教育更是难提,湖宾中学校长吴中英,曾公然去作汉奸,被军政当局拿着枪毙。教厅派出来招待送往后方去受训练学生的办事人,曾克扣学生伙食,让学生们遑遑于古庙之中,而呼吁无路。一部份教职员赌风甚炽,有人次日昏头昏脑进入课堂,因欲呼值日生拭黑板,而不知值日生为谁,竟问:"那个的庄?"至今各地传为笑话。

实在安徽所谓"三皖"之地,皖省南部,文风素盛,所谓"桐城派"已成历史之成绩。徽州一带,亦代有文名。而皖省北部,夹淮两岸,昔为英雄出没之区,清代"淮军",在压迫太平天国之革命与镇服北方农民暴动(平定清时所谓教匪),亦有相当建树。其所以腐败至此之原因,实由于历史积演而成。

李鸿章在清时在淮上收土匪练淮军,与曾国藩练湘军,同样为清室效忠,以扑击汉族之革命势力。然而曾之作法,平易中正,事事皆瞻前想后,为当时清室谋,不能算不忠。太平天国失败之后,曾之湘军,一部改甲归田,一部则转而经营镇疆。故湘军未成大患。而淮军胜利之后,过去之土匪首领,皆封侯而归,在淮河沿岸,大圈地皮,立成大地主,使大批农民为之农奴。有人谓,近代中国如谓有"农奴"制度之存在,淮河流域的大地主之群中,实有实例。袁世凯"小站练兵",又继淮军之后,造成了淮上军人在北洋系军阀中的基础,段祺瑞倪嗣冲皆荦荦大者，在皖系北洋军阀因果之下，以合肥人为主干之安福系政客官僚，又得广为发展，今之北京伪组织中大汉奸王揖唐辈，即为尚存之主要人物。在军阀官僚长期压迫与腐化下的安徽，政治上"巨室"力量，魔力甚高，欲求清明振作，本已万般困难。欲求此种腐败势力之铲除，唯有扶持安徽社会中正义之士，特别应扶持青年，使之一改社会颓烂习尚。安徽青年在如此社会高压之下，本已富于革新之热情；五四时代，皖湘青年运动齐名，本可直追而上，使安徽随国民革命之发展，而进入崭新阶段；然而十六年以后，安徽因军事上仅为首都南京对外之过道，未遭重视，而政治上则成为人事之调济场，十六年至今不过拾年稍过，而省主席已更易十六人之多！省政既为应酬品，于是县政更不堪问，故始终少整理之环境，且因安徽原有之社会高压，容易给□□□□□诸人以活动之社会基础。十六年以后之清党运动，及至到抗战为止长期之肃反工作，对于安徽青年运动之发展，不能不有相当影响，因此安徽遂成黑漆一团之惨痛的局面。

因为新兴份子不能养成，腐朽的势力始终支配着安徽地方军事政治社会教育各方面。此种趋势之极端的表现，为在抗战后形成汉奸的理论与行动，他们只图做官发财，那管做什么人的官，吴中英吴中流等社会有地位份子，公然宣传这回中日战争与过去内战一样，北京伪政府与过去广东之国民政府一样，日本军队和北伐时之俄国顾问一样，没有什么了不得；他们并劝老百姓不要怕日本军队，有他们的王揖唐可以保障安全，他们已准备好将来伪安徽省府各厅的分配，并预备好欢迎日本的旗子。甚至于曾任军委会第六部驻苏办事处科长的李蔚唐，也一面亲见东战场之失败而动摇抗战胜利之信心，一面误信此辈汉奸势力之雄厚，而错料其将会有成，自身亦与汉奸发生关系，以为自己出路打算，终至牺牲于汉奸案中。

在一月十三日南京失守之后，敌人北犯津浦路，成为重要战区，而政治上完全不能开展。幸蒋委员长藉开封会议机会，明白各方实际危险状况，回武汉后，一面以程潜司令长官主河南，而安徽则交李宗仁司令长官整理。

李宗仁于二月中旬就任安徽主席之后，见安徽之实际，亦觉非轻描淡写所能解决。乃一面诚意敦请皖省内之有名正绅如光明甫之流，省外文化界或救亡工作上有力人士如章乃器之辈，充实省府上级机关，一面则大批训练安徽青年，希望这般人经短期训练之后，成为安徽地方下级之干部。对于各县县长及省府办事人员等，闻善即收，不分亲故，如霍邱县长于立东，与李素昧生平，一谈之下，李闻其对于其故乡霍邱之利弊，言之甚透，即当面请其任县长，使对方几于不能相信李氏能如此唐突委官。滁县有四个民众武装代表，闻李宗仁奉委员长令至安徽，乃徒步经敌人后方到六安，谒李详谈滁县惨痛与县长之无力，李乃请彼等自择县长，由省府照委，四人惊喜之余，把从前在孙连仲部曾任连长之某君找来，李即刻委之任县长，使之任统率滁县地方抗战武力之责。

李接任之后，即刻宣传他来安徽的目的："在发动安徽省民众的力量，来保卫安徽，保卫中华民族，以达到抗战最后胜利的目的。"然而要发动民众，他认为"必须政治清明，秩序平定"，他深信"只要民众没有愤怨不平之气，社会没有隍阢不安之象，大家一定会自动起来为国效命的"。他同时承认这个目的不是一时所能达到，然而在目前，贪官污吏，土豪劣绅不守纪律的武装部队，以及土匪流氓等，他认为非办不可。并严令禁止虐待应征壮丁，擅加捆缚殴打；妄缴民财，拉夫及藉征兵征夫欲敛钱肥己等四事。

他这个作风，给安徽积郁多年的正义之气，稍稍伸了一点；现在许许多多的正绅，也慢慢到六安来了。青年人也可以随便到省府见主席，随便给主席去信，而主席必定有答复。于是教育界文化界和公务员中的有生气份子，都在六安街上开始活动了。安徽久未痛快见到外面的报章杂志了。现在他正在打算自己把老式出版东西稍加更动，以求适应抗战了。

李在最近离开六安之前，把安徽久已有名无实的动员委员会组织成立，并以章乃器为秘书主任，主持会务。各部都配备上些地方正人；这个会将来对于安徽民众的动员，一定会有较好的努力。

李最近还不断表示，有邀更多沪汉文化界有力份子，参加安徽各方面抗战动员工作的强烈意向。（二月二十四寿县）

江淮间的运动战

——初次胜利的战术经验

在南京失守以前之战争，敌人充分发扬了他军事上的优点，飞机大炮和坦克车，在阵地战的过程中，这三件东西威力之下，我们差不多牺牲了三十万军队。南京失守之后，军心民气一度动摇，去年十二月委员长告国民书把国人心情完全稳定了，而作战方法方面，许多人都怀疑我们是否能有办法来对付日本机械化部队，如果没有方法可以对付飞机、大炮和坦克，有些人的意思，以为纵然如委员长所讲抗战到底，充其量不过弄成"鞠躬尽瘁死而后已"那样悲壮英雄事业，而对于抗战胜利的前途，仍然渺茫。

但是一月中旬到二月下旬近四十日的津浦南段战争经过，说明我们虽然仍如过去那样没有机械化部队增加，然而我们只要稍稍变动作战方法，仍然可以打胜仗。去年十二月十三日日本攻下南京，本宣称将继续向中国内地进攻，后来力量不够，等了好久，又开始作打通津浦路的计划。当时的布置，是南主攻，北助攻。从江南调过来的主要部队，是近卫师团和第十三师团，力量都是很健实的，此外则有一百零六师团及其他杂部。敌人由镇江南京芜湖三点分别渡江，正面守滁县的胡宗南部，正奉命调赴他地整理，故津浦南段空虚。当时李品仙部之刘军，正驻淮河要地之怀远蚌埠临淮关等处，乃赶紧分防临淮关，凤阳、考城、刘府和定远之线，更向明光推进，余部则凭池河东向以防敌军，此线约两师兵力。另以刘军之一师，防合肥全椒巢县之线，以防芜湖方面过江之敌军。

循津浦铁路正面前进之敌，于一月十五日左右集中主力于明光站东南之管店站，当时我方计划，欲让津浦正面由于学忠部接防明光，而将刘军全部调至合肥、定辽，集中兵力。此时于部已达到一部份，而刘部尚未全部集合肥，山东韩复榘突放弃济南，继退泰安，再退滋阳，甚至济宁亦不守，北方大局危殆。委员长开封会议将韩复榘扣留，于学忠代韩为三路军总司令，故于之部队除留一部守临淮关外，大部又往北调。刘军始又赶回接防明光一线，但接防还没有弄妥，敌人已由管店来攻，明光于是失守。一月十七、十八日我池河西岸部队反攻明光，曾收复，敌援军到，又失守。于是敌我相持于池河之东西两岸，我军阵地，北起明光对河铁道附近，南至顺河有马家岗三河集诸要点，直达池河镇。

一月二十三日起敌分三路向我攻击，直扑明光以南诸要点，彼此相持一周，二十九日敌主力攻我池河镇，池河不能守，于是西退，而池河以北三路，亦同时西退二三十里。当时计划，我主力皆退凤阳县治以南大山区中，以支队守山区以南之定远，防敌入皖中。尽撤临淮关、蚌埠、凤阳、怀远之兵，二月一日大部撤至刘府。欲以此大山区为根据，相机活动。谁知敌人主力系由池河镇西进，直攻定远，定远我兵于是不能守，再西退永康镇。此时我方军事稍有变化，大山区中我军出支队南击永康镇东之敌，而令合肥之一旅北向以攻定远，敌受南北夹击，乃退靠山集一带山地。

敌人此时已尽略临淮关、蚌埠、怀远、考城、凤阳、刘府、上窑、定远诸地，津浦西侧形势，尽在敌手，我兵在洛河西岸与东岸之敌对峙。津浦南段战争，告一段落。此为我方失利时期，亦即为被动作战时期。

敌人志在打通津浦路,津浦南段西侧,已有安全监视布置,于是于二月八日开始攻击渡淮,二月十日敌主力纷纷由临淮关渡河,欲直攻徐州。南段兵力空虚,于是我西侧部队,开始全线反攻。在整个战区机动作战,主动作战的总方针之下,津浦线南段西侧之部队,以运动战之崭新姿态,此时猛出以扑日军之侧背。

当李品仙得到于学忠方面敌主力过淮之确报,洛河西峰之刘军,即过洛河东击,回上窑,破其外郭,斩获一百余人。另部克考城,所得亦二百人左右,而主力直向怀远蚌埠刘府前进。此时适廖磊军已到合肥,亦派队直向定远滁州明光,断敌归路。

敌人此时后方根本动摇,遭遇非常重大的苦恼,乃不得不将已经重大牺牲始得渡淮之主力,重新调至淮河南岸。淮北敌军牺牲所得之代价,因我淮南运动战之展开而化为乌有。敌之主力既被动退过淮河,我运动战部队,无与硬拼的必要,向怀远蚌埠一带前进之刘军,仍退洛河以西吸引敌之一部主力于上窑考城刘府之线,而合肥廖部则围定远,并向定远东之桑家涧进攻,进逼铁路,于是反把临淮关凤阳一带之敌军主力,吸引向南移动。

二月十七八等日,敌人东面盱眙一路,我方五合县之保安队及苏北缪军之一部,乘机一度克复明光、张八岭、沙河集诸车站,损坏铁路甚重,敌军又得分兵应付。

故自津浦南段运动战初期开展以后,二月十一日第一次反攻,至今不过半月,已将敌人军事造成颓势,而将其陷于四面包围之中。敌内部目前军心已异常恐慌,因敌在津浦南段已至少伤亡五六千人,补充困难,而四面对付,兵力分散,且占领地区中民众之反攻,至为普遍,红枪会群众随时随地发动,使敌人异常不安。为镇压人心计,敌军已用我同胞强穿敌军衣夹敌队伍中行进,以表示其人多,并多造木制假炮,以欺骗其士兵及威胁我民众。

本是原来已经疲乏的队伍,只要作战方法变更,就可收到如此巨大的效果。如果我们今后全国战区都能开展运动战,各部队好好配合,一定很容易打胜仗。自然津浦南段,这长江与淮河间初次尝试的运动战,还须有更大的改进和更深的扩张。(二月二十四日寿州)

皖中战影

一月的时候，报上即已传合肥失守，我们二月二十七日到合肥，合肥依然无恙。

我们从淮南转到皖中，沿途遇到许许多多的战区被难同胞，妇女尤占比较多数，看衣服与面容，逃难者中多人以上之家庭，向日皆在家安闲自在，而今亦被迫在道途上转徙，交通工具是谈不到的，纵有，也不过独轮小车几辆，上面可以放些行李，甚而至于完全无代劳工具，重重的行李，通通自己背上。小脚老妇，黄发儿童，也得在地上徒步，红颜少女，多也执绳拖车。当然，他们一天不会走多少路，而且他们究竟能走到什么安乐的地方，走到哪里去生活，他们通通没有把握。他们只是尽可能带上一些路费，向距离敌人较远的地方跑，避免目前的残杀与奸淫。我们后方没有很好的难民安置办法，所以有些人在金尽囊空之后，已经沦为乞丐。

在安徽另外有许多流亡的男女青年团体，他们因为比较有知识，他们于是自动组织起来，和军队与地方机关配合，做宣传工作。他们之中有中学教员，有中学生，有大学生，他们现在完全过着士兵同样的生活，自己推车，自己作饭，行时要同军队同行，军队休息，他们立刻作宣传，所以他们的工作甚为辛苦，然而他们这样艰苦的生活，已经换得了军队和民众对于他们的信仰。

南京失守之后，大家很少不注意合肥的了。在没有津浦路以前，合肥确乎是江淮间军事中心，而且为中原与东南交通上之要道。津浦路虽通，在今日抗战形势下，合肥仍占异常重要之地位，实在合肥之著名，并不是近代的事情。汉时，曹操与孙吴对抗，张辽曾在合肥大显威风，击退吴兵，所谓"张辽威震逍遥津"的逍遥津，就是在今合肥城外。

中国有三个大县，广东的海南，湖南的邵阳，安徽的合肥。合肥全县有一百余万人口，城周四十里，东门到西门穿城有十里，每一区长可辖二三十万人，实亦非同小可。

不过合肥尽管这样大，李鸿章、段祺瑞这般人头，都出在合肥，但是我们走进合肥市丁上，觉得合肥一点伟大气象也没有，窄狭的街道，矮小的房屋，旧老破乱的石丁，许多街上成大堆的垃圾没有人管，我们走进了合肥城的中心，仍然不相信进了合肥城，因为现实的合肥和我们想象的合肥差太远了。

军阀官僚出产地的合肥，有几十万有几百万家私的人很多，而公共有关的市政，简直没有人管。但是由大绅巨户所把持的地方行政机构，所谓区长联保主任保长这类人物，每人都拥有相当地方武力，可以纵横乡里，仍然执行升官发财的一贯路线；以救国公债来说，合肥还有八万元没有下文，某区长一个人就亏空六千元。

在绅权政治官僚政治和土豪劣绅统治下面，合肥的民众组织，根本一无所有，自然谈不上什么抗战的力量，本地青年在广西军未到之前，绝对不敢轻谈抗日，外来作救亡工作的青年也不敢在合肥多留，因为合肥汉奸势力之广大，是出人意想之外；全国人痛恨的汉奸王揖唐，在桂军未到时，合肥报纸，也不敢随便公布。

所谓政治基础的保甲制度，他们做不出抗日工作，而他们发财工作仍然可以从抗日名义中发展。广西军来抗日了。于是有许多保甲区长等，即向民间宣称，桂军远来抗日，备极辛苦。我们应为他们捐些米柴油菜之类，在半自由在半强迫的作法之中，许多的物资集中到区保甲长手中了。他们把这些物资转给军队的时候,却又是一五一十的算价,所有代价,尽入私囊,并且有时还弄得一个"善于供应军需"的美名!

幸而广西军队来了。消极方面结束了保安团队之混乱与骚扰,积极方面稍为稳定了已经惊惶的人心。由于广西军纪律的良好,和抗战态度之坚决镇定,本已逃跑一空之合肥民众,才慢慢开始回来了。同时在军队政治工作掩护下面,本地和外来的热情青年,才相当能集合起来,开始作宣传民众,调查民众和组织民众的工作。

合肥民众仍然很纯良的。地方政治之腐败,并不能说明此地民众对于国家对于抗战情绪的低落,相反地,南京失守后各地难民之从合肥经过者,其流亡之惨痛与敌人之残暴的传述,已经大大地教育了合肥民众,特别是滁县全椒定远相继失陷,合肥人的感触更清切了。他们深切认识到这回不比平常的战争,日本人不是对付中国一种人,而是对付整个的中国人,因此这回战争是我们大家的事情。其次难民们饥寒交迫辗转流离的生活,让合肥一带民众,进一步的感觉到;不只抗战是有关大家的事,而且逃亡不会有什么根本妥善办法,逃亡的结果,只是痛苦的增加,最后终至于幻灭。因此许许多多的民众,武装起来自卫,武装起来战争了。定远、嘉山、滁县、全椒、含山、天长、来安等县民众,已经在民团红枪会,自卫队等名义之下,纷纷组织起来。江苏北部退到安徽来的武装难民,也在这一带活动,他们在各个交通路上不意的袭击敌人,在和县的西梁山地方游击队会曾打倒了维持会,从维持会中拿到敌人向维持会要东西的收条等件。所要的项目中有"淫妇"若干人,此外是白糖鸡蛋之类。滁县的游击队曾一度攻过车站。全椒的土匪和红枪会等,对于过境难民还有新办法,凡愿参加抗战之难民,壮丁可以留下参予武装,妇女则给资送往后方,如不然,则将一切行李没收,意思是"捐作抗日"。

二月二十五日我们在合肥,某总司令的参谋长,正在合肥东北某地方召地方武力代表开会,他们一致决议愿和军队合作,愿受军队领导,他们有决心，有勇气，但是必须有军队的指挥与领导。合肥以东，津浦两侧各县民众武力，至少可以组织成功十万之众，廖总司令也请李主席宗仁委派几个抗战意识坚强的份子，去作失去地区的县长，用县长来领导民众抗战。合肥也换了县长，正在大刀阔斧地整理。

军队与民众合作情形，尤为良好。在定远回合肥的途中，我们便衣侦探被红枪会抢了，衣服和路费都被没收，后来他们问出来是军队便衣侦探，立刻追问是那一个军队，他告诉他们是"第七军"。他们问："是李宗仁的第七军吗？""是的！"随着这一答复，被抢的东西一一退了回来，而且好好地被招待了一次，最后是派几位武装保护着他走。走了不远，又被旁的地方武装扣着，而且把保护者的枪也缴了。仍然是"李宗仁的队伍"这个理由，始让他安全通过。

池河镇附近，地方武装和我们军队的游击队发生了遭遇战，我们军队因地情不熟，弄不清对方是什么人，只好戒严对付，不过对方见我们是中国军队，赶问是"那一军"，"李宗仁的第七军！"这些人立刻和顺的过来，对我们游击队说："无论你们打那一路，我们都可以带路！"

因为需采取游击的战术，在有正规作战的掩护之下，大家都随时得到胜利，于是大家胜利的信心提高了。民众打游击，军队也喜欢打游击，总司令部的特务营也去打游击了。某次几十个特务营弟兄，在廖总司令的鼓励之下，化装便衣出发了。到了乡间，老百姓就来打听消息，知道是游击队去打日本，他们在池河定远间的武装民众四五百人集合了。他们不但自动去作向导而且自动听从军官的命令，联合一致去作战。他们果然在池河定远间公路上展开了。埋伏的，侦察的，狙击的，疑兵的，抄袭的，截击的，他们分配得很好。敌人步骑混合大队三四百人果然来了。三辆坦克还作了后卫，前面是骑兵和自行车的尖兵。但是正面山头上我们的枪响了，敌人赶紧想法应付，左侧上又发现我们的狙击力量，敌人正要施行迂回的老办法，他们的背后却来了我们大部的军民合作的队伍，四方八方神出鬼没的攻击使敌人慌乱地退去，战场上却遗留下几十个敌人死亡的血迹,一位少佐被我们打死,他身上的作战有关机密文件,被我们得到不少。敌人送我们的新式武器,在这一刹那间,就是几十枝。而我们方面呢？流弹打伤我们一位官长,民众武装者还是因为缺乏经验,站在山上暴露了目标,惊动了敌人,否则这回敌人吃的苦头还要更大。

前方的廖磊将军,谨严宽厚,治军待民,始终温和可亲。出街不带卫士,警报不停工作,上海战争中,在这样猛烈的炮火下,他常到第一线观战,广西士兵们说："总司令都不怕死,我们还怕什么！"有一次敌人飞机似乎得到汉奸报告,大炸他的司令部,四周的房屋全炸坏了。有人劝他避一避,他屹然不动地说："不要紧！我们没有做亏心事的人,不必顾虑的！"有人又说："炸弹可没有眼睛！"他说："纵然牺牲了！为国家而死,也是值得的！"他的助手徐副军长启明,更是资兼文武,他对军事除认为作战方法,应注意机动性而外,对于与军事有关联的政治条件之改善,他尤斤斤置意。

很幸运地,在前方会到掩护沪杭路大军退却的李本一团长,这位短小精干的青年军官率领桂军这一大团,在敌情不明,指挥不灵,国防工事无着的情形下,孤军以挡乘胜的敌军于嘉兴,在万分危险之中,他常以奇兵抄袭敌人后路,一次抄至炮兵阵地,敌人弃炮而逃。以后节节败退,常陷入前后敌人追兵夹攻中,他在万分无办法之中,总是选队反攻,必击溃敌人一面,而后从容以去。当他翻西湖附近天竺山,请和尚带路,退至富阳钱塘江边时,船只已被全数带至南岸,后而追兵大至,而所部自嘉兴抗战至今已一周以上之苦战,伤亡过半。不得已,乃分别泅钱塘江而过。回忆当时愤战,犹如昨日。他认战争不能完全忽视物质的威力,而贵在能避锋就钝,因此他主张我们在正面死拼的同时,即刻要展开侧面的对敌袭击,使敌人无法发挥正面攻击的威力,他最后知道了整个作战方针,决以运动战为主,而以阵地战和游击战为辅,他是非常兴奋的。

二十七日的黎明,我们大批轰炸机经合肥上空去炸津浦沿线的敌军，民间事先不能得预报，许多人骇得不得了。后来知道了真正的消息，大家又高兴得了不得。

我机去后，敌机的警报来了。我们在警报声中，离开合肥到舒城。在我们前面的一部汽车，被敌机追了一阵，幸而没有伤亡，我们这辆车侥幸没有被照顾！

一时半汽车行程，即到皖西门户的舒城。舒城的西南两乡，尽是山地，为过去豫鄂皖苏区之一部分，农民曾受苏区教育者甚多。有许多宣传队下乡宣传，农村男女对于开会等习惯，异常老练，只要说"要开会"，布置会场，在会场中如何发言，如何表决，他们多半全会。有许多青年对农民们唱救亡歌，他们说："你们唱的歌不通俗，不合农民要求，你们听我们唱吧！"于是他们男女老幼都大唱而特唱，许多知识分子，反而不好轻易向他们宣传了。

舒城目前是皖西政治动员工作的大本营，某总司令部的总政训处正在这里加紧工作。据负责人郑昊明先生工作的经验，以为最大的困难，在地方政治机构，不能与政治工作配合，地方党政机关，并不能负责起来开展政治动员工作，军队虽然做些政治动员工作，但是军队常常移动，使政治工作难以继续，因此难能发生强有力的效果。且过去北伐时期所谓政治工作，有坚定的党的路线作核心，故一切都有一定方案，故能头头是道。

现在军队政治工作，很难有整个的力量和办法推动着，他以为今后动员民众，只能用政府力量，即通过政府发动民众。但是各地方政府健全的太少了。要能令地方政府担任动员民众的大任，须得上层政府赶紧作健全下级政府的工夫。

舒城因为今天成为第×战区皖西山地政治动员工作重要据点。总政训处也的的确确用开诚的态度，与各方合作，来作政治动员工作，所以集合在舒城的救亡团体，比较其他的地方多些。如留日流亡同学会，上海青年流亡团，妇女工作团等，舒城的抗敌后援会，也和普通地方有名无实者不同，他们最近改组之后，干部确乎充实，而工作也真有内容。

不过，深刻地讲起来，这些团体工作的自我检讨，觉得一般救亡团体，都发现了几种困难：第一，能宣传而不能组织；第二，工作内容都大体一样，如演剧，唱歌，讲演等；第三，流亡团体上层没领导机关，而各团体间又没有配合，往往一个地方有好几个流亡团体，而有些地方又没有；第四，工作的本身，往往缺乏实际的内容，不能满足今天客观上政治工作的需要。

就比较有内容的舒城抗敌后援会动员工作来看，乡村中动员宣传工作，成绩不能算坏，但是乡村民众接受宣传之后，困难都来了。男子方面，他们要求能有武装，以便参加抗战；第二，家属生活要有担保，以免后顾之忧。乡村妇女呢？他们也要求工作，只要有实际工作可作，他们不要任何条件的。因此今天我们不只要向民众宣传，希望他们参加抗战，就算了事，而且要实实在在想到，要民众起来做些什么，并且起来以后，关于动员民众有关各事，都要细心想到。（二月六日武穴）

封锁线外的安庆
——川军在安庆有很好的努力

安庆——这不大容易给人们以考察机会的地方，现在是露处在马当封锁线的外面。敌人打下南京快三个月了，然而始终没有敢到安庆来，他们自然知道，今天的安庆，绝对不能和芜湖那样，党政机关跑了三四天后，他们才安然进去。

徐州安静，安庆也不减繁荣。我们初到安庆，市面上和平时城市相差，并没有多少。据当地民众相告，安庆本在南京失守之后，骇成了一座死城，现在已经复活了。

南京十二月十二日被敌打破，许多人就问驻安庆当局，对于"出走"问题之意见，据答是很坚决的。因为安庆北门外政府已经早修好两处非常坚固的地下室，不但飞机投弹可以不怕，大炮轰击，也不会有什么效果。谁知十四日晚上，不知什么人传来敌舰上驶消息，谓十五日天明即将到安庆，于是党政两大机关，即集中汽车，半夜搬家，将私人行李等仓皇向北门外开去，直奔六安。因为中下级公务员和民众对于时局消息和见解，都非常隔膜的，他们平时虽然偶然有动摇之感，然而上级人员常常叫他们镇静，也多少有点效力。不过这回叫人镇静的人，已经仓皇逃走，一般公务员和民众乃以为大祸临头，亟亟不可终夜。十五日天明，安庆将成焦土。于是安庆数十万民众，纷纷逃跑，父唤其子，夫叫其妻,汽车人力车小推车,男人,女人,孩子,箱子,被包,衣服,沙发,木器……哭的哭,叫的叫,汽车喇叭声,车轮声,人叫声,马嘶声,儿童哭呼声……整个安庆的人民都从一家一家的房屋里拥吐出来,拥挤在一条马路上,都向北门去,谁也不肯让谁。本来中国政治,有人批评叫"公文政治",现在连公文也不能顾虑了。

十五日敌舰并没有来。安庆四周的山景还如往日一样,长江的洪流仍保持一向雍容的步调,而安庆经半夜的逃乱后,数十万的都市,完全惨淡地死去了!这时的安庆,换成了另一世界,散兵,伤兵和流氓们统治的世界!满街满巷,城内城外,都是伤兵和散兵,他们有的穿女人衣服,有的穿中式皮袍,有的学生服,有的半截西装,红的蓝的无奇不有。他们随处找吃的东西,随便进入民宅。虽然省会警察局长柳维垣还始终支持着,但是大势太坏,胆小的警察也跑了。十五十六两日一切商店关门,简直买不到米,安庆成为无政府形态。此时很有步芜湖后尘的可能,伤兵散兵无人管,他们会像芜湖那样乱抢乱烧的。抢了烧了之后,日本人可不血一刃而入安庆了。

幸而安庆此时得了川军杨森部这个救星!

杨森先生所部二十军自东战场调到安庆来整理,因为他们不顾预闻地方政治,故不与地方政府及民众周旋,他们到安庆已经三四天,社会人士甚至于当地报馆亦不知二十军已到安庆。十二月十四日夜安庆纷乱以后,他们不得不出而维持。他们首先指出日舰上驶消息之无稽,派兵制止不必要的乱逃。一面出严厉布告,制止伤兵散兵非法活动。指定几处地点收容伤兵和散兵、最技巧的是:军部派许多精明的军官化装成伤兵和散兵,在他们中宣传杨某要取缔伤散,而且手段坚决,不如早入收容所为佳。他并派人在要道口检查,凡非军有之衣物等,查出即当面焚烧,这样雷厉风行了几天后,安庆才算恢复了清静。而电报邮政和金融的维持,实在煞费苦心!

在这混乱的局面中,值得特别称颂的,除军队之外是皖报社同人和留日流亡同学服务团的努力。在空城逃亡的时候，皖报社同人仍决心撑持到底，以维持社会人心，他们十四日晚漏夜工作，许多工作同人都移到地板上临时休息，必定要在十五日照常出报，使人心不致根本动摇。他们并预备相当武装，准备万一敌人登岸，他们可以最后掩护退却。混乱以后，皖报始终照常出版，功劳不可磨灭！其次，担任说服民众，讲解时事，代军队传达意旨于民众，并利用此时贯输救亡抗敌知识，并广大地教育安庆儿童唱抗战救亡歌曲，这全是十几位留日回国同学服务的功绩。但是后来皖报社竟因对逃亡事件，略有批评，而受到社长陈志明撤职的处分，全社员工于得此消息时，全体大哭。留日服务团亦被人报告，认为别有作用，而不能再在安庆工作。这完全是不明真实状况的处分，不公平的处分。

应该被处分的是另外一些人，我在安庆看过建设厅某科长的洋楼，我也看过某中学校长做一年校长后所盖的新厦，我初以为进了富翁之居，我不敢相信这类职务的人，能有这样大的经济力，来造这样的房子。因为如果照薪水算去，科长和中学校长的薪金，纵令每月提一半储作建筑费，也起码得储蓄十年以上，才能小小动工！

不过，这些都可以不必提了。今天是该谈以后的事情，安庆总算已经复活，川军和地方人士的感情，总算已经发生了亲切的关系，军队已经取得人民的爱护与信任，在安庆已经无人负责之情况下，川军当局发明了一个新的推行政治的方法，即组织"军政俱乐部"于安庆，藉此两方面交换意见，各机关如皆同意于某事之后，即分别自动推行。结果，虽无统筹全局之机关，而事务仍得圆满推动。因杨森军不便直接干预地方政治，而事实上驻防此间，筹划战局，对于地方政治不能不发生关系。此变通机关——军政俱乐部——裨益于安庆甚大。

杨森所部川军之所以如此振奋。则与其在东战场时陈家行之光荣战役有关。杨森先生本人为四川军人中最能接受新潮者。故抗战揭开，杨部首先接受中央命令，由贵州东开，贵阳至长沙，本为五十九日之行程，而杨部官兵于二十四日中赶到。士兵每日行路过多，略有疲乏，虽抗战情绪极高，大家百无怨言，但若干士兵尝戏谓："四只脚的汽车，开久了也要上油，我们两只脚的人，怎能完全不休息呢！"因为士兵们白天走路，夜间尚须自己打草鞋也。

他们忙忙碌碌地到南翔前线，敌情还不明白，地形也不明白，晚上要作工，白天要避飞机。他们此时正遇敌人在上海六次增援，五次总攻，夏副军长斗枢被命只带了先头到的两团去恢复阵地，此时陈家行阵地，正当敌人锥形攻击的顶点，然而他们挺巴蜀健儿之英姿，勇猛前进，立刻将陈家行已失阵地规复，两翼友军，皆为之鼓掌称赞。

他们死战阵家行一周之久，全军牺牲十之七八，始被命调回整理，全军将士对于陈家行战争的光荣，都抱有继续前辉、更张后绩这信念。于是上海战争失败的经验，如士兵射击技术之讲求，地形地物之利用，与乎疏散队形之练习，皆在积极进行中。尤以养成每个官兵抗战必胜的信念，和培植官兵个别作战的决心，对于政治教育，亦要求其强化。

除杨森先生之外，安庆人很少不知道夏副军长斗枢和范副官长埏生的。夏先生以潇洒著称；而范先生则以干练精明为安庆人所爱重，安庆许许多多的事情，都由他推动，而他始终保持客位，将一切权力与权利皆让之于应有之者。所以今日安庆市上军政与军民间那种和谐气象是非常可爱的。

为了教育他们自身，这个军队中盛行一种谈话会，每天都定时举行，分组办理，在谈话会中彼此教育，彼此批评。他们并且每人每天节省二两米，来救济难民，每日所得，可供五百难民食用。

太平天国时，安庆也是重要的战场，曾左他们围四眼狗陈玉成于安庆，达十年左右，至今安庆城外，仍有当时"深沟高垒"之陈迹，其沟之大且深，远非国内战争中习见的"外壕"所能比拟。各重要山上，安营下栅之痕迹，仍甚清楚。将来安庆以西以北，恐仍不失为相当重要战场。

（三月六日武穴）

桂兵佳话

"广西军"在这次全面抗战中，比较有与全国人见面的机会。在编制上，"广西军"是"五路军"与"八路军"、"三路军"等处同等军制地位，这次遍游第五战区，对于五路军士兵生活与情绪等，有不少新发现，甚觉有味。

五路军士兵大半为广西之征兵，即大半为有家有室之人民，其意识与普通人民无异，故抗战后虽征调从戎，穿上军衣，而其生活习惯与生活意识，仍为普通人民，与募兵之有流氓无产阶级意识者不同。某地桂兵见有他军散兵自由取民间食物等，毫不付价，引为重大奇怪，他们奇怪为什么不给钱能拿人家东西！甚而他们挺身而出，替受害者打不平，好像保护他们自己利益那样认真！他们在这时忘去了他们自己已经也作了军人。

征兵多来自乡村，乡村青年忠厚纯真，绝对无世故气。某师由郑州到徐州，士兵皆坐铁敞车中，适逢大雨，士兵皆成水人，某兵因病不能支，乃被抬至师部所在之铁篷车中，夜间十时，师部各人皆睡，此病兵则已相当康复，乃起身拍其旁之师长谓："你给我看好东西，我要到后面去守卫！"师长没有理他。他到门口，见火车未停，无法过去，又回来睡，到夜二三时左右，他又去拍醒他的师长，仍然叫他代他看行李，他要去守夜！因为他虽在病中，仍牢牢记得，他的连长在他未病前指定了他夜间守卫时间，叮嘱他牢牢记着，所以他病稍苏之后，他又想起来了。

定远附近永康镇之战，连长下命令叫大家预备冲锋，一位士兵乃将自己所佩背囊水壶毯子等解下，很整齐地摆在他左前方地上，然后作预备冲锋姿势，连长笑问他为什么把东西放在地上，他说："我打了冲锋回来，再来拿走。"他没有知道，打冲锋之后，不一定还能如演习那样，可以靠得稳回来的。淮南战场上有一位士兵，在二月十一日我们反攻上窑考城时，被敌人打伤了腿，然而他仍然勇敢地砍了一个敌人头，他死死地把人头带在身上，无论如何绝对不肯放手。晚上他就用那个人头作枕，他说："日本鬼子打伤了我，总得睡睡他出出气。"当廖总司令部由江南转入江北作战，在九江候渡，正值旧年关，通夜靠街阶未入民房，有人问士兵何以不入民房，他们答：人家正过年，我们去扰乱干什么！有人对青年士兵告以九江花姑娘多，他们说："现在过江打日本鬼要紧，没有工夫！"

皖西舒城某士绅家门外，立有一桂兵，天大雨，因未带雨具，衣服尽湿，冷冻不堪，士绅乃请其入内暂息，兵不肯入，再三请之，乃入。入后乃就火烤衣服，主人欲送以布鞋一双，则坚持不可，仅在鞋袜烘干之后，即刻离去。刚出门即遇到官长，官长责何以擅入人家，士兵以主人坚请对，后主人赶出证明，此兵始无罪。桂军所过地方，虽深夜中，人民仍有烧茶相待者，有人问以如此岂不太辛苦，而人家之答复曰："他们远来抗日，比我们更辛苦！"故桂军到安徽后，沿途皆不感困难。

桂军此次出征抗日，各士兵之家庭乡里同学等皆热烈欢送，祝以胜利后回家，所以他们出征后，不甚记念乡土，某兵答复："我们不到胜利，绝对不能回去，因为不到胜利而回广西，一定是投降屈服了才可能的。投降之后，回广西去作亡国奴，那是不可以的！"

北伐时，李宗仁先生为当时第七军军长。曾经过安徽对人民留下良好印象，广西军如有上书"第七军"之竹笠，或被土匪红枪会等留难时，而声明为"李宗仁"队伍，即可受到优待。

某兵接其妇自广西来信，谓家中自他出征后，家中一切布置，仍甚完好，特别对于他自己有关事物，条理得很圆满，只希望他在得了胜利之后回去，因为全乡的人天天都在谈战争，天天都在打听胜利和失败的消息，他如果胜利回去，她在乡间的地位也提高了。

三月一日送我们到安庆的两位卫士，他们都是高小毕业生，家庭尚为小康之家，征兵时，他的父母兄弟皆非常高兴的送他来当兵，他谈东战场战争，虽然败了，他觉得日本军队并不厉害，飞机炸惯了，大家也就不以为奇。后来到后方见了警报有人跑，反而是奇怪事。临别时，我们送他旁的东西，都不肯受，只问我们要抗敌救亡歌本，因为他们自己也非常爱唱歌的。

广西军因系征兵组成，故出征部队中，所有广西境内各民族全有人在内，但因语言不同，教练与指挥困难，如龙州区及百色区之征兵，必须大体用这两区之教官，事实上找这些军官不大容易。各族份子在军中对于战争对于纪律，实有奇怪的忠诚。东战场失败后，广西士兵得到命令，以后如有强夺其枪械者，即以对敌人手段对付。蚌埠西撤时，有一班人散落到蒙城，县长欲收缴其枪械，此班人立刻展开，准备厮杀，他们说："从前我们是老老实实。现在司令长官有命令，我们是不客气的！"结果，地方人士也只好把他们送走归队完事。

《大公报》合肥分销处伙计，他在定远附近看到一桂兵在烂泥中崎岖跋涉，特意把自己的鞋送去，此兵始终不要，他谓如要，则必须收相当的代价。这位先生很感动地说："如果这样军队再不该打胜仗，太没有天理了！"（三月三日安庆）

鲁南顽敌成瓮中鳖，两万之众势将聚歼

（徐州5日下午4时发专电）

本报特派员4日到徐，代表本报，慰问前方统帅及众将士。现时我军已转入绝对胜利的自信和安定中。徐州晨夕已可闻重炮声，而市面比两月前更繁荣，川军争先恐后上前线，使前方统帅大为感动。4日晚上，战事重心在台儿庄，此为争夺鲁南山地与迂回突击徐海的要点。敌在鲁南作战为矶谷之第十师团、板垣之第五师团，共合四旅团八联队，其七个联队皆由矶谷率领，自枣庄、峄县以至台儿庄，敌兵力在两三万人之间，其余一联队在临沂附近，与我相持。我军除在正面有大军支持外，台儿庄以北临沂以西峄县、费县之间有庞大军团，在敌后方活动，使敌后方交通完全断绝。4日我在台临公路之间向城尽夺敌之弹药给养车数百辆，而我自西向东之强力军团4日已占领敌左背侧要地之獐山，敌全陷于四面楚歌之苦境。4日晚正面之敌已开始动摇，一二日内即可有大捷报。至南通登陆之敌，不过一联队，且分往江北各县活动，故无甚军事意义。

（台儿庄6日下午2时30分发专电）

本报特派员5日晚到达台儿庄附近，代表本报，向孙总司令及该路官兵表示慰问。该军遇空前之劲敌，合板垣与矶谷之精华，而且矶谷自任指挥，血战16昼夜，终使顽敌伤亡四五千人之众。6日在台儿庄以

北三角地带之敌 2 万余人，确实被我各军紧密包围，敌之大炮已缺乏弹药，坦克车似因缺汽油，5 日起已未曾活动，敌气大馁。6 日午我各军皆已达预定攻击位置，各军已决心于 6 日夜一鼓作气将敌歼灭。汤关各部已自认军令状，孙部近亦奋勇挺进中，6 日夜定有大捷报。

载《大公报》（汉口）1938 年 4 月 7 日第 2 版

鲁南我军确定胜利，台儿庄顽敌大溃退

（台儿庄6日晚10时本报特派员发专电）

本报特派员6日酉刻到台儿庄前方，晤池师长，为本报致慰问之意。该师昨晚选拔奋勇队，将盘踞台儿庄西北与东南两面之敌肃清，只余东北一面，不过一二百人，并相机向北出击。6日晚，被围之敌，其西北与东南两面，皆被我生力军猛烈袭击，入于决战阶段。晚9时，敌在台儿庄以北之炮兵阵地，被我击中起火，其大批炮弹无故自行炸裂。晚10时止，我前方高级司令部静候歼敌结果之到来。

（台儿庄南棠棣埠7日上午8时本报特派员发专电）

六日晚八时，我军各路以决定的歼灭战之优势，向敌总攻。七日晨二时我正面孙部池师对盘踞台儿庄寨内之敌五百余人全部包围歼灭，计得敌钢盔五百顶，坦克车四辆，其余机枪器材等正清查中。晨四时我池师得胜部队跟踪北追，当向敌司令所在之刘家湖进攻，立即克复。右翼黄堃亦占领邵庄、裴庄，左翼张师占领南洛。台儿庄以北十余里内各要点，均为我军占领，敌狼狈溃散，我正整顿战线，向溃散之敌猛追中。

载《大公报》1938年4月8日第2版

鲁南我军追击中，残敌为掩护退却反攻被痛击 峄县敌陷重围我并逆袭枣庄，台儿庄内外敌遗尸三千之多

（本报特派员视察报告战后台儿庄
台儿庄七日下午四时本报特派员发专电）

本报特派员七日下午一时进入新克六小时后之台儿庄，慰问前方将士台儿庄原有四千余户，人口达两万，现已成焦土，颓垣败瓦，壁洞梁翻，已一无居民在内。然而，台儿庄官兵无不愉快兴奋，绝无丝毫疲倦现象，使人大为惊奋。城内外敌焚尸近千具，骨灰犹存，邵庄附近敌自埋五大冢，约二千具。北门外麦地中有敌坦克车四辆，三辆已被焚，一辆亦受创甚重，尚有敌轰炸机一架，落刘家湖之南，敌战马二三百匹及汽车二三十辆，皆被我重炮击毁。敌遗留催泪性瓦斯筒甚多，尚有一高约四尺之完好窒息瓦斯放射器，机枪步枪已收集百数十支。台儿庄北城城墙及附近野地皆弹痕累累，未炸之炮弹随地可见。我士兵白日在运河边洗脚者甚多，入夜歌声四起，守台儿庄名将王冠五旅长，态度从容，胜利之后，官兵毫无懈怠。

载《大公报》1938年4月9日第2版

峄县郊外激战中，敌仍固守待援传国内动员 我生力军已调上即将总攻

（本报特派员报告鲁南形势
台儿庄十四日上午十二时本报特派员发专电）

台儿庄战役，自七日晨正面敌军被我击溃后，东面之敌于八日夜亦纷纷后退，集结于峄县附近十里左右之山地，仍保有数千人之残余势力。观三四日来，敌在峄县附近作战方法，山地固守，小村亦抗，拟有固守待援之企图，但据报告，飞机侦查敌在峄县、枣庄之一部重兵器已向临城方面移动。而十二日夜峄县敌二千余人已退至城东北四十里之税郭，被我军包围，敌正顽抗，拟又为掩护退却。要之，台儿庄战以后，敌对我准备再决战，当视其援军进展速度，及我军推进情形以为断。十三日晨，我军已迫近峄县西南两面□□里之山地及村落，正寻求敌主力，进行歼灭。就全局观察，敌对鲁南山地绝不轻易放弃，失去鲁南山地，则山东全省敌殆将无法立足，故我当乘台儿庄胜利之机会，确实控制优势兵力，不遗留的扫荡敌人，必须□□□□尽入我手，敌始难于翻身。山东境我占绝对优势，则徐州自无问题，而战局始终在各方同时开展主动的有利的阵容也。

载《大公报》1938年4月15日第2版

我克韩庄威胁峄县，临沂方面激战又起
我分路邀击使敌从容布置难，第二次大会战周内或将展开

（徐州十八日上午十二时本报特派员发来专电）

本报特派员十三日赴鲁南前方，代本报慰问汤关各军将士，十八日返徐，曾在峄县、临沂之间周览各作战部队，此次战区统帅之镇定、公平、坚决与辛劳，博得战区全体官兵之爱戴与信赖，将校之中，从实战经验上，锻炼成众多有新奇战术思想与特殊战斗能力人物，用兵之忠诚与勇猛，攻击精神之旺盛，在敌方文件中，亦发现对我敬佩之辞，汉奸活动已大为减少，敌方则无论飞机、大炮、坦克数量与效能皆远不如南口与上海战役时，其步兵战斗精神亦日渐减退，使我官兵战斗胜利之信心得对比的增长。敌探兵传令。常为我民众扑杀，故整个战争形势，已全非昔比。

（徐州十八日下午九时本报特派员发专电）

鲁南战场之敌，刻正进行与我第二次决战，其增援部队约两个半师团，其一师团闻自上海调来，由青岛登陆，循公路向临沂方面前进，其余一师团半闻系由平绥、平汉调来，向津浦路增援，敌之目的，在挽回台儿庄败退后之颓势，其求对我主力决战之心甚切，观其用兵方法，第一步似在谋东西两路之会合，集主力于泰沂山岳地带以南之平原，然后齐头并进，压迫我军于微山湖与运河之间，我军刻已分头迎

击，不使敌有从容布置之余裕，十八日下午五时克复津浦路之韩庄，并即向北跟进，即在打破敌循津浦顺利南下之计划，大致不出一周内，大战即将展开。

载《大公报》1938年4月19日第2版

慰问台儿庄

一、炸裂了的土地

台儿庄完全规复后四小时，我们立刻离开孙××先生的野战司令部，在×××约好池××师长，同入台儿庄。池师长是此次台儿庄支持战的主将，半个月无休息的战争，使他的头发和胡子都长得很长，嗓子已经哑了，面色有如无光的黄纸，但是半个月的苦战，已经换得了四月七日晨间的胜利，在敌人败退之后，挟扬眉吐气之心情，以入浴血苦战之寨堡，任何沉重加疲劳，也抵不过这样光荣的兴奋了。

韩佛寺离台儿庄约有十里，我们坐手摇车循铁路北进。韩佛寺已在敌人重炮射程之内，在韩佛寺南数里之外小山地带，敌曾发炮至二三千发，但石山地区，弹痕尚不鲜明，韩佛寺北三四里处，在一片麦地上，敌人炮兵所谓"遮断射击"之痕迹，则异常清晰。与铁路大致成十字交叉之敌炮遮断线，将麦地大致以东西方向，击成漏斗形。每一重炮弹所及之被弹面，据云有四百公尺，则依地面被弹窟之密度观之，当时此线实已成为难能通过之弹墙。

更北行二三里，铁道附近有半百左右之飞机重量炸弹所炸巨坑，铁道亦曾被炸断，池师长当时见此巨坑，亦大为摇头，盖当某次他白日乘钢甲车到前方激战时，敌轰炸机十一架即对钢甲车集中轰炸，铁轨已断，车不能开，池乃下车避麦地中，敌机更低飞投弹，其前后左右麦地，尽被敌弹炸翻，独他幸得无恙。故至今回想，仍觉有间不容发之紧张情绪也。

时铁路两侧有伤兵抬下，大家皆脱帽或举手致敬，据云，在三月二十七八日矶谷师团猛扑台儿庄时，四月三日坂垣部队最后参战时，铁路两侧，每日有伤兵自此运下。

更前进至一钢骨水泥桥下，在八小时前，仍为台儿庄前方司令官指挥所，桥之左右，河岸两旁，重炮与野炮曾大量光顾。现则若干传令兵休息其间。过桥，即为台儿庄之南火车站，由此过运河北为北火车站，北站东约二里，为台儿庄，南北站与台儿庄构成三角形，北站与台儿庄为运河北岸两据点，亦即为此次数万健儿浴血之场。

南站附近，地上弹窟已不能数计，站上三层洋楼，已为敌炮打落一层，站之北端有一较大之地下室，其前后左右所有地皮，皆为敌机敌炮所炸翻，独此室得无恙。时敌侦察机一架，现于南站空中，其后轰炸机三架续至，我们在小地洞中避了一会，避得不耐烦，乃急步过南站，直至运河边，向东随交通壕而行。敌机此时投弹数枚，似为掩护退却。交通壕掩蔽部内，若干士兵正在甜蜜的酣睡，有些新得敌人的枪枝，正在试射其有无毛病，故枪声杂起。此时台儿庄东数里之村中，尚有数十敌人正被我围攻歼灭中，故机关枪声仍不绝于耳。

交通壕将尽处，乜××旅长率团长等来晤池师长，所有官兵皆红光满面，喜气盈盈，若干士兵正继续作工，若干士兵则优游自在的在运城河边洗脚。

虽举目败瓦颓垣，疮痍满地，而胜利后的将士，则在精神上整个浸入了得胜的光辉中。

壕边未炸之重炮与野炮弹，随地皆是，敌当时目的，本欲痛射壕中士兵，然而其炮弹非落前，即落后，壕中中弹甚少。

乜旅长为最初诱敌出峄县，继而阻敌于南北洛，终则绕攻敌侧背于刘家湖邵庄三里庄一带，使敌不能放心全力攻台儿庄之辛劳部队。

壕尽，自浮桥过运河，桥已中数弹，勉强能过人马，时河北士兵正进餐，状态从容，身体壮实，徐有少数士兵眼部略有发炎状外，皆无疲惫气象。

又数十步，进台儿庄西门，西门外桥已塞断，盖敌曾拟猛冲西关，根本断我城内与外间之联络也。西门已堵塞一半，卫兵二三人仍严密守护中。

二、台儿庄内

入西门后，即见满街瓦砾、沙土、破纸、烂衣。倒壁，塌墙……所有房屋，无不壁穿顶破，箱柜残败，阒无一人，有福音堂一所，亦毫无例外的彻底被毁于敌人密集炮火之中。士兵之驻民房中者，皆另在地中掘孔而居，上盖厚土。

台儿庄尚有唯一完整之房屋，中有战利品甚多，除旗帜符号、日记等无所不有外，催泪毒瓦斯和窒息毒瓦斯之陈列，给参观者以战争残酷程度之深刻印象。催泪瓦斯筒长约五六寸，其用法不详。而窒息毒瓦斯之铁罐，则长达四五尺，合四人之力，始能将其抬动。此一巨量窒息瓦斯，如果顺风散放，不知要害杀我们多少官兵。

敌人在台儿庄顶得势时，除东半部被全部占领外，西北城角，亦为其所袭据，我们最弱时只保有西南一隅，我们反攻是从西北角之收复开始，故我们首先去吊看西北角。

所谓台儿庄的西北角，是空无所有的荒地，城墙内数十步处始有民房土屋数间。而双方在此却死亡了四五百人。西南角到西北角的道路已完全堵死，我们完全顺西城墙边穿壁而行的暗道，始能达到西北隅。原来我们有一连人守着西北角，和西南角连成一气，对付城东半部的敌人。敌人为了动摇我死守城内的部队，故选拔敢死队在强烈炮火之下，冲进西北角，双方肉搏，死亡累累，敌人随得占领西北角内几间土屋，且人数逐渐增多，用平射炮及掷弹筒向我西南部攻击，双方兵器悬殊，形势对我日渐不利。

这时尚斌排长所率领之五十七壮士，突然出现，以神圣果敢坚决之英姿，向长官请命，愿以最勇猛之决定的攻击，消灭西北角之敌人，并皆自立誓言，如不成功，即皆自杀。果也，他们满带炸弹大刀短枪，自西门出去，暗自绕至西北角城外，然后以迅速之突击，爬城而入，以毫无顾惜之肉搏战，将敌人全部消灭。立刻挽回台儿庄的颓势，而我可敬可爱之壮士，亦牺牲四十余人，最令人感动者，为最初受伤之四勇士，他们被救护队救下之后，皆同时自杀，其自述理由为"未曾成功！"彼等盖不知其受伤之后，其他同志已将目的完成也。

在西北角上，敌人亦作有临时工事，但与我方比较，则见其因循苟且，不肯费力，随便掘一窟窿，得过且过之状况。

最难能者，当东半城入敌手，北门及西北角皆为敌有之时，北城墙上之一小段，仍由我张庆照连长率残部死守，使西北角之敌不能与东北角联成一片，故五十七壮士能奏肤功。我们立张连长及其所部所曾苦斗之断墙上，南望台儿庄市街一片焦土，万孔千伤，令人感到无精神支持之优越兵器，无论如何凶暴，终不能敌抱必死之心之战士也。

北门附近，已为敌军占领地，有一大庙，被敌军炮毁，佛像自楼上跌至地下，双手仍作捧腹状，而盘腿已被敌弹打去一只，墙下有一身长老人被击死，长袍马褂，似为一私塾先生。庙之北面，有敌所焚尸骨两堆，余烟犹存。塘内有家鸭十余只，已被密弹射死十分之九，仅有二鸭尚凄然蠕蠕于水池之旁。

北门里有敌子弹库数间，六日晚被我迫击炮打中，全部炸裂，数间土屋之墙壁屋顶，皆已丝毫不见，惟遗成堆之弹壳与弹头。

三、胜利的光辉

敌人在台儿庄死亡的确数，无法知道，不过，确实不少，则可以定论。东门里，敌所留阵亡校尉官神位，有四十余个。北门外有敌在六日晚新焚尸灰一堆，其中计有钢盔五百余顶，则敌人四月一日战斗之死亡，至少五六百人。城外园上等小村，每村皆有敌成堆尸灰，及未埋尸体，我方军队为扫清战场计，皆加以掩埋，而由屈参谋主任建议，名之曰"矮子墓"。邵庄附近有敌不及焚毁尸体，合埋五大公墓，据参预埋葬之人报告，每墓有五六百人不等。则合以台儿庄各次战役，敌实死亡四五千之估计，为最低限度之看法。

我们这次重炮的威力很大，邵庄附近，敌战马被我炸死二三百匹，载重车和炸药库，都被我们打中了。邵庄敌炮弹之损失，远在北门内弹药库之上，盖邵庄为敌重炮阵地，所失尽重炮弹，现尚遗数大堆巨口炮弹筒，总以千发计。

三里庄以北，则有敌机一架，已被焚毁，我们的士兵看见敌人飞机，非常痛恨，因为我们常常受敌机的威胁。四月四日，我们飞机飞到台儿庄上空，因为太高，看不清楚，故疑为敌机，我军皆藏入掩蔽部内，敌军则纷纷高扬白旗，谁知我机乃突然降下，乘敌不备，狂炸一番，敌四处乱窜，我军皆拍掌大欢呼：你们也怕飞机么？！

在台儿庄战争中，陆地上，弟兄最恨坦克，三月二十九日那天，矶谷师团实在不能忍耐台儿庄不能攻下的耻辱，乃以坦克十一辆，直向台儿庄西北角及西关冲锋，其后面尾随步兵三四百人，昂首托枪而前，目中无人态度令人不能忍受，此时我战车防御炮，早已在其侧方准备，俟其近至四五百公尺时，连放六炮，即打毁其坦克六辆，余车急狼狈而逃，其不可一世之步兵，亦作鸟兽窜，后来被敌人拖走两个，其余四辆，则至四月七日止，仍遗置台儿庄北城外之三四百公尺处。四辆之

中，有三辆已被焚，有一辆则发动机仍完好。其名称一为"ムサン"，其牌号为"日战车三十七号"。二为"キイャ"，牌号不明。三为"ナルへ"牌号为"日战车三十八"四为"フチチ"，牌号不明。士兵为报复起见，群立坦克之上，顾盼自豪，意若"亦有今日"者。

车旁尚有敌坦克驾驶员及射手等尸身，未及掩埋，因坦克被我击毁后，其驾驶员等皆下车图逃，然而我城上士兵之枪弹殊不能相护。

敌军原不料台儿庄会有如此一场恶战，只以为随便即可以占领台儿庄，然后以一师团完整之兵力，直取徐州。故敌军日记中有打油诗一首："四小时下天津，六小时占济南，小小台儿庄，谁知道竟至于这样困难！"

敌军轻视中国军人，一味虚骄，一次日本对台儿庄散传单，谓："日本是太阳，你们×××路要想打败日本军，就等于想打下太阳！"现在日本军大败而特败了，太阳还不是照样吗？

黄昏回台儿庄旅部，我们约集许多军官开了一次座谈会，大家说来说去，总是证明我们必定胜利，日本必定败亡，台儿庄新战术思想的运用，竟让矶谷坂垣丧师，以后我们更熟练的运用新战术，一次一次胜利，毫无问题的，一定会不断的到来。

晚间离开台儿庄，河岸上战壕里士兵们歌笑声四起，加以留声机及口琴胡琴声。台儿庄已成音乐之城了。

载《大公报》（汉口）1938年4月13日

台儿庄血战故事

台儿庄争夺战的胜利，新战术之运用是根本原因，而我官兵之镇定英勇，亦为达成此种新战术之基础，当台儿庄于四月三日最危急之时，我王冠五旅长所部仅占城内五分之一，眼看此最后根据地，即将不保，而后方司令部打电话问他："怎么样？"他说："不要紧！"前方下级干部问他如何支撑这样危难的局面，他说："自有办法！"其实他何尝有什么特别办法，不过他相信上级官长一定会尽全力以支持台儿庄，绝对不会作退后的打算，同时相信部属抗战的忠贞，绝对不会动摇，他的部下对他也是如此，因为有此互信，故造成牢不可破的共信。池师长是他直属长官，而且是负责保守台儿庄的人，他清楚的知道台儿庄的实情，当他听到王旅长说"不要紧"时，固然一面感动，一面立刻吐出一口鲜血，因为他确实知道"不要紧"的实际，是如何的"要紧"啊！

奈谷支队进击台儿庄时，其炮兵阵地在庄北七八里之刘家湖，敌一向和中国作战，总是猛攻正面一点，很少后顾之忧，虽知我防守南北洛之匕旅，乃转攻而东，直取刘家湖炮兵，敌炮六门，仓皇而逃，我步兵在麦地中跟踪追杀，敌驱马急驰，蔚为壮观。

胡营附告诉我们，士兵在台儿庄争夺战中，造成了新的信念。巷战经验告诉了士兵们，日本作战，飞机不如大炮可怕，大炮不如机关枪，而进入街市战之后，机关枪不如手榴弹，手榴弹又不如大刀了。禹功魁营长也说，士兵觉巷战有味道，敌人机械化的兵器，不易使用，而我们的长处，在近距离中可以大大发挥，故敌人愈迫近，士兵愈欢迎。

台儿庄巷战中，因为大家混战，而且在同一小镇内彼此混战了八天，不能不算是战争史上的奇迹。某次，我兵数名守一有楼家屋，大家因为太疲困，就在楼上打盹了。楼外的敌军乃自外掘孔而入，直至我护墙，将枪自我所作枪口伸入，欲行射击，突被我守兵觉察，一面在下面与之拖枪，一面自上面掷手榴弹，敌军逃去。

在许多场合内，敌我仅隔墙而居，墙上掘一枪孔，则彼此共用，拖枪之事，每日总有好几次，到不能解决时，则我常越墙掷手榴弹，士兵引此为乐。

某家屋内肉搏时，初时我方失败，尚余一未及退出之我兵，乃避入一日军所掘地洞中，彼手中步枪，已无子弹，仅大刀尚可用。后我军反攻占此屋，又有一日兵避入此地洞，洞中漆黑，彼此皆疑为自己之伙伴，默不作声，久之，此屋之肉搏战已过，洞中闻地上已无声息，日兵乃先出，我兵随之。刚出洞口，我兵发现前者为敌人，乃急拔刀欲杀之，时敌亦觉察，急回身枪射，中我兵右腿，兵倒地，但仍乘日兵惊慌中。急挥大刀砍中敌腰，敌亦倒，我兵乃起夺敌枪，胜利以归队。

我军态度之坚决与勇敢，实在感动人。如姜玉清连附，在肉搏战中，被敌所俘，他绝对不甘就缚，全力与敌争夺，适到墙边、乃突猛力以头碰墙死。

我军所守一楼，被敌炮击毁，敌军且自缺口冲上，于是乃以分班堵塞方法，不顾炮火，自缺口以狙击日军，一班甫上，因直当敌炮射击下，顷刻即伤死以尽。然而第二班、第三班皆自动踊跃扑入。四月五日，此三班壮士在极短时间中同时牺牲，但后继请求加入之人更踊。

敌军常用烧房子办法，待我军不能立足，欲乘火势刚过，即向我进攻，但我们官兵常在头火刚熄，地灰犹红时，已急扑灰中，依败墙进行防击。

某兵与敌肉搏，手握敌步枪之刺刀，敌挣扎不脱，乃开枪，故子弹随拳心打出。但他终将该枪夺回，随奇怪之伤手，以入医院。

张营长在野战时受重伤，肠已流出，知不能生，乃捧肠叹息道："可惜我不能再打日本了！"

台儿庄战争，孙连仲部新兵甚多，不但无一人逃跑，而受伤之后，大家异常兴奋，伤兵们都说："这回打得好！我们的仗打活了！"他们对于攻击的防御，感到了兴味。

牺牲的决心，是大家一致的。不只战斗员如此，非战斗员的救护医务人员，这回也在前线硬干。担架排长死了两个，担架兵都有很大的牺牲。

池师服务团这回服务成绩也很好，女同志还有在前线抬伤兵的。一位叫萧培及的女团员，始终在火线上出入，一点也没有恐惧。

这回不大听见什么汉奸了。敌人会买一十二三岁小孩，到我阵地作侦探，他毫不客气的到我们司令部自首，把敌军情形，详细报告，而回去对日本尽量撒谎。他的理由："我是中国人，当然不能忠于日本！"
（四月九日徐州）

载《大公报》1938年4月18日第3版

鲁南运动战的经验

一、敌军的优点和弱点

"和敌人打几回仗，等于进日本陆军大学研究三年！"一位军官在小村中对我说。

"进日本陆军大学，还不如打仗来得亲切，因为我们到日本研究，他们的秘密，总不肯告诉我们，而到两军在战场上相遇，他们什么本领，都无保留地使用出来了！"我这样回答。

的确，实际战争中，是日本将官的战术思想指挥能力和军队战斗能力的总试验。矶谷和他所指挥的部队，皆在鲁南对中国军人一显其短长。

（一）敌人的长处在那里

第一，在战术上，不能不承认敌人指挥相当机动，敌人在鲁南一贯的战法，首先是以外线作战的态势，对我取大包围，然后用内线作战的手段，集中主力，突破我军的一点。如再不能即刻达到目的，则恃其机械化的交通工具的便利，用一部牵制我守军，而以大部自一翼或两翼向我后方迂回，加我以决定的打击。峄县之战是如此，台儿庄之战的初期，所谓诱敌深入之役，也是如此，其对付汤军团也是始终想从侧背去迂回。

第二，在守点战斗上，敌人相当顽强，这是以三类条件构成其顽强的事实。其一，敌人靠兵器射击，故只要少数人死守防御工事，我即不易接近。其二，敌人作防御工事，甚有研究，野外工事隐蔽甚好，不易发现。对于村界墙壁，其利用方法尤有独到处。如在墙内顺墙基，往下掘立体式散兵孔，然后顺地平面自墙脚向外开射击孔，孔内大外小，不易被外间发现，散兵孔上斜置门板等，上更加以沙土，枪头不出射击孔外。此种工事除炮弹正落其头上外，很不易被伤，而且不易被墙外发现。其三，敌虽已决定大部退却，但往往仍留少数射手于工事内，必将其彻底消灭，始能确实占领一村。故甚为费事。

第三，敌军阀对其士兵之欺骗的恐怖教育，仍有相当力量。故俘虏不易，敌阀一面纵令其士兵在中国无恶不作，使其士兵在混沌的苟且心情中，造成一种先天的不安心理，以为"我们如此对付中国人，将来中国人必不相恕！"然后日阀利用日本民族之迷信，被俘会被"杀头"之谎言，使敌军不敢轻于缴枪，宁肯战至最后，举行集团自杀。

（二）敌人表现了不少弱点

第一，战术上，敌人对于运动战，阵地战和游击战为辅的新战术，缺乏应付办法。除峄县一役，因日军器械太差，因而失败外，此外战役，敌人皆用尽其包围突击迂回等战法，而对于我坚守之据点，则既不能动摇，我大兵团之随时在其侧背袭击与突击，简直无法应付，使其不得不转主动为被动，由攻势转为守势。从有目的的进攻，转为无希望的死守。

第二，战斗上，敌人步兵之攻击精神，已大非昔比，特别在南口和保定及漳河诸战役，和敌军作过苦战的关汤各部，皆大以为异。南口战争时，□□军官兵公认，不但敌人炮兵飞机猖狂，其步兵之冲锋精神，实甚顽强，其前仆后继之勇敢，对我军亦不多让，但此次鲁南战争，敌步兵几不堪一击，当敌冲锋时，只要我军下令反冲，敌立即抱头后窜，无复过去之勇敢。

第三，机械化兵器效能低落，敌人对我占优势之兵器，日飞机，日坦克，日大炮，此次三者威力皆不甚高明。先就量说，敌人因对我战区过广，重兵器分散，不能集中使用。而就质说，敌之飞机战斗员，炮手和坦克使用员等，似因技术人员不够，或因战意灰颓，无心卖力，故其命中之程度，其所应及于我军恐怕与杀伤，去其平日水准，不知有若干距离！

鲁南战争中，敌机几无甚威力可言，敌炮对于台儿庄之阵地战，尚略有成就。对于作运动战之汤军团，飞机与大炮所及之效力，只有增加我军对于敌军恐怖心之减缩，与乎战斗必胜信念之加强。坦克对于运动战部队，威效亦小。因运动中阵地不定，坦克不能集中对付一点。分散使用，效力甚微。一旦深入腹地，汽油接济艰难。且我各部配有战车防御炮，坦克顾忌更多。

二、我军的成功和缺陷

鲁南初次会战的胜利，当然不是偶然事实，我们有我们成功的原因。

（一）成功的部份

第一，战术上始终立于主动，这是我们胜利的根本。汤军团扰滕县不及之时，前方统帅并不令其正面与敌争临城滕县，而令其赶速东过台儿庄，过台儿庄后，并不与敌正面争其已占之枣庄峄县，而急北进鲁南山地，雄视枣峄敌人之侧背。此后战役，皆不为敌之行动所调动，而始终保持自主的机动的立场，寻求敌人，进行侧背攻击。正如□□□师覃参谋长异之所谓："以大击小，以小击大"的原则。三月二十五日□□□师以绝对优势的兵力，歼灭郭里集之赤柴联队，即为以大击小。四月一日关军以一营在洪山镇迎击片野支队，使其不得不停止前进展开部队，迟滞了进行，这是以小击大。同时我军主力，秘密绕至片野支队之后，将其击溃,则为另一原则所谓"以无目标击大目标"。汤□□先生此次用兵,总以取得有利姿态为第一义。而关□□先生亦一再曰:"只有采取攻势,才可增强士气,困顿敌人。"

第二,战斗上,我们发现许多方法。敌人是绝对不敢和我们野战的。如果我们守村落城堡,就恰好吃敌人大炮飞机的亏,我们采取攻势,敌人就死守在村落里,所以在运动战中对敌人的战斗,以争夺村落城镇为多。敌人凭藉优势兵器,再加以善作防御工事,故我军每次攻击,虽然十九成功,但伤亡甚大。普通每村总伤亡一二百人,稍有城堡之镇市,伤亡更大。这里我们经验出了两种办法:其一,是□□式的□□的攻击,首先和敌人接触,伤亡也有限,必俟敌人弹药消耗至相当程度时,始加以最后的突击。或则待敌人控制于村之左右之部队,已出而夹击我先头部队时,我主力始出其不意,用野战以消灭敌人,然后进占村落。其二,敌如死守堡垒,仰攻徒多牺牲,则宜用□攻方法,敌必自乱,然后各方围击,损害亦可减少。

对于坦克车,除用炮击外,万一在炮不及使用时机,还有三种方法:其一,□□□战法,待其步兵已随坦克前进至近距离时,我步兵急跃进,通过其坦克,而冲入其步兵阵中,彼此混战,敌我步兵胶着一起,敌坦克亦无所用其技,而步兵交战,我总可有利。其二,□□□□法,坦克如果冲至,坦克上之枪炮,限于死角,莫可如何,纵然自头上压过,仍与我守兵无损,但其随来之步兵,仍难逃我军之射击。其三,为破坏轮带,坦克之轮带,据经验积□个手榴弹主力,可以将其破坏,如能再附汽油一瓶,随□个手榴弹掷去,且有顺坦克罅隙以燃烧内部之可能作用。第三,民众协助军队,情形渐好。虽然战区政治工作还待展开,特别是军队的政治工作,还有待于深切的努力,但是鲁南运动战中民众自动地起来,协助军队的事,却让军人觉到无限的兴奋,四月初兰陵之役,敌人一个传令兵经过这一个村庄,传达敌军的命令,没有离开村庄的弟兄两人,平日本是种地的农民,一见这个日本兵,哥哥先上去和他似乎是招呼，一不小心，就把日本兵抱得紧紧的，弟弟赶来拔出敌人的刺刀，把他捆好送到我们司令部。让我们得了不少敌方消息。在郭里集，敌人有三个武装下乡的侦探，打算用武力搜查我军行动，一位卖菜的老头，却在敌探来路憩了下来。碰巧，敌探一名停止在他的前面，似乎想打听什么，其余两探，则在另一方问。老头乘他不备，用扁担猛击敌头，敌即昏倒，其余二探在远处见了，疑为我方便衣队，未敢追问，自己溜之大吉了。在□□□师的战役中，在峄县东部混战之日，我一挺重机关枪手被敌人全部打死，重机关枪已被敌人夺去，在旁边的一位向导，却奋不顾身，猛冲过去，把那挺机关枪拿了回来。

（二）不够的部份

要能勇敢的承认自己的缺点，才能不断的进步，有不断的进步，才能确保成功。

第一，各部队协同还不够。如台儿庄之役，台儿庄二万人之大歼灭战，准可有更惊人的成就。谁知敌得逃出之后，即顽据峄县附近山地。

第二，情报工作不够。在地形不熟，敌情不明之地区，作大规模之运动战，往往经数日之东西飘忽，下级干部及士兵容易迷昏，遇有情况，不易布署。三月二十九日关军与片野并行南下之役，设敌方情报较灵，在运动中侧击我军，则我将受莫大损害。以后当注意民众情报，发动战区民众之组织，以有组织之民众，支持运动战之军需，始能得安全与有效之措施。

第三，□□与□□使用不得法。今日我对于鲁南战争，已有高兵器重兵器参加。但是使用方法，不甚妥当。□□不能归战区指挥，□□则分散各部，不能发生集中威力。如果有了机动的集中的□□团，和战区属的□□，鲁南之敌，老早已被个别歼灭。其援军纵到，已无所凭藉了。

第四，此次运动战军团，似乎太大，即步兵数量太多，部队反不易运动，夜间尤不易展开，宿营地与给养之筹划，亦很不易。

第五，一部份部队之兵站组织，不够健全，部队移动，兵站不能跟上，如四月十五日，我在北大窑亲看见某师士兵竟日未得食，仍不能不开上前线，据其师长言，平日亦以能饱一顿为难能。则该师兵站之不健全，事甚显然。

新的大战，正在鲁南展开，我们要保持已有的优点，补救自己的缺陷，以夺取新的胜利。（四月二十日）

载《大公报》（汉口）1938年4月23日、24日第2版

光辉的战场

敌人正在鲁南进行对我第二次大的决战,他用十万以上的军队,来挽回台儿庄失败以后的颓势,大家都悬心于战争的成败,这里且把第一次会战中敌我战斗上的表现,作为我们推测这回战争的参考。

一、镇定的我军

四月十五日,正是汤军团从攻击部署转来对付新情况□□□□□□□□□□。

就是这天正午,敌机到处轰炸,有许多马匹辎重,都不得不躲避在树林里。北大窑村旁的树林中,隐蔽士兵们多一半是睡觉,而少数大兵则在林中茅屋,大拉其三弦琴,有人拉,有人唱,似乎他们对于敌机只感到是高空音乐,正有帮助三弦琴的效用!因为镇定,幽默之事甚多。三月二十五日高鹏团从郭里集转换阵地。但是敌人已迫得很紧,不易脱身,又不能不设法脱身,乃在上午八时以二营之众,冒高兵器的危险,敌望而不敢追,二小时后,始用战车围攻我早已离去之村庄,其重炮亦实行追击射击,共发千余发,延长射击至二十余里,我士兵脱离敌重炮射程之后,见炮声已息,乃相顾而笑,谓:"日本人礼节真隆重,对于我们中国兵都放一千多发礼炮,我们欢送国民政府林主席,也不过一百

○一炮，所以，实在我们也不能说日本人薄情！"

日本炮兵确乎逐渐对我真发生音乐的功效。四月十五日我和□□旅长及彭赍良主任在□□观看炮战，敌人八门野炮和四门重炮，向我们阵地大放而特放，然而从望远镜看去，敌炮尽管打，兵正在大开玩笑，我踢你一脚，你推我一拳，如果有人被推倒，大家围着哈哈大笑！

高级官的表现，这回也非平常。一个简陋的□□内，□□□□□□。李将军始终和平时一样，不拒绝和客人谈天，在谈天过程中，安闲地燃着纸烟，并且把旁人送他的水果分享客人。他的态度没有一个时候不是坦率，没有一个时候不是公平，吃了辛苦的军队，有功劳的军队，不管是谁，他总是赞扬，而且请中央嘉奖，不尽责的军队，他毫不客气的痛恨，而且一定请中央处罚。

白将军平日给人的印象是英明果断，这回我们在□□中看到他，英明果断的外貌，不减于平时，他谈话仍然是心平气和，安详地为我们分析当前的战局。那情形太令人感动了！

二、光辉的战斗

这回仗，我们很有许多漂亮的战斗，增加我们无限的信心。

兰陵战役，敌人二三百人在堡砦之内，我们第□师的部队去夜袭，先头只去了一排人，排长殷学渊在接近兰陵城门时，敌人有哨兵在门口，正欲入内报告或者部署抵抗，殷排长乃乘机率部飞奔而前，直冲城内，敌哨兵措手不及，殷排长已将城内弄得枪声大发，火光四起，敌人摸不着头绪，于是自相混乱，狼狈逃出兰陵镇。他事后对长官报告："敌人离开飞机大炮坦克，简直不能作战！只要和敌人步兵接近，我们一定可以一当十！"

郭里集战役，□□□□团□连士兵贺扬武，被敌烧夷弹打中，衣服着了火，而且受了伤，他赶紧将衣服脱光，全身赤裸仍然继续持枪和敌人作战，并不顾一切的冲锋。口师长立刻给他三十元的奖金，并且连升三级。

四月十二日口口口师一部夜袭税郭，少数我军将其电话割断，奋勇冲入，敌军即起慌乱，我军即以极迅速之行动，自税郭退出，敌在夜中不知我军在何方，乃仓皇互相射击。我军在城外静观其自相屠杀，殆其已稍停息，又派一部奋勇冲入，增其混乱，然后再度退出，敌于是终夜互击伤亡四五百人。底阁战役，我们还使用过口口方法。这是张闻声连长的创作。他在夜间曾用口口向敌人冲锋，敌人在夜间弄不清楚，只好一味乱放枪炮，而他这一连则始终控制在旁边不动。等当面敌人子弹消耗得差不多了。然后主力出而向敌冲锋，四月七日一举而占河北村。

李仙成排长四月六日冲入杨楼，他带了五个人，而敌人则有二十余人，我们的轻机关枪手已经被敌人打死，轻机关枪已经被敌人抢去，眼看这六个人就要全部消灭。而李排长公然用步枪去抢回了已失的机关枪，敌人猛烈地向他射击。他当然逃不过受伤，但是他在负伤后，仍然不想后退。

以寡敌众的事实，不只表现在英勇的战斗上，而且在战斗方法上也有特别的成就。排长董芳云守口口，这是四个村子并成的集体村子，有几里路宽。要一排人去守，实在不易做到。不过，这位董排长仍有他的办法。他派出数人守各村，不规则的放枪，使人闻之，不知有多少人马，而在要路口上，则暗伏轻机关枪。敌人果到，就毫不客气，加以打击。结果把敌人弄得莫明其妙，没有敢于大胆的前进。

我们本来是重兵器不如敌人的国家，然而我们炮兵的成绩，这回表现得很好。四月十六日，知道敌人有反攻的企图，炮兵阵地已向我移近，而且有两中队敌人进入了第一线的村庄，是要前进的梯子。胡营附一面通知主管的口旅长，一面就开炮射击，几炮把敌人炮兵阵地后方的骡马打得乱跑，另外几炮打中敌人进入曹口村的步兵，大概打死三四十人，于是在望远镜下，只看到敌人一个一个的向后撤退，而李家口那一中队敌兵，也继曹口敌人之后，一个一个的垂头丧气，向后溜了。

□□团有两位哨兵，看到前面有敌人一辆炮车经过，他们就跑追赶，并且被他们两个人把那门炮居然抢到！可惜不幸最后还是被多数敌军用手榴弹打死，已得的炮车，被他们又抢了回去！这是崔家树的事情。

三、慌乱的敌人

敌人的炮兵，在第一期抗战中，以阵地战为主的战术实际应用下，敌人炮兵成为决定的打败我们的力量。在运动战的原则下，敌人炮兵已有点不灵了。四月七日，敌人摸不清我们红瓦屋屯内有多少人，总是疑惑那里有我们的重要部队，由是敌向红瓦屋屯内发炮至千余发。费了敌人千多炮弹，而伤亡不过十几人！

因为三月廿五日我们消灭了赤柴联队，二十六日敌人就集中了炮兵猛炸，以报前日之仇。郭里集附近廿里内村庄，那时都被敌炮射击。计发炮四五千发，满以为将我主力击溃，其实我主力早已离去，只打伤三个便衣队，而且都很安全的运到了后方。敌军后方勤务，平时是比较有办法的，伤兵向来不抛弃。但是枣庄敌伤兵近千，其中有几百较重的伤势，都被他们放火烧了。这些伤兵听到要活烧他们，哭声震天！敌军上级官去为他们训话，也自己感动得流泪。在烧伤兵时有些还不断在火光中举手张口大声急呼，而无情的日本军阀因鉴于战争不利，将来运送困难，故仍不顾人情的把伤兵活活烧死！

从日记上，看到一种记载，说敌将寺内对他们将士训话，鼓励他们勇敢的反攻。只有不断的攻击才可以接近胜利。越是这样说，敌人士兵越恐慌，因为他们深知不但攻不易，无时无地不处于被攻的地位。那胜利不知要等到何年何月了。一封敌人未曾发出的信上说："我现在中国作战，处处被华军攻击，将来不知如何是了。我自己看不出什么希望。

所以身边存的三百元现款，这里完全汇回来。我已准备投身在渺茫之中。"敌军于四月七日退却时，我军奋勇追击，夜间敌军发照明弹，以辨我军行动。但因内心恐慌，用枪发照明弹时，已不敢用目直视我方，唯反手一面发枪、一面逃遁。

敌军精神不振，戒备甚差。四月二十四日敌我发生一次"同居"的喜剧。缘敌有一部宿营于郭里集东南之小便庄内。此庄与另外两庄合成一联合村庄。当夜我有一旅部即在小便庄以外两庄驻下，而且尚有一部我军直入小便庄驻宿。敌闭门驻碉堡及家屋内。竟终夜糊涂过去。次晨彼此发觉，才大打一场。敌败退时，也有敌人换成我乡农服装，企图逃跑者。被我们捕获后，异常恐慌。以手磨颈项作恐杀头状。我军以日语答以优待俘虏，他们则连呼"谢谢"！

敌军缺乏灵魂，因无强大战斗理由以为之支持。一时胜败，关系不大，只要日子拖得长，敌军之战意，将日渐减退。和我们之战斗心理日渐强固者对比，我们很理智的可以看到今后战争的趋势。（四月二十五日）

载《大公报》（汉口）1938年4月28日第2版

在复兴进程中的新四川

过去四川常酝酿着一种不协调不谐和的军政纷歧，在共和民主国的中国，四川是徒有虚名而无实际的，但自从蒋介石氏数度赴川访晤军政领袖，竭力疏通各个人事利害的罅隙后；四川一切便都纳入正常状态。互相残杀的内哄与争权夺踞的侵扰，都只是多添了中国史的资料。

在二十五年晚季与二十六年春季，四川遭逢了一个极度严重的灾殃，但是这种艰苦的事实，很快的被中国新经济的政策覆制而消灭了，同时四川地方热挚的努力与中央极力的援助，已经很迅速的恢复了元气。为了这次极度严重的局势，四川地方当局发行了六百万公债。苏联驻华大使奥尔斯基（Mr. Iram Luganets Orelsky）在重庆呈递国书时，与国府主席林森氏谓：在重庆所见印象极佳，人民与政府都能谐和的一致合作着复兴工作。

四川政府现正拟开垦拓殖荒芜的农田，并设法改良五谷种子，肥料改善，以及禽畜营养的改进，此外并注意棉麻丝的产量的递增。去年中央特发欵一百六十万元赈灾，但其中大部应用于改善与改进的工作及辅弼年成的刈获。这种政策是中央政府对于四川地方官吏的勋勉与鼓励，使加倍勤慎各个本分工作，而超越其生产效率的水准以上。中央政府希望正常收获与副产品能逐渐增加，充本地的食料。四川政府当局厘订二十欵奖励办法，推动农民意志与趋向，并使过剩产能有妥当的登记与储藏，因为在抗战进行时是急不容缓的亟图。

在四川三台及其他各地，都开始统制并管理森林与灌溉工作的实施，过去四川面积约五万亩，但因与抗战行程有密切关系，故四川当局厘订统制实施管理办法。四川政府应用移殖办法而不使用合作社以开发农村经济，据宁兴地方公报，最近有二万居户移殖在一百华亩的芜田内。此外滤县、孟县、四县、胡县亦有一万人移殖在近十万亩的芜田内。

四川政府现正拟定三年复兴农村计划及五年实业发展计划，因四川西南邻省的云南贵州，现正有此种计划实施的细目报告，可资参考与借镜。

现有一种惹人惊骇的企业，正在四川政府掌握下普遍的发展着，便是从事于纸业与印刷业，用化学方法提炼东亚地方生产的棉纤维素，做造纸唯一的原料。

此外中央又从事于振兴华西丝织业的发展来替代江浙战地内的丝织区。在数月前落成的四川丝织公司，消费了七万元以装置八座人工孵蚕暖气间，来提拣待孵的蚕种，大概有二十八万张蚕种在今年可应用到。此外有很多储藏室来蕴藏蚕茧。四川丝织公司希望有六架庞硕的高速度的缫丝车能够在产蚕区重庆、黄家土、滤河、丹滤及其他各地应用。因为上海沦入战区，一切运输工作全濒于停顿，所以现在丝织品的出口，必需借道印度支那半岛的安南邻省云南，由云南府戴滇越铁路而到海外。但是运费是居奇的昂贵；自重庆到昆明，除了保险费用外，每一列要化到五十元。

四川当局复重视食量的储藏。故四川的农村僻区亦随之而普遍繁荣。据官方公报；上月份四川内地的谷仓储藏所，从九十所递增至一百五十所，储藏了十九万九千石米，以备急需。因为种子与肥料的适宜改良与配合；今后的收获可由十分之二增至十分之四。中央特拨助六十万，四川地方拨四十万元。对于收获工作与储藏工作，都有相当大的帮助。据统计下来，今年四川至少有八十八个地方有大量的过剩生产；其中米大概有二千二百四千二百七十五担，高粱有九百五十万担，大宗的杂粮与。当然这于抗战前程有很大的力量。

根据总理遗教，中央在四川涪新其地兴筑一个科学馆；有很多文化机关都附设在此地。四川省当局亦设置了一个矿产研究所，地质勘测研究所，以便采矿时用。现在四川与西康每年约有三千两金矿能铸冶，都因袭了古旧的方法提炼。四川政府怂恿一般人到金沙江去研究具体的大规模的冶铸金矿的办法，因为金沙江是一条有金沙矿的江河。要是用古法来练铸，每年每人只能够得到二两金，故政府同意兴业煤矿公司襄助这提炼铸冶的工作。此外有个审查委员会到四川各油矿区，从事测量与勘察的工作。

中国军事委员会通令全国各省——四川在内——加速度的建设公路；使增加各地的生产率。因为自从战事发生后，各地交通工具都入滞留状态，必需建筑新兴公路，来替代不可或少的工具。在必要时，对军事上亦有很大的援助。四川沿河旁的公路现更加厚加强堤坝以免泛滥之虞。五吨重的载货车，可以不致于陷在公路松凹的窟窿里。据统计所知：四川每一公路有四百六十七列载货车陈列着可随时出动，以备任何事变。

四川的涪新有很多天产的富源，可以增加经济与生产的效率；最难得的是一个铜矿的铸冶所，用一条小规模的轻便铁路可直达到重庆与其他重要繁盛的都市。

很多运输的货车开始在很长的新兴的公路上做运输的工作。企业理事公司与驳运公司亦承载进出的货物，很值得注意；驳船奉军事当局命令，必须集中在某一指定地点，准备随时应付骤然的事变，四川在这神圣的自卫的民族战争中，已经是占很重要的地位。

人力与环境造成的，而不是天赋的；在去年有四千壮丁，经过严格军训后被安插到中央的劲旅内。此外中等以上的学生，亦在今年春季起，开始集中军事训练，任职在初等小学的女教师，都自动参加看护工作；小孩子们教以防空与防毒的基本常识。据预算学生每年训练需一百二十万元。四川居户，实行了保甲制与连坐法，使人民得相互监督与扶助。现有八百万壮丁呈请登记请缨上前线，他们都早已受过极严格的训练，可以随时准备出动。此外獠属、苗属与羌属以及其他深居山地而有国家观念的土著，与外来的客商，亦都有系统的组织好了。在森县与巴县，有二个地方领导者，坚决的要求开赴前线作战，虽然武器有的还是十八世纪的而且是窳朽了的，但是要是一经教他们新颖的武器，他们亦能与其他战友一样的精锐。

四川的人都能钦佩慧能的领袖，已故主席刘湘。因为刘氏之死，使中国西部丧失了一个贤干的巨星。他们现在引颈以待而且同样的钦佩他们的新主席张群氏。因为张氏蒙蒋委员长的诲训；与张氏本人的才干，早使蜀人望眼欲穿。

我们能够预测四川一定能够贯彻始终的努力着！而重庆一定亦能被誉为中国战时首都。

载《青年之友》1938年第1卷第6期，第2页

祝记者学会长沙分会成立

湖南向来在中国政治军事和文化史上，占着重要的篇章。在近三十余年的革命史中，湖南文化界特别是新闻界对于一代思想和运动乃至一般文化的感受，在国内始终是最警觉的部分。当记者学会今春在武汉筹备时期，最先归属的，仍然是长沙新闻界。

如果我们透视一下目前乃至将来抗战形势的发展，中日战争的最主要战场，显然地要慢慢走入湖南，而我们要在战役上战斗上痛快地打击敌人，湖南也是最好的地方，并且到我们战略的反攻原则，湖南无疑地是我们主力军出发点和根据地。所以概括来讲，在抗战政治形势上，今后的湖南，虽不及今后的四川，因为湖南没有四川那样具有连接西北和西南的中央性，但是从抗战军事实际的意义讲，湖南今后的战争任务，特别重大。

如果我们承认"报纸，不仅是一个集体的宣传者和鼓动者，同时是很好的集体组织者"，那末，报纸灵魂的新闻记者，我们不仅在客观可以发生宣传和鼓动的作用，而且对于群众可以发生组织的影响。譬如长沙的伤兵问题，我们新闻记者，透过报纸，不只可以宣传伤兵如何为国尽忠，各界应当援助他们，而且我们能在报上提示许多具体的方法。如组织补被队、洗衣队、唱歌队、慰问队等，而且可以传播组织消息，以刺激其他组织的产生和改进。

在艰苦的抗战过程中，同时也就是我们有五千年历史的老大民族改变的过程——新国家的建造过程，这个伟大而艰巨的工作，只有在全国同胞广泛动员统一个基本条件之下，才能达到。而广泛地动员全国同胞，在实际的意义上讲，报纸的力量，往往远在官厅文告之上。

抗战一年的经过，我们新闻记者曾经表扬过若干英勇的军民，曾经指破若干敌人诡计，曾经批评过若干误国的份子，曾经指示过若干实际问题和妥善的解决方案，曾经为抗战必胜建国必成的信念而不断呼号，曾经向失败主义妥协主义作无情的斗争。的确在过去一年中，由于伟大的战争本然地改变了一切，我们新闻记者的工作水准，实在比平时平均进步了一些。但是就抗战同时也是建国的实际需要讲，我们新闻记者曾经作过的工作让我们应有的工作标准还很遥远，我们还未在实际上造成全国有力的新闻阵线，警觉地、正确地、奋发地、严肃地、迅速地，而且有组织有计划地开展新闻工作。如果严格的讲，由于我们新闻记者主张工作力量不够，过去一年局面之转变，在失败方面我们在道德上也有某种程度的责任。

为了加强今后抗战和建国的力量，改进中国新闻事业是重要工作之一。而中国新闻事业之改进则新闻记者本身的改进，又是其中的最重要的部门。改进中国新闻记者的方法，第一是"团结"，唯有团结，有力量。有了团结的力量才可以进行某种程度的全国性集体教育，增进工作效能，提高记者水准，保障记者合理的权利，促进新闻事业的改建。因而才能加大新闻事业在抗战建国中的作用。

这是中国青年新闻记者学会在去年抗战爆发后，即开始筹备，今年三月三十日在武汉正式合法成立，直到现在和将来，正在和计划着开展积极工作的原因。而在第二期抗战中开始酝酿，第三期抗战开展的今天，正式合法成立的长沙分会，特别针对着湖南即将来的战争形势，长沙分会诞生，有极重大而庄严的意义。

有长沙新闻界精锐的会友们支持，而又有着长沙一般优秀的同业赞助,记者学会长沙分会一定会有光辉的前途。

为了希望长沙分会不只在消极力而做到初步的团结,更为全国会友所期待的,是长沙分会能看准时代需要,开展积极的工作:

第一,从新闻工作的技术上与新闻品质上改进长沙"新闻纸",长沙新闻纸的数量,大体已经很够,为了更生动地更充实地抓牢抗战新闻报道,分会应当发动会友作技术改进活动,特别是本埠各种有关抗战救亡运动的"特写",应当在各报上展开竞争。并且要尽可能发动各报派遣记者到前线。

第二,发展自我教育,我们希望长沙分会能更加充实座谈会、演讲会、研究室等活动,而在文字上,希望有一个分会主办的定期副刊。

第三,分会应当看到将来战事紧急时,一般新闻纸可能的混乱现象,而准备着在最紧张时期支持新闻工作的办法。

第四,我们当以最大的努力,做大众新闻报导工作。这里主要的是对于壁报和通俗报纸的支持。因为我们抗战中要想动员的对象,是广大的群众,他们需要新闻纸的宣传,但是一般新闻纸,在事实上把他们忽略了。必要时,我们最好能组织讲报,用口头传达消息。

第五,分会的工作,应很快与湖南各县地方报记者发生联系,组织上促成各地通讯处之成立,工作上应当有机地密切地在记者学会的使命与任务之中有力的展开。

上面这些事情,当然还不是工作的全部,而且长沙分会的工作计划,一定比上面提到的五点要周到、详细、具体。不过,为表示一点诚恳的希望,谨在长沙分会成立的今天,写出来供分会各会友的参考。

(七月十五日长沙)

载《观察日报》1938 年 7 月 16 日

我们要"真"的集体生活

"集体生活，集体学习，集体工作"，这是我们三个基本口号，如果我们真真实实地做起来，我们一定能得到许多新的刺激，新的兴奋，新的收获，换言之，我们团体和我们每一个人都有好处。

长沙记者宿舍发展到现在，因舍务委员会以下各部负责同志之努力，在短期内造成相当规模的"记者之家"，使我们每一个住宿的人都感到安适，这是我们"突击"精神的成功。我们应当在晚会上，对于突击先锋队的同志，提出奖励。

但是，我们的工作，还没有做得切实，我们仅有了外形，还缺乏内容，我们还没有充分发挥民主集中的精神，还没有建立有组织有纪律的生活。

第一，会议精神没有提高，我们的舍务委员会在舍务方面应当是绝对的最高的权力机关。这个委员会的决议，我们大家要服从。任何人的建议，没有支配舍务委员会的力量。(在开晚会或朝会时例外)然而我自己和农菲常犯轻发类似决定的主张，而委员会又不能严肃地纠正我们，这是大家都错。

第二，责任认识不够。民主之后，必须集中才能执行决定。二十九日早晨张坚如同志对于舍务委员会应有的伙食决定权，不加信赖，而另提开全体大会的主张，读书写作间既归高泳青同志负责，但对于图书管理、杂志补充、工作秩序等问题,并未确实负责筹划。

第三,纪律精神不够,首先我自己反省,这回未得舍务委员会的同意,擅自介绍妇女服务团来住宿,使我们三天之内,生活与工作秩序,不能维持。舍务委员会不加以纠正,也是不对的。就各人来说,朱幸薏同志深患"晚起"恶疾,也没有集体力量加以纠正。

第四,批判精神不够,我们很少看到相互间的批评,彼此客客气气,完全不是集体主义的样子,以后我们最好一律称"同志",不再叫"先生",我们是什么"同志"呢?我们是"新闻事业的同志"啊!大家同志,就应当不客气,作应有以批判工作啊!

结论是:我们要提高会议精神、责任精神、纪律精神和批判精神,这样才能达到真的集体生活。(为"记者之家"长沙版写)

载《新闻记者》1938年第1卷第9、10期合刊

长沙行

"陆去长沙,舟还武汉,短短一周中,感触不少,用特择要记之。"

一、有利的地形

武长路沿线,丘陵起伏,草木繁茂,十五日我们曾在汨罗附近下车避空袭警报一次,车道两旁几乎无地不可以隐蔽。而沿路又是水田溪流交错,让我们在北方平原地带看过敌人飞机和机械化部队运动的人,觉得江以南的地形,对我们有利得多,像鲁南那样光山,黄河淮水两大流域那样平原,我们的军队和游击队等活动,随时在地形上都受着敌人的威胁。如果我们的战场换到大江之南,在绵密的树林中,我们可得到许多便利,敌机在野战上的侦察和轰炸,效力当远在北方平原之下。同时在山多水多公路少的情形下,敌人坦克车绝对不能随便自由通行,什么迂回包围等机动性作战方法,总不会如从前那样容易。

抗战一年的经过,我们政治上的进步,战术思想的进步,姑且不谈,单是战场地形一天一天更加对我们有利这一点,已经可以令我们增加抗战的勇气。

二、长沙伤兵多

从武昌开出的火车，应该叫"沙丁鱼列车"，特别是三等车中，彼此挤得无从透气。头二等车的房间外，已不能保持平日的平静宽舒，各种各样的向南方疏散的人口，和拥挤的行李，把"高等旅客"们散步的地方牺牲了。在三等客人的心目中看来，现在还分什么等次，目前加速疏散人口是大家一致的要求，而重要运输工具的火车，应该打破等级，增加运输力量。

长沙车站上总算下来些客人，但是长沙车站和长沙街市上的情形，简直是第二武汉，长沙原来是十几万人口的都市，现在是五十几万！车站上被难民伤兵等挤得水泄不通，甚至于天桥上也睡满了难民，车站外第一个印象是难民棚，和难民开的小茶楼和小饭馆。街上来去的人物，长沙没有武汉那么些闲人，受伤的武装同志比较多，茶社里，公园里，医院里，饭店里……大家似乎看多了这种平时看了触目惊心的残酷现象，而不再引为奇怪。

三、伤兵问题

为中国伤兵救护问题而不断奔走的施沫得莱女士，在长沙青年会出现，她不只在武汉为我们工作，而且不惜冒艰难，亲来长沙，这不只中国伤兵，就是中国人民也应当感激。长沙伤兵在第一期战争转到第二期战争中，湖南平时救护组织，应付不了这个问题，那时省府才下了大决心，认为要伤兵遵守秩序，应首先解决伤兵待遇。省府乃先垫省款六十万为伤兵发饷，并将医院修整，使伤兵住食医药相当解决，然后严令禁止伤兵为不合法行为。衣食足而后礼义兴，长沙伤兵彼此渐上轨道。但是长沙各医院（收容所）的现状，伤兵待遇，仍太简陋，南方潮湿之地，而受伤将士席地而卧居多，苍蝇遍地，疾病相传，人行院中，阴森刺背。此则有待于更大之努力。

四、难民问题

长沙难民至今仍成问题，这回战争与平日不同。这回战争是敌人有计划地进行灭亡中国的侵略战。在战争没有得到最后胜利前，被敌人蹂躏的同胞和暂在后方安全地带的同胞，同在未定的命运上，我们政府和后方民众自然有救济被难同胞的义务，但是我们不能不注意两点：第一，战争不能扩张下去，全国广大地区和四万万以上的同胞都有做难民之可能，势将至于救不胜救。结果逼着大部分难民仍回故里，供敌人的蹂躏，而有机会被暂时救济之难民，亦多养成寄生趋势，苟且偷生，志气消沉。安于都市，逃避疏散之现象，已数见于湖南。第二，难民是客观上抗日最坚决的份子，我们不只不应当使他们成为纯粹的消费者，消耗了后方支持抗战的力量，而且被难同胞自己主观上也一定乐于回到自己的故里，在敌人后方作抗战工作。只有发挥我们每一个人的力量，积极地为抗战而工作，才是最后胜利的保障，因此我们要提出对难民的积极的政策。我们的口号应当是："难民到敌人后方去！"我们如果能教育难民在敌人后方工作的技术，并能加以有力的政治领导。一面可以减少政府和后方负担，一转手间，而加强了无限的抗战力量。就以目前救济难民的耗费，来作训练难民和送难民到敌人后方的经费，绰有余裕。政策一变，其效果将大不相同。

难民麇聚在各戏院各庙宇各公共场所里，每日坐吃官粮，或则兼作小贩，藉增收入，人数太多，（二三万人）饮食无由卫生，排泄则散绕四境。疾病日增，希望毫无。秋疫一到，问题更将不堪设想。

五、三个人物

长沙人物很多，我在长沙停留很短，没有普遍作重要的拜会，只和张治中先生、陈渠珍先生和徐特立先生三人，作过较长时间的谈话。而对于湖南全般形势的概略介绍，则不能不感谢雷嗣尚先生。

长沙公务员制服是黄土布作料，而采广东便短服式，价廉而行动简便，在城里看到若干公务员作此服装，觉得有几分新颖，在城外一花园中和张治中先生会谈，他也是这样一套。对付昏沉已久的地方政府，而又是在一个战事日紧之秋，人事上东牵西挂，急待解决的问题又那么多，当然相当吃力。一个要强的人，遇到这样机会，当然一定往前干，自己弄得加倍工作，务必要求得工作的开展，问题的解决，在新的胜利的演进中，换得自己辛苦的安慰了。

我们一向受过去新闻纸的宣传，觉得湘西"陈渠珍"，是一位绿林英雄，是"八大王"、"九千岁"那样山寨人物。这次长沙力报同业谭天萍先生介绍我去看陈先生，谈了两个小时，使我大吃一惊。原来陈渠珍是很有作为的人物，他的像貌与动作，已经看出他是坦白诚恳型人物，他和我谈他过去在湘西的经历，和他现在奉府令回湘西的理想。他指出湘西邻四川和黔东这一带在将来抗战最紧要阶段中的重要。他指出险峻的地形和强悍的人民，将为将来我们绝对有利的条件。同时又指出这地区的经济，一方面大有开展之可能，而且只有后方经济之开发与充实，才是支持战争的根本办法。因此他能历举出农业、水利、小型工业、交通、小型矿业举办的方法。他谈这些问题时，最大一个特点，是始终没有忽视民众切身的利益。他亲切了解到，先顾及民众利益，是一切设施的前提。他最近收了七八千难童，他将以斯巴达式教育精神，培育这近万的被难小同胞，他相信，他们将是捍卫国家的急先锋。

在长沙社会里面，还有一位叫人注意的是八路军代表徐特立先生，他本是长沙教育界老前辈,今日多少中坚分子,都是他当日的门徒。他已经七十左右的人了。人虽不见得高达,精神却超乎寻常的健康。头发未全黑,口里只少了门牙一颗,皮肤虽然有点皱,而血色仍充,一件旧布学生服,看来年代已久。他在斗室之中,热情地谈着若干经验,最动人的,是指出健全团体和军队的方法。某次,他所参与的军队,已发生动摇和逃亡的现象,于是开始澈底民主的讨论。把军队建立的意义,和当前环境将来趋势等,大家通盘讨论一下,于是大家明白了每一个人的任务,大家看出了共同团体的光辉的前途,立刻人心稳定军队健全了。

六、青年会和记者会

长沙社会今天实际活动的中心场所,是长沙青年会。这里的青年近来特别活跃,整个长沙市的活动人物,被青年会各种各样的活动吸收到青年会来,开会、演说、吃饭、夜花园、宿舍、游泳、球类、电影、沐浴等,应有尽有,而且长沙青年会的军人服务部,在精干的刘良模先生主持之下,以很少的经费,做出很多的工作,一大群的救亡工作者在军人服务的号召,或者影响之下,对于长沙之伤兵难民乃至一般民众的宣传组织工作,都有很好的成绩。他们曾动员八百妇女为伤兵洗衣缝衣。他们曾开盛大欢送会,鼓舞伤愈将士上前线,不仅如此,救亡歌咏的提倡与推广,无形中影响了无数人民抗敌情绪。

长沙另一个有生气的团体,是记者会长沙分会("记者会"是"中国青年新闻记者学会"的最简称)。他们在本月十六日和青年会合作了一次"战时新闻纸展览会",尽可能的搜集全国各地七七抗战周年纪念日的报纸。在一间大厅中陈列起来。他们筹备很仓促,然而当日仍有各地方的报纸出现,最令人兴奋的是上海孤岛上的报纸,我们仍可以看见,这是代表孤岛上之人心未去,尤说明孤岛上新闻从业员之苦斗精神。

抗战一年以后的新闻纸，从展览会的事实看来，报纸的物质条件比从前低落了，纸张有的减少，有的改用土纸，印刷也大半日有退步。但报纸的内容比过去充实得多。编辑方法和探访技术，一年的进步也非平时所能想象。

七、舟过洞庭湖

湖南人强悍的性格，是抗战建国中需要的基本性格之一，鹦鹉派的作风，在湖南社会中不大多见。如果好好激发民气，妥为组织，加强领导，一定可以发出强大的力量。

湖南历史名迹甚多，宋范仲淹在岳阳楼所提出的"先天下之忧而忧，后天下之乐而乐"的号召，现在还值得在后方养尊处优的人们反省。屈原投江的汨罗，是我们古代爱国大文豪忧国自杀的地方。投江虽有消极之嫌，而对国家人格之贞坚，及其对国事之态度，皆可令现代文人效法。

"洞庭湖"！那是更响亮的名称了，科举时，湖南举子，曾以"洞庭湖八百里，波滚滚，浪滔滔，问宗师何地而来？"为试场大门上联，以难川籍主考官李调元。洞庭湖之足以骄傲万方，令人神往者，固有其特色。"湘江夜话"，"洞庭放棹"，使有闲阶级为之，诚非泛泛之名胜，可以相比拟。

二十日晨离长沙，顺湘江而下，江水澄清，凉风拂面，两岸山青水绿，田庄富厚，久处繁乱之都市，至此精神为之大爽。再北行，入洞庭，南之湖岸港汊杂出。湖面成复杂犬牙状，非熟手不易辨航线。湖中有大小岛，孤浮水中。湖上有远近帆船数十只，乘风破浪，引人入胜。

此次系乘某外国轮船，船中设备，因战事影响日渐简陋，与我国民生公司之振作从事者，完全相反。其所用器具如碗碟等，皆有"自□□轮偷来"字样。彼等殆视旅客全部为恶人，每当用饭时，令人反感甚大。茶役虽多但知注意小费，毫无灵魂。本来是一场美丽的旅行，被这些时代渣滓弄糟了。

载《大公报》(汉口)1938年7月24—25日

另眼看庐山

瑞昌一日,对于九江附近的敌情,有大致的了解,即是七月一十八日为止,长江敌人还没有大举向西或向南前进,我们还和敌人相待于九江之西南地区,于是我们决定于七月二十九日由瑞昌向东南前进,斜过九江西南战场,以趋南浔线上之马回岭德安。然后再去南昌。这里要感谢中央社同业胡雨林先生供给我们的消息,感谢同伴们广州日报司徒穗卿,新华日报陆诒,良友画报顾廷鹏共同的坚定与勇敢,更感谢陈宇书先生发给我们必要的护送武装,助成我们这一次横断战场的旅行。

瑞昌到德安间有个鸡公岭,鸡公岭离九江西南之沙河车站,约十余里,此时沙河车站情形无确悉,鸡公岭亦在混沌中。县长为我们设计,是从鸡公岭之西,即设法翻山遵小路以出德安,如此比较安全。

走着看罢!我们有决心坚定的同伴,我们有两位"红军"担行李和作翻译,我们有五个卫士和自备手枪,我们都有能走路的双腿,无论怎样我们都可以有办法的。

小小的队伍,仍然按战斗准备前进,本队五十公尺之前,派出一名尖兵,五十公尺之后,有一名后卫。其余控制中央,准备对付一切可能的事变。并且万一发生情况之后,我们如何进入山地,如何在山地中运动,并向什么城市集中,我们都讨论过了。

我们沿途的生活时常发生问题,各处无食物可买,空腹又难行。我们曾三入村中，皆无所得而返，第四次乃厚礼向呈村妇买南瓜，幸蒙允诸，并自带有盐，这样才对付了急切的一餐。

十里以后，敌机时现，已经遇见官兵，始悉当日识出仍在沙河附近，鸡公岭似尚未为敌占，乃急步前进，至离岭万里处，见路旁有小茶棚，有茶及粥，有外地男子三人主其事。心奇之，恐为敌探，乃加以盘问，始知二为河南籍，一为湖北籍，皆内战时期留落江西者，平时在沙河车站为小贩，九江战后，始逃此间，卖粥以糊口，对过往之伤病兵之无钱者，辄施以粥，有钱者随给。其棚内尚收容有重病兵一名。我们在棚内休息不到一小时，而前方溃散伤兵之过此棚者以半百计，我们乃藉休息机会，一面执行他们吃稀饭，一面仍坚持抗战必胜的道理，并且恳切指明九江失败之原因，我们能纠正缺点，仍可以争取以后的胜利。

我们的工作相当收效，失败主义在我们面前扫荡了不少，假如这是一个服务团，有组织地来执行消散伤兵，给他们安慰，给他们鼓励，并尽可能为他们指示一切，如能联络大的转移军心。

可惜我们从武昌到南昌，经过将近千里的战地，真正能在前线作如此实际工作者，尚仅此"老卒"三人，德安修水渡口张公渡上女服务团之为伤兵送水，已算准前方难能可贵之事实！

离开茶棚动身，大家抬头大吃一惊，原来前面我们的道路本是在山谷中前进，到鸡公岭附近，地势渐高，山成丘陵状，过岭离此只有五里，但松林前面不见有"岭"之痕迹，而云天连处，约四五十里之外，却浮现出一座黑压压的大山，虽然云烟明暗不定，真面目不易看清，然而前面已发现武昌以东未曾见之大山，已为事实。

"这是什么山呢？"大家都已怔动的心情在想。

"庐山？"有人不敢自信的问，因为九江失守以后的庐山，已有另一种的意义，而我们这回的旅行，怎样会这样快看见庐山啊！？

理智的考虑，很快让我们一致肯定前面石岭是庐山，只有庐山才有这样雄奇，而且地已到了九江附近，事实上没有第二个大山，我们私心虽不愿早见九江失去以后的庐山，而变后的庐山已无情地摆在我们的眼前，我们要恢复庐山的自由，要叫庐山仍为我中华民族的游憩地，要洗去我们今天不敢看庐山的耻辱，我们要□□充分的头颅与热血，努力奔向九江城！（八月十五日长沙）

载《大公报》1938年8月25日第2版

夜过马头镇的追忆

照目前战况，敌人在江南是急于攻江西省西北的瑞昌县，瑞昌北□□□里为马头镇，马头镇与武穴挟长江而立，为九江以上有防守便利的地方，敌人在港口登陆之后，其目标恐先在马头镇。

七月二十七日我们曾从□□乘木船经武穴到马头，当晚徒步至瑞昌。

"山那面，就是江西。"当我们小小的木艇从碧绿的□□上，向扬子江航进时，船夫这样告诉我们。

这里所谓"江西"，当然首先是瑞昌境了。阳新到瑞昌本来有"公路样"的公路，夏季涨水，公路不很灵了。一般交通，都是坐船到马头，然后至瑞昌，富河入江口，曰富池口，阳新富池口间六十里水程上，我们会遇到四次敌机，第一次是我们两架重轰炸机由东向西飞，一架敌人驱逐机从后面追来，在阳新西面天空彼此接触，机关枪打了一阵。

第四次是在富池口附近，风浪大作，同时敌水上机十架左右，不成队形的轰炸田家镇富池口一带，我们的□□炮和敌机彼此一来一往的打了几十个回合，我们破旧木船只好躲在山下尽量减少船上目标，作消极防空的努力。

九江失守的消息，我们在阳新已大致知道了一些，九江以上，就是武穴。我们出了富池口，一方面说是更接近了我们的目的地马头和瑞昌，一方面说富池口到马头这一段江行是比较无保护地带。

船刚到江心,船夫船妇们惊呼起来!原来我们已驶近急流地方,这时一位少年船妇,跑在船头上,依傍着她的丈夫!捧手默念"南无阿弥陀佛",面色青白,闭目不敢视江中,船上人声鼎沸,各人皆本于保证其生命之本能的动机,而发其认为最妥当的主张。彼呼此叱,舵工亦不知何从,而船已迫入急流中矣!

"不准乱嚷!我们完全听舵工的指挥!那一个再乱叫,我就开枪打!"

带有武器的朋友,这样坚决的发言后,船上恢复了平静,大家只全付精神注意舵工,他如意地驾船曲折行进,我们这时才靠近北岸,顺水而下,心情稍宁,武穴已在望了。

本打算在武穴吃晚饭,因为听说马头镇没有什么东西吃。在武穴登陆之后,始知敌机已数炸武穴,今天还大炸了一次,繁华的市镇,今又成败瓦颓垣,人烟稠密之街道,已十九迁空,我们理想的丰盛的晚餐,和舒适的旅馆,在残酷的现实之下无情的幻灭了。

武穴尚且如此,此后情况当不会有进步,然而势已至此,当不能再作平常旅行想。同行友人皆主即时过江至马头,天傍晚,恐江中触水雷,船夫不肯去,强之行,时暮色苍茫,江水浩荡,旅人心情,正如投向不可知之深渊也。

舟横江及半,对岸机枪声突作,系向舟中示威,带路警察,畏缩避舱中,同伴出,问答,虽远不能分辨言语,然察其意似以对岸正作防御工事。不准民船靠近。乃转向下游,绕靠岸傍,而天已昏黑。

登岸即马头镇,自此入江西境,岸上有自九江瑞昌下来之伤兵皆待船赴上游者。据云九江已退,瑞昌被炸甚烈,城中焚烧至惨,城中已无居民。瑞昌九江间情况不明!

马头镇系中等市镇,有二百左右商店,我们从北到南走了一个通街,除有几个军人外,什么也没有!商店略开着门,但是货物和店主伙计已经看不见了。"晚餐"和"旅馆"的想法根本又是多余!

我们原来想在马头找着某师后方办事处，铁的事实摆在我们前面，这里只有这样一个前途，吃的东西没有，住就是无人管理的民房，如果要到瑞昌，交通上唯一的办法是徒步！

虽然李浴日先生在几位□□军人那里弄来点稀饭吃，勉强解决了当时紧急的吃的问题。但是自此以后，不但所有问题不能解决，且天明后的空袭，是显然不可避免的麻烦。

乘原船回去，我们主张无特殊任务者走这条路。我们新闻工作者，不能这样，我们应当即刻坚决的前进，找着部队，弄清情况，而且迅速突过了纷乱的危险线，首先应当达到瑞昌，到了那里，然后可以把握到进退自如的地位。

我们大家分手了，向前进的即晚徒步动身，谢谢顾廷鹏兄的草鞋，由一名仅有的住民暂为我们负行李至离镇五里的区长家，这位区长是马头镇一带最高的行政官吏，他本来有几分绅士素养。似乎对于战争感到过分恐惧，谈不上动员不动员，他不但说明他移至家中"办公"是为了避飞机，而且更说出也许我们见面的明天，他还要搬至更远的山林中，以策安全！大概他感到他的附近已住了军队，恐怕招来飞机，但是他没有想到，我们大批为民族生存而转战万里的将士们，如果地方行政人员都跑了，有什么人来帮助他们呢？

区长为我们拨了两个夫子，连夜奔瑞昌，我们希望在天未明前赶到瑞昌，我们从许多军人口中，判明瑞昌情况，坚决前进，是最安全的处置。

两个夫子的表现有几分奇异。说话会立正，满口有军语，原来都是旧红军的人物，一个癞皮头干过□七军团五年，福建人民政府之役，他还是通使的前哨，一个长个子干了两年，经验比较差些，左脚受了伤，现在走路还不很灵便。

夜间寂寞而且有几分恐惧味，两位老红军于是大谈其游击战的经历，逢山说山，逢水说水，他们是赣北德兴县人，方志敏的事，他们知道很多,他们被保长骗出来做夫子,一做就不得回去,各处尅扣伙食,弄得总是不能吃饱。不过,谈到打仗,他们津津有味,头头是道。江西农民很多受过红军训练,政府如能善为利用,当收极大效力。(九月廿五日追记于武汉)

载《新阵地》1938年第22期,第4—5页

地小任大的阳新

阳新是湖北东南边被山水环抱的小县,在敌人采用沿江跃进,或夹江而进的姿态之后,这平日不被人重视的县,已迅速的转变为我们在大江以南重要的支撑据点。

如果抗战得了胜利,阳新可能作成很好游憩区。因为它的外廓,围绕着葱翠的山峰,而城市的本身,又三面是在碧绿的湖水包围之中。还在十里以外的湖上看阳新,它完全是一座漂浮水上玲珑可爱的"波城",离阳新愈远,水色山光的映照,益增阳新的画意。

从西向东经阳新以入扬子江的富水,把沿途各湖联为一气,给予阳新在交通上的便利。

以一个平时被人忽视的小县,突然成为大规模战争的要点,在行政、交通乃至社会文化各方面,都表现了不合拍的现象。

今天阳新最紧急的任务,把县政本身应有工作不讲,单就支持抗战的工作说,第一,是民夫,是给军队任运输。第二,是船支。在湖沼地带,运输的重要工具是船支,夏季又是涨水期间,有些主要道路,被水淹没,也要船渡。第三,是材料,用做工所必要的材料,特别是木料,仍然要就地供给。

全面性的抗战,本来应有统筹的办法,而且也应有一定的方针。不能无计划的,突然的大量取之于地方。因为如此下去,将使地方不能支持。卢沟桥抗战，长辛店独当战争供应之冲；九江战争之后，江南来说，阳新亦有长辛店第二之感！

诚然，以弱势国家被迫而战强敌，我们不可能有完全计划周到的战争。在遭受战争的主要地带，自难逃特殊急紧的负担。然而我们仍然要求两点。第一，政府方面最低限度的计划要有，临时才可以应用。第二，当地的民众要彻底进行政治动员，才能有组织有力量的支持紧急的局面。

关于第一点，我们看到有些不够的地方，首先是武昌鄂城间的公路上，在离武昌八十里处，已经部分的破坏了，使汽车通过发生重大的危险，有些甚至于演成翻军车惨剧！鄂赣边境这样多的军队，全靠这条公路交通来作后方补给的。火线还在数百里外，为什么自己破坏自己的后方呢？其次的现象，是阳新到瑞昌九江的公路，原来有巨款来修理，去年南京失守后，这个工作就停止了，弄得现在紧急需要这条路，而路之可用程度极低，如果大雨数日，此路已完全不能行军。南京失守，还是赣鄂等省应当加紧准备之时，停修重要公路，不是太缺乏负责理由吗？

关于第二点，阳新已当战争之冲，当不辞尽量支持抗战之责，但必须让阳新民众组织起来，才能有力量，才能尽最大的力量。阳新的李县长，虽是刻苦耐劳精明果毅的干员，但处处仍遇到豪绅政权的阻碍和地方党部的为难。摆着抗战工作急需人做，而地方党部与绅士们做的是另外的事情！

长期内战的结果，本来六十余万人口的阳新，现在只有四十余万了。这被牺牲了的二十万人，多半是年富力强的壮丁，多为稍有知识的优秀份子。过去数年一篇黑账，现在已成了历史上的创痕。目前阳新县境住民，文化水准极低，联保主任——这乡村中万能的主宰者识字极少。县中教育机关，仅有初中一所，学生年龄多已过大学，而程度还在小学，平时中外大事，一无所知，到战争时期，需要他们活动，他们又因为无认识、无训练、无组织，结果一走了事。

动员民众，抗战救亡的机关，在县党部门口挂了很多牌子，抗敌后援会，动员委员会，宣传委员会，……总之法令规定的机关，都有牌子，而实际负责工作者，却没有什么人。至于真正的抗敌动员工作，更是无从谈到。

抗敌工作无人做，而对内部斗争却相当认真。前些时联保主任在乡下捉了一个共产党员，说是汉奸，送到县府，县党部人特去和县长说明，被捉的实在是共产党，但务必请当汉奸办。县长觉得这是政治问题，而且当目前抗战紧急关头，"团结"是不可动摇的基本政治原则，不能任性办理，他主张请示省府。于是党报鄂南日报大放汉奸消息，欲以虚伪舆论，以逼政府，后来省府来电准予保释。地方有许多人于是控告县长"左倾"。

如果没有民众自发的动员，完全靠县长以命令来担当全县动员的责任，一定无法做好。第一层民众如果未自发地民主地组织起来．则地方政权始终在豪绅及商人阶级手中，这般人生存乡井，由于文化与政治认识之落后，率多顾个人小利，而不了解抗战之神圣意识，与其必然胜利之前途，更不能了解抗战过程上不可避免的牺牲，而毅然接受不可避免的遭遇，时局稍紧，彼辈即相率避至偏僻乡村，择地自全，阳新平日广聚城中之绅士，七月中已无人可找，试问叫一个光棍县长如何作法？

各县盛传张难先先生曾对县政有八个字批评："责重权轻，事多人少。"这真是一针见血之言。和江西乡间流行的对语，形容保甲制度者相同："管教养术四件事，衣食住行一块钱。"此皆指明现行地方行政机构，绝对不能担负繁重之支持抗战工作，虽然中央及省府严其处罚，逼县长勉强从事，县长从令尽忠职守，而工作条件已造成无可作为之形势，终于不能发生客观上有利于抗战的重大效果。

在地方尚未成为战区时，县长的命令还可以相当发生一部分作用，战地一紧，人心易乱，交通易断，如果民众没有自动的认识，自动的组织，最为限度民众不能在没有命令之下，有力地服役于战争。

民众政治动员之不够，造成军队"拉夫"的现象。军队开入前线，本为以个人生命为牺牲，而争取民族之生存，其开上前线一事之本身，又值得我们民众的敬仰，其在沿途上所需之安慰鼓励输送住宿等，地方民众应为之做到。今则民众毫无组织，军队所到，无人打理，当与军队以特别之不快，而事实上军行深急，运输艰难，客观上作成拉夫一事不可避免之原因。拉夫风气一开，民众即刻逃亡，民众逃亡，军队困难不能解决，而拉夫之事更多。

从行政与民众方面说，是积极把民众组织起来，有计划地帮助军队，给军队以安慰，给军队解决可能解决的困难。

民众有了组织，少数绅士包而不办与怠工等现象，才影响不了抗战工作，同时有了组织的广大民众，县长们今天所遭受的苦痛，也可以大大减少，当然不只可以解决阳新的问题。（八月九日南昌）

　　　　　　　　　　　载《国民公论》1938年9月第1卷第1期

建立积极的新闻领导政策

战时的新闻，须要慎重检查，这是天经地义的事情。新闻记者当然拥护战时新闻检查制度。

问题只在检查标准和检查方法上面。

我们曾主张政府的新闻政策，主要的应当是积极领导，而消极的检查应当是次要。理由在哪里？

首先说检查标准。检查必然要有标准，才有取舍的根据。而标准必须简单明了。比方说，当前的国是，是三民主义不能反对，中央政策不能反对，最高统帅不能反对，抗战不能反对，团结不能反对，军事机密不能泄漏，外交机密不能泄漏。那末在拥护三民主义，拥护政府，服从最高统帅，坚持抗战，巩固团结，严守军事外交机密之条件下，新闻记者应有说话之自由。而且为了达成上述的目的，凡是实际上腐蚀三民主义，敷衍政治，蒙蔽统帅，不力抗战，破坏团结等现象，应当允许新闻记者说话。使许多事实真象能为全国上下所了解，共谋改善之方，以求抗战与建国之成功。因此我们以为，政府宣传机关，不但应当经常和各报馆的负责人接近，而且应当与广大的新闻从业员接近，因为今天全国各报馆的组织，多半缺乏会议的制度，要使每一个新闻从业员了解政府宣传方针，洞悉政府新闻政策，要他们自动的照着政府的根本国策去做，那非多加领导工夫不可，但是根本国策之外，新闻管理机构不能随自己的意思，另定标准。比方说军事新闻，在武汉方面军令部中宣部和政治部有定期的新闻谈话会，可以经常指示军事形势的大势。在各战区在前方，中央社记者刘尊棋先生曾建议战地记者与前方高级司令部的参谋处合组新闻班，经常研究讨论，把那些应当知道而不能发表的消息，自动保留起来，而将应当宣传的东西，使之迅速地普遍地公布。

至于检查方法。我们以为目前运行的新闻字句检查法，最不妥当。现在运行的检查方法，是令各报馆将所有的新闻稿，甚至于广告都送新闻检查所检查，检查所是一篇一篇的看，觉得不对的地方，红笔往稿子上一涂，有时一篇去掉几段，一段去掉几句，一句去掉几字。但是到发回报馆刊登的时候，是不许感受检去部分表示出来，无论如何要硬如未曾被检一样，拼排在一起。对于文字不通的责任，仍要作者自己负责。这样的检查方法，最低限度有几种困难：第一，检查标准容易混乱。这种消极的检查法，把无数报馆的新闻责任，都交给了新闻检查所，检查所示不过为政府机关之一，仍然要对政府负责。故为了免去自己责任，势必格外紧缩，而见仁见智，各有不同。往往检查结果，与我们根本国策之积极要求，相去甚远。第二，检查人员难适当。如果要认真达成检查任务，检查人员必须是了解国策，而且知识水准很高，并对于新闻事业有相当经验的人。因为政府检查新闻的本义，是在发扬新闻事业。所以检查员的质量，非设法提高不可。但是如此健全之人物，在今日各新闻检查所中，当不乏人。惟因待遇与职务关系，究难求得如此众多之人才。今日若干新闻记者，皆经过长久学习而来，其所写作，当系经过相当审慎之研究。对此而加以字句检查，当难不发生问题也。第三，字句检查法，将大大降低新闻品质，使新闻事业退步，而不能达成战时新闻报导的任务。总结一句，目前的检查办法，政府也麻烦，新闻界也痛苦！

那末怎么办？

我们曾经说，领导是主要的，检查是次要的。

那么，怎样领导呢？

原则上，政府应当加重新闻界的责任。政府只着力在阐明政府的政策，要各地报业公会，各地记者学会（因学会为全国各地新闻从业员的组织）经常讨论政府的新闻政策，政府对于宣传所采取之方针，必须使每个新闻工作者都要明了，要自动地照政府抗战建国之意图而工作。政府只对于每一报馆每一记者课以精神的责任，不但要他们自动检点，而且要积极工作。

但为防止万一起见，目前新闻检查所仍可以存在。不过，组织可以减少，负责人的地位，应当提高，应当是新闻界尊敬的人物。新的新闻检查所，应当是新闻联谊社的性质。多用商量，多用指导。在政府国策之外临时发生的大问题，可以临时和政府当局商办。至于新闻文电的字句删改，实在不应过问。检查员认为实在不妥的地方，也只好通知各该报馆，令其自己重新把字句考虑，不宜自己随便动笔增改。

我们希望政府考虑我们的建议！（九月十日）

载《国民公论》1938年9月第1卷第1期

集体主义一个试验——记者宿舍

一

十五个月的全面战争,已经把中国带上了另一历史阶段。腐旧的中国,绝对不能应付这回对日战争。中国——这有五千年历史的古邦,无可避免地要在战争中变质,逐渐随抗战之胜利而转变,蜕化为完全不同之另一局面。正确的时代工作者,应当预见到这种时代必然的趋势,就自己的岗位,作各种应有的努力。

二

我们是愿献身于中国的一群新闻事业者,记者学会是我们大家团结与工作的营垒,我们深信中国新闻事业在战争的锻炼之下,非求进步不可。然而我们只是"从手到口"的新闻从业员,我们只能就我们自己的环境和力量,致力于中国新闻事业之改进。

三

改进中国新闻事业,我们应当努力的事情很多,我们认为在各个城市，首先给予各新闻从业员以走上集体主义之环境，即以集体生活、集体工作、集体学习三个基本口号为内容的设施，是最紧急的步骤。因为今天中国新闻事业的艰难，新闻从业员的痛苦，是一个急迫的现实。不对急待解决的现实问题，提出具体解决的办法，而徒对未来作无限的幻想，那只是徒劳。因此，在武汉万分危急当中，记者总会服务部仍以不顾一切的精神，在经费万分困难之下，在汉口江汉路长春里五号楼上，创办汉口记者宿舍。九月十五日租妥房子，"九一八"七周年纪念日正式开幕。

四

汉口记者宿舍创办的经过，我们可以从宿舍管理员王思敏同志在宿舍壁报"记者之家"第一期的一篇题名为"大家来哺育'记者之家'"一文中的一段，看出一个大概：

"我们为什么要办这个宿舍呢？我们可以这样来回答：它主要的是为着本外埠或战地来的记者，解决食住问题的一个组织。它是团结记者的中心。

说起组织，非常的简单，它没有特别的布置，也没有特别的困难。从十五号租妥了房子后，放上几个床铺，便成了卧室。摆上几张桌子，买点文房四宝，就成了读书写作室。写上几张必须实行的标语。一个寄宿舍算是完成了。当然没有象写的这样简单，可是也没有什么特别。就好象布置一个家庭一样——它就是记者们的家庭。

说起这个很普通的家庭，可给予新闻记者的便利确实很多。它有清静的读书室，便利工作、读书写作。它有每星期的晚会，可以借此联络情感，加强自我教育。它有每周壁报，可以相互交换意见。而且过的是集体生活。"

五

这个简陋的宿舍，环境非常不好。长春里是妓女区，它没有大小便的卫生设备，四周的空气，也非常不佳。门前是公共尿坑！再过墙是壮丁营的自由露天厕所！后门弄堂中烟尘缭绕，小贩叫卖声亦甚恼人。

我们限于经费，只租楼上。楼下二房东是一位戏班子的老板，而且还招了三个下等妓女，作为他的房客！

这种环境，算是够坏了。然而我们仍然得到无数记者热烈的反应。第一、二两期"记者之家"上，有下列一些可感的诗文：

（一）回家
陆诒

从前方，睡稻草，睡门板，满身虱子，乱七八糟的这样归来，回来后也许不一定找到一个安身之所。旅馆吗？咱们住不起，至少不能"长期抵抗"；宿舍吗？不一定每个报馆都有，况且还有许多外埠来的同业们。现在好了，有了记者宿舍，不仅仅是睡得比门板稻草要强一些，而且这里有集体的生活，集体的工作，集体的学习！期望会友们来住的更多，期望在全中国各处都有美满的"记者之家"——记者宿舍！

（二）我的家
胡兰畦

澎湃的潮流冲破了我的小家，抗敌的血河泛起了自由的浪花。这浪花是鲜红的，是灿烂的。每一朵浪花的下面，都隐藏着我的新家！

呒……哼……哼……

记者之家；服务团之家；在伟大的战场上，还有那数不清说不尽的快乐之家！

吭……哼……哼……

现在我正在记者之家。

（三）"笔杆"军的"后方"
炎

前线战事吃紧，"笔杆"部队不断地向前方开去，但也不断地退回后方。

说也可怜，"笔杆"部队所退回的地方，并不是他自己的后方，而好象是一个过境的客军一样，没有充分的补给，也没有慰藉，有时甚至找不到适当的归宿。今天在东处，在"地板"上"下寨"，明天在西处，就"书桌"来"扎营"。有的要向"旅馆""村庄"借宿，又要当心敌人的"飞机"和"坦克"的夜袭，弄得精神不宁，大大地减少了战斗力。

现在，"笔杆"军有了自己的后方了。这里可以补给，可以休息。安适而巩固，敌人的"飞机"、"坦克"是绝难奇袭的。这后方便是"记者之家"。

（注："飞机"与"坦克"是指蚊子和臭虫。）

（四）爱它也得离开它
耐秋

在民族复兴的血战里，我们是生息在沙场上的。千万的居民，失去了他们的房屋，我们流浪的记者，哪有家呢？有的。这就是能让我们暂时安居一日、两日的汉口记者寄宿舍。这里有年长的哥哥，新来的弟弟，统统在一个伟大的企图之母亲的策动下活动着！

我爱着记者之家呵！正因为爱它，然而职务叫我不断出发前方，所以我还得迅速地离开它！

（五）赋"记者之家"
俊闻

战争给许多人带来了苦难，而给予我们的却是许多亲切的友谊。

也有人从椰子飘香的南国来，也有人从黄沙漠漠的塞外来，晚会中各人谈起自己的稀奇的遭遇。

我们集体地创作着一本瑰丽的史诗，犹如培植一朵灿烂的花一样。

——我们将来将把它献给新中国的乐园里。

是吗？来去匆匆的朋友们！

（六）"记者之家"
高天

"记者之家"在天涯，

在战争中，

在炮火下。

毁灭，流亡，……

从此，我们没有了家！

或者，"到战地去！"

这洪亮的号音，

召唤我们，

撇开温情，抛下了家。

从后方，从边地，

冲过万里险阻的河山，

走上战场，

为了保卫祖国田野。

这一群没有家的孩子，

跳上岗哨，

结成文化的堡垒，

抵抗侵略者的屠杀，

千百支笔铸成一支笔，

这支巨笔是千锤百炼而"钢化"；

千百颗心结成一颗心，

这颗雄心爆着反抗的火花；

千百句话汇成一句话：

"为了事业，祖国的自由，

工作，直到最后一刹那！"

匆匆的会面，又匆匆的分手，

到处听到这热情的招呼：

到处建立起"记者之家"。

（七）谒"记者之家"

徐盈

又走到记者之家，

记者之家生意兴隆，容光焕发。

碧星①闪烁于上，宝湖②堤决于下，

药眠③大师使用法宝蒲拉托④。

乃见——

高天⑤共长江⑥一色，

有绿椅⑦一架正向西出发！

（注：①陈碧星。②石宝湖笔名石燕，此时正患腹泻。③黄药眠。④补药名。⑤高天。⑥范长江。⑦陆诒。）

（八）普遍地建立起"记者之家"

张善

被人称为无组织的中国新闻记者，是一群散漫的游牧者群，它把我们从炮火中锻炼成一个整体，在这荒原上，有了归宿，建立了家；便从这新兴初期简陋的茅舍里；去经营、去开垦未来的世界！

抛弃散漫的生活，丢掉孤独的陋习；用整个的团结力量去支撑，抵抗侵袭来的狂风暴雨！

不要弃了这所茅舍，永远和唱着那几句轻快的句子：

"集体生活，集体学习，集体工作。"

还要在破碎的国土里，不管是：鸭绿江、松花江、西子湖畔、黄河、长江，甚至喜马拉雅山的高原；更不分中国的东北与西南，普遍的建立起"记者之家"。

六

简陋的宿舍成立起来之后，一共只能住十五人。只是大家来去交替，足够几十个人周转。大家所感到的热情与友爱，却从各报馆各地方的从业员中发出，在宿舍里大家融为一团，不再看见传统的偏狭作风。

为了更进一步更具体来实现记者宿舍的理想，"记者之家"这个壁报，在大家要求之下产生。我们这里引用汉口记者宿舍第一任舍长兼"记者之家"第一任编辑的陈碧星同志在"记者之家"创刊号上"发刊词"，可以看出大家的心向：

"九月二十九日汉口记者寄宿舍第一次晚会，决定出版宿舍壁报，以推动集体生活的改善。今天这壁报——'记者之家'在热烈的爱护中诞生了。

'记者之家'将要负起使记者宿舍造成一个真正的记者之家的任务。新中国的新闻从业员，把战场作为学校，从学校回到'家'里，除了舒适的休息，也还要学习的，因此，壁报的内容包括（一）自我教育和（二）生活改善两方面。

在自我教育方面，我们在学习中工作，在工作中学习。希望能提出学术上工作上的问题，讨论和贡献学习与工作的心得。改善生活方面，除了求得可能范围的舒适外，主要是建立严肃的有规律的，同时也是活泼的进取的集体生活，我们要有积极的建议和善意的批评。

形式上，'记者之家'应该短小精干，活泼生动。短论、杂感、散文、诗歌、报告以至漫画，都要登载。现在暂时每星期出刊一期。

'记者之家'是宿舍全体——从管理员、寄宿者到工友——的刊物，每个人都有写稿的权利和义务。同时我们欢迎外稿，因为我们需要指导和批评！

'记者之家'在会友的热烈爱护中，一定会成长起来，在发展中改进和充实它的内容，也在改进充实中更往前发展！"

七

我们更可值得重视的，是宿舍中的批评精神，大家不但在口头上相互批评，而且不断在壁报上提出批评的意见。咏青同志在汉口版第二期上，发表了一首题为"还要活跃些！"的诗：

> 记者之家，
> 还是一个原始的天下，
> 旅客的情绪，旅客的心，
> 只管自己，不管别人！
> 除了一间房中几张床，
> 这家中还没有沟通的走廊！
> 各吃各的饭，各作各的工，

> 谁也不关心别人的痒痛！
> 诸位若认为这个说得对，
> 来吧，就把许多心儿放在一堆！
> 真真地来结一个集体，
> 溶化工作，溶化学习！
> 那末，壁报不会闹稿荒，
> 屋顶不会黑暗，图书室不会凄凉！

在宿舍设备上有缺点时，壁报上常出现包含"请求"的文字。如长沙记者宿舍初办，设备未周，宿舍中初时不能开伙食，住宿者甚不方便，于是"记者之家"长沙版第一号上，即有下述作于"饥饿中"的"无题"之诗：

> 天长地久，
> 人生飘流！
> 走进了
> "记者之家"，
> 乐意频点首！
> 处处美满！
> 缺点：
> 干饭与鱼头。

在宿舍中常开各种会议，王思敏同志在"希望第二次晚会的几个问题"上，对于第一次晚会，他认为："可惜余兴时间太长了点，对于自我教育方面，很少有意见提出，譬如每周时事报告，新闻学的研究，怎样推广宿舍运动，和怎样配合保卫大武汉问题等，我希望以后晚会要更深刻些。"

八

汉口记者宿舍因时局紧急,记者们工作重心,已不可能仍在武汉,故双十节日将汉口记者宿舍暂时结束,另在长沙都正街七十八号记者学会长沙分会楼上,将长沙原有的宿舍规模加以扩充,成为长沙记者宿舍。"记者之家"的长沙版,亦同时发刊。

长沙记者宿舍是一所精致的小洋楼,空气日光和环境,都还优于汉口,所以大家都觉得舒适,而且内部组织也比较汉口充实,民主集中的精神更有效的发挥。读书歌咏运动,写作卫生伙食等,都尽可能作出合理的规定,而且大家都很乐意在集体意识之下生活工作。

自然,现实仍有许多缺陷,而且我们的范围还太小。这只是显示我们新闻从业员集体主义运动的起点!(一九三八年十月二十二日于长沙)

载《新闻记者》1938 年 11 月 1 日,第 1 卷第 8 期

对外苦撑与对内洗刷

南京被陷以后的中国，抗战形势走上了完全另一新阶段。这一阶段是中国对日抗战最艰难的阶段，是中国民族自信力最易动摇，而胜利的途径最容易模糊的阶段，而同时也就是胜利快要到来的阶段。

为什么？因为南京撤退以前，一般民众对于抗战的认识是比较粗浅的。自然这时期中妥协份子和恐日份子是不足论的，然而就主张抗战的份子中，也或多或少的建立其抗战胜利的预想于下述三种基点：

第一，以为国际绝对不会允许日本单独的任意的进攻中国，特别是苏联必将有相当直接行动。

第二，日本国内之反战势力，必然抬头，日军之攻击力，必然薄弱，稍遇打击，有叛变可能。

第三，中国之常备军与过去所做之国防要塞工程，必可予日本以极大困难。

然而五个月抗战的经过，证明这些预想，并未在抗战中表现决定的力量。国际趋势虽对日本比较在不利方面多，但是国际并未曾以实力裁制日本，全中国嘱望的苏联，到今天还没有打击日本的行动。日本国内反战空气与不振作的士气，并未能表现到阻止战争。至于中国南北战场所谓国防工事，简直没有发生任何伟大的抵抗力量，而所谓构筑最近代化最完备的江浙区要塞地带，其失守经过，简直令人啼笑皆非。

南京保卫战，在仅仅四天中很不名誉的溃退，许多人觉得抗战前途已罩上了黑暗的阴影。国际既无有力援助，日本内部又尚能勉强撑持战争，而我们自己最有把握防击的南京，其抗战成绩不过如此，那么还有什么力量可以再打下去？

诚然，我们过去五个月的抗战，有许多是我们作战方法上有错误，人事安排不恰当，遭受了过速的失败，然而以我们与如此国家和物质上比较前进的日本作战，我们应该预料到第一期战争的失败，完全是当然的，我们根本就不能希望在初期战争中求得战争的胜利。如果我们存心要在第一期战中打败日本。那完全是幻想！

我们抗战主要的是为我们民族自己的生存，不到其他国家切身重大利害牵入战争漩涡的时候，国际对日本的有力干涉是不会有的。日本军阀对外侵略还未遭受到重大打击的时候，国内反战力量不容易猛烈的伸张。

但是抗战如果能长期撑持下去，日本国际和国内的困难必然增加。日本已经强迫我们组成了有力的统一政府与统一的军队，日本已经把我们军事政治的缺点用行动指示出来，给我们以改弦更张的端绪。我们肯定的指出：日本绝对没有以武力征服中国的力量。日军占领沿海沿江交通便利之省区后，愈向西部山岳地带省区进攻，环境愈加困难，对于我军作战，则愈有利。不但使日本征服全中国的军事企图，不可能实现，而且将充分给予我们以各个击破的良好机会。

日本的国防形势，断乎不允许它无止境的和中国作战。所以中日战争不能结束，就是日本的失败。我们既不投降，日本又无征服我们的力量，战争就停不了。所以日本归根一定失败的。

抗战问题到今天，经过了第一期的失败，理论应该更明白，就是我们再不能如第一期战争中那样幻想国际很快的出兵，不能再幻想日本国内即刻革命，不能希望最近打胜仗，不能希望即刻把日本强盗赶走，重行夺回我们富足的城市和肥沃的乡村。我们只应当看重一点，即是如何用我们自己的力量来苦撑，只要撑得住，让日本强盗不能最后灭亡我们，再打几个败仗，再失些领土，也没有什么了不得的关系。

要能对外苦撑，我们自己必须逐渐能产生坚强的力量。我们今后自然要加紧促进国际对我有利趋势，而撑持危局，主要的还靠我们自己。必须我们自己最低限度立得住脚，我们才能运用国际形势。

今天我们应该坦白的接受第一期抗战所得的血的教训。我们过去军事政治各方面，都尚待健全，主要的是：军事机构不灵活，政治不能支持军事，民众无法致力战争，政治机构太多而无力，若干官吏缺乏热心与效能。政府要能发出力量，支撑今后艰难的战争，上述形势是不能不改变的。只有在有效能的军事政治领导下面，才能团结未失去的人民，维系已失领土上的人心，撑持艰苦的局面，培植新的抗战力量。

不过，我们认为在"抗战到底"的根本国策已明确不移的基本原则下，内部健全运动一定不可避免的成为举国一致的要求。同时看到，为了抗战到底，这种要求无法不让它实现的。因此我们在要求改革的过程上，始终要保持渐进的态度，不能用急进的破坏一面建设一面的办法，加深我们抗战过程上有害无益的波澜。我们要动员各方面的力量，和平的善意的从事于我们内部的洗刷。

只要我们自己内部慢慢洗刷得健全，我们能撑得着日本强盗最后的进攻，局面不管如何悲苦，只能认为是时代不可避免的过程，撑到半年或者一年左右，那时日本军事已转入顿挫形势，国际阵营已经鲜明，而我们自己力量已渐成长。国际有变，我们抗战即将踏入第三期。那时，就是我们全面反攻的时候，我们只要开始打胜仗，日本强盗就无法立足了。（十二月二十九日汉口）

载《抗战三日刊》（上海）1938年第33期，第3—4页

一个新闻记者的认识

在两年工作中，使我深深认识到：第一，真理和正义的伟大。中国比日本弱得多，然而因为求生存是真理，为生存而战是正义，在真理和正义的旗帜之下原来弱势的我们是愈战愈强了，而且已接近到最后胜利的目的。第二，群众力量的伟大。不但是在游击区里充分看出群众的伟大力量，就是在我们"国新社"里，以我们困苦艰难的环境，短短的半年时期而能发展到今天这样比较巩固的小小基础，完全是全体社员及工作同人共同努力的结果。在共同利害、共同目标之下，群众的力量是非任何个人力量所能比拟的。第三，干部的决定意识。在工作路线决定之后，成败关键，主要的就决定于干部了。抗战中很多军队，因为干部充足，所以在适当时机来时，一举可以成功。有些报馆，因为有强有力的干部，在特殊场合来时，很快的就可以开拓出一个新局面。反过来说，干部缺乏的组织，环境纵然有些便利，他多半坐失良机。稍有风浪，就无法存在。第四，工作不能取巧。任何一件真正的事业，它的建造都需要相当大的工程，除了有正确的计划与必要的人力物力之外，此外最要紧的就是时间和精力。我们一定要不断的勤恳工作，一步一步的将各种工作部门作好，精神贯注，步步切实。这样费了相当时间之后，这个事业计划才会真正牢固的实现出来。抗战中有成绩的军队，有成就的事业，没有一件是偶然的。纵有偶然的成功，一定不能持久。第五，学习要紧。特别作一个现代新闻记者要有高度的学习精神。现世界进步太快了，我们要在飞跃进步的洪流中起指导作用，非不断的虚心的学习，单凭过去一点小经验或者一点小地位，那是绝对不行的。正确而又丰富的知识，是人生无上的权威，也是创造事业中最主要的利器。工作中学习和书本上学习是同等重要，而且应当把两者统一起来。人生是永远不可能完全无错误的。错了就改，不够的地方立刻补充，就修正，不要存"面子"心理。不能虚心，不能不断的进步，一定会失败的。

载《国民公论》1939年2卷第1期

南宁战争的意义和教训

敌人十一月十五日从东京湾的钦州防城登陆，得汉奸的引路，偷过十万大山，绕道袭南宁，二十四日午后到达南宁，刻仍在敌我争夺战中。

南宁战争的本身与抗战无重大关系，日本得南宁不足以胜利地结束中日战争，中国失南宁亦不至根本摇动抗战国策。

但是敌人进攻南宁却有他的目的。他的目的在那里呢？

一句话说完，敌人是想把占领南宁作成"逼和"的一个新的有力条件。就是主要的为政治，军事的扩张只是一个手段。

为什么？

在去年夏秋之交武汉会战之后，单靠军事不能解决中国问题这个原理，已经被敌人普遍的认识到了。继之而起的"政治诱降"政策，希望整个抗战政府投降到敌人旗帜之下，近卫的新把戏只分化出去一群不相干的汪精卫李精卫，这群无耻官僚政客丝毫不能解决中国问题。于是敌人除必要时用汪精卫等走狗作作宣传工具外，其内心的希望，还是在于有实力的抗战政府。这个政府不动摇，侵华战争绝对不能解决。故一年来敌人军事活动的中心，都是为了促成这一点。

敌人在军事上既无征服中国的力量，如果中国自身不投降，就自然构成相持局面。在敌人方面不得不在政治上采以华制华政策，经济上以战养战，作长期战争打算，而在军事上则相继进攻，在适当时期予中国抗战以打击，促成中国之解体。南宁战争就是一年来"相机进攻"的一例。这和今年三月之攻南昌，五月之攻鄂北，九月之攻长沙，完全是一个道理。不过有成功与不成功之差而已。

为什么敌人要在此时攻南宁？而且敌人为什么攻占南宁就能希望影响中国抗战国策呢？

这是有其国际和对中国政治阴谋的：

第一个阴谋是离间中苏，压迫英法。敌人乘苏联和芬兰（芬兰后面当然是英国）关系紧张的机会，作成一个苏日妥协的烟幕，而具体事实之一，则是放出关东军攻广西的空气，这使中国人怀疑日苏又有某种程度的妥协，而淡化了中国与苏联的友谊，这是一方面。另一方面则系配合敌人南进的阴谋，（如对于暹罗的布置等）此次重兵附安南之背，如与暹罗南北呼应，不但防御薄弱的安南发生问题，而且缅甸印度也要发生影响，这就是以"空气"安慰英法的反苏情绪，而以"实力"压迫英法在远东的根本利益。安南是法国远东的宝库，印度与缅甸是大英帝国在东方的心脏。到国际环境允许的时候，敌人对印度支那半岛和印度半岛是会有所举动的。依敌人意思目前进兵南宁，最低限度会使英法更深刻的考虑到对日更屈服的问题。

第二个阴谋是封锁交通，阻塞补给。目前中国国际交通线主要的有四条：第一为越桂公路，第二为滇越铁路，第三为滇缅公路，第四为甘新公路。敌人如占稳南宁，则越桂公路，当然失其效力，必要时敌人且可利用安南交通作为南宁后方补给线。配合着敌人第一阴谋，南宁失守之后，安南对云南的铁路交通，法国政府恐难免不有相当顾虑，因此，以后滇越铁路交通，在内容上有很大的变化。至少军火等战争必需品的运输，敌人希望能比过去对我更不便利。

第三个阴谋是打击主战论，支持主和论。广西的军民一向是对于抗战最坚决，在每次主和论策动阴谋的时候，对于广西的强硬态度，总觉得是一个重大的障碍。因此打击广西、就是打击南方一个主战力量,如果不能成功,也给广西力量以相当消耗,如果成功,则相当可以减弱广西在主战方面的发言权。而在另一方面,则助长了主和论立论的根据。汪精卫对于这一个阴谋是始终企盼着。

第四个阴谋是威胁云南挑拨后方。南宁不等于今日的南昌与长沙。南昌长沙之得失,只是战役上的问题,并无多大价值。今日的南宁在其军事意义本身亦非十分重要,惟敌如占稳南宁之后,可能向龙州白色发展,如此可以直接威胁云南。依敌人主观之期望,特别是汪精卫的企图,总希望云南能从抗战阵营中脱离出去。这样大后方已起动摇,则对抗战前途将益形不利。如"画饼"果能"充饥",则敌人进攻广西之企图,当可达到目的!

但是,敌人这些企图能否成立事实呢?如果我们有正确应付办法,而且有了足够的主观努力,则敌人的幻想不但不会实现,相反的可以被我们利用,作成加强抗战争取最后胜利的新的因素。

这里我们先看看南宁战争的教训,然后在这些教训的基础上,再来研究我们应付新形势的新办法。

第一个教训是什么?是轻敌论的错误。一年以来不但主和论调不断抬头,而且轻敌思想亦相当普遍。轻敌论对于抗战所加的危害,虽然动机与主和绝不相同,而事实上所发生的结果,皆对于抗战绝对不利。日本到现在诚然已经没有了单用军事可以征服中国的力量。但是中国目前也还没有即刻赶走敌人的力量。如果我们内部不急求进步,增加新的力量,则国际和国内环境若干变化的结果,可以拖延抗战时间,甚至引起若干不利于抗战的现象,都有可能。若干轻敌论者似乎认为日本之失败已无问题,我们大可以"坐待"胜利之到来,若干艰苦的抗战设施,皆可以次第取销,或者因循敷衍,坐耗时日。若干人在长沙会战之后,已不相信敌人会再有攻击广西的力量,对于广西南路的万全布置,也不十分感觉兴味。因此敌人能乘隙而入,使我们应付仓皇。

第二个教训是什么？是政治防御问题。敌人此次能闯道入南宁，主要的得力于汉奸土匪的作用，而其制造与勾结汉奸土匪等工作，则与半年前之大规模走私有直接的关系。关于南路走私问题，广西学生军曾作极大之努力，然而这个包含着敌人巨大阴谋的走私运动，并没得到适当的处理，因而给敌人以长期侦察内部和从容布置的可能。防微杜渐，我们实在不可否认的有相当的忽视。

第三个教训是民众组训的新认识。如果民众组训的目的只在便利于政府法令的实施，则自上而下的民众组训，就某种程度言，可谓已达到目的。但是如果希望民众组训工作，能配合抗日战争的需要，要民众能担任起抗日战争的一环，那末，民众自觉的政治认识，和由下而上的自发的政治组织，为使民众发生力量的根本条件，南路民众此次对于牵制敌军未曾有重大供献，乃他们所受过的组织，不能应付帝国主义侵略战争。

根据这些教训，针对着敌人的阴谋，我们应当有什么样的原则上的对策？

最紧急的是政治反攻，即针对着敌人"逼和"的幻想，实行政治的反击。而反击的手段，军事应是目前最迫切的工作。我们目前能把敌人赶出南宁，固然甚佳，纵然万一赶不出去，也无大障碍，因为敌人攻击广西的问题，南宁纵然收复，战争还是未了，在不能赶走敌人出南宁的情形下，我们应将敌人占领点缩小，切断其后方联络，不使其轻易发展。

军事紧急处置之外，最根本的也是急迫的是新的政治动员。首先应从战区附近及沦陷区作起。根据广西过去特有的组织力量，加以新的组织因素，在战区附近和沦陷区中建立起雄厚的政治包围力量，使敌一筹莫展，更由此而逐步以谋广西全省的新设施。

如果我们运用得好，敌人进攻广西正好作成促进西南向前进步的力量。西南青年在敌人炮火直接训练之下，必将有重大供献于国家。

载《西南青年》1939年11—12月第1期

对汪精卫最后处置的期待

在全国人已经不认汪为什么政治派别，而且已经在精神上一致不再认他为中国国民的时候，特别是汪于"举一个例"之后，又被报上揭穿其与平沼密约之后，全国人怀疑的问题是：为什么××××××××××××，只由吴稚老和张九如发表两篇私人负责的文章？英大使卡尔本月十九日来渝那一天，蒋委员长对中外记者发表谈话，也只是理论上驳斥汪之主张，而未更进一步的提出制裁办法，这是什么道理，有些急性病的人，以为此汪中必另有道理。加以汪派报纸又死命硬说，中央与他只是"和"的"方法"不同，而"主和"的原则却是一致的。使有些人更弄得模糊不清。

汪精卫问题我们不能孤立起来看。要把他这次荒谬举动的来龙去脉把握清楚，然后才不为一时现象所激动。

汪精卫路线是什么东西呢？他从攫夺政权之私念出发。只有抗战失败，他掌握政权才有可能，因而他希望抗战失败，因而把抗战前途照他自己主观的希望作悲观的估计，更进而把国际形势作悲观的估计，以为未来的世界，一定是法西斯统治的世界。汪精卫眼明睛快，以为这次捷足先登，早投日本之门，将来法西斯统治世界之日，汪精卫也起码可在希墨板垣诸公之后，弄个二等政治人物。

依照他这个路线，第一，是和全国不愿作奴隶的人民和坚持抗战的各党派不相容。第二，是和已掌握政权的现当局不相容。第三，在国际上和英美法苏等民主国家不相容。所以他的对×求和通电（所谓艳电）发表之后，他只行一步一步走上他既定的道路，客观上和主观上都只有作彻底××××××××××××。他在河内迟迟不行，并不是他果真为了政治主降之争还想回到政府来担负艰苦的做救国工作，而是因为他还想用这样超然的姿态，拥护自己××××的行为。同时，对于日本和已成的南北傀儡摆出某种程度的要价还价的格式。

所以，不论汪精卫留在河内也罢，不留在河内也罢，他再回国内的可能性是没有的。然而，在有些人看来，汪精卫到现在还有两条路可走，或者至少希望汪精卫还徘徊于两条路之间，而希望其走一条较好的道路。这是什么两条路呢？一条路当然是到上海南京的路，这是当不折不扣的彻底汉奸傀儡的路，也是最坏的一条路。其次一条路，是有些人希望汪精卫能中途觉悟，看看国际民主势力的抬头，日本的疲竭，和我军民抗战意志的坚决，战局的好转等，希望他知道求和不可通，不再拼命拆大烂污，而只身赴欧美休养，少给×人一个利用的工具。

因为有些人对汪精卫还希望他走上述的第二条路，这个意见相当反映出政府对汪的处置。第一，对汪个人至今没有下通缉令，第二，对汪的党羽，并未查究。这在负责方面或者以为汪及其公开活动的党羽，如果明令通缉后，这般人只有上南京一条路了。所以当局至今还保留给汪走一条较好道路的机会。只要汪精卫能出国，有些小党徒似乎也可以宽大处之了。

这种宽大处置的办法对不对，是另外一个问题，但是，我们绝对不能误会政府抗战的态度有什么不坚决的地方。汪精卫如果进一步的到上海，到南京，我们一定可以看到，政府将改变宽大态度，在全国人民热烈拥护当中，对汪及其党羽，来一个雷霆万钧的措施。

载《星岛周刊》（香港）1939年第2期，第4页

论目前抗战形势
——三月十二日在本社座谈会演词

主席，各位在抗日阵线上共同工作的同志：

今天得有较长的时间，来讨论目前抗战形势，这在兄弟看来是有很大的意义。并且今天又是口总理逝世十四周年纪念日，我们应于沉痛的纪念口总理逝世的时候，秉承着口总理的遗志，与日本帝国主义展开持久的抗争！口总理一生为革命而奔走，为的是想彻底地解放中国，整个地改造亚洲诸民族近百年来的命运。然而口总理的伟大抱负，尚未成功，便和我们全中国四万万五千万同胞永诀了。在十四年后的今日，口总理一手教养的中华民国的人民，已有五分之三在敌寇屠刀的宰割下，口总理一生造成的中华民国的领土，已有五分之二在敌寇铁蹄的践踏之下，而最可痛心的，便是口总理的陵墓，也竟被日寇的兽兵蹂躏得不堪！这在我们纪念口总理的时候，是如何的内疚于心！

我记得当前年南京失守的时候，敌阀华中司令官松井曾经在口总理的陵墓前大哭一场，假仁假义的说出是要实现口总理的大亚细亚主义，才来进攻中国，才来占领南京，才来践踏陵墓！这假仁假义的自白，正像今日敌寇盗用三民主义的阴谋一样！正像今日敌寇在沦陷区中施小恩小惠的毒计一样！然而在口总理逝世十四周年后的今日，在我国抗战二十个月后的今日，我们已是可以大体告慰口总理在天之灵了。我们虽然并未把鬼子完全赶出去，口总理的陵园虽然仍在日寇的铁蹄下，可是我们已有充分的把握，我们已杀出一条光明的大道来，胜利之曙光已遥遥在望了。这在我们分析了目前抗战形势后，是一个应有的结论，一个必然的信念。

一

关于目前的抗战形势，可以分做三部门来检讨：一是总的看法，二是政治经济军事各方面分开来看，三是今后抗战形势的发展。在座诸位都是文化界有识之士，而兄弟一方面因为修养太差，另方面又因时常在旅途上奔波，因此我所分析的当然是很不彻底不完全的，很希望大家来共同的研讨。

目前抗战形势在总的方面看来，以一个"转"字可以代表，一切都在转变之中，去年十月三十一日口委员长在告国民书里，说目前抗战是转败为胜的时期，自武汉自动撤退后，敌我都在"转"之中，如果把这个开始转变的抗战形势分我方敌方国际三方面来看，那么：

我方是努力争取相持准备反攻局面的到来。

敌方是战略进攻在原则上已经衰退，但仍保留继续进攻的力量。

国际方面是各国从观望的态度，转变到实际的援助。

由于这样一"转"，把我国转到进步的、多助的局面，而敌寇却转入于退步的、孤立的形势了。由这个"转"字再发展下去，那便是转守为攻，最后胜利来临的时候。这是一个总的观感。

二

总的观感是由于分开看法的综合，因此需要我们深入地分开来看，把政治经济和军事三方面分开来观察。

第一，政治方面——战争是政治的延长，因此我们先来看政治，但是在政治方面也要看到敌我两方面。先就敌人方面说，有几点是值得注意的。

（一）敌人对中国的政略已根本动摇。敌人对中国的基本政略是建筑在"屈服"两字上面，他本来是不愿意拿炮火来毁灭整个的中国，而是拿飞机大炮来吓伏中国的，这个不战而胜的念头，是天天盘旋于日阀的脑海，然而他没有估计到中国不会屈服，而给他的回礼却是坚持的抵抗。尤其是武汉撤退以后，敌人满以为我国是不能再战了，然而我们的答复是□委员长的告国民书，里面指出武汉退出以后才是真正战争的开始；敌寇政略的惨败，已使他手足失措了。

既不能不战而胜，又不能速战速决的敌寇，于是便来个速和速结的阴谋，这充分表现于去年十二月二十二日近卫的"和平"宣言。但是等到汪精卫发表艳电立即被全国人民赶出国门后，敌寇速和速结的政略也是一败涂地不可收拾了。敌人本想不战而屈我，我国却能久战而不屈，这样一来，便使敌寇根本发生了动摇，莫知所措了，这最具体的说明，莫过于近卫滚蛋后上台的平沼了。大家都以为平沼上台后的作风，一定是更凶更猛，然而平沼上台至今已很久了，仍没有看见他的新花样，敌国的政略是根本动摇的了。

（二）敌阀国内统治的动摇。敌寇不但对中国的政略是动摇了，就是对国内的统治也动摇了。我们假定说日本的政治是由军阀加以统治，那么在军阀魔鬼的掌握中有三个集团，一是人民，二是财阀，三是军队。现在先看人民方面。

日本人民对军阀这种疯狂无理击其所有的侵略战争，采取什么态度呢？这我们可以举一个关于日本人民看报的例子便可明白，现在日本人民看报，是不看第一版新闻，而是看看报屁股，并且这种看法几已成为习惯。这说明了日本人民，对敌阀狂妄的欺骗夸大的宣传，已是根本看厌听厌了；这也说明了日本人民，对敌阀的侵华战争，在本质上不是积极的援助而且消极的怠工，这消极的怠工，更会发展到积极的反战革命上来，最近敌国人民反战运动的风起尘涌，便是这一理论的证实。

至于敌国的财阀对他们的军阀采取什么态度？这也可以由一个实例予以说明。自从敌寇占领了上海以后，上海的轻重工业，便被敌国财阀瓜分了，三井独占了轻工业，三菱并吞了造船业，这样后来，军阀是替财阀打江山，财阀应该是热烈的支持了。然而事实是不尽然，这可看财阀对于战费的答复，便可知其梗概。军阀想把财阀在战争中所发的横财，拿来当做战费，敌国总动法第十一条便是规定要财阀出钱的一条。然而自平沼上台后，总动员法几已全部付诸实施，而只有十一条没有施行，这说明了已入财阀荷包里的金银，财阀也是不肯再吐出了。

不仅只此！就是军阀拿他的枪炮去替财阀侵吞我国的工厂，现在军阀的兵舰坏了，枪炮破了，都需要在自己打来的造船厂兵工厂里修理，可是管理造船厂兵工厂的日本财阀，也是要拿修理费，财阀不但不肯出钱给军阀，而且从军阀身上捞钱，这便是日本财阀对军阀的态度。

敌国的人民对军阀是消极的怠工，敌国的财阀对军阀是不肯供给战费，现在我们来看敌国军阀直接统治下的军队如何？这里有一个实例，可以证明敌阀对军队的无法统治和士兵日渐高涨的反战情绪。过去日本士兵每天早上有一必修的功课，便是对天皇遥遥朝拜，但是攻下了武汉后，粤汉北段的日兵，便不干这一套把戏了，他们现在天天是吃饭睡觉，穷极无聊，最重要的必修科也不干，这在敌国军阀看来真个是不成"体统"！然而岁月悠悠，故国遥遥，思乡厌战的情绪像虎烈拉的细菌似的传染着，敌阀虽有草菅人民的本领，但是现在也是莫可奈何了。

（三）在外交上敌寇是个四面楚歌的时期。在今天我们看不见敌国有一个比较好的朋友，美国主张在关岛设防，虽然没有实现，但美国对日的仇恨已到了白热化的程度，在日本的北方是苏联，在西北是中国，在南面是英国的势力，然而在他的四面，没有一国同日本有好感。反过来，我们可以看见几件世界各国对中国援助的事实：一方面是英美给中国以财政金融上的援助，另方面英法又帮助我国建造西南的国际通路，而最近更计划建造世界上最伟大的滇缅铁道。在香港，英国更以巨力压迫日元，我国法币得以巩固。敌寇脑海中孤立英国，和缓苏联和拉拢美国的外交战略，现在已是完全失败的了，在四面楚歌之中，日阀已严重地感到孤立的悲哀！

至于在我国的政治方面，也有几个显著的特点：

（一）抗战建国国策的更明朗化和日益坚定。在武汉撤退后，我国能否继续抗战，不但外人就是我国人民，也颇多怀疑的，尤其是汪精卫在重庆发表了"和平之门并未关闭"的谈话后，更增长国人的疑虑。但是自从□委员长发表了有名的"告国民书后"，和平妥协的空气，便像白雪见烈日，顷刻之间，化为乌有，人心因此镇静下来。可是自从长沙大火后，汪精卫又借题发挥，说焦土抗战是人地俱化为灰烬的自杀政策，特别是十一日委员长领导二百多将领会议于南岳，决定了许多极宝贵的策略，可是汪精卫又来发表攻击游击战争的谈话，说游击战争是流寇的战争，只能够游来游去，这样的谈话，又使国人怀疑起来，大家似乎都在急想知道中央对日的基本政策是如何。好了！就在全国人心疑虑之中，游来游去的汪精卫是悄悄然地游到安南去了。所以在今日，我们可以大胆的说一声，要和平谈判的已没有人了，就算尚有梦想和平的人，那最低限度的说法，也决不能起像汪精卫一样的作用，我国抗战建国的国策是更明朗化和益坚定了，不使人置疑，不容人生疑的了。

（二）攻势政治的抬头。攻势政治这一伟大的号召，是浙省黄主席首先倡导的，这攻势政治的口号，正和后来南岳会议上决定的"政治重于军事"的二期抗战原则不谋而合，真的，过去在政治上是应付的，现在已以攻势的姿态出现于前后方了，这表现于几方面：一、是各沦陷区政权与行政长官的建立和确定。丢了八年的东四省，在今日我们都已派去了省主席，而且都是抗日的名将，这是告诉日本强盗，我们这一次的抗战是决不会打到芦沟桥便停止，而是要收复东北四省，驱逐敌寇到鸭绿江以东，才算是最后的胜利。二、是五中全会中决定组织的沦陷区和战区的党政机构，以□委员长任会长，李济深任副会长，今后对于沦陷区和战区的行政，当然会以更有效的姿态来进行。三、是除奸工作的积极。我们不讳饰的说，中国过去的特务工作，大多是对付国内的，但是现在已改变他们传统的作风而对准日寇了。尤其是最近上海除奸工作的空前展开，这是特别值得我们称道的，特务人员民族意识的加强，这是一绝好的现象。四、政府对东方被压迫民族反日大同盟的注意。中华民族要求解放，便不应忽视东方被压迫民族的伟大力量，而且只有与东方被压迫民族联合起来，才能得到东方各民族的彻底解放。然而过去我们对这方面的注意是不够的。下过自武汉撤退后，朝鲜义勇队不但组织成立，而且分配到各战区担任对敌工作，瓦解寇军，训练俘虏。最近政府更积极的帮助台湾义勇队的组织。在敌寇铁蹄下过着极度悲惨生活数十年的韩台同胞，现在是积极的组织起来参加祖国抗战了，我们可以说日本陆军的基础在朝鲜，海军的基础在台湾，现在朝鲜和台湾两地都动荡起来了，这将是摇撼整个敌国的伟大力量！

（三）外交路线的明朗化。在武汉撤退以前，"德意路线"的口号，仍是招摇过市的，例如当时刚从罗马回来的陈公博先生在国民外交协会上说，依墨索里尼的看法，这一次的中日战争，中国是无法支持下去的，因此到了某一个时期中国必定要想出个转圜的办法来，否则便会亡国。有个听了这段话的人，急忙发问道：中国在最危急的时候需要和平，谁能担保中国不会被日本在和平的毒氛中灭亡？陈先生斩钉截铁的说：墨索里尼可以担保！然而在五中全会上，委员长报告对英美对苏联的外交政策后，德意路线便消灭于无形，我国的外交是日益明朗化了。

所以在政治上总结起来说！敌我都在转，敌国是转向动摇的、分裂的、衰退的和孤立的，我国是转向坚定的、统一的、进步的和多助的。

第二，经济方面——也分敌我两方面来研究。

从敌人的经济上看，他是濒于绝路的了。现在分财政与工业二项来说明。

（一）财政方面——敌国本年度财政预算将达一百万万，这样庞大的预算到什么地方去拿呢？它有四个办法，第一条路是向中下层的民众拿，第二条路是向财阀要，第三条路是向英美法借款，第四便是以战争养战争。然而可惜的是，当日阀要向这四条路迈步前进的时候，这四条路口都挂着"此路不通"的警告牌子！

首先是向中下层的民众拿，现在日本的中下层民众若仍有油水可榨的话，那么便什么税都可以增加。所以在日本中下层民众血枯肉尽骨碎的今日，日本的军阀才不得不向财阀拿钱，向着第二条路上跑去。

那么，财阀肯拿出钱给军阀去打败仗吗？这一看上面的例子便可想而知，连军械的修理也要拿军阀的钱，财阀正像个扑满，也像个吝啬鬼，只肯拿进来而不肯拿出去。

第三，国内老百姓既没有钱，财阀又不肯拿出来，那么向英法借款又是如何呢？呵，这我们觉得很抱歉，今天的日本只能开口向希特勒墨索里尼要钱，然而这三位法西斯仁兄，不仅是同样的凶，而且是同样的穷，德意那里有钱借给日本呢？这看他们所提出的战争口号，也都是穷口号，不但土地不足，便是资源缺乏，或者人口太多。德意无方，英美不肯，日本将怎样继续其战争？这便逼得他不得不走第四条路了。

第四条路便是以战争养战争。这是日寇的最后法宝，它只有在我沦陷区里尽量的搜括一切。在华北华中的振兴会社，便是搜括我经济资源的吸血机关，华中振兴会社的会长便是前任中日经济协会会长阴谋成性的儿玉谦次。又如最近浙江的繁荣，这于敌人的财政策略有关系，大批的仇货，便可乘此机会源源地深入内地。然而当此战事没有结束以前，要想以战争养战争，简直是等于梦想，这看意大利"征服"阿比西尼亚后的情形，便可知其前途。

（二）工业方面——敌人是个工业国，可是它不是重工业国，而是轻工业国，同时敌国的轻工业，是完全建筑在毛、麻、棉、丝等业上面,我们可以说日本的立国生命在于轻工业,它的轻工业品是无孔不入地倾销到美国、英国、印度和南洋等地。现在我们要看日本轻工业的前途,便需要考察它的出口贸易。日本的输出在卢沟桥事变前平均是十万万元,在事变后便激减到八万万元,去年甚至于只有六万万元,今年几乎是三万万元了。由于日本输出的激减,便造成它轻工业的危机,由于轻工业的危机,便会促成它工业的崩溃,最后更将使它资本主义社会的本质彻底地坍毁!

在敌人的经济方面,是趋向于日暮穷途的绝路,而我国呢?由于这次英勇的抗战,便逐渐解脱了半封建半殖民地的束缚,过去我国在经济上的确是匆忙的应战,但在二十个月后的今日,便渐渐的站稳,而且逐渐的壮大起来,它已走过最危险的阶段。现在就财政工业贸易交通四方面来检讨。

(一)财政方面——中国的战时时政,仍能安然渡过难关,这不仅外国人看不懂,就是中国人也不了解。因为中国过去财政的收入,是依靠关、盐、统三税的,关税靠洋货的输入,盐税靠老百姓,统税靠商品的出厂税,关税约占整个财政收入的50%,盐税25%,统税13%,然而在今日,这三种税收都被日本强盗的炮火毁灭其来源。关税吗?在今日已是无关可税,各大关早已坠入敌寇的掌握中;盐税吗?我国最大长芦盐、淮盐和粤盐也没有了,至于统税呢,那就更紊乱不堪!这样说来,中国的财政岂不是没有办法吗?可是事实告诉我们不但有办法,而且比战前更健全起来。这主要的是靠我财政当局苦心孤诣才能建立起来的法币政策,法币在这一次战争中,是起了莫大的作用。但是这是否是指法币的乱发吗?不是的,法币的乱发是会造成恶性通货膨胀,但我国的法币是很巩固。据统计我国前年印发的法币是十四万万元,去年是十七万万元,估计到现在最多也不过二十万万元。而我国的准备金确定是60%,现在有十四万万元的黄金,以此来推算,那么我们的法币可以印发到二十三万万元。

由于国内准备金的稳固，法币的信用十分卓著，而在国际上，又有各国的援助，美国的购买白银，对于我国的援助是很大的。我国是银本位的国家，美国是金本位的国家，银子在美国是货物，金子在中国是货物，因此中国的银子在美国，是需要金币来衡量价格，不用说美国若不购买白银，将予我国以极大的打击，就是白银与黄金的比价若变动不居，也将予我国以十二分的不利，而现在中美白银协定的金银比价是确定的，白银协定也延长了，这是消极就购银上说。在积极上美国又以二千五百万余元借予我国，英国也再三的借款我国，所以在财政上我国是绝对的有办法。

（二）工业方面——外国人说中国的西部现正工业革命，这在他们看来一定是很奇怪，同时也是很关怀的。欧战的时候，我国沿海一带的工业，也小小的起了革命，但是那一次是不澈底，没有完成，现在才是真正的开始。这表现于如下的三方面：一、工厂的内移。上海有一五〇家，武汉有一四〇家，合计有三〇〇家以上的工厂，迁移到内地去，已正式开工。二、后方重工业的建立。重工业的设备已初步完成，有三个钢铁厂已经开始炼钢，炮弹都可自己制造。这个伟大的成就，我们是不得不归功于以学者而任经济部长的翁文灏先生。三、后方手工业的建立。例如后方的报纸，便是采用手工业制造的。政府更组织中国工业合作社，来推动所有的手工业。

（三）贸易方面——近百年来，中国是没有一年不是巨量的入超，但是去年竟有空前出超的现象，这是一。自从海岸被敌人封锁后，我国政府反易于执行统制政策，以货物偿还借款，如以茶叶还苏联，以桐油还美，这是二。中国的市场，过去都以外货为中心，现在已是国内化了，如广东过去都吃的外国米，现在是要吃湖南米了。

（四）交通方面——日本封锁了我们的海洋交通线，可是我们却繁荣了陆路交通线，西北和西南的国际交通线，无疑的对我国抗战发生了巨大的作用。滇缅铁路和西北公路，现在都在急剧的建设中。在交通的车辆方面，仅仅西南运输处，便控制了五千辆的卡车，每天每辆以二吨计，便有一万吨货可运，这样脉络贯通，源源而来，于抗战实力的增补，当然是有莫大的裨益。

所以在经济方面总结起来，敌我也都在转，敌国是转向破产、入超和崩溃的穷途末路；我国却恰恰相反，是转向建设、出超和稳定的光明大道。现在正是敌国资本主义解体的前夕，又是我国国家资本主义打下基础的一天！

在军事方面，不但要分析敌我战略的趋势，而且要估计到西南和西北的战局。

在敌人方面：

一、敌人认定中国之所以仍能够抵抗，完全在于中国尚有西北和西南国际交通路线的接济，因此他一心想着要切断中国的国际交通线，而包围全中国，使我国陷于孤立无援的困境。

二、敌人是准备应付世界大战，因此把在华中的军队调往华北，目的当然在于防苏。

三、日本全国可能动员七十个师团，但现在已动用了三十一个师团，所以为了补救兵力的不够与分散，很想扶植强大的汉奸势力，以做东方的佛朗哥，他们理想中的傀儡便是吴佩孚。

在我国方面：

一、持久战的方针是非常正确的，而南岳会议后的军事新布置，以三分之一兵力开到敌后方，三分之一在敌我抵抗阵线上，三分之一在我后方，这样的布置是绝对的正确。

二、当此二期抗战开始时，我方是特别注意敌后的游击战争，这表现于：一是正规军的开赴西北作战；二是在湖南开办游击训练班，以中国运动战的名将汤恩伯任正主任，有十年游击经验的叶剑英为副主任，积极地训练大批的游击干部。

三、训练新兵。在后方我正在大规模的训练新兵，而且以中国训练新兵极著名的冯副委员长担任此项任务。

现在再来个对西南和西北战局的估计。

敌人自从侵占武汉后，曾一度表现进攻西南的姿势，但现在从几点事实看来，已向西北进攻了。例如增调十个师团的兵力开赴西北，除了山西南部的主力外，更配合三股小力量：一是鄂中，想循襄水而上，直拊西安之背；二是晋北，最近的五路围攻静乐，进窥岢岚，很有向北发展的趋势，这是想以晋北为据点，渡河而攻陕北；三是由绥北攻宁夏，直下兰州。不过主要的一条路仍在潼关这一边。

现在我们进一步来分析，敌人为什么要进攻西北呢？这有几点理由：

一、日寇为了造成将来日苏不免一战的根据地，日阀觉得先下手为强，进攻西北，侵占内蒙，便是进攻苏联的预备。

二、在西北交通急剧改革之下，苏联对中国援助是很大的，为了断绝中国的外援，也只有进攻西北，扰乱华北，使我国无法取得苏联的援助。

三、西北地势容易被其利用。山西绥远都是高地，特别是山西，处于居高临下的地位，所以华北战事的总枢纽在山西，现在山西的交通线和大都市都在敌人的占领之下，敌人以山西为据点，向西进攻是很方便的。

四、西北政治的弱点。在西北的政治上有二大弱点，一是民族问题相当严重，一是地方政治很是黑暗。现在先说民族问题。我国传统的民族政策，是恩威并用，但是现在已成问题的了，日本人的威和恩却比我们来得大。举个具体的例子来说，我们的特派员是骑骆驼，住呼呼西北风的破蒙古包，而敌人的特使呢？坐飞机，住簇新的蒙古包，用飞机运送平津的白菜，蒙古王公侍候他们是毕恭毕敬。有一次我们要请蒙古人来检查日本的飞机，他们回答很简单："天上来的那好检查？！"所以由于汉蒙民族的隔阂，蒙民文化水准的低下，给日本人一个大好的利用机会。其次，谈到政治问题上，西北民众尚未受到日本强盗的味道。可是他们都早已受惯自家种种苦楚，因此大有日本人来了最多也不过如此之慨！

然而敌人的进攻西北，是否是打如意算盘而一无困难呢？这我们可以指出他的许多困难：

一、我政府有死守西北的决心。

二、敌人想在华北攻西北，远离其交通线而深入，那么敌后我方的游击队和正规军，便将更以英勇的姿态而出现，在敌人的屁股后，打击他，拉住他，使敌人前进不能，后退不得。

三、敌人进攻西北的军队，是在华中调去的，连天皇也不肯朝拜的疲败之师。又因西北乃高山峻岭，海军失其作用，所以在军事的联络上敌人是有莫大的困难的。

敌人一方面有进攻西北的决心，另一方面又有许多困难。因此我们对西北的估计是如此的：

一、敌人很有可能在进攻中得到少许的胜利，然而他一定要付出绝大的代价。

二、虽然敌人能够占领兰州，但能否据守，也成为一个严重的问题。

现在再来对西南作一估计。

我们若说敌人对西北是进攻，那么对西南便是恐吓。在今天西南交通的枢纽不在广西与安南而靠云南与缅甸。而敌人要想打到昆明，这是大大的不可能。崇山峻岭，交通易于破坏，和路途遥远，更何况广西已对敌人作了必要的准备，近战区行政干部的刷新，沿公路两地的居民，若在山地的迁后二十里，平地的远迁三十里，日本强盗能否通过这个火网，便是个天大的问题。

可是日阀虽不能恐吓西南当局和人民，但吓倒英法是很有可能的，进攻海南岛便是对英法恐吓最露骨的表现。然而不但西南当局和人民，不会被日阀的空大炮所吓倒，就是英法也不一定会被吓倒，最近英美在印度支那半岛的积极设防和先后借款我国，也便是给惯于恐吓的日寇以实际的答复。

所以我们的结论是：

西北难攻不易守，西南威吓亦成空。

三

现在来谈今后抗战形势的发展，当做本文的结束。

在政治上，由于此后的抗战是进入于相持的局面，因此政治的进步可能呈现过缓的现象，这会使一般人失望苦闷。但在本质上仍是进步的，发扬民主精神，动员一切人力，便成为应有的一着。

在军事上，今后将比过去更坚苦，敌人在进攻西北失败后，更将分散其兵力来"围剿"我游击队，所以我们更应以坚苦独立作战的精神，来迎接坚苦万分的局面。

在经济上，把我农业国变为工业国，重工业的建立是参加了国家的资本，国际贸易也由国家来经营，崭新的国家资本主义社会；便会在抗战的腥风血雨中出现于东亚大陆！（悠久而热烈的大鼓掌）

载《民族公论》1938年第1卷第3期，第177—188页

南国的生长（一）

一、平凡语

"中国能否最后战胜敌人，主要的要看中国在战争中能否成长出足够战胜敌人的新力量。"

二、同是一条铁路

去年十一月长沙大火后，由衡阳到桂林，我曾第一次搭乘湘桂火车，那时衡阳车站上是人海人山，都是搭湘桂火车到广西的，男的女的、文的武的、老的少的，也有军人也有难民，更有不少伤兵，许多身体不能支持的妇孺就在车站上"展开营幕"，在寒风飕飕中无可奈何的休息。在站长办公室里，挤满了副官、参谋、机关代表和关心行车消息的旅客，大家都似乎理直气壮包围着似乎犯了罪的站长，这个要车辆，那个问时间，每个人都好像自己公务要紧，都是要员交代过要限定什么时候到桂林，你吵我闹，把站长陷入两重包围中，第一是各方电话的包围，第二是对面的人的包围。站长至少在这方面弄得焦头烂额了。我们几个人当时上车是用冲锋突击办法，有人任防御，有人任冲锋。而冲进了车厢之后，又等于闯进了一罐沙丁鱼罐头。

四个月之后，外表上战事更艰苦的四个月之后，我们在湘桂路任何一站上车，用不着冲锋的战术，在车中用不着作沙丁鱼。从前开车到站都不能固定时间，上车以后，什么时候到达目的地，全凭自己的运气。四个月以后，湘桂通车，桂衡特别快车等都按时在新建的湘桂铁路上通行了。

敌人曾经谣传过攻广西，又传说过打通粤汉线，总之湘桂是比较危险的位置。然而沿途旅客都看到的，今天的湘桂路不是在苟安过日子，不是敷衍，不是应付，而是拿出全力求改进，沿途重要车站，差不多完全在积极改造中，新的月台在开辟，新的轨道在铺设，新的车房在建立，我们没有准备逃亡，没有准备放弃，我们是尽可能在增进铁路交通的力量。

修筑湘桂路，一方面时间太短，而凿开许多小石山，迅速完成八百里的建设，湘桂两省动员过数十万民夫。其中有近十万人因为筑路而死了。他们如果能看到湘桂路今天在西南交通上所发出的巨大影响，他们如果更能看到今天湘桂路进步情形，他们当能得到无上的安慰。

三、两个老头

"下来！"一位绅士派的中年人命令睡在他上面行李架上的一位老农。没有回复。不过，被叫者用眼向叫他的人侦查理由。

"下来！"又是一声下来。

农民急了，缓缓地从身上取出一张车票，递给绅士当场看看，他笑笑说："你也买票，我也买票，你管得着我！下面的坐位已经满了，我不坐上面，坐在什么地方去呢？"

这位倔强的老农胜利了。

农民气势的伸张，是民力动员新力量成长的信号。特别在第二期抗战中。

以后在南昌南面六十里的向塘车站。

警报来了，列车开到车站西北的土沟里避难。所有的客人都下车找隐蔽地方了。

绕进一个村舍，原来是一间很清朗的地方叫做赵村，村门上挂着两个木牌，一边是"怡怡商店"，一边是"生生农场"。一位老先生领导着十几位壮健的工人，在村里村外忙来忙去，他的年岁大致六十左右了，村里有卖日用百货的商店，村外有很广大的幼年松林，他还辟有菜圃，而且正在督工挖水塘。

看外表他不是一个老于乡间的人，他的一切布置都非常大方，原来他是城市生活者。他有一位儿子在做大学教授，一位在做重要军官，他是可以到重庆昆明过平安生活，不必在南昌附近来冒现在和将来可能的危险的，然而他说："现在抗战时期委员长说要服务农村，开发经济，我们年纪大了不能打仗，只好来服务农村。"他又到田里去看物田去了。

四、不死之城

敌人对于我们后方都市轰炸的目的，是要想使我们后方城市成为"死城"，丧失我们后方城市在经济、政治、交通、文化上支持战争的作用，在南中国来讲，广州、株洲、桂林曾经是敌机集中而且连续轰炸的主要目标。单拿株洲来讲我们也可以看到这种轰炸到底有了多大成绩！

在一九三八年十月前后，就是广州和武汉的保卫战争紧张的时期，株洲因为是浙赣和粤汉两条铁路的交叉点，我们南北战场兵力的转运，都以株洲为必经的通过站，敌人为了阻止我们兵力灵活的转移以便在粤汉南北两站的战场上各个击破我防卫军，于是日无虚日地向株洲轰炸，差不多长沙、韶关一有警报，炸弹落在株洲头上的时候多。所以尽管到了一九三九年二月，株洲已从大轰炸季节第一次解放出来，但是任何参观者到了株洲立刻可以感到株洲已成倒置的蜂巢，山坡上、水田里、平地上，密密地排着巨大的炸裂孔，一种说法，可以叫做"体无完肤"，一种说法可以叫做"无一片干净土"。据一般统计，株洲曾先后被投弹在一千枚以上，这当然是日本人民血汗一笔巨大的消耗，但是炸得有什么结果呢？结果当然是有的，第一，株洲已经成了一群穷朋友，专以拾炸弹片当废铁卖，用以维持生活！他们在生活艰难的情形下，对于日本这样还来抛掷大批铁块是盛情可感的！因为大家知道敌机来一定炸那些区域，所以警报一响，大家老早藏起来了，日本飞机照例把炸弹投下之后，这批人就出来拾铁块，由于炸弹数量之巨大，废铁收入，已成大有可观之形势！第二，株洲在炸弹孔旁边造了许多新房子，我住的一家名叫"生盛要"的旅馆，它和其他邻近的一大片旅馆、商店一样，都是炸塌以后，重新修建起来的，但是当我们从旅馆楼上看到楼下有如许多的炸弹孔时，又怀疑我们自己在旅馆之存在是否事实了。第三，造成了许多新时代之英雄，株洲的游司令和张麻子是有名的，游飞先生是五十多岁的运输司令了，他不但没有因老告休，相反地他在每次狂炸后，立刻可以看到他已经在被破坏的铁道旁率工修理。而他部下的一位工头叫张麻子的，那真是了不得。（待续）

载《救亡日报》1939年3月28日

南国的生长(二)

敌机来时,他随便找个地方躲避,炸弹刚炸过,敌机还在头上,张麻子已经全身携带着修理工具出来作修理工作了。去年张麻子在敌机第一趟投弹之后,即出来修路,谁知敌机又折了回来,在他的前后左右投了十几个炸弹,把他震动得晕了过去。但是他醒来后,拍拍身上灰土,又照常工作了。

五、团结运动的开展

大火后的长沙,我们如果单从败瓦颓垣上看,当然有许多不快之感,但是,如果我们注意到在废墟上重新生长起来的人的活动,我们立刻会感到一种新的生命力量。

在长沙市区内,马路两旁新搭成的小商店,它们在名称上有一个顶大的特点,就是"合""和""协"三字最多,什么"合计某某庄"等。甚至有明白叫做"某某合作社"的。

商人,特别是旧式的商人,最缺乏团结,商会的组织,远不如工农学生团体有力量,但是由于日本侵略战争所造成的长沙大火把许多富于个人主义性的商人基础,基本推翻了。长沙大火,在敌人侵略威胁下燃烧起来之后,它不分哪一家商店,也不问是哪一个人的财产,一律无情的把它烧光，平时也许还有不少的商人在计划着如何打倒旁人的商店，好让自己一家人繁荣起来。现在大家都成了光蛋，大公司和小商店一样是成了废墟，十万的公司和三千元的小店，到而今都是一无所有。这里只剩了一条路，现实问题是生存，如果走过去各自为谋的老路，是行不通的，大家的力量都单薄了，如果还想固持大火前彼此倾轧竞争的旧调，简直就只有灭亡的前途，很自然的，大家用"团结"的新办法来求生存了，因此火后的长沙商业，多半是"合伙"的经营，有人出钱，有人出力，用集体的力量，因而造成长沙新的商业基础。

在长沙市外，特别在湖南东北部各交通要道上，还有一种促进军民关系的组织，叫做"军民合作社"。这是由第九区政治部来主持的。第二期抗战要强调军民关系的改进，如果只是原则是不够的，军民间有关系的事情，应有适当的组织来担负这种互相帮助的工作，这样大的战场，这样变化的战争，要军队不扰民是很困难的，特别是在政治工作不很健全的军队无论他们主观上如何检点，但是在客观上，往往是老百姓万分头痛的。老百姓怕了军队，自然军队所希望于老百姓的帮助，就很难可能了。"军民合作社"就在这一问题上发挥了它的作用，它首先在交通要道组织来，联合当地民众有组织有计划地来处理当地军民有关事项。如运输、如侦察、如向导、如购买、如救护伤兵等。军队可以向合作社交涉，不直接无组织的向民间需索，而民众也在合作社统一计划之下，合理的为军队服务，不至于根本上妨害了生产，甚至弄得家破人亡。

从第一点看出敌人的残酷侵略，一定造成我们的团结；第二点事实告诉我们，团结要有具体组织，才会巩固才会收到团结的效果。

六、"统一"列车

从徐州突围以后（一九三八年五月）我们中国人已经不能看到驰骋

于江淮平原间的陇海路上的绿铜皮列车了。因为我们陇海东段已经被敌暂时占去，经常在窗上带满了北方黄土的陇海列车，不得不顺平汉铁路南下武汉，到武汉后，在没有铁桥的情况下巨大的列车又分段的渡江，然后从粤汉铁路转到浙赣和湘桂铁路。

在北方搭惯了陇海、平汉、津浦列车的客人，今天在南中国的原野上仍然坐在陇海车厢里而所听到的旅客们的声音，已经不是黄河大三角洲上的土语，窗上已经没有我们中华民族成长的中原黄土，窗外已不是平畴千里的麦子、棉花、高粱，而是丘陵起伏的稻田梯地。

还有触景想念东北的"北宁"车厢，深入内蒙的"平绥"车辆，紧接山西太行山大煤矿的"道清铁路"。德国人最初用以吸收山东富源的"经济"铁路，甚至于通过世界有名的台儿庄之台枣支路这些铁路的车厢，都有不少汇合到南国的铁路线上来了。

中国是半殖民地的国家；在各方面多少残留些封建的门户之见。交通界也多有些这样的现象。敌人的炮火很迅速地打破了障碍，我们民族进步的鸿沟。现在任何二条铁路来的车头车厢，在技术条件所许可的情形上，都可以统一支配使用，在湘桂路上，在浙赣路上，在粤汉路上一般说来都不是完全用本路车厢，而是将各路车辆混合编成，也许是津浦车头，而列车是陇海、平汉、粤汉、胶济各路车厢混合组成。开火车头的也许是北方好汉，而在列车里当车僮的也许是江浙同胞。

颜色不同、走路不同、名称不同、品质不同的车厢组成的混合列车，在一个巨大火车头的领导下毫无问题，而且更积极地为抗战建国的运输而工作。这象征着中华民族的前途。（待续）

载《救亡日报》1939 年 3 月 30 日

南国的生长（三）

七、老妇人与小朋友

二月十五日夜，湘桂三等车上挤满了各种各样的人。

在晨间三点至五点是旅客们最疲困的时候，大家都在睡意朦胧中偏来倒去，但是一位带了两个小孩的母亲，在这最疲困的时间，自己勉强站了起来，用自己的背作床让她那最小的孩子在摇篮式的摆动中睡去了，然后又用自己的大腿作枕靠，给她较大一点的孩子安稳地睡去，而她自己呢，始终提起精神照顾孩子。天明了，客人们全醒了，她才比较放心的合了几次实在难忍的睡眠。

"母亲的伟大！"有人在暗语，谁知更伟大的母亲还在后面。一位将近五十的老妇人正在和人谈她的家室。她是南京人，一九三七年十二月南京沦落之前，她一家人在南京开汽车行，有将近十万的资本。南京弃守后，他们全家流亡，她自己到了湖南零陵开一家川菜馆，维持生活。她一共有三个儿子，有一个儿子已经在江南一带打游击，她只想留一个儿子，她开川菜馆，维持生活，另外一个儿子也要叫他去作游击军，"只有打，才能回家。"她说。

"你有一个儿子打游击不是够了吗？何必再叫一个儿子去呢？假使万一都不幸，你老人家不是会很难过吗？"有人关心地问她。

她倒有些不耐起来，"怎样！日本鬼子不是一个两个打得跑的呀，打日本要人越多越好，至于说到万一的话，我看了全中国像我们这样流亡的人不知有几千百万，要是日本鬼子打不去，现在这批千万流亡同胞，回不到家乡而且还不知道有多少同胞还要像我们这样流亡。我们从南京出来，苦是受够了。如果我的儿子死了两个能够让我们千万流亡者回家乡，我想是值得去死的！"

在南昌，在金华一位新安旅行团小朋友张杰的表现是可敬的。他是工人的儿子，没有好好受过学校教育，现在才十六岁。但是他到了南昌之后，南昌市政府督校刘伍夫先生，即刻请他对南昌小学教师服务团讲演，对全南昌少年和儿童讲演，他一点也没有畏缩，他居然能把少年儿童在抗战中的重要，及其参加抗战的办法等问题，讲的非常明白有力，博得千百个儿童的热烈掌声。不但如此，他并且对于少年儿童的组织办法等，提出具体的意见，他鼓励他们组织起来。而且他甚至能在组织技术上帮助他们组织起来。在他周围的大朋友没有帮他什么直接的忙，至多不过建立些人事关系，而这个工作天地，完全是他自己开辟的。

八、工业合作运动

抗战以后，中国工业的发展，有两个特征。第一，是国家资本主义的抬头；第二，是合作运动的开展。在第二个特征上中国工业合作协会是起了决定的领导作用。

邵阳，这湖南新政治军事形势下的中心，是中国工业合作协会西南区办事处的所在地，在这个中心的四周，又建立了芷江、新化、零陵、邵阳、溆浦各办事处，计自本年二月底止，该会在芷江成立了织布、石印、制笔、皮件、烛皂、碾米、磁器、造纸、皮鞋九个合作社，在新化成立了湖南第一造纸合作社和制鞋及石印两合作社。在零陵成立了规模较大之湖南第一火柴合作社及湖南第一机器合作社。在邵阳成立了织布织带、制鞋、皮件、织巾等六社。在溆浦因土纱品质优良，计成立了纺纱合作社二十处，后又成立织篾社、织麻鞋社，及女工布鞋社，共计有二十三社。

成绩卓著地方，当算邵阳。邵阳已先后成立了制鞋、织布、制笔、皮件织布、织篾、制革、电池、麻鞋、石印、妇女缝纫、制烟、烛皂、牙刷、缝纫、纺纱及妇女鞋等十七社。其中以织篾社而论，只有社员七人，预备社员二人，而去年一个月之内所得盈利存一千零六十三元。麻鞋社有社员二十二人，每月出麻鞋四千五百双，全供军队采用。制烟共有社员九人，每日出卷烟约五千支。缝纫社有社员二十一人，已能承做蒋夫人令制之军大衣，计三千件。妇女布鞋社每月可出布鞋三千余双，这对于军队必需品的供给上，实有重大补益。

战争继续下去，国内对于工业品的需要增加，而沿海沿江都市陷落，原有工业基础，十九丧亡，大批技术工人到内地失业这些条件，造成了工业合作运动可能普遍发展的基础。现在工业合作运动，还是萌芽时期，在将来合作社的工业将是新中国经济机构中主要的部门。（待续）

载《救亡日报》1939年3月31日

南国的生长（四）

九、江西的新苗

江西是中国近代史上值得纪念的地方。

江西的外表是很停滞的，但是实质上江西也在有力的进步中，在"三八"妇女节那天，南昌的妇女纪念大会已经有了妓女代表和农村妇女的代表登台演说。

"我们是从来没有资格说话的人，现在抗战也把我们送上讲演台来了！"妓女代表感动得发言了。

"太太们！"另外一位赣东来的农村妇女代表继妓女之后也登了台。她是小脚土装，而且因为年纪较大，门牙已经缺两个。谁知她一上台，指着台下一伙旗袍高跟鞋的太太们大呼了一声。

"我们妇女的解放，不是少数几个人妇女地位的提高物质生活的优越，就算成了功。我们所争的是广大劳动妇女的解放。"台下拼命一般的鼓掌。

"而且我们妇女的解放，也不是专靠政府给我们几个官做，男人给我们一些帮助就可以得到的。主要的还要靠我们广大妇女群众自己在抗战建国的艰苦过程中，用自己的血汗，用光辉的工作成绩去争取的。"台下又如雷的鼓掌。于是有许多太太们垂头而去了。

在江西公务中，也有新气象。

许多有血性的公务员认为政治如果不力求进步，敌人来了一定是土崩瓦解，然而他们自身不过作一公务员，没有旋乾转坤的力量，不能谋整个的解决，但是在他们每一个人的职责以内，仍有各人所能做的事情。所以在中下级公务员中已经开始发生了一种运动。如果我们给这种运动一个适当名词，可以叫做"尽其在我运动"，就是我做科员你做科长，我们大家拿出良心，在自己还能作工作一天的时候，我们一定不作妨害抗战建国的事情，而且用自己在职务上可能发生的一切力量，以服务于抗战建国。

十、浙江文化

目前浙江文化中心在金华。

今天南中国有两个文化据点，东面是金华，西面是桂林。在南昌未被截断前这两个据点之间，是用浙桂铁路联系着。金华的文化活跃的原因一方面是浙江因为尚有温州、宁波两个海口可用，物资条件较好，而浙江党政当局对于文化工作的态度，也有很大的关系。

浙江黄绍竑主席在政治上所提出的口号是"攻势政治"，即以已成沦陷区的浙西作为根据，积极作攻势的布置，在文化上也跟着政治的攻进，而在浙西前线的于潜县办了一个四开的民族日报。民族日报中和民族日报的周围聚结了很多抗战意志坚定的青年文化工作者，成为浙西攻势政治的文化堡垒。

在金华目前成为南中国第一大报的《东南日报》，内容相当充实，而成为东南杂志领袖的《东南战线》，在骆耕漠、邵荃麟两先生主持之下风行一时。

全浙江今天还有八十六种大小报纸，据浙江战时新闻学会社邵文先生之统计，全浙江尚有八百三十一个职业新闻记者，尚有二百一十五个业余记者。绍兴现尚有四家铅印报。宁波现尚有三家铅印报。金华、温州、于潜，都各有两家报馆。各县出版的小型油印报，风行一时。

管理全浙江文化事业的政府机关为"文化事业教育委员会"，浙江省党部的胡健中先生比较在文化方面负更多的责任。他对于文化工作的态度，据浙江文化界人谈及是比较不主张严厉干涉的。因此浙江文化界在政治上得到了必不可少的某种程度的自由，而随着抗战的发展日渐蓬勃，文化教育事业委员会一般说来是给了文化工作上相当便利的。浙江文化界不但有自上而下的组织，而且有文化界自有统一团结的组织，即是文化界联络合会，把各种不同的刊物和报纸的主持者，统统团结起来，相当的做到交换意见，齐一文化步调共同为抗战建国而努力的任务。（未完）

载《救亡日报》1939年4月1日

南国的生长(五)

十一、战时贸易统制问题

南昌是在三月二十七日失守了。在南昌失守之前,从浙江直通桂林的铁路配合着宁波和温州两个海口,成为日本货倾销的大干线。日本货从上海和香港改换了中国商标,经过那些"发财第一"的家伙,从宁波、温州、福州、汕头等海口进入南中国各省。特别是温州和宁波,因为有浙桂铁路的便利交通条件,仇货真是如潮的涌至。在浙江海面上我们可以看到巨大的商船频繁的光临,几千艘船把日本货运到岸边,再由几百辆汽车,几千辆改良小车把这些货物运到铁路线上。于是我们浙桂铁路线就可以"仇货列车"的雅号向江西、湖南、广东、广西倾销日本商品。

这样倾销的结果,显然对于中国也有多少好处,当然是原来无足轻重的海关收入的增高,从几百万元增到几千万元。第二,铁路运输费的增加。浙赣路今天是中国唯一能赚钱的铁路,每月有二百万元左右的收入。第三,仇货贸易空前的繁荣。有人指出抗战二十个月后,浙东已步入五十年来未有的大繁荣时期。以江西而论,萍江某商人在战前欠债五千元而无法偿还,战后不到两年,只因为贩卖日货已发财至五十万元之多,自己已经有两部家用小汽车了。浙赣路沿线因为卖日本货发财的人很多,有些浅见的商人已经看不起读书,以为读书到高中毕业,不过弄一个科员，每月只能有几十元。而做仇货生意，很短时间即可以大发其财，不如索性叫自己的子弟改行。

敌人想用战争来养战事。除了直接掠夺，烟赌淫业等外，倾销日货，也是重要手段。以江西一省而言，而且又是单以棉纱一项来说，每月要销一千五百包，每包是市价四百元，每月即为四十万元，每年在七百万元以上！这是可怕的计算呵。

不但入口如此，出口也有问题的。浙东现在要向江西、湖南买米，这是不是真正米不够呢？不完全是的！浙东的米有大批是运到上海去了。

为了应付这些事情，江西已组织战时贸易部，有名的农村经济学者孙晓村先生便是这个部的协理，浙江也在设法对战时贸易问题加以注意。在南昌失守之前半月，孙晓村先生曾应浙江省政府之邀赴浙商议战时贸易办法。

战时贸易问题，已被各方面公认为严重的问题。

十二、上海消息

在浙江会到一批上海来的慰劳团，他们带来了许多消息。

这一批上海出来的慰劳团，是在吴大琨和殷扬两先生领导下冒险出来的，日本人开放着温州、宁波等海口，给日本货进来，同时她却便利了中国若干抗战力量的进出。日本货进入中国内地的交通不断，中国内地和上海孤岛上的抗战救亡力量的交流也不会断。上海的人力物力仍可不断来内地，而内地对于上海必要的领导和支持，仍然没有问题。

敌人是在矛盾心情下开放着上海至内地交通，他只希望它作单面的任务，而对于抗战救亡关系的来往，是要严禁的，所以当慰劳团出发内地的消息被敌人所知道后，吴淞口动员海空军检查有嫌疑的德国船只。但是由于慰劳团员意志的坚定、镇静，敌方竟毫无所得的放了过去，相反地，有些任检查的敌方官兵，见船上的中国妇孺，引起了思家的念头,竟至感叹而去。

敌人占领了上海后,最主要的发横财者,不是日本大兵,更不是日本老百姓,而是三井和三菱两大财阀。上海所有中国人纱厂都给三井拿去,而造船等事业,则为三菱所有。中国在上海最大的造船厂为江南造船厂,三菱财阀不劳而发一笔横财,但是当日海军军船开进船厂来修理的时候,仍然要出修理费。

上海的救亡工作者,是在高度危险中过活,但是环境增加一分困难,应付环境的办法,也更加进步。上海救亡工作目前是在四个原则之下来进行。第一是事业化,就是救亡工作使它事业化,或者附托于事业来进行。第二是公开化。第三是合法化,这是对于英法租界当局采坦白的态度。第四是稳健化,这是配合持久抗战的方针来进行的。

敌人占领了上海的外形,没有占领三百万市民爱国的忠贞,而且用比较艰苦的环境给中国培植成功无穷的技术更成功的战士。江浙一带的救亡工作领导者,主要的都受过上海环境的调练。(未完)

载《救亡日报》1939年4月2日

南国的生长（六）

十三、远见一般

在衡阳，遇湖南力报总编辑康德先生，他是有经验而且有历史的地方报的经营者，我们见面后他所提出的第一个问题是："今后的报纸怎样办？"他指出今后新闻纸来源的困难，消息的缺乏，和一般物质环境的逆转。因此报纸将向什么地方发展，大成问题。记者学会今年二月在桂林的决议案上，指出第一期抗战中报纸的前途，曾经预测到报纸不能不有新的改变，集中的不能不分散，就一般报纸来讲，现有的物质基础暂时很难不相当减低，而完全走一种新的形态。他对于某些报纸只顾目前盲目竞争感觉危险，极力提倡大家共同来想新办法。

在金华，刘良模先生以青年会军人服务部的地位，推广金华在各阶层间的抗战歌咏运动，他和他的助手张碧瑜女士是金华各界所熟悉的人物了。但是要歌咏运动能推广，如果单靠一两个人来领导是不可能的，必须有各小组的组织，而且培植大批干部，但是，这种培植干部和分组等工作，一个民间团体来做，是有很多顾忌的。因此他们不敢放手去做。但是出乎他们意料之外的，是金华县党部的书记长项先生反而去鼓动他们严密组织起来。他以为没有组织，或者组织不够有力是不能发生力量的。

在南昌，这是失守前二十天的事情，许多中上级军官调回南昌来受训，他们最感兴味的问题，不是战局的一时得失问题，而是军队文化工作问题。他们感到今后的战争不是单凭血气之勇可以成功，而且也不是几个单纯的口号可以解决问题。今后持久抗战的艰苦局面，武装每一个人的头脑，使每一个官兵都要在自觉地认识之下，积极起来工作，自主地接受一切困难，主动地解决不可避免的难关，成为今后的任务。所以在将校研究班中，我讲了一个军队新闻工作的题目，引起了全体浓厚的注意，而且立即有人要求我们设法来解决前方文化供应问题。

十四、从桂林看广西

此次可惜时间仓卒，没有到广东和皖南去。但是从桂林所知道的广西情形，目前有着很大的改变。

广西从去年广州失守后，已经是前线了。广西已经开始在紧张的空气中过生活，但是广西在二十八年举行大规模的扫除文盲运动，要在炮火声中进行扫除一百八十万文盲的伟大工作。要动员五千八百余个教师，办一万一千余个成人教育班，要用九十三万余元的经费。这不是教育厅长邱昌渭先生故意忙里偷闲，这是认识了抗战的持久性后应有的设施。

广西学生军对于广西政治的推动，是值得注意的事情。五六千优秀青年结合在三个学士军团里，在桂林经过短期训练之后，已经分发到广西东北、东南和南部区动员民众的工作。他们因为大批青年干部力量的结合，已经促成了大批青年干部质的改变，特别地，他们离开桂林分到各地工作之后，在实践生活中，他们更起了飞跃进步。有几个爱好新闻的学生和我写信来说："我们学生军团在桂林的时候，恐怕你也和我们有些上级官长一样，并没有看出我们这些学生军有多大了不得的特点，但是，我今天可很真实的告诉你，我们在分发各地实地工作中，由于在工作中学习的结果，我们每一个同学都有出意料外的飞跃的进步。我们大家都在异常兴奋，异常愉快中积极工作。"

今后对于广西要起决定作用的学校，是广西地方建设干部学校。这个学校照广西省政府的计划来说，是有"招集大量青年，用最进步的方法在战争艰苦境况中实行训练，养成大批意志坚强精力丰满的干部，以应抗战建国的需要"。过去广西的基层干部基础，我们可以说是建筑在民团干部学校，从民团干校中建设的基层干部。今后的广西，将由地方行政干部学校来训练大批新的基层干部和改造原有的基层干部。这是改造全广西的一种巨大的工作。这个学校的训练目标是什么东西呢？照教育长杨东莼先生的说法有六个：第一，培养学生奋勇前进，百折不挠的精神。第二，提高学生自动的学习能力。第三，养成学生自觉的纪律行动。第四，唤起学生战斗的工作精神。第五，实施战时生活，强调动员精神。第六，理论与实践并重，并力求两者的联系。因此在学生物资设备上，充分利用乡村中的庙宇，不足时才搭盖棚厂。此外并无食堂和自修室，天雨时，课堂即食堂，也就是自修室；天晴时，野外便是食堂，也就是自修室。学生没有上课桌和自修桌，就只有各人随身带的图画板和矮凳。教职员和学生的物质差别，是前者比后者多一条桌子和一个凳子。在训练方式上，干校特别强调小组生活，选拔了大批优秀的小组指导员，从小组活动中培植学生自立的生活学习和工作的能力。

十五、小结论

南中国在基本上是进步了和不断进步中。为了适当抗战的需要，为了争取最后胜利，我们还需要在已经进步的基础上更大的进步。（三月三十日桂林）

载《救亡日报》1939 年 4 月 3 日

用更大的团结纪念本会的诞生

记者学会发缘于一九三七年十一月八日上海新闻界之组织，而一九三八年三月三十日始正式成立总会于武汉，今年三月三十日是本会成立的周年纪念。我们回顾一年来之经过，不禁有无穷之兴奋。

一年来之工作，如就本会对于新闻界与抗战政治应有之影响言之，本会之成就，实无足道，值得吾人之加倍努力。然就本会已有成就言之，亦有下述诸端，为值得纪念之事件。

第一，新闻从业员团结运动之开展，本会在汉成立时，会员不过五六十人，而今则扩张至六百余人。当时分会不过四个，而今则增加至□二十个，沦陷都市之分会尚不计算在内。就分会与会员分布情形而言，亦大致构成全面分布的状态。不但在后方各都市，大体上有本会的组织或者会员，而在沦陷区中在战区中亦有本会的力量。

第二，理论基础的建立，由于会务发展之事实上的需要，在今年二月，本会总会曾经通过了一个关于理论基础的决议案，题为《新阶段新闻工作与新闻从业员团结运动》。其中明白解决了几个关于会的问题：（一）本会的性质确定了是新闻从业员的团体，（二）本会团结的根据是共同政治宣传纲领，（三）本会中心工作是服务工作，在这个理论基础上面，我们将可能逐渐齐一步伐，共同为一正确新闻工作路线而努力。

第三，政府的支持，本会成立时只是得到党部和政府批准。而关于会之事业与经费等仍由会自己去筹划，故当时环境至为艰苦。但自去年十二月份起，军事委员会政治部，每月正式对于本会加以经济上之补助。还是说明政府对于本会已认为有加以领导与支持的价值。同时即说明本会一年来之努力，已有若干效果。

所以我们今天在本会周年纪念会上，对于全国各地努力会务之会友，不胜其系念。而对于为国殉葬的会友们，更念念不能自已。因为今天本会成绩，都是他们奋斗得来的。

抗战到了第二期，抗战新闻工作的任务，更加繁重，本会工作之开展，日益艰难。因而本会客观上要求有更大的力量，来执行新的任务，本会的基础在于会员，力量之大小全视会员数量之多寡与质量之强弱及内部团结之程度而定。在新的任务前面，我们只有扩大团结与充实组织，才能产生新的力量，才能担负起新的任务。

桂林的会友，决定在本会周年纪念日上，成立本会桂林分会，用桂林分会成立大会，作为桂林会友对于本会一周年纪念的供献。

今天的桂林不只是广西的首府，而且是整个南中国的司令台。桂林新闻界的团结，不但是表示桂林一市新闻界团结的意义，亦不只促进广西新闻界团结的意义，而是领袖有南中国新闻界团结的重大意义。

桂林会友用成立桂林分会来纪念本会一周年，是最切实际，最有力量，而且是最新式的礼物。我们相信桂林分会成立后，对于桂林，对于全广西，对于南中国的新闻界必能起重大影响。（三月三十日桂林）

载《扫荡报》副刊 1939 年 4 月 5 日

平凡的估计与平凡的努力

近来流行一种寒热病的时局观。这个寒热病的发展，系从国际问题到国内问题的。德国占领捷克之后，张伯伦曾经悲愤填胸的对于希特勒严厉质问一番，我们中国报纸差不多都把张伯伦演词登在头号新闻地位。谁知张伯伦演词中却露出不坚决的尾巴，他问希特勒，占领捷克还是侵略之第一步乎？抑侵略之最终目的乎？意思是如果你不再扩大侵略，你占领捷克，英国是可以忍受的。这样有些人便又觉得失望。最近罗斯福致电希特勒和墨索里尼，希望他们表明，在十年到二十五年之内是否不再扩大侵略？而且如果再要扩大侵略，美国当以实力参加欧洲的治安工作。有些人以为侵略国家从此不敢再动手，我们就算有了倚靠，不必再作艰苦的努力。谁知德意在罗氏通电之后，仍然个别向各小国发展其势力。于是又给有些人若干的阴影。

在国内问题上，汪精卫卖国通电发出后，一月一日中央明令开除汪之党籍。全国人心一振，乐观空气遍于前后方。但是政府对汪之国法的处置，宽大为怀，汪精卫又进一步自由"举例"，动摇人心，于是有人又怀疑到抗战的根本问题。后方经济建设问题，也犯着同样毛病的观察法。上海和武汉两次大撤退中，几百家工厂向西部各省迁移，一般人皆以为中国西级即将开始大规模的工业革命的行程。很多银行家都向工矿林业等投资，开发西部中国，成为一时风尚。但风浪过了之后，每一个实际经营新开工矿等业的人，都遇到很多的困难。地方封建势力根本和工业不相容，他们用各种方法，使新开工矿业不易发展。若干事业则完全为官僚主义所蠹害，而难有所成就。有些资本家就因此悲观改行，仍然作不生产的投机买卖。

例是多得很。它们表示什么意义呢？第一，表示有些人对估计太高，有时太乐观，有时太悲观。第二，旁观意味太重，很少把自己当做问题中人来看待。特别是第二点，目前的病根很深。

我们估计问题的基础，不是一时一地的现象，和自己的愿望，而应当看到全部的连续的事实的发展。把握这一点才不至一时太乐观，一时太悲观。特别重要的还是要采取负责的态度。不是估计得乐观时，就可坐待光明的到来，估计得悲观时，就索性让它坏下去。我们主要的要看准"大势"，然后把握大势所趋的方向，坚持奋斗下去。绝对不为一时一地的现象所活动。时局一时好转，当不停止我的努力。时局一时逆转，我们也不能灰心，相反的应更坚决的为克服困难而奋斗。

这些都是平凡的事情。平凡的估计和平凡努力。我以为是对于目前时局应有的看法和做法。（四月二十八日重庆）

载《全民抗战》1939年第69期，第983页

论日本的新战略

从去年十二月二十二日近卫声明,汪精卫出走,日本速和速结,诱降中国的计谋失败后,日本对华战略,论者皆谓为转至"以战养战""以华制华"的新阶段。其实,这只是日本新战略的一面,其另外的一面也许是更积极的一面,就是封锁中国,即断绝中国的外援。在日本少壮派军人心中,"封锁中国"才是新战略的重要支柱。如何断绝中国的外援,是被认为在现阶段欲使中国屈服的主要手段。

为什么?日人自己知道得很清楚,日本的国力是不能长期战争的。然而估计中国,一再弄错。在全世界的明眼人看来,日本帝国主义这回的侵华战争,本质上就是没有前途的。但是在日本侵华者看来,侵华战争之所以一再出乎他的意料之外,愈陷愈深,完全是有外国(英法苏等)在支持中国。因此"非驱逐中国背后——英法苏的势力,事变之解决,实不可能"(大日本青年党统领桥本欣五郎语)。

因此,我们看到二十八年的日本侵华战略,和二十七年以前有一个莫大分歧点。即七七事变——甚至于可以说九一八事变以来,到近卫"一二·二二"宣言止,日本是对中国"埋头苦吞",对于其他国家,可能避免冲突的。而二十八年起,日本除继续对中国作战外,对于英法开始采取攻势,特别是对于英国的压迫与侮辱,使张伯伦有时也感到"不能忍耐"的地步。

日本没有认识中国自身抗战力量的伟大，而寄假定于"切断中国外援"为胜利结束战争之理想。中国今日外援之取得，从地理上说，一为西北通苏联，一为西南通英法。特别是苏联与英国对于中国抗战有较密切之关系。因此欲封锁中国，必须设法解决对英和对苏的问题。而且被日本少壮军人认为是"解决对华事变之唯一途径"。

在英苏两者之间，英国在中国实际的政治经济权益，在与日本侵略行动冲突而英国保守党政府的妥协性，又给予日本侵略者以可乘之机。苏联态度鲜明，力量雄厚，日本欲切断中苏关系，非用武力不可面对。于保守党政府统治的英国，日本则以为用威胁方法，可能达到目的。于是避重就轻，先从压迫英国入手。

今年二月十日，日军占领海南岛，把香港新加坡的联系拦腰一击。其后鼓浪屿登陆，五月对上海公共租界提出无理要求，六月十四日用武力封锁天津英租界，断绝英租界粮食，侮辱英侨妇女，在中国被占领地发动反英运动，抵制英货，在日本亦开反英民众大会，包围英使馆。对南中国沿海口岸五六两月来一律加以占领或封锁。六月二十一日汕头登陆，给英国华南商业以重大的打击，且暹罗改为泰国实行大泰族主义态度激变之后，联贯太平洋印度洋之"克拉运河"如果修通，则新加坡将成废物。

这威胁，到七月十五日逼成英国在武士道宝刀下开了东京谈判，而二十四日遂使张伯伦宣布"妥协"。

日本在威胁英法之外，并没有放松对西北的军事进攻。这是切断中国外援的很主要的一面。在华中和华南，我们可以说二十八年内日军在军事关系采取"相机进攻"。如三月之攻南昌，日军本来任务系防守修河，相机攻略南昌，他们当时不一定攻南昌，而攻下南昌之后，也无一定进一步的计划。五月之攻鄂北，他们的目的并不在襄樊，而是想相机歼灭我主力于桐柏山与大洪山之间。前者幸而成功，后者则完全失败，牺牲重大。不过无论成败，都是一种相机进攻。但在华北的战争，却不能看作相机进攻，而是有其一定的积极战略企图。华北的所谓"扫荡战"，江南的"扫荡战"，形式上都是肃清日军的后方，而华北的扫荡战，更有其积极的战略意义。

日军现在在华北作战的积极的主要目标，在攻占西北，切断中苏联系。在日方看来，非如此不足以望结果中日战争。整个战争不能结束，被占领地区不能安定，"以战养战"只能做到部份的成功，而不可能根本解决战争困难，更不能迅速达到战争的结果。这种趋势最近愈明显。而且最近将来，将看到日军主力逐渐集中华北，山西战事将更形紧张。

华北战略枢纽在山西，山西高原东则控制河北平原，西则为陕甘宁青新的屏障，日军欲深入西北，必先绝对控制山西。山西如仍在我手，日军欲深入西北，成为不可能之幻梦。不但如此，山西之太行山与山东之泰山，构成北方大平原之两峡，等于华北游击战争的两鳌，而以太行一鳌为主力。太行泰山之游击队不能肃清，则河以北平原绝对不能安枕。所在日军对英进行强力威胁之际，在华北同时发动大规模的扫荡战争，六月三日开始进攻泰山（鲁南山地区），六月四日开始进攻晋南中条山，七月分五路大举攻太行山。如果说过去日军在华北曾进行过若干次"相机扫荡"，则今后将看到日军的"积极扫荡"。因为肃清华北日军后方游击队，是日军大举进攻西北的基础。日本对英法可以不顾一切的威胁，而对苏联，则去年张鼓峰事件和现在还未了结的哈勒欣河事件的教训，值得日本反省。因此日本进行断绝中苏联系的办法，是从中国西北之攻略入手，其对苏联不是也不可能是对英国那样横蛮威胁的办法（除非日苏已经正式战争）。

在日军进行封锁中国或断绝中国外援的时候，其战略的另一面所谓"以战养战""以华制华"并没有丝毫放松。我们全国有百分之七十以上的煤铁有百分之九十的棉花产区，百分之九十以上的石油，还有大量的米麦茶丝，都在日军占领区域中，正在被开发，或正在被进行开发中。统一伪政权，正在酝酿组织，南北伪军的编练，正在加紧，我们对于日军这个阴谋，如果没有适当的对付办法，将相当减少日军的困难。我们无疑义的要强化日军后方政治军事经济和文化诸种斗争。但是我们不应只看到日军"以战养战""以华制华"的一面，而忽略了日军断绝中国外援的另一面。

日军断绝中国外援的工作，由于英国政府的屈服，得到了部分的成功。

英日妥协后第一个反响是中国。在英日"协议"公布的那天——六月二十四日，蒋总裁在重庆公开宣布："无论军事外交经济，我们自始就决定要以自力支撑独立，奋斗到底的。有友邦的援助，当然希望，愈多愈好。没有援助，亦更要坚持奋斗到底的。"又说："任何甲乙两国所商议涉及我们中国的条件……如果没有得到我们国民政府的承认，不但没有价值，而且它们事实上也不会发生效力的。"这一宣言使国民政府的外交姿态有了一新的进步。若干人曾谓中国外交依赖英国，从此中国有更鲜明的独立自主的精神了。

第二个反响是美国。日英协定后三天，七月二十七日，美国突然通知日本废止一九一一年所订美日通商条约，使日本重要军需品——钢铁煤油等来源动摇，而日本全部出口百分之七十的巨大市场亦陷于绝地。

针对着日军"以战养战"和"断中国外援"的双管齐下的方针。除了对于日军后方游击战争，应尽力去开展外，进行政治军事经济文化的反击，以破坏日方之伪政权建设，经济开发，编练伪军，和奴化教育而外，尤应当注意我国际交通线的保持与增进。

英国对日妥协之后，中国西南国际交通线，将不能给我们以很大助力。我们要好好注意西北的国际交通。

所以我们目前在华北进行的反扫荡战争，不只是有打破日军"以战养战"的企图，而是有保障西北国际交通线的重大意义。我们绝对不能使日军在山西得手，要使山西成为我们保障西北的铁门，同时要山西成为收复河北和东北四省的战略据点。为了保全山西，我们一定要发展河北平原游击战争。而欲巩固河北平原游击战争，我们一定要巩固泰山区的游击战。把鳌之两螯健全起来互相呼应，发生巨大的力量。应派得力游击队深入热河，向东三省开展游击战争，重新使日军后方的河北与东北变为前线。如此日军将被迫调回攻略西北之兵，山西自然安固，西北国际交通才能万全。

在中国事变未解决前，日军一切活动，主要的都是侵略中国的手段，我们要切切实实的给予有效的回击。

载《现实》1939年第4期，第281—282页

最近英日在远东之冲突

一

　　日本从五月起，突然加紧反英运动。五月三日之上海公共租界问题，五月十一日之鼓浪屿登陆，六月十四日封锁天津英租界，六月二十一日在汕头登陆，六月二十五日又占领舟山群岛，且有在宁波、温州、福州等处登陆的模样。这一切都是说明敌人不但对于英国在华北华中利益所寄托的租界，横加压迫，即对于华南英国利益集中的香港，而且是英国西太平洋上海军作战时前进阵地的香港，也在施以包围，而且在百年来一般习惯认为英国势力范围的南部中国海岸肆行无忌。就天津英租界被包围的经过情形称，大英帝国侨民本来在世界上任何地方，都是受着"绅士"待遇，日本军阀这回可把"英国绅士"的面孔撕破了。英国女人也要脱光了衣服，在光天化日之下，众目睽睽之中，受日军的检查。在日军占领区域中，日军和日本特务机关到处发动反英运动，抵制英货，而且重新鼓起沦陷区中国人民对英的历史仇恨，如鸦片战争、五卅运动、沙基惨案等扩大宣传，给英侨以种种不便，对英帝国经济利益，破坏无遗。

　　这里有许多问题值得研究：第一，日本最近反英运动的目的在那里？第二，是威胁，还是准备战争？第三，为什么在这时期发动反英运动？第四，英国政策的估计。第五，对于国际的影响。第六，中国应当有怎样的对策？

二

日本最近的反英运动不是偶然的，它是配合着日本对中国新战略而产生的必然运动。日本对华新战略是什么东西呢？就是以战争养战争。它要想用中国的人力物力来支持对中国的战争。这当然是相当长期的战争计划，希望在这样长期的战争中找得日本光明的前途。在过去，日本对中国会用三种战略，大家都知道的已经失败了。七七抗战，打破了日本"不战而胜"的战略，武汉撤退幻灭了敌人速战速决的战略，汪精卫只身出走，使敌人速和速结的企图，又成泡影。从敌人主观力量看来，对华战争不能迅速胜利的结束战争，即将动摇敌国之根本。然而中国不屈的抗战，使日本又无法可以胜利的结束战争。于是被迫而采取以战养战的新战略，将侵略中国战争的负担，转嫁至中国身上。这是日本新的如意算盘。

根据这个新的战略，敌人必须确保已占领区域内的一切政治经济利益。因此消极方面必须排除第三国的利益，更绝对不容许第三国利益的发展。在日本占领区域中，在政治上经济上拥有最大利益的是英国。除去东三省以外，英国对中国所投资本远远超过日本。在华北英国有天津租界，有开滦煤矿；在华中，英国在上海是最大的支配者；在中国沿海和扬子江的航线，英国始终是第一位。华南的经济命脉，完全在香港。敌人已占领了全中国大多数主要城市，但是对于货币问题上，始终无法打倒法币，法币是英国支持，即始终不能推翻英镑集团在沦陷区域中的权威，无法使沦陷区域的货币进入日元集团。华北法币的大本营是天津英租界，华中法币大本营是上海公共租界。上海还有几百家中国工厂在公共租界里。日本占领上海已经一年多，然而照二十八年一月至四月上海进出口贸易统计情形看，进出口总额三万万九千三百万元中，日本只占一万万三千元，即只占三分之一。由于英国对华政策比较公正，故中国人民在英国租界内在对日问题上比较有相当爱国的自由。这对于在沦陷区的中国人民抗日政治斗争，客观上有相当便利。在日本看来，如果英帝国势力仍继续存在；日本要遂行以战养战的新方针是不可能的。这是日本最近强化反英的第一个目的。

第二个目的，是日本要英国放弃援华政策。抗战以后，在外交上支持中国的，除了苏联是最主要的而外，英国和中国抗战的关系要算最密切了，因为到现在为此，英国关于保护它在远东的利益问题，以援助中国为比较可靠的思想，站着领导的地位。中国的法币是英国在支持，中国的西南国际交通线，是英国在帮助中国在开发。英国现任驻华大使卡尔先生就是十分有正义感而且有明锐政治眼光的外交家。他不但同情中国抗战，而且他深信只有坚决抗战下去，抗战必获最后胜利。单就中国外汇一事而言，今年三月英国贷款一千万镑，作中国外汇平准基金，以维持法币对金镑八便士半之比率。敌人想尽种种办法，获得法币以夺取外汇，经过三个月之努力，也曾收到一部分的效果。但是英国汇丰银行对于日人之用鼠窃狗偷办法，夺取外汇，却有采取应付办法之自由，六月七日汇丰银行停售外汇，在某一点言之，对于日本之夺取外汇，也是一种打击。在日本焦灼的心理看来（当然不是事实），中国政府抗战意志之不致动摇又是英国在捣乱，必须压迫英国放弃援华政策，才能期望结束中国战争。

第三个目的在转移视线。日本采用以战养战的新战略，客观上走上长期战争的暗淡行程，这对于日本国民和士兵的战争心理是一个很大的沮丧。日本军阀关于中国问题平时教育日本国民的和战时对日本国民宣布的，都是欺骗，都是愚弄，现在经过两年的战争，血腥的事实告诉日本人民和士兵，过去大家所相信的都不可靠，但是整个日本民族，日本七千万善良的人民，却被军阀愚弄欺骗而走到悬崖绝谷的边沿上来了。

一定的，日本军民对于战争无可避免的要消极要愤慨，要开始反战，要酝酿革命。日本战争的指导者，不能不想出更进一步的欺骗，把军民的怨恨转到另一个方面去发泄。最妙的方法是说对华战争之未能迅速结束，完全是英国的作怪，我们所受战争痛苦的延长，完全是英国给我们的。我们要解决痛苦只有反英。这是一个方面。在中国沦陷区内的同胞方面，大家是一致的恨死日本侵略者。"顺民"字样，在日本侵华战争中，至少没有轻易享受到。把沦陷区同胞的仇恨心理转向英国，那么日本人可以顺利进行他的统治工作了。沦陷区内各地反英运动，表面上都是被压迫被收买的中国人出面，这是很毒辣的政策。

三

日本从五月以来的反英事件，是空前的不礼貌，是空前的侮辱，天津英租界的对面，英国侨民受到的虐待，恐怕是大英帝国历史上的奇闻。六月二十一日敌军在汕头登陆，通告英国军舰和商船撤退，而且声明，今后对英国侨民的财产等不能负责。这仅仅隔英国远东前哨阵地香港一八〇里的汕头，就如此自由行动，而且自去年十月二十一日占广州、今年二月十五日占海南岛之后，今更占领汕头，对香港完成其近距离的包围形势。气势汹汹，不可一世。究竟日本的真正态度，是威胁，还是有不惜战争的决心？

照日本盲动主义的少壮派军人看来，也许事情简单些，占租界攻香港，说不定都是便当的事情。不过日本的国家大势不允许日本少壮派这样一意孤行的。日本在对华战争已经弄得精疲力竭而不能自拔的时候，日本不必要也不可能再发动对英战争。因此日本最近的反英的一串行动，应该在原则上看作威胁的行为，而不能看作对英战争决心的步骤。日本看准了英国保守党妥协外交的本质，老大帝国以维持现状为至实的私衷。而且英国在远东的军力实在也给日本军阀以威胁能成功的信念。

于是他们开始威胁英国，而且大胆威胁英国了。英国态度还是这样软弱，而日本的少壮派更疯狂一点，可以能使威胁的情形，更严重些，甚至于某些事实上将表现出不惜战争的模样。

四

日本为什么在这个时候强化反英运动？这是有其他的理由的。第一，中国的"四月反攻"把敌人今年第一季所进行的大规模扫荡战，给了一个很大的打击。敌人为遂行以战养战的企图，于是从第一线二分之一左右的军队，进行扫荡他们后方游击队的战争。我们四月的反攻，又把他们已经调到后方的部队，重新引到第一线来，我们反攻意志的旺盛，实使敌人惊骇。鄂北的战争，冈村中将指挥四个师团，一个骑兵旅团，对我大洪山和桐柏山的大军进行包围歼灭的战法，结果被我们来了一个反包围，全军溃退，狼狈而逃者五百六十里。这次失败尘给帝国陆军史上的奇迹，给日本军心的打击，比台儿庄时更为巨大。这也恐怕是日本少壮军人派认为是抗战以来最□□头的事情。这样敌人更迁怒到援华的英国。于是敌人又叫出了他的"五月攻势"。敌空军在五月对重庆开始空前的大轰炸，敌陆军开始西北的再进攻，而外交上则对准英国发泄四处碰壁的积愤。第二理由是英苏谈判到了重要的阶段。英国反对德国的无限制的扩张，同时，也并不乐意苏联的和平壮大，为了制德，不能不亲苏，而为了防苏，对德仍不能不留相当余地。欧洲的均势能保，英国始有其前途，均衡一破，大战必起，英国在战争中绝对不会有顺利的前途，张伯伦派知之甚稔。英国始终没有断念者，德国总有一天停止，任意扩张。故对苏谈判三月无结果。然而，德国之盲动政策不止，英国之存亡攸关，英国与苏联谈判成功的可能，西方之反侵略阵线成功，纵令条文上不包括远东，而对于远东侵略者一定非常不利。所以在英苏谈判至重要关头，在日本人看来，给点脸色给英国绅士看，正是良好的时候。第三，日本在远东的发展，逼使英国不能不考虑准备相当实力，以为相当限制日本的张本。英国在远东有世界上第一流的军港——新加坡，而英国在远东的海军……

载《工作与学习·漫画与木刻》1939 年 4 月

平凡的成就
——为本会周年纪念会及桂林分会成立会而作

  时间真快，我们记者学会合法成立已经一周年了。

  我们会的前身是一九三七年十一月八日在上海成立的中国青年新闻记者(协)会。成立那一天，正是我军最后撤退大上海的前三天。去年三月三十日又以武汉为中心，合法成立中国青年记者(学)会。这时正是南京失守和徐州战争之间，武汉撤退，总会移长沙，长沙大火，总会移桂林，后来再移重庆。可以说本会从开始组织到现在，无日不在战火中。我们是在民族解放的炮火中诞生，在炮火中成长，而且也正在向更激烈的炮火中前进，要从抗战中供□我们更多的力量，建立新中国新闻事业更好的基础。

  我们学会到今天为止，由于各种社会条件的影响和主观努力的不够，会的本身存在着很多的弱点，有些弱点简直要成为本会严重的危机，这是无可否认而且也不必否认的。但是，我们学会到现在不但没有日益衰落，相反的我们随战争的演进而更加扩大了我们的组织，加强了我们的影响，而且有着更光明的前途。这是由什么力量来推动的呢？详细研究起来很简单，就是"团结"是全中国新闻从业员的要求。用团结的力量，改善我们自身在工作上生活上和学习上的环境，更用团结的力量去推动时代新闻工作。团结是为了时代工作的需要，团结又同时是每一个新闻从业员的要求。所以环境越困难，大家所要求于团结者更迫切。因而本会之发展在不因第一期抗战之军事暂时撤退而收缩，反能出乎意外的在后方战区沦陷区广泛的发展。

抗战进入第二期艰难阶段，特别在南昌又已陷落的今天，桂林分会又在本会一周年纪念日成立起来了。这是说明桂林新闻从业员为了更有力地担负起来艰难的抗战新闻工作，大家要求团结，要求组织。

这是说明我们学会之存在与发展，完全为客观事实的要求。同时也就是说明只要把握着了时代的要求，加上自己主观的努力，基本上是一定可以行得通的。

然而这些全是"平凡的道理"。照着平凡道理所做出来的结果，就是"平凡的成就"。

载《救亡日报》1939年4月5日

台儿庄光荣胜利一周年

令日本少壮军阀头痛的台儿庄战役，现在已到周年日了。少壮军阀在去年今日趾高气扬地在台儿庄得了一次头痛的教训，板垣矶谷这批在日本军人中煊赫一时的人物，在台儿庄一战大扫威名，兹逢他的头痛周年纪念日，当更增其头痛之感。

当敌人挑发了卢沟桥事件之后，少壮军阀派以板垣等为领袖，凭藉其六十余年来在军事、经济、政治上的准备，横冲直撞。板垣自己首战南口，再打山西，随着就是淞沪大战，占领南京。敌人得意洋洋，在去年一月十六日正式声明"以后不再以国民政府为外交对手"，以为此后中央政权只是残余的地方问题，迟早就可以投降屈膝。后来看看中国无妥协意思，于是挟一时战胜之虚威，自津浦南北两端夹击徐州，希望打通津浦，横过陇海，进逼武汉。谁知当敌人正以板垣矶谷的精锐，用其迂回包围的得意战法途经台儿庄向徐州作侧翼大包围的时候，敌人万想不到却碰了一个大钉子。"皇军"最精锐的部队，在台儿庄打得弃甲曳兵而逃。我们回忆一年前鲁南战场之光荣事迹，对于当时直接指挥台儿庄战役的李白两将军及鲁南作战之全体将士与战区民众，实不胜口敬仰之忱。

纪念台儿庄胜利的意义，不只在回顾过去的光荣，而贵在能接受台儿庄战役的教训，台儿庄胜利究竟依靠些什么条件呢？

第一，战意的坚决。在徐州会战的时候，敌人从南北两路来攻，徐州是四面受敌之地，本不易防守。但当时战区全体军民，在各种物质条件缺乏的情形下，而且是地广兵少的情形下，我们在徐州前线看不到半点战意不坚决的气象，上自李司令长官，下至士兵民众，大家只有一条心，就是"赶出日本强盗出中国"。

第二，运动战的胜利。保卫徐州在战略上本是防御性质，然而在战役上战斗上却是应该，而且可能比攻势的。即在战役上用运动战的方式打击敌人，消灭敌人。台儿庄正面防御的孙连仲军，的确尽到了在正面顽强苦战的阵地战任务，使敌人虽占了台儿庄五分之三仍不能击退我军。然后配上汤恩伯的强大野战兵团的侧背奇袭，给敌人以决定的打击，使板垣矶谷辈不得不于去年今日晨四时狼狈逃出台儿庄。

第三，用将的成功。用兵难，用将更不易，而在大战局中，高级指挥者必须善于用将，始能发挥特殊的效果。李司令长官对于台儿庄战役的指挥在授予各将领作战原则之后，即信任各将领在这一原则下之活动自由权，因此孙连仲始能发挥其阵地战的坚决性。

第四，军民关系的良好。台儿庄紧张时，不但徐州市面照常坚定，而且在战线的后方仍有无数的民众，直接间接为军队服务。运输和救护工作，得力于民众者不少。甚至派来侦探我军的汉奸，亦反将敌情见告。

第五，统帅的镇定。徐州距台儿庄近在咫尺，敌机早已不断轰炸徐州，而李司令长官向来不入防空洞。无论军事如何紧张，李司令长官之态度，始终异常安静镇定，谈笑自若，胸中若有百万精兵者。所以每个将领和他见过面之后，心中增加了无限的自信力量。

第六，各军的团结。台儿庄战争中所使用之军队，是来自不同的历史系统，有中央军，有西北军，有山西军，而统帅李司令长官为广西军的领袖。但是在作战过程中，主帅部署则公平无私，各军皆一致服从命令，协同作战。故在台儿庄最紧急之时期，各军皆相互信赖，毫不动摇,故能造成抗战后最光荣的战绩。

这些胜利的经验,是我们民族英雄们的血肉换得来的宝贝,是我们争取新胜利的基础。也就是我们在某些时间某些地域所以遭受一时局部挫折的反面原因。

新的艰苦的战争任务,摆在我们达到最后胜利的道路的前面。我们在光荣纪念日中,更应当接受,而且发挥与扩大这些胜利的经验,以争取更大的胜利,造成更大的光荣。

载《救亡日报》1939年4月6日

怎样推进广西地方新闻工作

一、普遍的需要

广西学生军团的学生,最近常从各个工作地区域写信来谈各地地方新闻事业情形,和他们自己开拓地方新闻工作的状况。很多地方不但发行了小型油印报(如《曙光》等),而且还发明了复写的报纸(如《新三窝》等),从事于这种工作的学生,在他们谈到他们艰苦中工作的情形,是无上的兴奋,和无上的愉快。

胡愈之先生最近从安南到广西,路过海防时,当地华侨没有报纸,有热心国事的青年,把收到中央广播电台的时事报告,用油印印好,贴在街上,每日围观者数百人。安南法国巡捕认为有碍公共秩序不准再贴,于是他们又把油印报贴在屋子里,而每天去看消息的人,仍然有几百。

南昌失守前半个月(南昌是三月二十七日失守),九战区前敌总司令部在南昌办了一个将校研究班。他们叫我讲了一个《军队新闻工作》的题目,出乎意料之外的大家一致对于这个题目感到极大的兴趣。听时大家都记笔记,讲后大家都很想从此更进一步来解决军队新闻工作饥荒的问题。因为这次破天荒的战争形态,持久的全面的战争过程,包括着特殊复杂的内容,绝对不是单纯的军事上一进一退,可以了结战争。特别在我们方面,要以弱胜强,以劣势战胜优势,我们抗战理论和办法是比过去任何战争都要变化神奇的,我们要每一个军民都能随时了解战争的情况,明了战争的发展,因而自发地产生对于战争的积极态度。同时也只能是全国每一个军民都有了自发的坚持战争的信心和决心,才能坚持战争,才能取得最后胜利。

然而没有普遍的地方新闻工作,上述目的是无法完成的。如果一般军民只是盲目在作战,抗战前途是很危险的。南岳会议中,委员长"宣传重于作战",就是这个道理,抗战到了第二期,军事情势,不至于如第一期之紧张,而战争的内容更复杂,一般军民容易迷惑,要求了解战争各种情况之心理,更为迫切。这是新闻工作在各方面受到热烈期待的原因。

二、强化广西的地方新闻工作的必要

今天的广西是南中国抗战的据点,是南中国广大战场上发号施令的首脑部。今天的广西,对于南中国广大战区中应起模范与先导的作用。所以强化广西的地方新闻工作,不单是为了广西,而是对于南中国其他各省区有领导作用。

其次,在广西尚未成为战区之先,如果地方新闻工作作得好,可以向一千三百万民众作彻底的政治动员,使他们了然与整个抗战的新形势,而就广西的地位,作各种迅速而持续的努力。

第三,在将来广西之一部沦为战区或游击区后,我们仍可以在已有的地方新闻基础上,作成强有力之联系,藉无线电广播之力,以支配各区之活动,使各区军民仍能随时了解全盘的形势,坚定抗战信心,增高其工作积极性。

第四,为了将来建国的需要。大众化的文化运动,是要以普及的大众化的新闻工作为骨干的,在战争刺激下面,普及各地方的新闻工作,比较容易推动，在抗战中建立起来了的普及的新闻工作网，在抗战胜利后，就可变成强有力的推广大众文化的工具。

三、具体的办法

推动广西地方新闻工作的具体办法，我以为有五方面要考虑到的。

第一，报纸的组织系统问题。要推进广西省的地方新闻工作，当然不是枝节应付可以成功的，一定要有一个通盘计划，和有组织的行动，特别是新闻工作本身带更多的变动性，无计划无组织的设施不容易起巨大的作用。以广西来说，在桂林应有全省的领导报纸，这应尽可能使它设备完善的，铅印对开的《广西日报》，应该担负这种责任。《广西日报》要不只是把它孤立起来经营，而是应当把它作为广西新闻界的领袖来处理。它应当是全广西新闻战线上的统帅，同时也是全广西新闻界的母亲，它应照顾全局，照顾各地方的报纸，对于战后迁来的报纸如《扫荡报》《救亡日报》，应配合着它们的特性，为广西整个新闻工作担负一部分的任务。在广西十二个民团指挥区中，每一区可成立一个铅印四开的报纸，在《广西日报》的领导下面来活动。全广西有九十九县，每县可办一石印报或油印报，广西有二三零九个乡，每乡也可以举办一个更小型的油印报或复写纸报。这样一来，广西有一家大报，领导全省，有十二个小型报成为十二区的中心，有将近一百个较大的油印报，和二千多个的小型油印报或复写报。如果更能发展到村街下层组织，小型油印报可扩充至五六千个。今假定全省大小报共计为三千个，平均每个报纸能销二百份，共计为六十万份，以广西一千三百万人口计算，平均每二十人可得到一份大小不一的报看。这一个力量，不会小的。

第二，物质条件。报纸的物质条件，主要的是印刷机器、纸张、油墨。关于印刷机器问题，这个计划中是至少要十二部铅印机，就广西境内现有的铅印机来调整一下，是不会差得很远的。唯有油印机的数量，确乎相当巨大，如果普遍的发展起来，至少要二千个，但是如果我们第一步只以县为对象，则一百个油印机就够用，我们估计全省各地现有的油印机，不会少过一百个的，只要稍加调整就可以够用的。其次是纸张，今后外国纸的来源，要日加困难，除全省唯一的领导报纸而外，各区各县各乡镇的报纸，不能不改用土纸。而所用土纸的数量，相当巨大，但是，广西省内自己也出一部分土纸，而湖南、江西所出的土纸，其数量是相当可观的。以湖南邵阳一地而论，抗战前半年产出的土纸二三十万元之巨，销行河南、山东、湖北一带，江西的土纸，质量均佳，所以广西的纸的问题，是不难解决。最后是油墨，在安南和广西交通未断前，油墨来源是不会有问题的，万一断绝以后，照内战时的经验，自造油墨也不是困难的。

第三，干部问题。这是中心的困难问题，就是每一县要三个干部，也差不多要受过新的新闻工作训练的三百个干部，这是最困难的问题。然而解决这一困难问题的方法，是不很困难的。我们除了必不可少的职业新闻记者外，为一个对开报和十二个四开报，原则上是要五十个左右的职业记者的，其余各县各个乡镇的油印报，我们当提倡业余记者，尽量找有职业的人分出一部分必要的时间来作。只是对于最基本干部还是要特别的训练。对于全省领导报纸和十二区的十二个中心报纸的干部，这是以铅印报为主的，应当以实地工作为中心，尽可能调集若干干部围绕全省领导报纸来实地工作，讨论各种工作改进办法。至多有两个月就可以毕业。对于梧州、南宁等有铅印报不易调来之干部，则可以由省府组巡回辅导团到各地就地训练。至于油印报干部，因为数目较大，只能先从县为基础，解决干部问题。假定每县要二十个干部，全省要二百人，这二百人可能集中训练的。这也是至多两个月可以毕业的。毕业后分到各县，每县就可能出一张油印报。至于县以下乡镇油印报运动，仍然可用辅导团的办法，分别到各区再办短期训练班，而以调任在乡镇服务之青年干部兼作新闻工作为原则。照这个办法做下去，至多半年可以解决全省的新闻初步干部问题。

第四，经费问题。关于经费问题，似乎可以采取这样的政策，困难可以较少，即是除全省领导报纸外，皆以用地方经费为原则。十二个区，各自办一个四开小型报，即平均一百零九万人口办一个四开小型报，不是很难的。至于大型油印报，如果每日销数在五六百份之间，每报一切经常费用，不会超出一百元（国币），每县担任不到百元的经费，应该不是很难的。乡以下的小型油印报或复写报纸，因为工作简单，工作者皆有一定职业，则所费每月一二十元即足。照国际新闻社在桂林试办《自由报》（大型油印报）的经费，日出五十张，每日十五元国币即足。故全省合计，如以三千张油印报计算，每月不到五万元，分摊于两千多之乡镇县城，并不能谓为巨大之负担。

第五，新闻来源问题。目前新闻供给机关，只有中央通信社。而中央社在广西，只有在桂林分社发新闻。桂林以外城镇，没有得到消息的机会。没有新闻，办报是很困难的。解决这个问题的办法，只有利用无线电广播。桂林现有无线电广播台，可以担负这方面的任务。照应全省的领导报纸，组成强有力的编辑部，将每日国际内新闻，作成系统而通俗之说明，并作成通俗之社论，每天定时广播，各地报纸即利用收音机，定时收音，将社论及国内外新闻收下，然后加入本地新闻，即可以构成内容相当丰富的报纸。

自然这是粗枝大叶说法，笔者手中没有参考材料，而且急于离桂，这只能是抛砖引玉的办法。许多具体事项，还要加以更精密的研究。（四月二日桂林）

载《建设研究》1939 年 4 月 15 日第 1 卷第 2 期

今年"六一七"的特殊意义

　　台湾同胞被敌人残酷的统治，已经四十五个周年了。在四十五年前的今天，台湾同胞被那时昏庸的满清政府卑鄙无耻的屠割与日本。而日本于是"始政"于台湾。同时台湾革命的同胞即于日本正式统治之后，建立台湾民主共和国，以反对日本之统治。所以"六一七"是台湾的国耻纪念，也是台湾的革命纪念。

　　四十五年的血腥统治，并没有使台湾同胞恭顺的成为日本的臣奴，相反的，台湾革命运动，却一天一天的在澎湃在高涨。今天的台湾革命党人，已经从偶然的局部的单凭情感的报仇的暴动主义，进步到有理论的、有组织的、有步骤的近代革命规模了。抗战以后在中国战场上活动的台湾独立革命党，已经是有政纲、有组织、有领袖、有策略的革命团体。它有党的决议，有党的组织，有台湾义勇队，有台湾少年团。而且在沿海一带的台胞中有它的细胞组织。它已经不是雾北事件那样容易对付的了。

　　台湾革命势力，虽在极艰难环境下，他是不可征服的力量。而台湾革命运动，在理论上，在组织上之能于最近有长足的进展，主要的是受中国抗战的影响。中国抗战，更帮助了台湾解放战争，亦惟一紧密的配合着中国民族解放斗争，台湾之解放始有其前途。

　　过去将近两年的抗战中，台湾革命同胞，曾经相当做到了不受日本利用侵略中国的任务。今后的任务在更能发挥在敌后反战破坏及直接帮助中国抗战等任务，使中国抗战更能顺利进展，中国抗战最后胜利之到来，才是台湾解放运动彻底完成，或接近完成的时期。

一直到现在为止，我们对台湾革命志士的帮助是不够的。中国抗战如果不配合朝鲜、台湾民族之解放运动，欲中国单独完成自身的解放，这是革命战略上的劣手。同时他是事实上难能的事情。今天帮助台湾和朝鲜的革命，就是我们整个抗战工作的一部分。

怎样在已有的基础上，加强台湾革命与祖国抗战的联系，是今年"六一七"纪念中，大家应当更深入去策划的问题。（六月十五日桂林）

载《救亡日报》1939年6月17日

看敌人有多少炸弹？
——重庆五·二五被炸后感想

在敌人看来，要征服中国军队在前方的抗战，和摧毁我后方广大的人心，最有效的方法是"无情的轰炸"，他们是用轰炸解决战争，用轰炸逼我屈服。当然，如果敌人的轰炸能力，的确强大得能根本毁灭中国的程度，好比用一架飞机对付丹麦这样小的国家，实在是不容易应付的，但是中国今天剩下来的领土，还有几十个丹麦大，日本这几百架使用于中国的飞机，力量太□薄了。

敌人对于后方的轰炸，所得的是什么呢？除了给我们后方广大人民以强有力的刺激，使我们更团结更进步，更接近胜利之外，没有什么东西。

重庆——我们的战时首都经过了"五·三"、"五·四"、"五·一二"的大轰炸后，已经在基本上起了重大的进步，"五·一五"第四次的大轰炸，所及于重庆的损害，比从前减少，而所刺激起来的进步，都远在前三次轰炸之上。

五月二十五日午后六时，街上的行人突然匆忙的跑了起来，警察也吹口哨，告诉还没有注意的市民，警报来了！人们都很迅速地移动，向防空洞或郊外疏散。几位新闻界的朋友——陆诒、秋江、□□和我正在市中心而又接近中央公园的一家茶馆上谈天。我们随便下楼走进中央公园，而且任意的一个饮茶的人工小石洞内坐下。这一个中央公园，是建筑在重庆上下城间的斜坡上面，各种花木与建筑，都是利用陡急的阶梯地势，蜿蜒构筑而成，恐怕区内任何有五十万人口的都市，没有这样窄小的唯一的公园，但是由于重庆地形的特殊，就此已经难能，而为六七十万市民所常赖以暂息的市内名胜了。

约四十分钟后，紧急警报来了。敌机三十余架，分批进入市空。从我们小石洞口看去，停伏在洞外树荫下的人们，逐渐把注视敌机的目光从四十五度转而为垂直线的仰视，隆隆的敌机声激成全重庆市民的恐怖愤恨，中央公园动物园中的孔雀，也放声大叫"呷啃！口！"它似乎要想跳出樊笼凌空与敌机一战。正在敌机翼下的中央公园内的避难者，这时更加静寂，更加恐怖，更加愤怒。

巨大的高射炮声在各方面爆发出来，大家都睁望我们神奇的防空部队，能打下几个可恨的敌机，说时迟那时快，一大批"去去去去……"急促从空中掉下来！这时大家只有静候命运的来临，不到几秒钟后，第一批的炸弹"噼噼"地着地爆发了，在我们被轰炸惯了的人看来，炸弹着地的声音隔我有相当的距离，是没有什么危险的。谁知数秒钟后，继续不断的炸弹声，从空中出来，而且愈来愈多，着地愈来愈近。糟糕！大家还来不及想如何应付的新办法，而敌人的炸弹已排山倒海一样落到窄小的公园来了！"噼！砰"，"噼！砰"……在我们那小石洞的前面一二丈处一个烧夷弹在几株槐树之间爆发出强烈的火光，浓厚的硫磺味，阻滞了我的呼吸。我们洞口二尺远处的斜坡下中了两弹，有一个弹炸穿了公园防空壕，我们的左方的茶亭炸倒了。紧接我们右面二三尺远的人工小石洞也震倒了。我们洞门口的老妇人左手炸断了……这时整个公园是天昏地黑，小洞中灰土充斥，对面不见人，呼吸非常难过，这是紧张的场面。数秒钟过去后，大家开始清醒过来，老资格过着战场生活的人发言了："又没有把我们炸死！我们在前方不断被敌机轰炸，现在已经过计不清的次数，而时间已经快两年了，而我妈妈依然健在！"

重庆的防空设备还在强化中,重庆市民的防空常识还在不断增进中,重庆的人口还没有疏散到应有的程度,所以敌机袭渝,还不能到完全没有死伤的地步,不过,如果比起过去二次轰炸,我们已减少□□得多了。敌机现在采取分批进袭的办法,使我们警报不易解除,已经起火的地方,不能救火,已有死伤的地方,不能救人,目的在□我们燃烧更广,伤亡更大。然而当二十五日夜间,我们从被炸的市中心□的银行区商业区一带辗转走出城外时,敌机还在黑暗的天空盘旋,全城□在烟土弥漫之中,我们英勇的救火队已经直奔新街口一带银行区,而无数的青年救护队已步伐整齐的向灾区进发,在昏黑的街道中,在敌机的威胁中,市民们对于此等□声"哆哆"的救护感受无限的兴趣。

"同志,你是哪里的?"有人忍不着发问。"我们是青年团。"一位抬担架的青年,这样的回答("青年团"即三民主义青年团)。

好吧,让敌人的飞机来炸,但她所获的结果已越来越小了。(五月二十六日重庆)

载《广西日报·南方》1939 年 6 月 20 日

宪政运动在重庆
——记第一次宪政座谈会

在"抗战中建国",这是国民党全国各党派及人民的希望所颁布的抗战建国纲领的精神,因为只有抗战才能建国,而且一定要抗战能得到胜利,建国才会成功。同时必须在抗战中逐步建国,抗战才有胜利的保障,单纯抗战是不能得到胜利的。

在抗战中,我们在军事上的设施显然有极大的进步,在经济上亦显然有了相当规模,然而在政治上则始终落在后面跟不上经济,尤其跟不上军事,政治上所表现的缺点是什么呢?一般的说来是迟滞、腐败与无能,这原因是政治环境每使才智之士不易得志,甚至于力量互相对消,故平庸者反易得长久,要使全国各方面的人才都能为国家供献力量,则必须改变政治环境,即必须要实行宪政,实现民主。

这种见解,今天已不仅是在野党派有如此主张而在朝的国民党中同志亦已有很多人如此共同看法。四届参政会中,国民党孔庚等与各党派同时提宪政案,深为蒋议长所赞许。这表示政治上之趋向宪政,已为全国一致之大势。

迎接这一种新的政治形势,社会开始激烈反映。十月一日的一个大座谈会为重庆宪政运动进入社会运动的开始。

这一次座谈会的召集人是张君劢、张申府、张澜、章伯钧、沈钧儒、左舜生、胡青石、莫德惠、褚辅成、李璜等十二人。都是在政治上和学术上有权威的人士，而出席的七十余人中，亦皆各界名流。主席团是莫德惠、沈钧儒、左舜生三位先生。

主席团的报告，首先就指出政府正在提倡宪政运动和我们一般国民要求一致，我们今天的任务，是在如何促进宪政，如何使宪政运动成为广泛而深入的社会运动，以便利宪政之推行。左舜生补充报告宪政期成会第一次会议的经过，他们曾决议三点：（一）请最高国防会议迅速公布参政会关于实施宪政的治标治本办法。因依参政会组织法，其决议案必须经最高国防会议之批准公布。始发生效力。（二）请决定期成会较长之会期，以便有详细讨论宪政和宪法的时间。（三）希望宣布二十九年双十节可召集国民大会上公布宪法，实行宪政之时期。以上三点均请期成会三位召集人黄炎培、周甦生、张君劢转达蒋议长。

褚辅成先生又起立补充，谓蒋议长已召三位召集人谈话，黄周两先生均到，蒋对上述三点，皆表示同意。当令王世杰赶将参政会实施宪政案和川康建设方案交国防会议公布。

每一个报告都吸引着出席人的心，因为宪政成败问题，即中国政治能否进步的问题，也就是抗战能否胜利的问题。

讨论在报告完毕之后开始，大致集中于下面几个问题。

第一，宪政性质问题，有人以为宪政问题即是党派问题，即是争民主的问题。只有得了民主，中国革命才算成功。章乃器先生以为今天不应过分偏重党派问题，还要注意到中央与地方的关系，政府与人民的关系，吴玉章、钱俊瑞先生明白指出，中国今天的宪政运动，不是和政府对立，而是帮助政府，完成抗战，因为只有民主才能使政治进步，政治有了必要的进步才能有力量战胜敌人。因此，宪政运动应与国民党共同推动。

第二，宪法与三民主义的问题。有人主张将来的宪法，不能包括三民主义在内，好像以为不能以一党主义而包括于全民宪法之中。而章乃器和吴玉章坚决认为三民主义之为中国新宪法精神，应无问题，因为今天全国各党派已一致认三民主义为中国今天所必需。而且中国能实现三民主义的宪法，实在是中国人民之福。

第三，宪法本质问题。这一点是全体一致的主张，我们所需要的宪法，是能反映全国现代人民生活的宪法。大家主张不要空名，要实际。

第四，如何促进宪政问题，大家的意见，都要使宪政运动成为社会运动，这里又分做两方面看：（一）政府对于宪政有决心，故必需集思广益，才能周到，宪政期成会更希望知道多些民间意见，这是李璜先生的看法，（二）政府虽有实行宪政的意见，但社会上反宪政的势力还是很大，参政会还不是真正有力量的民意机关。故只有宪政运动成为普遍的社会运动之后，宪政才能有实现的保障。董必武先生等诏如此主张。

第五，制宪机关，大家认为宪法要成为真正的宪法，真正能反映全国人民的生活，则制宪机关，必须是真正的人民代表。

第六，制宪前的准备工作，徐冰先生等要求人民都有讨论宪法的自由，党派的合法等，而先要实施参政会决议的准标办法。其次，宪政问题，应深入民间去讨论。钱俊瑞先生等希望宪政期成会，不但在本身方面应当增加人数，并且代表的方面也应当加多，而且应与各省市参政会交换意见，请各党派提出正式意见，经常与重庆各民众团体联系，向各民族咨询意见。田通先生补充还要向华侨征询意见，第三，要有固定的宣传和推动的机关，大家主张出版宪政刊物。并筹组宪政促进会，以宪政促进会为联系人民与政府的桥梁，邹韬奋先生对于后者发挥甚多。

差不多四小时的热烈讨论，座谈会才告结束，重庆二大的"宪政"和促进会的筹备等，仍由原来十二位参政员负责。（十月五日）

载《现实（上海1939）》1939年第6期，第462—464页

两年来的新闻事业

一、前言

这两年是中国历史上不平凡的两年。四万万五千万同胞的生活，乃至整个中国的政治经济文化各方面，都起着空前的巨大变化。中国过去五千余年的历史中，没有那一次比得上这次抗日民族解放战争的伟大，也没有那一次有这一次的深刻，复杂，和有更多的变化性。

中国新闻事业和世界先进国家比起来，本来是年龄较轻的事业。但是中国新闻事业却有它的特殊社会环境。它在平时所依据的是买办性的大城市，而在抗日战争发生后，它不能不是以内地小城市和乡村为根据。因为在以弱抗强的民族解放战争中，中国沿海沿江各大埠之一时沦陷，当为意中之事。因此在中日战争过程上，有一个时期（现在正是这个时期的前期）是敌占我城市，我据我乡村的对抗战。这是中国抗战过程中的奇迹，也是中国新闻事业的奇迹。

那末，奇迹在那里呢？

二、新闻事业外形的变化

最明显看到的是两年来新闻事业的外形变化。战后与战前不同，战争到了两年之后，与战争初期又不相同。最显著的变化，表现在三方面：第一，新闻事业的规模上是由大变小；第二，在事业的数量上是由少变多；第三，是联合与集中。

怎样说规模上是由大变小呢？这是我们普遍可以感觉到的事实。抗战前，北平的《北平晨报》《世界日报》，天津的《益世报》《大公报》，上海《市报》《新闻报》《时事新报》，南京《中央日报》，武汉《扫荡报》《武汉日报》，杭州《东南日报》，广州《中山日报》等（香港因中国主权不能及，敌情形特殊），都是第一流的大报，它们的印刷工具已经多年采用轮转印刷机。每日至少出版两大张，现在经过两年战争的影响，除已停刊之《北平晨报》《世界日报》等，或被留在敌后租界中之《申报》《新闻报》等之外，深圳内地继续奋斗的报纸，规模上都与过去相去甚远。如重庆《大公报》，昆明《益世报》，桂林《扫荡报》等，皆已从轮转印刷机退到平版印刷机，从每日出版张数而言，战前这些大报都至少出版两大张，而今则重庆《大公报》《扫荡报》《中央日报》《时事新报》，昆明《益世报》，贵阳《中央日报》（即前《武汉日报》），桂林《扫荡报》，韶关《中山日报》，金华《东南日报》皆只能出一大张。各报内部人事组织不论内勤与外勤，往往不及战前之半，至少亦已减少三分之一。新起的地方报，战地报和敌后报没有一家不是小型。

外形上第二个变化是由少变多。照中宣部内政部的统计，战前全国报纸总数是一〇一四家，到抗战一年多之后，有六〇〇家左右是不存在了。我们战前的报纸是集中于沿海沿江一带，所以沿海沿江的暂被占，使旧有报纸损失甚巨。但是自另外两方面观察，则有两种情形是战后特殊现象。第一，一报变多报，如战前只有天津《大公报》，战争将爆发之前即发行《大公报》上海版，接着是汉口版，香港版，重庆版。至今还保持香港版和重庆版。《扫荡报》本来只有一个汉口版，而今则有重庆版和桂林版。《中央日报》现有重庆版，昆明版，贵阳版，湖南版。上海失守之后，在汉口诞生的《新华日报》，今亦除重庆版之外，有东北版，桂林版。即在敌后未迁出之上海《申报》，除沪版之外，亦有香港版。八一三事起，军委会会办阵中日报之北战线版和东战线版，今则阵中日报有第二战区版（在陕西宜川），第一战区版（洛阳），第九战区版（长沙），这是一个新现象。第二，小型报的增加。这包括我们地方报，战地报和敌后的报纸。这些报纸最大多数是油印报。如以浙江一省而论，战前浙江读者多读上海出版的报纸和杭州出版的报纸，杭州失守后，不但上海报不能到浙江，而且杭州的报纸，亦不能存在。有二十八家大小报纸被摧残。然而今天浙江全省，我们却有了大小一百八十五家报纸，每县都有了地方报，而其中三分之二，都是小型油印报。在北方战略要地的山西，敌人毁灭了我们原有的十一家报纸，然而整个山西在漫天烽火中，却另外成长起来了近百家的小报。

第三个外形的变化，是报纸的联合与集中。联合的现象较多表现在各地方城市，集中的现象则更多表现在大集团的政治和经济体系。联合的事实，如南昌失守前三家报联合起来的《联合日报》；长沙大火前《晨报》与《湖南商报》的联合刊。

这主要的受了物质环境的压迫，不联合则不足以生存。集中的事实，如《中央日报》《大公报》《扫荡报》《新华日报》《阵中日报》，以及中央通讯社，这主要的为了扩大政治宣传影响，因战时交通不便，报纸的一个版的全国性的发行，事实上成为不可能，为扩大影响计，虽费资本人力，多出分版亦在所不惜。

三、新闻事业本质的变化

不但外形上有了上述变化，本质上，两年抗战之后，与过去也不大相同，本质上最大的变化，是关于新闻事业理论的发展。

关于新闻事业的理论，过去有两种思想在流行。第一，是"超然论"即不问政治，为新闻而新闻，自鸣清高。第二，是"唯言论"，即重在舞弄文墨，发些不切实际，无具体办法的政治文章，办报的目的不在帮助解决，当前实际问题，而偏重在发抒个人的意见。

超然派首先受到战争的打击，在抗日的生死存亡的战争中，抗战与投降之间，不能"超然"。全国人民要为生存而抗战，他们主张要抗战的报纸，不需要超然的报纸，因此上海和香港某些自鸣超然的报纸，很快的就被广大读者抛弃了。有些颇有地位的报纸，平日拥有广大群众的报纸，只要在一个时期，态度动摇，立即遭到群众的反对，如上海《文汇报》，在孤岛的上海，曾一时行销到三万份。但当武汉撤退之后，该报作了一篇"一个和平的建议"的社论，立刻引起各方的反对。上海《申报》复刊后，曾对一"善多和平计划"，作了几篇迂回曲折的论说，惹起了不少反感。

"唯言论"是反对报纸的组织功能的。而战后读者看报，不只是看新闻消遣，是急切的希望了解时事问题，而且急迫希望知道处理这些问题的办法。因为战争已把大家个人利害和时局关系打成一片了。比方说要民众帮助军队抗战，那么报上就要告诉他们帮助军队的办法，和举出其他地方的先例。报纸应尽可能和读者组织起来。比方目前风行全国的"伤兵之友"运动，如果桂林那时的报纸（如《扫荡广西》《救亡三家》）只是发些应该援助伤兵的空论，不会有今天的结果。当时《扫荡报》对于"伤兵之友"行动特别热心，而且极力鼓吹伤兵之友社的组织，适时把各地方组织情形发表，互相刺激，互相模仿，因此很快地在南方各地推广了"伤兵之友"运动。在武汉会战时代，征募寒衣，救济难民，以及义卖等运动，都是由于报纸发挥了对群众的组织性，才有这样的结果。而组织性最强的报纸，也是最有能指挥群众的报纸。

事实证明了，报纸不但是政治宣传工具，而且是政治组织的工具。

在新闻事业本质上所表现的第二个变化，是报纸战斗性的提高。过去很多人的习惯的观念，以为报纸一定要在安全地带，在飞机大炮下是不能办报的。然而在战争过程中，特别在武汉撤退中，扫荡武汉新华三家报馆，皆战斗到最后的一天，吃了武汉最后的晚餐，然后与大武汉告别。在上海《译报》《导报》《华美报》《文汇报》等，因在敌人控制下的孤岛之中，始终坚持抗战的态度，反汉奸，反妥协，不遗余力。敌人和汉奸专门组织恐怖团体，对付上述报纸，掷炸弹，送人手，放火，对于主要负责人个人生命的恐吓，真是无所不有。最近敌寇汉奸简直直接行动，六月十七日申报编辑瞿绍伊之被刺，同日暴徒闯入导报馆开枪。然而上海舆论并未动摇。新闻界仍在各种方式下活动。我们应特别提到的是战地，是沦陷区的报纸，如各地《阵中报》，如前第五战区《动员日报》（徐州），如皖南屯溪的《前线日报》，如五台山区的《抗敌报》，如晋东南的《新华日报》华北版，如鲁西北的《抗战日报》，如晋西的《战斗三日刊》，如豫东西华的《大众报》等，它们不只和军队一样在第一线办报，而且深入到敌后办报。在后方的报馆，如桂林如重庆如成都等地，敌机的狂炸，使大家不能在城市中安定工作，大家迁移到乡村去，仍然奋斗到底。这些报纸战斗的精神，是和武装将士有同样的光辉。因此证明了，报纸不但应当是战斗的武器，而且已经是战斗的武器了。

　　本质上第三个变化，是团结的进步。这表现在新闻界与政府之间，和新闻同业间。政府平时对于新闻事业，有时失之放任，有时统治又过于繁琐，战争之后，统治方法之不当，逐渐有关于战时新闻报导的正当发展。武汉会战中，这个问题逐渐为各方面所感觉。二十七年"九一"记者节中，以及《新闻记者》月刊十月号上，皆有要求积极新闻领导政策之呼声。大家提出，政府对于新闻事业领导应当是主要的，检查是次要的。这种思想很快反映到各方面，到廿七年十一月三日二届国民参政会第六次大会，乃通过"拥护抗战建国纲领，确定战时新闻政策案"，此案第一章，即"确立新闻报导原则"。第二章，调整新闻宣传机构。第三章，增进记者工作效能。把积极领导之原则，更具体化。此案之通过，在中国新闻史上，成为划时代的事情。当然，积极领导之原则到战争两年的今天，还未曾完全做到。但是，这个原则已为各方面所公认，当属一大进步。在这种原则的影响之下，重庆新闻界在二十八年中开始了定期与党政当局聚餐联络办法，所有新闻机构轮流作东，每次都有党政军负宣传责任的人参加，负责报告必要的消息，和交换意见。从交际中增强了政府和新闻界的联系。这种风气已经传到桂林，桂林新闻界也开始与党政宣传当局采取定期联系办法，如军委会，政治部对青年记者学会定期的经费补助，也是团结进步的表现。至于新闻同业间，武汉紧急时，重庆报业公会的组织是值得模范的。各报的经营者，以报为单位大家组织起来，共同确商经济人事技术材料等等经济问题，这样有可能减少各报经营上的困难，而相反的增强各报支持力量。当然，重庆报业公会还没有做到理想的程度，然而如五月大轰炸后，重庆十大报，能不分党派，不问立场，而能合成一个联合刊。诚然最高领袖的手令有效用，但是如果各报自己没有一点联系的准备，联合刊的发行是很困难的。在五月四日大轰炸中，重庆《大公报》受到震动，《新华日报》立即组织抢救队，协助《大公报》抢救材料文件。同时在重庆各报联合版中，王芸生先生曾拒绝发表加强摩擦破坏团结的文章。上海《文汇报》《译报》《中美日报》《大美早报》于五月十六日被租界当局在敌人威胁之下，勒令停刊，国内新闻界一致进行质问，桂林《扫荡报》社会社全体同人于五月十九日电上海四报鼓励他们："一本初衷，奋斗到底。"并表示愿以同众立场，誓为(后盾)。"五三""五四"重庆大轰炸后，所有青年记者学会各地分会都电重庆报界慰问，香港分会之电文，尤为诚挚动人，"我们以无限悲愤的心情，遥望疮痍满目的新都，仅向全体出生入死的报界同志表示最大的同情，致最大的敬意……""你们不怕牺牲，坚持奋斗的精神，特别使我们兴奋。我们誓随你们之后，加紧努力"。在行动上，中央通讯社前武汉分社主任李尧卿，中央H报社者张慕真、东南日报记者孙家杰先后在重庆吉安被敌机炸死，青年记者学会即向全国各会员发动捐款救济运动。诚如《中央日报》(重庆)致记者总会之图云："贵会赐予募款救济，不胜感动。"战前各报互不相关的情形，两年来改进得多了。

本质上第四个变化，是新闻从业员地位的提高。新闻从业员在新闻事业中的比重，是和战前有很大差异了。主要的表现在三个特点上：第一，在工作精神上，大家认为战时新闻工作是一种事业，不只是一种职业。认定这是一种神圣的工作岗位，而不只是一个饭碗。正因为如此，扫荡新华武汉三报的从业员才愿意在武汉战斗到最后，而不愿意早早离去，以顾个人的安全。正因为如此，上海的新闻从业员才能在手枪炸弹威胁下而仍继续奋斗。也正因为如此，全国无数的战地记者（如刘尊棋、张剑心、范式之、陆诒、高天、石燕、曹聚仁、杨合德等），摄影记者（如宗惟庚、顾廷鹏、夏陆霞等）才能不顾一切，出生入死于枪林弹雨之中。今天在绥西，在陕北榆林，在五台山，在中条山，在吕梁山，在大别山，在豫东，在皖南，在江南，在浙西，在闽南，在粤东，在桂东南，布满了中国优秀的新闻战士，坚持塞上的《扫荡报》记者黎圣伦，独手创办油印《战斗报》的晋西穆欣，晋东南的新闻记者为了讨论新闻技术，举行座谈会，大家不惜徒步三四百里。豫东老百姓先生（徐师梁）独自一人，在西南创办油印《大众报》，销行河南广大区域成为豫东新闻宣传的巨擘。国新社记者任重，自动冒险入南京并曾设法伪维新政府"访问"——救亡日报同人在经济无固定来源，待遇异常艰苦的情形下，大家仍愉快的奋斗，而且报纸蒸蒸日上，类此不可胜数的英雄的行径非仅仅从职业观念可能得到的成果。第二在工作过程上，中国新闻从业员已经有不少的为国家为事业而牺牲了。二十六年十二月南京失守时，新华日报记者萧韩渠第一个殉国。二十七年七月九江战争中菲律宾华侨商报记者张幼庭第二个殉国，同年十月武汉撤退中，《新华日报》记者潘美年陆从道李密林同时殉难，今年五月重庆大轰炸中，中央社李尧卿，中央日报张慕真，皆先后死难。六月十四吉安大轰炸，江西优秀记者孙家杰夫妇及范觉匋同被炸死。此外，《申报》记者瞿绍伊在今年六月在上海被刺。皆表现中国新闻从业员已经用自己的血肉为新中国新闻事业开道路，而且无数英勇的新闻战士已经前仆后继地踏上了新闻战场，大家以英雄的战士的，革命者的姿态，屹立在民族解放战争的前锋。我们是推动时代的先锋，我们不是怯弱的吃饭主义者！第三个特点是团结的广大。中国青年新闻记者学会在二十六年十一月在上海诞生。它是战时的产物，最初只有会员二三十人。今天有一千以上的会员，它的领导份子和会员间，包括各党各派的成份，地域上，不但我们自己的后方大多数城市都有了组织，而且在战地，在沦陷区，在海外都有众多精锐的会员，会员中不但有中国新闻记者，还有外国记者。这个会当然距离理想的程度还远，但是一年多的历史，已经建立了相当可以推动新闻工作的力量。抗战后的新闻从业员，不是战前的新闻从业员，将来战争胜利的结束之后，新闻从业员的地位，还要比现在进步。

　　本质上第五个变化，是大众化报纸的抬头，战争激起了人民对于政治的关切，而战争又必须广大人民的参加，胜利才有可能。因此抗战后报纸的大众化的问题，不只是应该，而是必要的问题。因此广发通俗报纸，乃应时而生。壁报运动风行全国。在后方比较有成就之大众化报纸，在上海有胡兰畦主编之《小把戏》，在汉口有江凌主编的《大众报》，在南昌有《大众日报》，在成都有《星芒报》，在西安有《老百姓报》，在宝鸡有《通俗日报》，在重庆有《群报》，在湖南有《观察日报》，在广西有学生军团所主办的《曙光报》和《民众报》，此外各县的地方报纸，大多都是大众化报纸。如八月创刊的豫东西华的《大众报》，二十七年一月创刊的山西《战地报》，同年十一月的山西《行军日报》，十一月的山西《战国日报》，二十七年三月创刊的山东聊城的《抗战日报》，五台区的《抗战报》，山西长治的《新华日报》，都是大众化的报纸。这些报是抗战中特别是抗战至艰苦阶段中，最普遍最深入的宣传工具。愈是到战争困难的时期，愈是到战争困难的地带，愈是需要动员广大民众的场合上，报纸自然会大众化的。今后大众化报纸运动，将成为新闻事业中一个主潮。

四、新闻学与技术的发展

战前的中国，新闻学术的研究，比较普遍来说，是比较上停留在转译外国新闻学术的阶段，中国新闻界，自己本身的经验，还是很不够的时期，因此各书局出版的新闻书籍编译的占十之八九，各大学新闻系的课程亦多依外国新闻系成例，故到战争爆发之后，若干知识与技术，都不完全合实时，从烽火中，中国新闻学术，始开始了创造的前途。

从新闻出版物方面看，任毕明之《战时新闻学》，虽然仅写一本小册子，但是内容上对抗战新闻学有正确的指示，它最主要的特点是说明了新闻学与战时新闻学的本质。赵君豪的《中国近代之报业》提供了比较周全的材料。王文彬著之《采访讲话》，对于采访学成为较有系统之专书。此外，则陆诒、邵宗汉、秋江等合著之《新阶段一般新闻采访要旨》，对于采访技术有很深的提示。青年记者总会的决议案《新阶段新闻工作与新闻从业员的团结运动》上，对于战前战后报纸的发展趋势，有一般的检讨。此外在刊物方面，记者学会会刊《新闻记者月刊》要算比较丰富的刊物，对于战时新闻工作，讨论较鲜。其次浙江战时新闻学会的《战时记者》，亦会广泛介绍各方新闻言论，此外则为各地的报纸所附之周刊，如桂林之《扫荡报》《救亡日报》《广西日报》之《新闻记者周刊》，香港《星岛日报》之《青年记者》，长沙《国民日报》与《阵中日报》之《青年记者》，上海《大美晚报》的《记者周刊》，晋东南《新华日报》华北版的《战地报人》等。

在干部训练上，除了在工作中学习而外，军委会政治部曾办简报训练班。记者总会南方办事处曾在桂林办"战时新闻工作讲习班"，记者学会香港分会，正办中国新闻学院，这些训练的内容，是完全以战时工作的需要为主体。

在新闻技术上，也有飞跃的进步。关于写社论的技术，一般报纸，显然有两派，一派是中国式的，一派是译文式的，前者是句子短，内容多中国历史及社会事实，而语气最多中国味。但往往避谈当前政治问题。第二派，则内容上往往抓紧政治问题，而用句往往甚长，且外形上不易离开社会科学的公式，语气富译文味。所列事实多以外国为主。这当然是由报纸的政治环境和社论撰述人过去经历两个条件所影响，但是现在显然有统一的趋向了，即是社论的内容固然应当不放松政治问题，而外形上，当力求中国化，所引材料，当尽量多用中国事实。这种趋势还在萌芽中，但未来一定会成为现实。其次关于新闻的编辑的技术，也可以从外形上分做两派：第一是大公报派，第二是新华日报派。《大公报》比较是用综合编辑法，版面比较整齐美观，而有提示性。《新华日报》则考虑到读者社会阶层问题，一般文化水准较低的群众，不容易找到报上的要点，因此《新华日报》对于新闻，不论国际国内都采分类编辑，用地域和国别将新闻分类，使读者容易找寻。战后新闻技术中最显著的进步，采访技术要算一种了，采访新闻的对象，应如何规定，采访时的技术应当如何，以及处理新闻材料都有些可贵的经验，概括来说：是由上层到更下一层的采访，从点与线的采访，到面与立体的采访，从被动的采访，到主动的采访，从个人的宣传到社会的报导了。在印刷技术上，因为大量小型油印报的发展，关于油印报的技术，却有了显然的收获，豫东西华的《大众报》，能以一张蜡纸印二千五百份报，四张腊纸可以印一万份。这是奇迹！广西民众报社，因为没有油墨，发明了用"佛青"调"生油"的办法，结果比油墨还要适用，他们并且自己造成了印刷机，自己用牛胶溶成印滚。战争再继续下去，新的伟大进步的奇迹还在后面。

五、展望

无疑问的，两年抗战使中国新闻事业向前进途中发展了。今天的问题，在把握着这进步的趋势，和已经进步的基础，更向前发展。

第一，应当加速完成"多"与"小"的时代任务。这就是说，第一期抗战中后方地方报战地报和敌后报，在抗战宣传上占有很重的位置，甚至对抗战前途有决定的影响，这是今后最需要的部门，也是最薄弱的部门，发展条件最困难的问题，如果比较城市大型报，就已有的基础和他的时代任务上说，我们更应该注意"多"而"小"的小型报纸，应使之普遍到乡村，到前锋，到敌后。

第二，应该更强化对政治的推动作用。新闻纸，对于政治的推动作用，在上海，在山西，在河北，在河南，在山东，在江南，在浙西，这些沦陷区城中领导广大民众，向敌人作强烈斗争的，这些地方的报纸，尽了很大的力量。在我们后方，对于兵役的推行，地方报纸推动力是不小，在妥协投降思想传播的时候，全国报纸，更应当发挥战斗的攻击任务。

第三，加强团结与加强学习。新闻事业要能更多发挥战斗力量，更多完成时代的使命，只有大家坚固的团结才能做到，报馆与报馆之间，希望能成一个以业务为基础的全国性组织，而全国新闻从业员间，更应当在已有的组织基础上，更扩大更严密的团结起来，这不但是必要，而且一定是可能的，同时我们要看到战争胜利结束之后，中国新闻事业有不可限量的辉煌前途，我们要在烽火中学习各种进步的技术，吸收各种事业的经验，准备以优越的技术，丰富的经验，以迎接新闻事业新时代的诞生。

无限的前途，在战争烽火的前面，抓紧现实，团结奋斗，不断的学习，不断的前进，我们一定能达到光明灿烂的明天。（二八年六月二十六日桂林）

载《战时记者》1939年第12期，第4—7页

记取英日谈判的教训

英日东京谈判，七月十五日正式在东京举行。二十四日张伯伦发表英日初步协定。同日，蒋委员长在重庆发表演说，表明中国对英日谈判的态度，我外交部亦有对英日初步协定表示"失望"之声明。二十六日美国政府突然决定通知日方，废止一九一一年订立之日美商约。二十八日起英日政府改开小组会，正式会议即延未举行。八月二日英大使克莱琪向日方提议，先"仅谈天津治安问题，俟拟有成义，日方即取消对天津英租界之封锁"。日方代表加藤立即予以拒绝，同时并向英大使表示，若欲东京会议成功，英方非全部接受日本之要求不可。因此该谈判暂时陷于停顿。

英日谈判的前途，还要看今后各方面发生的情况来决定。不过，单就过去这点经过来讲，已经有若干宝贵的经验，值得我们艰苦斗争的中国人记忆和学习。

第一，留神张伯伦政府。英国人民对于中国抗战，会在精神上、物质上、世界舆论上给予不少的鼓励与援助。我们当然感谢。张伯伦政府在过去两年之内，对中国财政金融上某种程度的援助，我们也不能忘记。但是我们要明白，张伯伦政府对于远东的政策，是以保持与扩张英国在远东的利益为核心。而以维持远东均衡为重要手段，□□□□□用财政金融的推手支配这个国家。张伯伦□□□□□□□□□□交态度。所以当他采取援华政策时，非友爱于中国。同样当他在这次东京会议对日初步妥协时，也非友好于日本。怎样对于英国有利，张伯伦政府就会怎样做，援华有利就会穿上"正义""公理""公约"等堂皇的外衣，相当援助中国。对日妥协有利时，张伯伦就会把这些堂皇的外衣脱掉，老老实实承认日本在中国的"特殊要求"。当日本在中国还在进行速战速决的大规模军事行动时，主要的靠英国支持的国际联盟，会决议日本为"侵略军"，叫各会员国各别援华。到日军已深陷内地，进退两难，转而"对英国发泄苦闷时，对英国在华利益，进行压迫时，张伯伦在日本指挥刀下面，想用局部牺牲中国利益的办法"以缓和日本，保持英国利益，重建远东的均衡，并乘机阴谋加强英国对中日两国财政金融的支配。张伯伦政府在七月十五日已开始和日本谈判，这是在日军六月十四日对封锁天津英租界已经一日后，日本在七月十二日五相会议中关于对英谈判，已决定了两大原则：（一）英国应承认中国之新局势，并放弃其援华政策及引起目前天津事件之反日政策。（二）英国应与日本合作恢复天津及华北之秩序。英日双方经过十天的谈判，双方在原则上已经同意，只是在七月二十四日的□□□有三：（一）英苏谈判已发生困难。（二）美国态度冷淡。（三）中国境内反英运动激烈。轻描淡写把张伯伦对日妥协的责任推在美苏和中国的身上。并且把牺牲中国作成对日妥协，对美对苏威胁的张本。

因此，我们除了尽可能争取英国外交的好转外，我们要认识张伯伦外交的本质，不要对他存依赖心，更不要奉之如神明，天天研究张伯伦的外交辞令，而希望在他的美妙的字句下求得安慰。

第二，中国才是今天远东的主人。日本人向世界宣传，日本才是远东的安定力——远东的主人。关于远东的问题，日本有特殊的地位。英国关于远东的事情，过去亦往往看重日本的意见。在去年英国和日本签订了关于上海海关的协定，所协定的是中国海关问题，却并没有和中国政府商量。今年七月十五日举行的东京会议，最主要的是谈的中国问题，也没有得到中国政府的同意，就在七月二十四日签订了所谓初步协定。满以为无过去的先例，不会有什么问题，谁知领导中华四万万人民从事于民族解放运动的蒋委员长在同日向世界（特别向英国——记者），以庄严和平的态度，宣布今天中国的立场。第一，"中国是由革命奋斗，自立创造的中华民族，和捷克等国由于欧战结果而产生的情形，完全不同。"就是说"中国不是捷克"，中国不能任人宰割的。其次，我们的抗战有正大光明的立场，已拥有了两年以上坚忍独立的奋斗，……我们自始就决定要以自力支持独立，奋斗到底的，有友邦援助，当然希望，愈多愈好□□□□□□□□□□□□□奋斗到底的，就是说，不管英国态度怎样，我们抗战一定要打到底的。第三，任何甲乙两国所商议涉及我们中国的条件，尤其是像敌方宣传所谓英日订有协定的话，如果没有得到我们国民政府的承认，不但是没有价值，而且他事实上也绝不生效。就是说，我们抗战两年，已经建立自己国家的基础，我们不但一定要而且一定能打到底，争取我们最后胜利，日英纵有协定，也不能终止我们抗战。更不能阻止我们胜利。这一篇宣言，是英国想不到的。英国看重了日本有形的力量，或者可以说统计得出的力量，而没有看到中国经两年抗战所产生的伟大的潜在的力量。中国在抗战中所产生的新力量，已经成了远东的决定力量。所以张伯伦七月二十四日本已宣布："英国政府完全承认正在大规模战争状态下之中国之实际局势，在此种局势继续存在之时，英国知道在华日军为保障其自身之安全，与维持其占领区内公安之目的计，应有特殊之要求。同时知悉凡有组织日军及有利于日军敌人之行为与因素，日军均不得不予制止或消灭之。凡有当日军走到上述目的之行动，英政府均无意加以赞助。"张伯伦老谋深算，算脱了中国的力量，所以，蒋委员长的宣言，意外的使张伯伦的计划根本落空。二天之后，中国强硬之态度，更快的影响了美国，美国于二十六日决定废除美日商约，又使张伯伦受到了意外之打击。所以从二十八日以后，英日会议成为延宕状态。张伯伦从此总算知道了，远东方面有关中国的事情，不得中国的同意的，是必无结果的。

第三，英国仍然是可争取的。张伯伦目前实在外交上"□□"的□□□全世界□□□□□□□□□□□□□国内，也遭受各方的责难。他本来打算慷中国之慨，相当满足日本，以保全英国在中国之利益，进而取得新的金融利益，中国态度既已意志之坚决，美废对日商约，使他更张惶不安。于是对日本妥协暂取观望之态度，甚至于外表上比过去要强硬一些。这样使日本更急躁，对英更压迫，非从英国身上找点出路不可。日本要逼英国不但要全部放弃援华政策，而要站在日本一面，共同来建设东亚新秩序。特别在货币方面，要英国共同排斥法币，帮助伪币。这样一来，英国远东经济利益，将会有动摇。诚如本月三日伦敦财政新闻社论所称："英国在华之资本及对华之贸易，均陷于危境。"因为如果照日本的计划，要伪币来代替法币，则英国将由英控集团到日控集团，中国货币金融全部落到日本手里，大英帝国近百年来在中国所造成的经济势力，将全部推翻，故英国对于中国之法币一定支持，对于中国法币问日，英国是不容易让步的。所以英财政新闻说："英政府非支持中国法币不可！"在张伯伦政府的如意算盘□□□不如意的时候，在中国坚持抗战，美国态度强硬，□□□态度坚定，日本又要乘机掠夺英国这□□的情形下，如无特□□他，英国政府可能重□□□暂时援助中国对抗日本，静观新形势辨别。□□□□□□□□□相□暂时改变了张伯伦妥协□□的□□在张伯伦□在四面楚歌中，我们更坚定的抗战□□□□□□的□□□□□张伯伦计□□□□□英国在远东的利益，张伯伦也不得不多看看中国□□□。

　　□□□□□□□□□□□□□□□□□□□□□□□□外交□□□□□□□□□。

载《广西日报》1939年8月6日

英日谈判与中国

英日根据七月二十四日的"初步协定",现正在谈具体问题,十几天来讨价还价,时弛时张。在中国人看来,这回英日谈判,主要的是关于中国的问题,我们当然不能作普通国际会议看待。

张伯伦政府的外交政策,是建立在如下的原则上:即政治上尽可能维持欧洲大陆与远东的均衡,经济上尽可能扩张英国金融资本对各国的支配。

在欧洲,德法均衡,德苏对立,都于英国有利。但是德意轴心造成,德法均衡破坏之后,本可以英法苏同盟制裁德意,而张伯伦所代表的英国金融资本家,总讨厌苏联,而想用拆散德意的办法,重维欧洲的均势。因此为了敷衍德国,不惜牺牲捷克,为了拉拢意大利,不惜牺牲西班牙。而想乘"慷他人之慨"的时机,伸其金融支配力量于全能国家的神经体系中。所以在慕尼黑协定牺牲捷克之后,英国金融资本家另立了杜塞尔陀夫经济协定。张伯伦政府对西班牙叛军佛朗哥承认他的政治地位时,也想用"贷款"的方式,使佛朗哥脱离意德的支配。

在远东,中日均衡,日苏均衡,是英国所企求的目的,中国之独立自由强盛,不是张伯伦政府所能同意的。但是日本如果要吞并中国,独占远东利益,也是张伯伦政府所不能赞成的。所以中日战争未正式揭幕之前,英国的政策是利于中日妥协,仍维远东均衡现状。战争既起,中国初期处于劣势，英国自然相当援华，不使日本容易得手，但抗战两年之后，日本消耗惨重，泥足愈陷愈深。中国抗战形势渐稳，日本军阀有"狗急跳墙"之势，二十八年以后接二连三的向英挑衅事件，使张伯伦感觉这是给日本相当小惠的时候，重建远东中日均衡的困难了。中国法币已经是入了英镑集团，假如这时候——日本疲惫的时候，英国金融势力能侵入日元集团的大脑，英国对于远东将有更进一步的支配力量。

在牺牲中国利益的条件下，张伯伦可以而且已经准备对日本让步的。

可惜世界不是为张伯伦及其所代表的英国金融资本家而存在的。客观事实的存在与发展，不可能符合张伯伦众的理想。

日本吞并中国的侵略战争与中国的民族解放战争，不会也不可能为了张伯伦政府的利益而中途停止的。英国过去援助中国抗战，中国当然感谢，中国是希望英国援助我们到最后胜利为止。英国现在要向日本妥协，日本就要求英国协助它灭亡中国，帮助日本建立所谓"东亚新秩序"。

英国张伯伦政府不愿，也不能完全如日本或中国的期望。他所打的算盘，从本质上说来，日本与中国都不能完全赞成的。

不过，从现实利益讲，在极短的时期内，日本可能以接受英国所让予的部分利益为暂时满足的，尽管在目前讨价还价过程中，英日意见还有很多出入。

抗战两年后的中国，已经不是过去的中国，中国抗战两年后的远东形势以及以远东为中心的世界形势，也和过去不同。远东已走上了公理与强权、进步与退步、光明与黑暗、新时代与旧时代斗争的战场。只有公理、进步和光明方面的胜利，才能终止中日战争。中国已被历史条件所决定，在远东举起反对侵略、维护正义与生存的大义，只有中国最后胜利到来之后，才可能放下抗战的历史使命。

要促进张伯伦政府政策的改变，要靠美国、苏联和英国人民的民意各种条件来决定。但决定英日谈判前途的，主要的是中国。我们如果采取鲜明自主外交，以更积极的抗战行动，英日是不可能代中国决定中国问题的。蒋委员长二十四宣言，使英日谈判延宕这是显著事实。

　　从今以后，决定远东形势的，已经不是日本，也不是英国，而是中国！中国自己不动摇，英日谈判很难有结果的。而且无论结果如何，也不会有根本的实际的效力。问题在：中国不能丝毫动摇。

载《救亡日报》1939年8月8日

不要忘记了胜利的经验

"八一三"已经两周年了!两年前的今天我们数十万的英雄将士开始以血肉之躯,在义愤填膺而对日本的威力尚莫测高深的情形下,在极便利于敌人作战条件的淞沪战场上,主动的与强敌作震惊历史的艰苦战争。"七七"事变时我们还是"应战",到"八一三"我们才是主动的战争。

淞沪三个月抗战,虽然死伤了数十万将士,而且暂时失去了一个上海,但是我们的牺牲却是换得了极大地收获:

第一,拆穿了日本帝国主义的纸老虎。在战争中,我们体验了所谓世界一等强国的威力,海陆空集中作战的结果也不过如此。

第二,改变了国际对中国的认识。"八一三"以前,世界上很少能相信中国敢于抗战而且能够抗战的。充其量不过是第二个"一·二八"。然而全民族的英雄血战的结果,中国在国际舞台上的比分增加了。

第三,我们民族自信力加强。在"八一三"以前,全国民众差不多都痛恨日本的,但能不能战胜日本,却有些人怀疑,"恐日病"在有些人心中是存在着的。三个月大战之后,"日本强盗是可以战而胜之"的思想,在全国民众心中普遍的建立起来了。

为什么"八一三"能有上述的收获?主要是因为我们有下述的胜利条件:

第一，全民族抗战求生的决心。当时大家一致认为不抗战就没有生路。虽然有些人在那时还不一定就看准了"必胜"的前途，但是至少总抱定了"与其坐而待亡，孰予战之"的心理。蒋委员长尤其说得明白，"战端一开，就非一年半载可了"。全国一致抱定了抗战到底的决心。所以最高统帅一声令下，全国军民前仆后继，死而无悔。

第二，国内空前的团结。"八一三"之敢于主动攻势的战争，是因为全国已经团结一致。而"八一三"以后之所以能在淞沪一隅不利我方作战之地，支持三个月大战，完全是因为有了全国一致的支持。回想长江、黄浦江、太湖间三角地带，全国各地各种不同军队一致奋斗的情形，证实全民族坚强的团结，可以发生无比巨大的力量。

两年来的抗战，已经有更大的收获表现，过去两年中，每到抗战进步到一个新阶段时，总难免发生些新障碍。而每次总是用坚持抗战和坚持团结这两个基本武器来战胜困难，促使抗战更向前发展。

今年"八一三"正是敌人加紧进行整治阴谋，企图以华制华，国际反动势力又正在酝酿远东慕尼黑会议，而国内动摇分子又在企谋妥协投降的时候，我们应当牢记过去胜利的教训，"坚持抗战，加强团结"。

载《救亡日报》1939 年 8 月 13 日

怎样纪念今年记者节

今年"九一",是我们第六周年的记者节。今年记者节和去年有些什么不同的环境,而且要怎样来纪念今年记者节呢?

去年的"九一",中国政治中心还在武汉。那时国际上防共阵线还正被某些人认为瑰宝,所谓"德意路线"正被某些人多祈求。而今年"九一",则"防共"的大旗已被希特勒自己放弃,苏德两国已经携手。跟着日本"防共内阁"总崩溃,而口口声声以"反共"为号召的汪精卫,亦进退失据,而要唯他的主子——日本的"马首是瞻"了。在外交上,我们全民族经过了与德意路线的斗争到今年"九一",我们是已经更多把握自主外交的原则。一年以来,我们从真正地友邦——苏联那里得到切实的巨大的物质援助。苏德协议后,蒋委员长"以不变应万变"的新指示,使我们在国际关系上将口口不变的主原则之发挥,而得到更大的收获。

政治上,去年"九一"前后,中国政治曾有很大的发展,去年十一月南岳会议中,对于二期抗战之重要原则(如"整治重于军事""民众重于士兵""游击战重于正规战"等),曾有极正确而辉煌的决定。一年之后中,经过敌人之政治诱降阴谋,汪派汉奸之叛变,我们了解敌人"以战养战""以华制华"的封锁中国新战略,而提高了打击汪派汉奸,强化敌后工作,及增加西北保卫与反对"英日初步协定"的措施。今年

"九一"，当我们可回忆去年今日主管抗战宣传的少数任务，今已被政府通缉为叛国的汉奸。

在经济上，特别在金融上，我们一向对于英国所支持法币与外汇保持一定汇率的政策表示信赖。去年八月以后，中国银行还采用对英汇八·二五便士之价格无限制供给上海市场之外汇。今年六月以后法币外汇价格变动，七月二十四日蒋委员长演说："过去在上海办理外汇的办法，……徒然是替敌为维持金融生命。"从此以后，大家才渐次明白，在目前国际贸易入超情形下，维持法币之外汇率，原只是维护少数进口巨商的利益，而结果便利了敌寇。今年"九一"，是法币与外汇应该分开的呼声渐渐抬头，切实统制出口贸易，真正统制外汇，金额上独立自主政策之自行，都有实现的希望。

除了上述最有决定意义的特点之外，中国新闻界之自身，也有很大的变化。

第一，去年"九一"记者节中，记者学会曾提出"加强战地新闻工作"的口号。而回顾一年来的经过，战地新闻工作却已有显著的发展，徐师梁（笔名老百姓）所领导之豫东《大众报》，刘益所领导华北战地新闻服务队，冀鲁青年记者团，太行山区、五台山区之游击报纸，吕梁山区穆欣之努力，实开中国新闻史上之新章，为政府重视战地新闻工作之具体表现。

第二，我们新闻从业员之英勇，在过去一年中实有光辉的记录。上海孤岛上新闻记者之坚强战斗，直可惊天地泣鬼神。即以内地记者言之，大家不只要"到战地去"，而且要"到敌后去"。如陈克寒之深入晋冀察，立波之漫游冀晋，中央社范式之入鄂南，刘尊棋、陆诒、秋江之入山西，《救亡日报》业文津之横贯北方，国际新闻社记者任重潜入南京镇江，长沙《陈中日报》记者王坪之偷行苏北，秘入上海，《时事新报》记者高天之入中条山等，皆为不可磨灭之英雄行为。去年"九一"节前，中国记者只萧韩渠与张幼庭为抗战而牺牲，而一年来之殉国同业却已有李尧卿、潘美年、陆从道、李密林、孙家杰、范觉陶、刘治平、张慕真等十余人。

第三，新闻界团结之风气，渐即与普遍。去年武汉"九一"记者节，仅由记者学会独立举行，而今年重庆"九一"记者节，则各报联合委员会、重庆记者座谈会与记者学会共同举行，而且纪念节之主要经费是由各报联合委员会负责。这是很大的进步。即以记者学会而言，去年"九一"只有武汉、长沙、成都等分会较有力量，而今年则在战地、在后方、在前方皆有极大的发展。内容上，远比一年前为坚实。

总结来说，一年来全民族坚持抗战的结果，围绕着我们自己努力所发生的重要的变化，使我们进步到一个更有利于我们的新基础。中国新闻事业因抗战的刺激，与新闻记者自身的奋斗，一年来的收获，至为显然。

今年"九一"记者节，就是在上述进步的政治和新闻事业的基础上来举行的。

那么，我们要怎样来纪念今年"九一"呢？

"更求进步"，当是总原则。

在政治上我们应值得特别强调的：第一，是自主外交之坚持与活用。随苏德协定而来的我外交优势，应当进一步的利用。要看准中国五十年、一百年后的前途，确定具体与真正友邦联紧的办法，不要再短视，不要再坐误。第二，目前抗战危机，不在军事，而在政治。敌人的政治阴谋与汪派汉奸的挑拨分化政策，万万不可小视，不可因敌人军事进攻的顿挫，即对敌过分乐观，目光他移。等敌寇以战养战、以华制华，及外交军事封锁中国相当成功之后，将难于对付。第三，目前金融政策，不合国家利益，重大影响与外交与内政之自主性的发展，我们要拥护蒋委员长七月二十四日谈话之精神，使法币与外汇分离。此点能做到，中国政治各方面皆将起好变化。

我们工作岗位是新闻记者。所以我们当从舆论与新闻报道上为上述目标而努力。但是我们要将上述任务作得好，我们自己本身应当有更大的进步。第一，更大的工作，要更丰富的知识去担当。今后新闻记者不只要有好的新闻记述能力，而且要有深远的视察分析能力。我们不只要能作新闻的尾巴，更要作问题的先导。因此加强自我教育，今后非常切要。第二，宣传要深入前方、后方与敌后，才能产生巨大的民众力量，以推进政府政策。因此发展后方地方报，战地和敌后新闻事业，是今后的主题。第三，要有力量才能工作。因而更有力更广大的团结，为今后所必需。

谨以此微意，贡献于二十八年记者节，预祝中国新闻事业今后之更大的进步！（"九一"之前夕）

载《新华日报》1939 年 9 月 1 日

日本对朝鲜的苦闷

亚洲东部第二大半岛的朝鲜，被日本统治了四十年；把朝鲜作桥梁，日本的魔手，才能伸进亚洲大陆，遂行它梦想的"大陆政策"。日本国防上在陆地方面对中苏同时作战的理想，就陆空方面言，都是以朝鲜为战略轴心；朝鲜如果发生不安，则日本全都大陆政策都要发生根本问题。

经过四十年的统治，朝鲜民族受尽了屠杀、掠夺、奸淫、暴敛、横征，而且也尝遍了毒化、腐化、欺骗、愚弄、同化等"王道政策"。然而，今天的朝鲜是不是已经被征服？或者已经被怀柔了呢？是不是已经成为日本帝国主义可靠的桥梁，与大陆作战巩固的轴心呢？

日本当然是这样希望，特别是所谓"中国事件"已踏入泥潭的时候，日本所需要于朝鲜者更多。举几个小例来说，日本在中国使用着一百多万的军队，军人皮鞋的消耗，就是很大的数目，而日本皮革缺乏，今年三月，朝鲜总督府下令，禁止吃猪皮，拿猪皮来当牛皮用。日本、朝鲜及台湾等地，每年共产猪二百八十万头，而主要产猪地则在朝鲜。

今年上半年，即在中国抗战第二个年份中，日本国内因大批壮丁出征，劳动力缺乏，便一反向日排斥朝鲜劳动者的习惯，从朝鲜输入大批劳动者，就可统计者而言，朝鲜已供给日本本国劳动者约八万五千人。

更大的例子，也是更危险的例子，是日本在朝鲜组织的所谓"爱国班"的事情。日本在侵华第二年中，即已感"事变"不易结束，兵力不够分配，对于朝鲜治安之维持，感觉棘手，而尤以对于自辽宁，吉林，向朝鲜北部边境进攻的义勇军活动，最不易对付。于是从去年九月起，即由他们所谓"国民精神总动员会"的朝鲜联盟，在朝鲜北部发起组织所谓"爱国班"；到今年七月为止，十个月内，共组成一万八千四百五十六班，有班员三十一万七千七百名。他们的任务是担任朝鲜和满洲边境一千五百里之"国境保卫"。日本人被迫得不能不将后方的重要治安责任交给朝鲜人，而且不能不相当大量地武装朝鲜人。

问题就来了，要叫自己压迫下的奴隶，来保卫自己的生存，在压迫者方面看来，需要是很需要，但是困难可真困难！主奴难两立，这是历史的通则。所以日本特别对朝鲜下苦心，想用更高级的欺骗怀柔方法，使朝鲜能为己用。

日本在目前强调着的是所谓"内鲜一体"（内是指日本国内），即日本和朝鲜是一家，希望朝鲜人忘去了他自己是独立的民族，忘去朝鲜的历史，而承认自己是日本人，为日本帝国效忠。因此，在消极方面它绝对防止有半分民族思想或批判精神的传播；在积极方面立起一套假理论，以麻醉朝鲜人民。在侵华战事第二年中，日本感到将来的危机，对于上述工作更加积极。

比方今年七月，日本名小说《越死线》的作者贺川来彦所著《一粒麦》一书，在朝鲜就被"国民精神总动员会"认为"不稳"，请准朝鲜总督府警务局予以禁止发售，理由是这书中说了逃避兵役，反战思想和博爱主义这些事情。

也是在今年七月，朝鲜仁川府社会课"教化主任"朴道彦也出了所谓"失言事件"。已经被日本殖民地政府所重用为"教化主任"的人，至少对于"东亚文化"等日本理论总有多少了解，然而因为他在仁川府召集的家庭防护团会议席上，发表了关于日本历史及朝鲜问题的演说，被仁川警察局认为有什么"不稳"处，因此，这位"教化主任"也不得不下台。

还有今年六月，一位叫申泰益的朝鲜律师，据说因为对于"内鲜一体"有"诽谤"事情，被咸兴地方法院拘捕，审问时，法院当局认为事件重大，"影响治安"，竟至禁止旁听，结果判处徒刑一年。

上面这些消极工作，还不能十分看出日本对朝鲜的着急，我们再看看下面的积极工作，便知道日本内心的恐慌。

日本统治者对于赔笑脸的事情，似乎很有素养的样子：拿反英运动来讲，去冬到今夏，可谓高唱入云。八月德苏协定成立，日本吃了一个亏，上海的日兵便立刻对英兵敬礼！九月三日，英国卷入欧战旋涡，无力顾及远东，日本便又要反英了。对于朝鲜人民，日本在今年内的态度，也实在变得厉害。比方对于"满洲移民"问题，经过七月四日在首相官邸恳谈会之决定，今后日本与朝鲜人之移殖满洲者，可享同等之权利与同等之待遇，不但如此，日本又注意到东京的朝鲜人的住宅问题，如东京协和会在今年以一万四千元建筑了"邻保馆"，同时东京市当局双以二十四万八千元在东京建设了朝鲜人之"共同住宅"，以改善东京朝鲜人之生活。对于朝鲜兵在中国战死者，日本简直"如丧考妣"的大吹大擂，有一个李仁锡的朝鲜青年被日本强迫征调来华作战，任一等兵，今年六月二十二日在山西战死，从七月八日起，日本在朝鲜办的京都日报上，就长篇记载李仁锡的一切，称之为"荣誉战死"，称之为"壮烈牺牲"。于是日本在朝鲜的殖民地官员，东也来一个吊书，西也来一个慰电，有的说是标准"皇国臣民"，有的说是"全朝鲜人的夸大点"。甚至把李仁锡的照像，在报上大登而特登，好像真真要人的死一样。这样一直闹了一个多星期，才把李仁锡作为"朝鲜历史上的重要人物"而收场。

这些玩弄三尺童子的办法，而且是急来抱佛脚的办法，能不能收到如日本所希望的结果呢？日本人自己不能无疑。于是他们的学术界就有人出来作"应急的根本办法"。今年八日一日，京城帝国大学医学教授今村博士，与他的助教岛三郎，以人类学者的姿态，出发到蒙古，去做一桩"伟大的工作"。他们经过北平、大同、平地泉、陶林、武川、中公旗、百灵庙、云王府，至四子部落之王尔村和王尔齐村。他们在那里要证明"日、满、鲜、蒙、支（支即中国）五族原是一个血统的"。如此说来，不但"鲜内一体"不成问题，而且所谓"东亚新秩序"也会找到人类学上的根据了。

日本机谋不能算不周，据日本教育界的观察，朝鲜青年个个奋进，成绩优异，人人均有"志士"之观。日本所需于朝鲜者日多，而朝鲜却日益"不稳"，这实在是日本最大的苦闷！（特）

二十八，九，十八，于重庆

载《改进》1939年第2卷第1期，第27—28页

泛论我对英法美苏应有的关系

重庆在九月的空气，外交占第一位。内政问题，甚至于九月二十二日赣北克复高安，这些问题，不及外交问题能引起一般严重的注意。外交上现在把中国摆在一个歧途，就是欧洲形势大变了。中国从前联合英美法苏民主国家的政策，不能不有更进一步的考虑了。

中国外交过去受英国的影响是很大的。抗战以后苏联实质上对中国曾有极大的帮忙，就目前情形说，大批苏联志愿兵正第二次到中国（第一次是在去年武汉会战时代），美国在远东就反对日本独吞东亚一点上，和中国苏联一致。

英国过去曾相当援助中国，是从英国的利益出发的，苏联对于中国的支持，当然也不希望中国成为反苏国家。因此今天情形来说，亲英就难保证苏联的友谊，而且英国在实质上可能给中国的东西有限，亲苏则英国必然不高兴，而发生可能的反响。

中国今天的外交界和与外交界有点关系的人，对于英法美苏和平阵线的观念，比较习惯的，尤其是对于亲英的观念，差不多有些人认为不能怀疑的，德苏协定似乎苏联竟联德以反英，不能不认为诧异，而今事实的发展，形式上欧洲已成为英法一个集团，德意一个集团，而苏联于出兵波兰以后始终对英德间的战事表示中立，颇有联合波罗的海各国及巴尔干各国成立集团之势。对立的局面，逼得中国要考虑而且要实行非英法路线的外交，总难免一些议论。

中国外交当然本独立自主的原则，但是中间的外交政策的进退，却也还要看国际的环境。今天欧洲的变动，在中国外交上起重要的影响。

波兰覆灭之后，希特勒十九日在但泽演说，愿意"光荣战争"。因此欧洲局面，绝非短期可了。今后德国与英法之动向，影响于远东局势。

假定德国照其公开宣传那样，移大兵至西线，与英法决战，在远东方面，它必然希望日本对英法出兵攻占英法属地，使之首尾不能相顾，假如德国对西线虚作声势，而实质上只是防守，集中力量去侵略东南欧之罗马尼亚、匈牙利、保加利亚和巴尔干半岛，那么在东方，它也要联络日本，尽可能牵制英法在远东的力量。

又假如英法照其公开宣传那样，对德采取长期战争的策略，它们除继续挑拨德苏关系外，在远东方面，一定支持日本，牵制苏联，尽可能能减少苏联在欧洲的力量，同时也阻止英国在远东的发展；又假如英法对德采速战速决，则远东方面更要联络日本，使之进攻苏联，苏联在东方有事，英法在西方（对德）可以放手些。

所以不论欧洲战争采取什么形式发展，交战国的两方，不论英法或者德国，在远东对日本都必然采取妥协的态度。都希望日本在远东发生它们各自所希望的牵制作用。但是要日本能在东方有自由活动的力量，就非先结束"中国事变"不可，要结束"中国事变"，日本决不愿自动撤兵，结果英法德都必然会劝中国对日妥协，这是世界的大势。

但是苏美的立场就不相同。中国抗战的本身和苏联的利益一致的。有中国去消耗日本，苏联在东方可以不战而胜。中国抗战到底，是苏联的利益，中国对日妥协，将给苏联以极大的危险。故苏联断无造成中国中途妥协之理、至于美国，它认远东为将来极大市场，美国对中国虽无领土野心，但绝对不能放弃商业利益，纵令中国抗战成功，中国不论在轻重工业品上，皆可成为美国之广大市场，但如果中国为日本独占，或为英国把持，美国经济上即将受重大打击。故美国虽仍为帝国主义，但因环境不同,在最近阶段来讲,美国和中国抗战利益大体是一致的。

世界大势决定中国外交上的新路,这条路可是大家没有走惯而且英法德都想法在阻止。英法对日采用了亲善态度,听说英最近还对日有三千万磅的大借款,香港开始压迫了反日言论。德国通讯社从莫斯科发来电报,大意是说德苏世仇,现在已经携手,日苏也并非全无妥协余地,而中日固然世仇,但在此新环境之下,中日长期打下去,也不见得是中日两国人民的利益云云。这个电报,似乎专打给中国人看的,同时在八月下旬被德苏协定打昏了头的日本军事代表团,已到柏林,而且蒙希特拉的召见了。

另外种种神话式的谣言放了出来,显然是国际方面为阻止中苏更进一步合作所编造的,例如说苏联对中国提出对日妥协案,主张东北四省永租给日本,华北在中国共产党,华中华南住政府军,日军完全退出华北,华中,华南。又说:潘友新之来,就是为此,九月二十一日,上海路透电(英国的)就发出一个苏联大使潘友新将赴上海一行的消息。重庆苏联大使馆乃于二十二日加以否认。

这些都是想阻止中国外交走新路的国际阴谋,我们本国方面,有些人似乎被英国的路透,法国的哈瓦斯,和德国的海通社的情报所包围,如果说德意路线已经被汪精卫带走,那应英法路线,正在起着相当作用,对日宣战等主张,就是英法路线的反映。

抗战是实际的东西,我们统帅对于抗战的利害和道德很清楚。到今天为止,美苏路线还未成为绝对的舆论,但是我们实际的国际关系,已经向新外交路线迈进。(九月二十九日重庆)

载《浙江潮》1939年第83期,第596—597页

敌国舆论对于苏联的期望

日本侵略中国,是以"圣战"来号召的,即以"反共"十字军的"神圣"(?)伪装来进行的。全部外交内政都建立在这一个虚伪的基础上。自从八月二十四日德苏协定签订后,希特拉公开放弃反共幌子,里宾特罗甫并劝日本也向苏联亲近,这使日本全部外交内政的精神体系为之动摇。本来敌人在今年五月已经挑动的诺门坎反苏冲突,大有向世界表示其反共先锋的模样,"满"蒙边境的冲突继续了三个月,经过德苏协定后。敌人感到再打下去已经没有意义,转而要求苏联"停战",九月十六日日苏停战协定正式签字。日本反共高调不再乱唱,进而希望和苏联有进一步的联系。

代表敌国的军阀的国民新闻在九月十七日社评,首对诺门坎停战协定表示庆幸。继而希望协定中规定之"满"蒙国境划界委员会,能扩大至日"满"与苏蒙间整个边境。末后还希望不只解决日"满"苏蒙间的纠纷,而且希望对于整个日苏国交来一个调整。因而希望苏联中止援助中国抗战。该报认为如果苏联只就诺门坎停战,以博得东部国境之安宁,而更积极援助中国,则日苏两国在中国境内之斗争将更加急烈。

同日都新闻(老实得可怜)简直"感谢皇恩"式的认为大可庆幸。因为该报指出诺门坎边境冲突,其规模之大,大过现在的欧战西线德法战争,很有演化为正式战争的可能,日苏如果在今天爆发大规模战争,日本是吃不消的，因此该报"希望苏联真正有诚意调整关系，解决一切悬案，使两国关系明朗化"。

报知新闻认为日苏停战协定之成立，得力于德国政府和德国驻日大使之斡旋，深致感谢。但希望苏联进一步改变它的援助"蒋政权"政策。末了并且用诺门坎停战协定作一个武器，以威胁英法，意谓：你们对于东亚新秩序承认不承认？你看苏联和我接近了。（其实，这个武器并不如日本当时所想象那样真正对日本有利。）

神户新闻对于日苏停战协定认为与去年张鼓峰停战协定没有分别。不过，如果苏联真正愿与日本善意勘划边界，从此不再发生边境纠纷。则日本就可以避免对中苏两国同时作战，就可以松出一只手，以便加强对中国进攻的力量。所以如果苏联与正对日采取友好态度，"蒋政权"将受极大影响云。

这些言论代表什么意义呢？第一，日本已不得不放弃反共的外交路线，而企求与强大的苏联携手，第二，日本已无力对中苏同时作战，而切盼缓和对苏关系；第三，中国坚决抗战，把日本全部梦想打破，中国问题不解决，一切都无从谈起；第四，苏联对于中国的援助，使日本感到深刻的不安，因此反证出苏联援助中国抗战有力而坚决；第五，我们还可以看出日本舆论对于苏日关系之前途，不表示乐观，甚而至于更多的悲观。

总结一句，日本现正陷于死灭的苦闷中，它已不得不幻想若干再生的希望在它死敌——苏联身上！（十月六日）

载《国讯旬刊》1939 年第 216 期，第 8 页

在轰炸下进步

　　日机曾于"五三"、"五四"和"五一二"三次轰炸重庆,其轰炸之残暴,比过去任何战场任何城镇之轰炸为惨烈。其轰炸方法和衡阳桂林贵阳之轰炸相近。即目的在根本毁灭,被炸之城市,以此城市为一整个目标,不再在被炸城市中选定特殊目标,于是广大之平民商业住宅区皆在被毁之例。加以重庆夹于长江嘉陵江两河之间,整个市区成为半岛形势,警报后人口疏散不易,而重庆又系一山城,街道起伏,房屋高下相接,故延烧至易,在此狭小市区内之市民消极防空设备,主要者如能容纳十数万人之大隧道,又一时不易完成。致造成抗战以来未有的城市被炸伤亡纪录,直至今日乃至今后若干日,重庆无日不在可能被炸当中,重庆市民亦无日不在准备被炸当中,只要天气放晴,重庆市民大都匆匆离城,至午后四五时始返城从事于各种活动。

　　重庆是我们战时首都,重庆是我们四万万同胞今天的抗战司令台,重庆而且是我们民族五千年历史重放光辉的摇篮地。我们每一个中国人当然关心重庆,大家都想问问日机轰炸究竟给我们此什么影响。

　　无问题的,我们过去对于重庆的防空准备,做得不够。如事先疏散,如临时疏散的道路、桥梁、船只。如容纳广大人口的防空洞,如拆除近火巷等,在轰炸之前,虽也为防空当局所想到,但是执行还不够彻底,不够有效。所以炸后的重庆在最初不免有些零乱。不过,炸后重庆却在各方面表现着重大的进步了。

重庆是政治谣言顶多的地方，到过任何前线的人回到未炸前的重庆就不免有几分苦恼。上层社会过着奢靡的生活，若干方面都好像表现着"与抗战无关"的情绪，在下层社会里面天天挑"下江人"问题，好像重庆人在战后所遭的困难，都是三峡以下的同胞带来似的。但是，五月大轰炸之后，旧重庆渐渐过去了。奢靡生活不停自停，自己的家族亲戚朋友炸死了，自己的房屋财产炸掉了，就是平时专放和平空气的悠闲份子，也自然而然的骂起主张投降的人了。下层呢？不管下江不下江，日人炸弹下来后，大家的血一样流，财产是一样的烧光。大家心横起来了，小算盘不必打了。史良先生有一次和我谈起，她奇怪重庆炸死这样多的人，她很少听到女人的哭声，她怀疑重庆女人不富于感情，然而子冈先生在难民收容所里，所看到的却是这样，有些孩子在哭，他们的母亲对他们说："还哭什么，把那力气留着打日本人好不好！"

在重庆七十万市民面前，谁也不敢再放和平空气，在全四川七千万人面前，和平空气也不敢轻于传播了。大家愤怒的心绪，只有在最后战胜日人时，才能清还血债。主张妥协，就是要让百千万同胞的生命自由死去，面对这残暴血腥大屠场的民众是不能忍受的。

血腥污浊的难民能乘坐党国要人的汽车疏散到郊外，恐怕要算重庆五月大轰炸是第一次，穿着毛呢中山服学生服或者西装的党政军机关职员，大批出动亲自来参加救济难民的工作，这也恐怕是第一次。三民主义青年团从去年武汉成立以来，大批团员为民众作救死扶伤的工作，刻苦的生活着，为战时首都作复兴的工作，这也是第一次。卫戍重庆的军队此次全部出动，参加紧急抢救工作之后，又担任着清理街道的任务，一直到最近的抬运断手折脚的重伤市民，开辟全市的火巷，无一不是我们正规军队担任最主要的工作。到处听到市民讲："这种军队太好了！"党政军在炸后的新作风，提高了人民对于政府的爱戴，有一次有几位难民要乘民生公司轮船离重庆，因为船票不够，公司请他们等一班，他们愤然说："你们不让我们走，蒋委员长的汽车还给我们坐，你们是什么东西！"话虽然有点过火，而却是可宝贵的气象。

自古文人相轻，又加上各种文化部门因政治立场不同而益加复杂。重庆文化界系集合京沪平津汉粤各地的精华，从政治派别上，从地域区分上，从事业系统上，大家是很难团结的。但是"五四"大炸之后，五日六日重庆十大报的联合刊发行了，内部的情形非常融洽。在"五四"轰炸中，大公报馆受到损害，新华日报职工立刻自发地组织起来，帮助大公报作抢救工作，联合刊的总编辑是大公报的王芸生先生，他对于挑拨离间的文章，坚决拒不登载，都是团结上的好现象，有一部分文化工作者，为了安全从事工作起见，曾有分散各地方的计划，而沈钧儒先生却强调文化的战斗性，主张应以更多的文化力量，在重庆支持。从极端不安定中，仍然要坚持文化阵营，以答复日人残暴的进攻。他这个号召得到很多人的赞成，而且已经有人在计划着文化人集体生活——即集体解决食住行等问题的办法了。

再说小一点，重庆市政也因轰炸得了很大的进步，新的市区在旧城之外大大地开拓起来了，嘉陵江西岸这数十里风景美丽之区，完全为新重庆市区之所在。住宅区，文化区，学校区，工业区，商业区，星罗棋布于嘉陵江边，而且彼此联系而不密接。日机再欲轰炸，已无延烧之可能，故将来损失有限，旧市区中则大开火巷，无异新辟大街，狭窄曲折之旧街，从此得一重大改造之机会。日机将来再炸旧市区，所损也不至如过去之大了。

四月中我从桂林到重庆，最大的感觉是"应酬忙"。等到五月中由成都回重庆，大家都改了一副神气，谁也不肯专门应酬人了。大家都忙于工作，忙于自己的本份，一般说来，工作效率是提高些了。

日本问题专家，王芸生先生说："不怕轰炸，更要抗战"，如更理智观察日人对我们轰炸一次，我们进步一次，日人轰炸愈横，我们进步愈迅速，日人炸掉的是旧的，我们长起来的是新的，我感谢日人帮助我们破坏，我们自己要赶快建设，赶快生长。

载《导报增刊》1939 年第 1 卷第 12 期，第 10—11 页

桂南敌我形势的对比

以十二月十八日至三十日我对昆仑关之攻略战为转换点，桂南敌我形势，已起新的变化。

一、主动与被动

在去年十一月十五日敌军进攻时，言这十日入南宁，又十日占昆仑关。当时敌军轻松乘虚入我阵地，横冲直撞，锐不可当。我则处处应战，东补西填，疲于奔波。在南宁失守之前后，敌人是主动，我是被动。

我反攻计划决定之后，桂南各军按照反攻计划，从新部署。一部入邕江南岸，分队从事切断邕钦公路及邕越公路（即到安南之公路）；一部深入南宁与昆仑关之间，从事阻断昆仑关各方的交通，然后以另一部正面猛扑昆仑关。敌人既须守昆仑关，又须以重兵维持钦州到南宁三百里及南宁至昆仑关广百里之交通，更须留重兵守南宁，于是从攻势转变为防守，从主动变为被动。我自十二月十八日开始反攻昆仑关后，敌之四百里交通线无时无地不受攻击，即亦无时无地不须防守，所守之时地愈多，则兵力愈分散，兵力愈分散，则军队必随时随地感到不足，而日趋于疲困。疲困日增，恐惧愈久，战斗力愈弱。故昆仑关最终为我夺回。

二、光明与黑暗

从桂南战局的前途看，敌我作战目的，亦有一鲜明的对比。敌占南宁的目的，希望在哪里呢？他本来希望截断我西南国际交通，打击主战派，挑动大后方，并且威胁英法，使之更有利于日本。这些目的达到，必须有优势兵力□□控制桂南险□，取得攻守自由之态势。然而敌兵力有限，攻南宁有余，守桂南不足。敌南宁外围重要据点之昆仑关亦无力守住，已丧失攻守自如之重要条件。故敌在桂南之前途，除南宁尚可盘踞一时外不可能有其他积极希望。只有逐渐消耗，逐渐增援，前途日即于黑暗。而我方面目的简单，即赶走敌人下南海。我可能用一切方法来打击敌人，起码困顿敌人消耗敌人是非常容易的。我们的前途是日益光明，敌人是日益黑暗。

三、神勇与败战

桂南敌军之主力为第五师团，这是一个最强的队伍。守卫昆仑关十二和二十一联队是堪称"劲旅"的。但是他们这样顽强，不是为了战争之神圣□□光明的前途，而且基于"皇军"的英雄气概与畏死的观念。这可以从昆仑关敌军日记中一首诗上看出来：

"炮□□□，战场即墓场；胜利是死，败战是生。"

这首诗说明了敌军的心情，傀儡虽在外形上还和我们顽强战斗，但是内心里对于战争已觉无味了。"败是生"这是敌军最正确的出路，也就是"皇军"最要命的问题。

而我们怎样呢？随便举一个故事罢——荣誉第一师的连指导员李高□。他是一个新由中央军校毕业的广东青年，还不到二十岁。当昆仑关战斗激烈的时候，他的上官命令到后方去作比较危险性少的事情，意思是爱护他。他于是对长官报告说："别的命令，我可以服从，这个命令，我可不能接受！"长官觉得他奇怪，他又说："我作政治工作，平时与士兵讲抗战的神圣意义，为了抗战，应不怕牺牲。并且允许他们，到实际作战时，我一定以身作则，与士兵同上战场。这回刚刚有了这个机会，我自己退到后方，这样不让士兵对我过去宣传的抗战理论，根本发生动摇吗？"结果他勇敢地与士兵一同作战，□□长官全伤亡后，他就继续□部队，英勇□战。

四、进步与退步

敌人现在是很顽强，但是敌人这样□□□□□，我是在进步，我进步敌退步表现在各方面：

第一，在作战指导上，敌人日渐混乱。去年十一月敌顺利占南宁，其继续使用之兵力，为□师团□。当时期又再加一个半师团或者□□师团，因敌人可能从粤桂边境之灵田、横县北上贵县，□□一个战□，如此则可以掩护□□钦□一百里的侧面。至于南宁北方正面，期可以确保占领□□□高□隘，而将□□□□□进到宾阳、武鸣，另以一部分可以打通安南交通，并相当可以取得物质补给，如此，敌人可以占据桂南，纵横西江，威胁柳桂。因敌人没有这种实力，在十二月四日占昆仑关之后，即现捉襟见肘之态。待我反攻之势已定，乃又以□师团兵力发动宾东北江战争，希望牵制我桂南反攻之兵力。而结果是两败俱伤。我军方面，则"关门打虎"之战术，始终坚定，而且异常灵活的使用前线与后方的兵力。十二月敌人对□江的进攻，并不丝毫影响我桂南攻势。

第二，在补给问题上，敌人这次做得很不够，特别是炮兵补给太差，敌人每次作战，炮兵是异常重要的骨干。而昆仑关一役，敌方炮兵□直湮没无闻。敌炮兵本有一大队，而炮弹太少，威力有限。一月十日记者在九塘前线看我军攻八塘，我炮兵极活跃，而敌炮则不敢轻发一弹，因恐为我炮兵发现目标也。

第三，在战场纪律上，敌人也大不如前。昆仑关占领后所见敌方情形，很难确信敌方系第五师团部队，何以言之？军队退却，应该不能带走之文件销毁，武器破坏，死尸掩埋，伤者带走。至少销毁文件破坏武器，应设法做到。而昆仑关敌军遗弃□□之大炮八门，□□之公文件几大箱。很多机密，皆为我所得。以敌第五师团尚且如此，敌军之退步当系普通之事实。

第四，在政治上，敌人尤其退步。敌人常□以华制华的口号，而在初攻南宁时，□有□□少数汉奸，为之使用，当时大势，亟亟可疑，昆仑关被我克复后，南宁敌手忙脚乱，又将所有南宁城中居民赶走准备死守。试问完全没有居民的城市，敌人还能住得长久吗？我们方面呢？现在军民合作站将近一百个已经组织起来了。军民间关系改善了，军队的□□运输变得相当便利了，我愈战愈便，敌愈战愈难，由此可得一□明。

五、内线与外线

桂南敌为内线守势作战，军事上无积极目的，其实用在政治。我为外线攻势作战，军事目标极明了，军事情形之本身，□□以击破敌人之政治目的。

因为敌人是内线，而且□□内线又被地理上单线长距离这个交通条件，分为大小不同的若干点，如南宁一大点，昆仑关与高□隘□塘等为小点。每一个□点都可以被我包围。点与点之间随时可以被我截断。

敌人补给大部从海外来，我们是陆地随时可以补充。

敌人完全靠几条单线运输兵力，我们则四面八方，无处不可以行走。

今天还可以说，深入桂南是一个半岛，但是□□□□邕钦公路之破坏工作后，敌将完全沦为孤岛。

如果抗战大局不变动，桂南敌人的态势，是在"等死"，因为他们的存在已经没有很大的积极的战略意义，只是消极方面还有相当大的支持力而已，无目的地支持，终久支持不了的。

我们对敌却是"待机"，就目的来说就是待机以歼运动中之敌，而就将来来说，是待南宁敌疲困之后，出面予以决定的打击。

载《救亡日报》1940 年 1 月 21 日

寒假中的工作

一九四零年的寒假是二十世纪四十年代的最末一个寒假。这个寒假的假期的长短，虽然也和其他年份没什么差别，但是这回寒假所处的时间，却是非常重要的。

为什么？一九四零年将是国际和国内政治情势空前紧张复杂的一年。世界人类历史和中华民族的历史在一九四零年都将是一个重要的关口，过了这一关，历史将可能有一些新颖的篇章。

先看国际：在一九三九年为止已经表现了的是什么呢？第一，英法德帝国主义间的混战。第二，以英法为中心的反苏阵线的酝酿，苏芬问题发生后，形势更为露骨化。第三，以中国对日抗战及印度独立运动为骨干的世界被压迫民族解放运动。上述三种形势，在一九四零年中一定都要起巨大的变化，这是因为大势已成，不得不变的。

其次看国内：国内问题就是抗战与团结问题。这两个问题本是一个问题的两面。要抗战必须要团结。团结如果成问题，抗战就无法求得胜利。关于抗战问题，汪精卫派汉奸正用种种方法威胁与诱惑我抗战政府，一方面强调"反共"，使我抗战阵营内部起严重之分化，结果必使抗战无法支持。一方面声言"组府"，另立中央，与日本缔结和约，形成中国表面上统一的破裂（如汪精卫一月十六日致总裁电）。关于团结问题，一九三九年底曾到异常严重的关头。这是由于国内政治情势已经发展到了只有实行民主才能巩固团结的阶段。而有些人不曾了解到这一点，而错认了消灭抗战阵营中异己力量，是解决国内统一问题的办法。这个形势是非常严重。如果不能用民主方法，解决国内政治问题，则团结非常危险；团结如果破坏，则抗战将不可能继续，更无从谈最后胜利。中央政府应全国舆论之要求所召告全国的宪政运动，在一九四零年能否有成就，是国内政治上吉凶祸福的关键。

在这样一个严重时期中，我们应当怎样利用这回的寒假，来作抗战救亡工作呢？

第一点，应当是对时局的态度问题。假期本来就是休息的，不必怎样做工作，但是，我们生在这样一个全民族生死存亡的重大关头，特别是在曲折复杂的一九四零年的假期，我们整个民族的命运，都随着这些匆卒的日月，而起着决定的变化。因此，我们在寒假休学中的同学，一定要以高度的注意，留心国际和国内的时事。要不停的看报和新出的杂志。要清楚的了解时局的动向，而且要随时研究自己对于时局应有的努力。"收拾书箱去过年"式的态度，是不应当有的。

第二点，是同学间的联系问题。放假之后，有些同学留校，有些同学回家。各个同学分散之后，交换画报，交换消息，交换意见，互相帮助等，都不如在学校时方便。我们在学校时已经感觉力量单薄，出了学校之后，如果没有联系，更没有力量了。那么，我们应当怎样来联系呢？我以为第一点，留校同学应当有组织。而回家的同学也应当就距离较近的分为若干小组，每组推定一联络中心。留校同学更应当与回家各组联络起来。

第三点，联系有了，我们立刻要发展最紧急而最可能的救亡工作。因为救国责任，本来是大家的，特别在时局艰难的时候，我们不能采袖手旁观的态度，而把一切抗战救亡的责任都希望在少数领袖身上。我们在这个寒假之中应当做哪些救亡工作呢？寒假期间很短，我们同学的力量也有限，那些救亡工作是比较急切而易于着手呢？从国际问题上看，中国正处在世界被压迫民族解放运动的洪流中，中国民族解放的成功，是促进新世界诞生的重要环节，所以我们有志与世界人类社会之改造的中国青年，加紧促进中国抗战之胜利，为最切实的着手方法。但是目前抗战成败的关键，在对内团结能否不发生破裂，而团结之能否保障，则在民主政治上能否实现，亦即宪政之能否实行。因此目前最迫切的救亡工作，是民主运动，亦即宪政运动。目前中国的民主运动，不但是保证抗战最后胜利决定的因素，而且是今天中国青年致力于世界改造运动的起点。但是这样大的宪政运动，我们同学在寒假中怎样能担负起来呢？而且要怎样着手呢？我们同学们比较可能做的工作，大致有两种：宣传与推动组织。

我们要宣传写什么呢？最主要的要对各地民众军队说明几个特点：

（一）中央政府决心实行宪政，就是说明国内各阶层间各党派间的矛盾，应当而且只有用民主方式，才能统一矛盾，巩固团结。因此，若干地方破坏团结的活动，是违反中央大计。

（二）中央决心实行宪政，巩固团结，就是说明抗战大计并没有动摇，鼓吹和平，主张中途妥协者，是汉奸敌寇的阴谋与谣言，应当不容于民众。

（三）反对宪政，或表面附和宪政而实际上反对政治之走上民主道路者，其结果只有走破坏团结之路，其效果与汉奸同样起破坏抗战的作用。

（四）一定有人认为人民知识未开，不能实行宪政。我们要说明，只有实行了宪政，人民知识才会迅速的提高。在实施宪政的过程中，全国人民都经历着普遍的政治训练，这实施宪政的本身，就是很好的教育。否则要依靠少数特权分子，逐渐教育人民起来掌握政权，那时很难做到的。

（五）一定还有人认为战时不能实行宪政，以为战时军事第一，迂缓的民主不合时宜。

其实在抗战中实行宪政，正可以发挥全国人民的力量，支持抗战。何以故？只有全国人民合法的参加了国家政治，在国家民主的机构中发挥了力量，全国抗战力量，才能有无限的新鲜成份增加。也只有全国人民普遍的参加了国家政权，始能加强人民在国家机构中的共同利害关系。人民与国家利害更普遍的一致之后，抗战才更有把握。

我们又怎样来推动宪政运动的组织呢？最简便的是：

（一）推广宪政画报到各地方，以供各地青年及民众研究之用。

（二）召开各地青年宪政座谈会。把宪政的根本思想首先在各地方青年干部中建立起来。

（三）鼓动村街等小地区中，练习村街长或保长民选，以为实行真正的地方自治之准备。

（四）就村街民大会或保民大会中，宣传宪政思想，使之有更多的民主性。

（五）参观各县县参议会，研究此初步民主机构，首先学习其实施之经验，然后研究其缺点，讨论改进的新方案。

寒假时间很短，我们如果能把宪政运动切实向各方推广，这就是作了一定分量的实际救国工作。我们万万不能认为：这样的宪政问题，像我们这样中学生能干得了什么？正确的时代工作者，他不能夸大自己，也不能小视自己。我们应当正确把握时代工作，尽我们力量做去，至于影响的大小，成功的迟速，那是次要的问题。只有无数的泥水木匠辛劳的工作，高大的洋楼才能有实现的希望！

今年寒假是在伟大的一九四零年的上半期，全国中学同学，如果都分散到各地去做上面所说的各种工作，一定大大有助于宪政运动的推行，一定能更有助团结之巩固，更能促进抗战局面之好转。

载《中学生》第 16 期，1940 年 1 月

敌人包围了昆仑关之后

本月二日下午黄昏，敌人到宾阳形式上即包围了昆仑关，这对于桂南战局起什么影响？而且应当采取什么对付的方策呢？

敌人从一月底由永淳过邕江北攻，其主要作用有三：第一为威撼宾阳迂回昆仑关后路，以便夺回昆仑关；第二为进占邕江北岸，以便扫荡邕江以南我军，解除我在邕钦路三百里侧面对敌人的威胁；第三可相机向东发展，作为打通西江之准备。

敌人二日已急至宾阳，则敌人此次过邕江，其最急切之企图在夺回昆仑关，包围我在大明山脉中之部队，而进行其所希望之歼灭战。昆仑关如被夺回，则敌人又恢复了南宁外围的最重要据点，而对柳州又保有进退自如的优势。自其兵力而言，宾阳至南宁之道路既通，则敌人可抽兵东向贵县、桂平，截断邕江以南我军之后路，进而与广东三水之敌东西呼应。

敌人这一阴谋能否成功，就看这次昆仑关的争夺结果如何。依目前敌我对比形势而言，如果我们作战指导不错，我们一定有胜利的把握。

这次会战全局胜败之关键，在我对昆仑关能否死守。昆仑关如果能死守，战局形势是一种状态，昆仑关不能死守，战局形势又是一种状态。如果昆仑关不能坚守，那敌人就算"如愿以偿"。我们不希望也绝不会有这样一个前途。

我们可以想象的说，我们作战指挥部对于昆仑关一定作死守计划，而且相信我们昆仑关将士一定能尽力死守。这样我们可以看到敌人是处于非常不利的地位。

第一，宾阳无险可守。敌人诚然到了宾阳，但宾阳是在平原上面，而且宾阳城垣早被我军拆除，故敌凭险固守之条件，根本缺乏。敌人轻率前进，而立足不牢，正予我军以在运动中歼灭敌人的机会。特别是我们的近代化部队这时可以大显威风。

第二，敌人又是"孤军"深入。敌人此次袭宾阳，其态势与前次粤北战争中之袭曲江，大致相同。这种孤军深入的态势，只能速胜，不能持久。如果战局不能速得胜利，就易弄成总崩溃。昆仑关我们只要守住不放，敌人的后方交通要靠永淳方面转，这个形势对于敌人太不利了。

第三，又是一个大侧面。敌人此次由永淳过邕江，本为争取有利态势，补救过去的缺点，但是只要昆仑关能为我们坚守，敌人从南宁经永淳到宾阳……三百里左右的大侧面，无时无地不受我军之威胁与可能的袭击。而且这个侧面因为大半在邕江北岸，还比邕江南岸更好袭击。

第四，优势兵力口劣势兵力。敌人此次增援部队虽有一个半师团，但是其能用在邕江北岸的兵力，因沿途需要分兵防守，能到宾阳的兵力，就属有限，而我在宾阳一带之兵力则充分足以应付战争的需要。

第五，以逸待劳。我在昆仑关克复后，部队皆在休息补充，援军亦已从容口送到宾阳一带，与敌之轻率躁进者完全不同。

第六，天气对我有利，目前正是广西的雨季，几乎每日都是阴云密布，晴天绝少。这时对于敌方空军是一个很大的限制。敌方孤军深入的陆上部队，如果失去了经常的空军协助，将会减弱其战斗的力量。

所以条件是对我绝对有利的。不过，在我们作战指挥上，我们还有几个要点：

一、是前边的昆仑关部队，要死守据点，无论敌人如何攻击，昆仑关总不放弃，使宾邕公路不能打通，则敌人将完全入于不利地位。

二、我在邕江北岸特别在永淳、宾阳一带的部队，要充分发挥运动战的威力。要在敌人运动中和立脚未稳之前，四方八面加以猛烈的打击，使敌军陷入"老鼠过街，人人皆打"的困境。

三、对于已经占领宾阳的敌人，我们要利用天气地形和兵力兵种等优势，迅速加以决定的打击。

敌人此次在粤北失败的主要原因之一，就是由于从他北面的良口圩的据点，我们始终没有放弃。故敌人虽然北上占领了翁源，逼近曲江，因为他的后路有顾虑，所以终于不能不败退下来。

某高级指挥官本来最近要回桂林，但敌到宾阳后，他打电话给桂林的朋友说："过几天打了大仗再回来。"

我们可以预望着一个军事大胜利在后面。（二月四日桂林）

载《救亡日报》1940年2月6日

论敌人在桂南的新动向

一、几个前提

到目前为止，还有当事人对于桂南战局抱着不正确的观念。一种是轻敌派，一种是恐敌派。前者不了解今天桂南敌我形势的对比，而轻率的希望于短期内看到南宁的克复。后者不了解在桂南的真正企图，而恐惧敌人可能直下昆明，当心过大估计了敌人的力量，窥两种态度对于桂南实际抗战实施，都是有不良的影响。

我们还要一再提醒的，敌人在现阶段进攻桂南的企图，主要的不是军事，而是外交、政治与经济上的□。因此敌人至少目前尚无深入川滇的计划，而且依敌人在华兵力研究，敌人也没有深入川滇的力量。这是第一点。

第二点，敌人要能据桂南以从其外交、政治、经济的企图，只有久据从此做到，因此敌人在桂南企图久据，绝不肯轻退走。无论敌人如何受到挫折，必定继续增援。

第三点，由于上述的政治要求，敌人在桂南作战方针，是"守"，不是"攻"，但那是他"守"的手段，一定一部分是"攻"，希望占领若干攻守自如的要点，威胁我方，以达防守的目的。

第四点，敌人已占领之南宁要塞点，在我战略反攻阶段准备尚未成熟之前，不容易把南宁克复。事实上此战争成为持久状态。

这是我们对于桂南战争的基本看法。只有这样看法，我们才不至于彷徨敌人主力部队的行动，才不至于受敌人夸大的实际所影响而惶惑不安。也唯有把握到了这些要点，才不至于轻率的希望克复南宁，无谓的消耗我巨大的兵力。

二、两个阶段

今天华南战局重心在广西，这是因为所有华南各战区，只有进攻广西才对于敌人有更大的战略机遇。今天的广西在华南的战略机遇，等于华北的山西，广西如果完全为敌人控制，对于整个华南战场要起决定的战略影响。

从去年十一月十五日敌人在钦防登陆起到现在，这几个半月期间，战局的发展已经有了三个阶段。钦防登陆经十一月廿四日南宁失守到十二月四日昆仑关被占为第一阶段。从十二月四日以后经过卅一日克复昆仑关至今年一月四日占领九塘为第二阶段。从九塘收复以后到现在为第三届阶段。

在第一个阶段中，敌人轻率攻广西，间道经十万大山，骑步兵轻装袭南宁。在三四百里的长途行军中，是我们最好发挥运动战威力的时机。那时我们住在钦邕临北面贵县、永淳一带的部队，正处在敌人行动方向的大侧面，正好用由北到南的方向，半路攻击由东往西的运动中的敌人。这样我们最低限度可给敌人以重大的打击，而且迟滞敌人接近南宁的时间。

在第二个阶段中，敌人已占领了要塞南宁，而且占领南宁外围重要据点的昆仑关，敌人已有险要守。但是敌人却暴露了邕钦路三百里和邕宾路一百里的大侧面。这时敌人之援兵补给等因邕钦公路被破坏关系，很难到达。我们这时如果能以"最主要"的兵力配备在邕钦路上，以强有力的运动战法，让敌人无法修复公路，则南宁与昆仑关之敌军等于无源之水，必日趋枯竭。

第三个阶段是敌人经过昆仑关的惨败而□度大量增援的时期。到二月一日为止，敌人至少已经增加一个师团的兵力。而且这些兵力使用的方向，与过去有一些不同点，即不仅是用在原有的据点和交通线上，而且是向横县、永淳、贵县等方向另开战场。敌人这一行动，如果没有妥善的应付办法，将大大改变桂南战局的形势。

三、小心上当

敌人侥幸在广西占领了战略要塞的南宁。□他在华南战略要地的广西占领了一个据点，他们当然是意外庆幸的。但是在我们方面，当然不会放松，一定会对于敌人付以极大的注意，此中却埋伏着一个危险。

武汉会战以后，敌人所认为最苦恼的问题就是中国抗战军事主力始终保持，无法实现他们"击破中国主力的梦想"。主力不能击破，自无法逼迫中国作城下之盟。因而就各个战场"吸引中国主力而击破之"，实为敌最企盼的事件。

经过了第一期抗战中淞沪战争的经验，一般的说来，我们已经未曾对敌作未成熟的主力决战。这对于保存实力消耗敌人上讲，收到了很大的效果。但是经过了两年半的抗战，敌人力量已一般的击退之后，特别是在华北胜利与湘北胜利之后，轻敌观念与速胜思想逐渐抬头，似乎渐渐认为敌人已不堪一击。于是"打硬仗"的作法，这在有速胜思想的人们中传播。有些人的英雄思想渐渐超过沉静的战略考虑。

如果这种思想不能改正，对于我们有很大的危险，就是我们将上敌人"吸引中国主力而击破之"的大当，因而在敌人占领了牢固据点的情形下，我们无绝对把握的□坚，牺牲必大，我们愈紧愈试，将在客观上为敌人完成击破中国主力军的任务，在相持阶段前期就把我们主力零碎仗使用掉。对于争取最后胜利的到来，至少是一种迟延。

四、谨防西江

照一月底和本月初的情形看来，敌人新增兵力约在一个师团以上。目前正在向横县、永淳、贵县活动中。这说明了敌人要在南宁之东另外开辟一个战场。

在南宁巩固之后，敌人在桂南战场上最大的弱点是邕钦路这三百里的单线公路交通线，这条线还有一个大缺点，就是以东南到西北这个方向，暴露出三百里的侧面，这条交通线敌人虽已能武装通车，但仍无时不受我军的扰乱破坏。故敌人为了掩护其后方交通线的安全，肃清邕钦路一带的中国军队为其目前最切要的工作。而欲肃清此一带中国军队，把这一批军队赶过邕江北岸，最为敌人所理想，然后一面西北成其实际后路，与高峰坳北出之敌寇而撼我昆仑关，一面东关、贵县、桂平、云林，作打通西江之步骤。

进攻西江恐怕是敌人认为今天最获利的作法，因为这一举可以解决三个问题，首先是邕钦路可以安全些，昆仑关又可关系到作战局面，而广东与广西的南路如果都可以打成了一片，则对于华南局面颇足壮敌人声势。

我们应设法打击敌人这个企图，争取对于我们更有利的形势，军事上应有几个主要的设施：

（一）活用邕江南北岸兵力，充分实行运动战，趁敌人所辟战场口之据点尚未巩固之时，特别趁敌人正在运动之中，加以无情的打击，使其目的达到困难，切勿再放过机会。

（二）强化西江以南十万大众与十万大山等游击根据地之建立，作敌后长期抗战之准备。此时应以政治上军事上遴选坚强之部队并组合相当的青年干部，深入敌后，发动人民，确实破坏敌后交通。

（三）加强大明山脉（昆仑关在内）的防御工作。务使敌人不易得手，塞着从北面进出的咽喉。

五、政治重于军事

就目前的战局讲，军事上应担负起□□敌人新企图的责任。但战局的最大关键，还是在敌后政治问题。

目前最大的问题，在于如何确实破坏敌后的交通，使敌人补给困难，不易发展。而欲实现这个任务，军队之外，只有发动敌后广大的民众。敌后民众要真能发动，使所有敌人占领区域内的民众，都亟渐变为敌人的死对头，则敌人将日陷于孤立与彻底包围之中。

动员民众最有效的办法，就是给人民以民主权利。以广西而论，在敌后及战区一带，我们起码能做到，令各地人民面选他们的村街长和乡镇长。再由政府方面尽量调换些青年有为的县长，敌后政治将立刻出现新气象。

只有民众真正动员起来了，才能真正建立起敌后游击根据地。只有西江以南的十万大山和六万大山等处敌后根据地有了巩固的游击根据地，领导着广泛的人民，才能使敌人失去一切依赖，而成为大海中的孤舟，最后才能将敌人覆灭。

要能有计划有组织的发动广东和广西南路的民众，在行政组织上应有统一指挥西江以南两广地区的战时行政机关。类似广东南路行署的"粤桂南路行署"应当早日设立。首先化除桂粤在历史习惯上的鸿沟，齐一大家步调。最重要的是在敌人未打通西江之前，打下强有力的政治基础，在敌人新阴谋的胸膛里先钉上一颗致命的钉子，使他的阴谋没发展起来也非常不顺利，甚至于根本破坏了他阴谋实现的可能。

只要看准了政治反攻的重要意义,南路战局才能现出胜利的光明。单单注意军事上的一来一往,不会得着问题的要领。(二月二日桂林)

载《救亡日报》1940年2月3、4日

印度民族解放运动的新形势

一、崭新的姿态

印度民族的解放运动，向来被目为温和的一节，甘地以超乎寻常的人格力量，掌握着印度三万万的人心，在他所主张的"非暴力不合作运动"旗帜之下，与英帝国主义作持久的斗争。一个被压迫民族的解放斗争，所以"非暴力"为唯一手段，实在是独□的。

然而，现在的印度，已经改变，他已经从复杂曲折的斗争方法中，进入一种全新的境界。中国抗战与欧战爆发给印度革命以新的□□与新的□动。

1939年8月印度革命领袖尼赫鲁飞中国视察抗战后的中国情形，九月一日欧战爆发，尼赫鲁仓促回印。同月印度国民大会执行委员会也发出宣言："印度人民绝不许可将印度资源为帝国主义之目的而使用！"印度国民大会劳工委员会宣言："此次英国政府不顾印度人民意见，没有取得印度同意就宣称印度为交战国家。……劳工委员会是极重视着这些事态的发展！"同时尼赫鲁在伦敦《每日先驱报》发表声明："印度绝不参加帝国主义间的战争，印度已公开宣布其理想，当以全力为自己民族之理想而奋斗。"而所谓印度之理想如何？本年二月尼氏又称："印度人民向英国要求独立，召开立宪代表大会以起草新宪法。"又称："关于自治领地（即英国用以欺骗印度人软化印度人之妥协办法）之法令，今日非印度所能接受，英帝国主义与印度人民间，目前绝无妥协之可能。"二月二十八日印国民大会执行委员会在甘地演说后通过决议："印度与英国实无进行谈判之共同基础。英国如不愿将政权交与印度人民，英国作战之目的，决非印度所能接受。"

换言之，印度目前已正式要求英国即刻予印度民族完全独立与自由，如果不能达到目的，印度将乘英卷入欧洲大战之机会，摆脱英国之统治。

二、英国的最后一着

没有印度，"大英帝国"的帝国主义制度是会崩溃的。印度有三万万以上的人口，其中有四分之三以上是农民，这在英帝国主义的轻工业方面——特别在十八世纪末叶和十九世纪中，印度农民是英国品最好的雇主。到了英国成为重工业及金融资本输出的时期——特别在二十世纪，印度的工业建设，铁道、矿山、银行、城市建设等投资，又给英国以最广大而可靠的出路，印度人民并且供给英国以丰厚而低廉的劳动力，构成英帝国主义经济繁荣的主要基础。财政上印度农民负担异常苛重的赋税，平均农民收入二分之一必须纳诸政府，凭了印度的收入，印度财政还要负担英国在新加坡、锡兰、亚丁（红海口）等地的军事防务费。1914年第一次世界大战，印度曾出一百万军队到欧洲作战，帮助英国打败了德国。去年九月第二次欧战发生，印度、新加坡、锡兰、亚丁等地的英国军队，已抽调一大部运欧作战，印度军队又开到上述英帝国要塞□去布防。可以说，英国吃印度，喝印度，打印度，骂印度，而且要印度保护他的安全。

英国当然不舍得有三万万奴隶的印度，但是从一八五八年正式被英国收为领土的印度，八十余年来受尽了英国的压迫统治，却一天天地展开了求解放的斗争。

征服与统治弱小民族的经验，英国要算所有帝国主义中最狡猾的了。东印度公司时代（一六〇〇年至一八五八年）印度是在欧洲人民最残暴最纷乱的难民争夺中。英、法、荷、葡在这二百五十余年中在印度互相争战，完全是过的强盗式的掠夺生活。一七〇二年英人所立的两个经营印度的公司合并后，才完全打败了法、荷、葡的势力，而归于英人之手。而这个公司自己却占有印度领土，自有海陆军，自立官制。一七三三年将公司改组，始受英政府监督。一八五八年始取消东印度公司，以公司之领土为英国的领土，以公司之海陆军为英国之海陆军，以公司之职员为英国的官吏，东印度公司在印度二百五十八年的历史，说明冠冕堂皇的大英帝国的发展过程，是一个如何的强盗内容！

三万万的印度民族是不甘作奴隶的，东印度公司的结束，说明英国商人在印度无法无天的血腥统治，已引起印度的极度不安。因此英女王维多利亚在一八五八年所发布的"告印度王侯及各民族书"就提出了怀柔政策，该条声明对于今后印度行政人员之任用，当不分英印种族之别，一律平等，无所歧视。而事实上呢？印度是完全被英国人统治着，英国总督之下，有三千个英国官僚牢牢控制着印度，印度人只能做些不重要的事情。英国在印度的政府，只给印度青年以四十分之一的求学机会（一九二一年统计），而所学的又偏重于文学，即未来训练文牍书记人才，以便为英国担任"等因奉此"工作，英国在印官吏的薪俸大的骇人，单是印度总督个人一年的薪俸，就是一六七二〇镑！中日战争以来，英国本以"援华"自命，而对中国之信用借款，共只五十万镑，即只等一个印度总督三十年的需求，或者三十个印度总督一年的薪水！

怀柔只能暂时笼络少数上层分子，而无法解决一个民族大多数人的问题，因此英国对于印度民族采取分化政策。第一是领土的分化，第二是宗教的分化，第三是政治的分化。用分化来阻止印度的统一与进步，只有在印度分裂与退步的基础上，英国的统治才有可靠的前途。

到今天为止，印度半岛上还存在着两种不同的政治领地。其一为"英属印度"，计有十一州，另一为封建诸国，有七〇三个酋长，领地占全印度的五分之二，共计有人口七千五百万，平均每一个酋长管有十万人，这些酋长只要英国人答应他们原有的封建权利，让他们一家世代享受富贵繁荣，称臣纳贡皆可照办，反正不过加重些"子民"负担。二次欧战爆发后，这些在英美大都市过着近代享乐的印度王公，都争先恐后地拥护英国参战了，使封建领土与非封建领地分离起来，印度至少要减少了五分之一的力量。

其次，印度教和回教的关系又被英国利用了。回教在印度有七千余万左右，在宗教细节和历史情感上，回教徒会和印度教徒不断□□过，挑拨这些历史情感，鼓动印回因小事情的争吵，让他们忘去了印度民族解放的目标，英国可以安享太平。印度国民大会是印度独立运动的领导政治组织，而回教徒不参加，自印回教联盟，英人常常站在回教联盟方面，以乱国民大会之发展。

第三，在政治上，英国是用"自治领"来对抗"独立"。用伦敦举行的圆桌会议来对抗国民大会，用印度那班上层特殊利益的人物来对抗甘地、尼赫鲁及甘地广大的人民。所谓"自治领地"这一套把戏，就是把印度的地方政府和中央政府多设些无权的议员和不重要的官职，多安插些印度的上层分子，因而想取消印度独立的要求。

英国人的欺骗功夫，实在也非等闲之辈，在许多重要关节上，他总有敷衍拖延和□□的本领。一八五八年维多利亚女王的宣言是开始对印度的一大欺骗，这个宣言到今天已经一百八十年，还没有实现！一九一六年第一次欧战紧急中，印度上层分子信了英国的新欺骗，以为帮助英国打胜了德国，英国就可以让印度成为自治领地，这种愿望本来很低，谁知印度出兵百万，出钱数万万为英国作战之后，只换来了英国印度事务大臣孟塔果一篇毫无内容的"印度自治宣言"。一九二〇年以后，印度不合作运动风靡全国，英国统治为之动摇，一九二八年又派来了所谓"西门调查委员会"到印度，这样又几乎敷衍了两年，到一九三〇年才召集讨论以西门调查报告为基础之第一次伦敦圆桌会议，印度代表都是英方指定的一些"猪仔"，当然毫无价值。一九三一年英又在伦敦召集第二次圆桌会议，害得甘地也去一趟，仍然是浪费光阴。一九三二年开第三次圆桌会议，英方索性不要国民大会的代表参加，发表了所谓"印度宪法改革白皮书"，长长的改革中对于英国在印度的统治特权更加一层所谓"宪法"的保障。去年九月欧战发生后，英国除代印度宣布参战外，今年二月印度总督林利斯哥又想出了新花样，开"印度将来之宪政机构问题（即印度国民大会所要求之完全自主的立宪会议），应□战争结束后，再行考虑"。又想骗印度又先帮英国打完仗，再说其他！

印度人民所受□苦经验太多了，英国当局恐怕也了解，今后的印度不是过去那样容易对付了。所以本年二月英政府已决定向国会建议，准备三千四百万镑（即抗战以来对华借款之六十八倍！）作为增强及改善印度防务之用。这还是英帝国主义正要用来对付印度的最后一着棋。

三、印度革命现势

印度革命是有它的特殊复杂性的。反对英帝国主义的统治是民族主义。"独立"是印度革命最初的也是今后还在奋斗的目标，然而要能有力的解脱英国统治，必须同时用民主革命来扫除内在的困难。第一是附庸于英国的买办阶级，这一阶级在印度已有二三百年的历史，他们今天在印度的既得利益，已经不是一个独立的印度所能给予，而只有在英国继续统治印度之条件下，始能有更大的前途，他们所争的只是让英国主人多给他们一些恩惠，不在根本赶走主人。第二，是封建王公，他们凭封建特权以过享乐生活，而此种封建特权又只有英国总督方能给他们以保障。他们不希望他们的居民进步，怕他们解放，怕封建特权的变更。第三个困难是印度教中的阶级制度，他们彼此间界限分明，贱民阶级不得入学校，入寺院，及不得入普通旅馆，甘地虽用自己人格力量，为人民争人权，但是阶级制度仍然存在。第四，也是印度目前最重要的事情，即印回两教之民主团结问题。这些内在的困难，正是英国统治印度最有利的根据。

印度革命力量最初全靠一批中上层知识分子的民族感情。一九一六年国民大会与回教联盟合作成功，印度民族独立的呼声一时大为高涨，民族主义之报纸风行全国，加富尔等民族独立英雄，甚为大家所传颂。第一次世界大战后，一九一九年，印度政府发布镇压革命的谋叛法，极力压制革命。一九二〇年国民大会通过甘地之非武力不合作方案。尼赫鲁等皆是推行不合作运动的主干。印度广大人民和小市民都投到不合作运动中来，使印度之独立运动在一九二〇年前后开始有了较广泛的群众基础。不合作运动给印度政府以非常颤栗的影响，他们在一九二〇年至一九二二这三年中，大批拘捕不合作运动领袖及群众，尼赫鲁于一九二一年被捕，甘地亦于一九二二年入狱。此后印度革命形势空前活跃。不合作运动之所以能得全国人民及中小市民的拥护，就是不合作运动纲领中有关于大众经济利益的规定，如不纳租税、提倡国货、废除阶级制度等。这是一个革命的高潮。到一九三〇年，甘地又提出了更进一步的号召，即向印度总督提出更进步的口书，其中主要的是：（一）废除监税；（二）地租至少减轻百分之五十；（三）行政费至少减轻百分之五十以上；（四）建设印度本国工业；（五）废除法律中的叛逆罪；（六）政治犯全部释放；（七）被逐印度人许可回国。总督对此置之不理，而印度更伟大之革命运动于以爆发，特别是农村的拒租运动，吸引起来了千万的贫苦农民与英政府立于不合作地位。经过了一九二〇年的不合作运动，又经过一九三〇年的拒租运动，印度的革命基础力量，已经不同了。

在一九三〇年以后的十年光景，发生了此次的欧战，印度革命力量有些什么新东西呢？下面是节录一九三九年九月印度国民大会劳工委员会对于欧战的宣言："印度的同情当然是全在民主主义和自由方面，……英法等国政府宣称它们正为了民主主义和自由而对侵略者作战，可是它们过去的史实，却充分现露出临难背信的丑态。""假使现在的战争是为了要维持现状——英帝国主义者的领地殖民地以及既得利益，那么印度对它无能为力的。……如果英国确是为了民主而作战，那么就应该结束他的帝国主义的行动，来建立印度的民主政治。""这么多的新近发生的事实，是惨痛地证明着今日英国宣称要为之而作战的，事实上却反是对于民主主义和世界新秩序的否定。""劳工委员会请求英政府鲜明地宣示这次战争之目的，所尊重的是民主主义的还是帝国主义的世界新秩序和怎样将那些意向施行于印度？"

一九三〇年以前，印度革命主要的是知识分子讲话，一九三〇年农民成为革命主力，一九四〇年印度工人已经以先锋姿态出现了，印度工人不但是发出如上的号召，而且已拿出了新的力量。

"（中央社孟买一九四〇年三月五日合众电）印度各地纺织工人……实行总罢工，停止工作者已达四〇五厂，参加罢工之工人已经十三万七千人，占纺织业全部从业员百分之八十云。"

印度工厂百分之九十五以上都是英国人的，乘英国在欧战进退两难和印度独立运动紧张的时机，对英实行总罢工，在印度独立运动上有非常巨大的意义。

四、印度与中国

中印两国的革命，是世界解放运动重要的环节。因为中国有四万万人民，印度有三万万人民，合共占了全世界人口之十六分之七，即几乎占了全世界人口之半数，中印两个民族如果革命成功，世界人类就解放了一半。从亚洲的范围来讲，中印两民族才是亚洲的主人，中印两民族的抬头，始为亚洲真正光明之日，目前中印都已走了民族解放战争的火线，而且又处在全世界帝国主义开始空前的大战之中，我们有比过去任何时间都有利的争取解放的客观条件。特别是印度，很自由地对英国讲话的时候已经到来了。

从印度最近四十年的革命过程中，得了些什么优良教训呢？

第一，殖民地的民族革命，不能单单只有民族独立的口号，必须对内同时提出民主团结的口号，然后民族独立的口号，才会有社会基础。也只有民主团结，民族解放的胜利始能到来。

第二，殖民地民族革命之民主要求，又必须对于广大下层群众，提出确实的经济生活改良纲领，使民族民主的要求与下层群众的生活要一致，这种民主才是不可能动摇的民主。

第三，没有实际的力量，要处于特权地位的统治者放弃统治，是不可能的（这里所谓实际力量，是指经济、政治、思想等力量之外，还有必要的武力）。英国对印度统治，绝对不会自动放弃。

第四，一种革命到来之后，用压力当然打倒不了革命，就是用英国式的官僚手法，欺骗敷衍，也最多不过拖延时间，决不能取消革命，革命是不可遏止的洪流，愈是有压迫的地方，愈是将来爆发得最厉害的地方。英国恐怕很难想象印度今天的强硬。

这些经验我们应当接受下来，并且进一步谋两国联络互助的办法。

第一，我们希望中央政府的党政军领袖能人赴印度有报聘，如去年八月尼赫鲁来华者然。

第二，希望中印两方能互派常驻文化代表，经常从事文化联系工作。

第三，新疆经中央亚细亚至印度之贸易交通路，希望加以调整，俾加强中印经济关系。

第四，中国正在统战中大锻炼，各种解放斗争□□□，皆可供印度若干参考，更多的印度志士组成的□□□□□，希望能多来中国。

我们被压迫得太久了！在此世界特别是亚洲暴风雨的前夜，中印两民族之携手奋斗，将在新的世界之□□中，产生与□□□的影响。

载《力报》1940年3月18日

怎样粉碎敌人的新阴谋

在相持阶段，抗战最大的难关不在军事而在政治与经济。在政治上最大的危机是敌人的"以华制华"，在经济上最大的危机是敌人的"以战养战"，只有能战胜敌人这两种重大的毒辣阴谋，"抗战必胜"才不是一句空话。

目前最值得全国上下警惕的政治事件，是敌人天宇第一号大傀儡汪逆精卫，在国际和国内复杂变化的环境中，已将粉墨登场，组织其所谓"国民政府"。三月二十日至二十二日，产生伪中央政府的伪中央政治会议已经举行，已经决定了伪"国民政府"人选，决定了伪"国旗"，以南京为"伪国都"，伪府决于三月三十日成立。最荒唐绝伦的是"伪中央政治会议"在三月二十二日闭会那一天，竟决定：

一、国民政府定都南京后，重庆方面（即我中央政府）之对内外各种政会条约协定契约等，一切无效。

二、一切军队（即我抗战部队）应速停战，候政府（即伪府）之命令。

三、一切公务人员（即我政府公务员）应于短期间内返回南京提出到差申请书。

当然这批人类最恶浊之渣滓——汉奸卖国贼所组成的所谓"国民政府"，绝对不能代表任何一个真正的中国人民，当然无任何权力来否认我们全国人民所共同拥护的重庆国民政府——在蒋委员长领导下的抗战政府，这样的汉奸傀儡政府也绝不会得到世界各国维持公理正义的政府的承认，更绝对不会得到全世界人民的同情。我们在伪府没有组织成前，我们就可以为它写好祭文，准备送终。因为在蒋委员长领导全国各党派各军队及全国人民坚持抗战的总方针下，汪逆精卫这批腐败污浊的败类，凭仗着日本军阀指挥刀的掩护，厚颜无耻，出卖国家，是绝对无法抵抗全民族正义的鞭锤。

但是我们不能忽视在日本帝国主义指导下的伪府，在今天的国际和国内形势下，对我们国家民族确有若干影响。

第一个危机是国际的危机。欧洲战局，英法深陷于不利地位。德波战争与苏芬战争之结束，使英法在欧洲之优势发生动摇，特别是威尔斯到欧洲"旅行"一次之后，美国欲利用欧战以削弱英法的经济地位之用心，已为英法所了解。这使老于世故的张伯伦，亦不能不为之头痛。接着是意大利慢慢取下"中立"的假面孔，同德国接近，要向英法讨便宜。意大利态度改变后，土耳其也不会能如英法所希望那样可靠了。因此英法地位在欧洲日陷于孤立，而急于在其他口友寻求与国。从现实主义者看来只有远东的日本是唯一的可以接纳的对象了。因有达拉第表示法国可以承认"满洲国"和可以不许滇越路为中国运输军火之消息。而英驻日大使克莱琪与日本订立各种新协定之说法，甚为人所重视。已经在外交上四面碰壁的日本，又突然得到西方国家的青睐，对于日本至少是一种新的刺激。日本对于侵华军事，经桂南战争的试验，已表现无力再行深入，而其国内危机日深，无论对内对外，都必须要扶助出汪逆这样的一个大傀儡政府来搪塞一番，以图转变其国内外的视听。好像真如同盟社记者自己安慰自己一样，认为是"有重大历史意义"的事情。日本乘英法在欧洲孤立，在远东有求于日本的时候，要挟英法对汪逆傀儡政权作某种形势上的"谅解"是非常可能的。因为以英国为首的西方"民主国家"在中国的经济利益，已经百分之八九十在所谓的"新政权"的势力范围之中了。现实的利益对于现实主义者，是很大的事情啊！

第二个危机是国内的危机。汪逆精卫及其走狗当然是不值一提的无耻败类，但是他们这些坏蛋却是有不少是从我们国民政府中出去的，他们自己当然不足威胁，惟对我们自己内部的弱点，却知之甚深，针对于我们的弱点来肆行卖国求荣的勾当，如无适当的对付办法，对于我国抗战前途，却可能起相当有力的破坏作用。我们抗战阵营中最大的弱点，就是统一团结还不十分巩固。统一团结不得巩固的原因，就是宪政民主的政治制度没有建立，没有宪政民主的共同政治轨道，则国内各党派各地方难免不发生隔阂摩擦的现象，隔阂愈深，摩擦愈裂，容易动摇国民一致抗战之信念。故真正的民主宪政之能否实现，为抗战能否成功之一个重大条件。所以宪政问题成为目前国内政治上争论之焦点。汪逆看准这个问题，就抛出"实施宪政"，作为他卖国行为的一个假招牌。他说伪"中央"的方针是"实现和平□"和"实施宪政□"，特别对于"实现宪政□"，说了一大堆的假话，什么"宪政实施之不容再缓"，又说"务于最短期间，结束训政，开始宪政"（见三月十二日汪逆宣言入在三月二十二日"伪中央政治会议"闭会时，汪逆便说："关于实施宪政，已设立宪政实施委员会，即将于三月内召集国民大会，制定宪法，予以实施。"当然狗嘴里生不出象牙，傀儡组织中怎能有真正的民主宪政，然而汪逆这个手段，实在相当毒辣。□"伪中央政治会议"三月廿二日所决定的伪"国民政府"的"人选"里面，在表达形式上，已经放弃了一党的训政而以伪"维新政府"的梁逆鸿志、温逆宗尧，与伪"临时政府"的王逆揖唐等分任"伪府"的"院长"，更有伪"国家社会党"雷逆□来，及伪"青年党"赵逆毓淞等分任伪"□长"。这对于若干对抗战动摇的官僚分子是有相当吸引力的。汪逆老于官场，半生政客。我们对于□□□卑劣阴险手段，要非常坚决地对付。

我们目前最切要的办法，□□□两□，第一是外交，第二是内政。

在外交上，我们政府应当再度鲜明地宣传我们的抗战外交政策。即凡帮助中国抗战者，皆为我国的友邦，凡帮助汪逆伪政权者，将不能得中国之谅解。中国不拒绝任何国家对我们之友谊，援助不论精神物质，更不论援助之大小，中国一律感激。即对我持善意中立者，亦当报以适当之友谊。然而任何国家与汪逆进行妥协者，其在中国之利益，将不能得我国民政府之保护。我政府应郑重声明伪"政府"之一切外交活动，皆不能认为有效。

在外交上的另一方面的做法，我们应对帮助我抗战最实际之国家，作更进一步之协商，在国际关系上求有力之援助。

至于内政上，我们要用真宪政来击破汪逆的假宪政，他"挂羊头卖狗肉"，我们要"挂羊头卖羊肉"。我们要的的确确把民主的政治制度建立起来，用民主方法所团结成的全国伟大力量，来粉碎汪逆的阴谋。

汪逆正在执行敌人以华制华政策，这不是汪逆个人"悔悟"与否的问题，而是敌人灭亡中国的另一种毒辣手段的实施。我们全国上下一定要在外交内政上坚决地走向一个新进步，才能在政治上战胜敌人和它的走狗。

载《救亡日报》1940年3月24日

桂南战局之现状与前途

桂林文艺界新闻界于一月上旬组织南路慰劳团,赴昆仑关一带劳军。这是该团团员范长江先生慰劳回来后的一篇综合报告,承特许在本刊发表,并此誌谢。

——编者

我们要了解桂南战局重要,首先要研究敌人进攻广西所用的兵力,敌人最精锐的师团是第五第六第九三个基本师团,是用在一九〇四——一九〇五的日俄战争中有光荣历史的师团,尤其是第五师团板垣曾任过师团长,在七七事变以来,凡是最紧急的时候,都是调第五师团担任作战,可谓转战南北,历尽风霜。这次在昆仑关发现了第五师团炮兵联队中一首诗,充分表现了第五师团的行动在屡次战争中的重要,诗题为"转战二周年",诗文分六段:

(一)

出师的诏令颁下,
路上大陆原野的征途,
于今已二度星霜,
戎衣的襟袖也破烂飘垂。

鲤城健儿殉国的意气，
是永远炳耀星辰。

（二）
翻越过察南八达岭的天险。
攻陷了遥远的晋北的
长城门户——
平型关，忻口镇的城垒。
山西首都的太原，
□裂着击碎城□的炮声。

（三）
金戈转指向河北的原野，
渡过滚滚的黄河，
冲入山东。
包围住徐州结集的"敌军"，
更艰难的作战！
面临着数倍的"敌军"，
心中起着"炮灰"的悲壮自誓。

（四）
南海汹涌着逆卷浪潮，
渡越过万顷波涛，
冲破珠江的铁雷阵，
击溃广东佛山的"敌军"。
在空寂的"敌军"阵地仰视徘徊，
南国的子夜闪烁着十字星。

(五)

屯驻在山东，
静肃地磨刀淬剑。
游击队□集丛生，
"讨伐军"有如风卷落叶。
那鲁西鲁南的"扫荡行"。

(六)

国境的阴风乱飞，
兴安岭的朔风吹过旷野，
整列的行伍颤抖寒慄，
啊！那时候——
完成兴亚的重任，
期待着不久到来的时日。

从这诗里看出第五师团二年来转战南北都是担任重要的攻击战，起初奉"出师的诏令"，由平津进攻察南南口，再由察南攻平型关，又攻忻口，然后到太原，再由山西经河北渡黄河入山东，参加徐州大会战，台儿庄一役，使他感觉得"更艰难的作战"，以致怀着"悲壮自誓"，作"炮灰"的恐惧。及广东战争发生，又担任冲过珠江的封锁线攻略佛山，以后调回山东整理，担任鲁西鲁南的"扫荡"工作。日苏在外蒙边境冲突，第五师团又调往诺门坎与苏军作战。最后就是这次调到广西来。

这次桂南战役，第五师团是敌方的主力，现在我们要深刻的研究，敌人为什么要用第五师打广西？据现在搜集的材料判断，敌人打广西有几个重要企图。

第一是外交上的企图。外交上的企图是要进一步的威胁英法，使英法在远东更能屈服日本，以便利日本更能压迫中国，为什么进攻广西就能威胁英法呢？

在广西南面有法属安南，安南西有英属缅甸，再西为印度，在安南与缅甸之南为暹罗。暹罗之南为马来半岛与新加坡，暹罗实为印度支那半岛之中心、日本在暹罗做了很多工夫，暹罗已成亲日政府，去年四月二十六日改名为"泰国"。为什么要改名"泰国"？因为日本人认为暹罗是中国过去的藩属名称，暹罗应当以民族立国，暹罗是什么民族呢？日本说是"泰族"，因此取名"泰国"，而所谓泰族是包括所有安南、缅甸、广西、云南、贵州等处的少数民族，如此在整个印度支那半岛和西南中国的少数民族，就有被挑拨起来的可能。

暹罗现在的军备，都是在日本操纵之下的，政府及军队内有许多日本顾问，而且去年十一月日本与暹罗又订有航空协定。暹罗更名泰国后，即发生压迫我旅暹华侨的事情。

这样我们可以说敌人在印度支那半岛的心脏，已经有了很大的阴谋，今天如果再北占桂南，则对于印度支那半岛英法的势力，成为南北挟击之势。英法欲保安南缅甸的安全，不能不迁就日本的脸色。

第二是政治上的企图。政治上的企图可以分为两方面来看：(一)敌人认为广西是支持抗战最力的省区，打击广西就是打击抗战派，打击了抗战派就可以使妥协派有新借口："你们抗战派的家乡都被敌人占去了，还抗什么呢？"(二)挑拨后方，希望云南从抗战阵营中分裂。这是武力威胁与政治阴谋并用的。

第三是经济交通上的企图，在南宁未失陷前，我们共有四条国际交通路线，西北有一条通苏联的公路，西南有三条，一由云南通缅甸的公路，一由云南通安南的铁路，由广西通安南的公路，主要的要靠西南的国际交通线。今天出口贸易中的桐油锡锑等都主要由西南运出，同时外国军火输入，也大半由西南运入，就是苏联供给我们的军火，也有一部分由西南进口，如果西南的国际交通线断了，军火入口不易，出口贸易必发生困难。敌人计划估了南宁之后，除直接断绝南宁安南交通之外，还间接使安南感受威胁，而更不敢予我以滇越线运输的便利，现在敌机不断轰炸滇越铁路使法国不能不更迁就日本，敌人当然希望挑拨云南的政治阴谋能够成功，使滇缅线也不为我所用。

其次要报告的是敌人进攻云南的经过一般的情形，大家都已知道了，不过对于南宁失陷的主要原因，还有指出的必要。

第一是轻敌的错误，敌人在长沙会战失败后，一般人预料敌人已无力再攻广西，即攻亦必再攻长沙，以洗雪失败的耻辱，对于桂南防备，比较松弛，谁知敌一面调第五师团等部南开，一面在武汉放反攻长沙空气，我们报纸上还大登特登"敌集五个师团将反攻长沙"，这无异是上了敌人的当。十一月十五日敌突在钦防登陆，以致猝不及防。第二是兵力不够，在钦防敌登陆部队有两个半师团（第五师团，第二十八师团及台湾旅团）共十九个联队，约五万人，而我方仅一个军，共计九团，不及敌人二分之一。以兵种而言，我仅有步兵，敌人则炮骑空皆可配合。故其攻击势力，占绝对优势。第三是政治军事的一部分腐败现象。桂南虽有十万大山之险，但敌人此次窜入广西，是由土匪汉奸为前导，绕道入南宁。而土匪汉奸之养成，则与去年敌人策动大规模之走私有极大关系，在走私过程中便调查好了当地的地形、军情并且豢养口了若干直接间接的汉奸，所以这次能利用汉奸引导，从羊肠小道，避开我军的防御地区，冲过十万大山。开道入南宁。

第三部分要报告的是克复昆仑的经过。

由钦县到南宁三百里，南宁到昆仑关一百里，共有四百里长的单线交通，单线交通太长，兵力不够，是军事上的大忌，如果敌人兵力充足，一方面可以由灵山横县进攻郁林贵县，另辟一个战场以巩固邑钦路三百里侧面，一面可由南宁出柳州百色，威胁滇黔，且敌抵达昆仑关后，已感兵力分散与兵力不足之苦，患"孤军深入"之大忌，所以十二月初，最高统帅乃决定了一个反攻的计划，就是"关门打虎"的计划，就是分一部分兵力南过邑江，横亘邑钦路上，关十万大厦山的"大门"，一部分兵力担任正面"打虎"的工作，然而大虎在南宁，要取南宁必先取南宁外围的昆仑关，即要打"大虎"，必先肃清外围的"小虎"，要打"小虎"，又必先关"小门"。自十二月十日左右开始反攻部署，南北岸部队都分别移动，以北岸而言，我先将昆仑邑间交通截断，然后正面攻昆仑关，敌欲守南宁，必死守昆仑关，我要攻南宁，必先攻昆仑关，因此演成最壮烈的争夺战，自十二月十七日我占领预备阵地，十八日起开始正面总攻，至十九日仍没有结果，二十日我用战车正面冲锋，曾冲入昆仑关，但敌力尚强，步兵未能续入。二十二日起，我改用侧面攻击，二十五日又冲入昆仑关，二十六日占领一日，但敌仍顽扰山头，不肯退却。我们仍只好退出，改而配合炮兵，仍用正面攻击，此时我神勇炮兵对昆仑关一带山头袭击，将若干山顶都轰成了秃头，什么堡垒也打光了。这次在敌兵日记中可以看出，他们对于我们的炮火非常害怕，二十四日敌旅团长中村正雄，因增援阵亡，当时山顶上的敌兵弹尽援绝，只靠飞机运送，据一个敌兵的日记里说，一班人分五两米，还要维持三天，并且连水也是由飞机运送。

这时我们的步兵充分发挥了手榴弹的威风，果敢的进行肉搏战，终于在十二月三十一日我完全歼灭了敌军，正式克复了昆仑关。

就战果来说，这次可以说是空前的，就敌军官长而言，昆仑关敌旅团长中村正雄战死，两个联队长，三个大队长都被打死，第五师团四十二及二十一两个步兵联队及一个炮兵大队，大部被消灭，全大队的大炮及所有附件，全被我缴获，战利品运到桂林的就有二十一卡车，还有许多被士兵得着的不知凡几。有人向杜聿明军长要战利品，他说："你们向士兵要好啊，好的东西他们都留下了。他们交给我的只有大炮和枪弹。"这次的战利品中，尤以几大箱文件最有价值，抗战以来，向来不易得着敌军文件，这次的文件中有第五师团对华作战的经验与对苏联作战计划等，平时用数十百万元的代价，也买不到手的。

克复昆仑关的意义在那里呢？第一点虽然夺回昆仑关，只等于打死一只"小虎"，而我们歼灭了敌人两个步兵联队。把最精锐的第五师团，打得落花流水，这足以证明我们的力量是愈战愈强；第二点证明敌人战场纪律退步，如文件可以用火焚，大炮之附件可以毁掉，但是我们这次得着的大炮，都是完好的。因此知道敌人最坚强的部队，结果不过如此；第三点是地势上，敌人要发挥巨大企图，在桂南必须有攻守自如的态势。要能攻守自如，昆仑关是非常当重要的据点，昆仑关克复之后，敌人已渐渐入于被动地位，既不能自由进攻，难能自由防守。相反的我们已渐入主动态势，南宁敌军当感重大不安；第四点是政治上的影响。敌人连昆仑关尚且守不住，威胁英法，当没有什么效果，而所谓打击广西，挑拨云南，只好成为敌人主观上的幻觉。

最后，我们要分析桂南战局的前途。

第一点看法，桂南战局是持久的，不是速决的，桂南敌人，我们不可能马上把他解决，因为第一敌既深入桂南，付了很大代价，决不愿轻易退出，必定继续增援，希图久守。第二桂南战局中心在南宁，南宁是个很好的国防要塞群，在我反攻的新军力量没有充分强大前，克服南宁，比较困难的。

第二点看法，是敌后重于正面，甚于上述的原因，我们要反攻南宁，不是目前所可能，唯有用全力截断敌后交通彻底控制邕钦线，关牢"大门"，使敌人外援逐渐断绝，这样敌人的人员械弹等，一天一天减少，敌力一天一天的疲困，到适当时机，然后给以决定的攻击。

第三点是政治要与军事配合，我们要把邕钦线、邕宾线以及南宁附近交通完全控制，则我们必须把上述山区的民众争取过来，使每一个民众都不受敌利用，有组织的与敌人对抗，敌人没有我们的民众的支持，是不能生存的，因为没有粮食就要饿死，没有老百姓给他们探听消息，就不知道我们军队的动向，这样一来，敌人非一天一天衰败不可。

第四点是政治进步第一，要使政治配合军事，目前最重要的是政治治进步问题。特别是敌后政治工作，目前最紧急的设施，应有下面的两点：

第一任用精干的地方行政干部，战区及敌后县长及其以下的行政干部，不仅要有行政上的经验，而主要的要有坚强的抗战政治头脑，而且要能应付战时工作，必须是年富力强的青年。

第二给战区及敌后人民以适当的民主，首先应实行村街长民选，人民有了相当民主之权利，对于抗战才能深切的关心，对于抗战的确有了深刻了解，然后才能彻底动员，也只有当地民众彻底动员了，那个动员才能有基础。最近广西曾在接近战区一带征调了三万多民夫，到敌后担任挖土破路工作，这种征调是不能维持长久的，因为财政上的支出，平均每人每月伙食十元，每月得三十余万元，每年得四百万左右，而且被征调区域的生产也发生问题，我们要利用当地的民众就地动员，既不妨碍生产，又可坚持抗战，不但壮丁有用，就是老太婆小孩子也能作抗敌工作，如在山西的游击队叫妇女及儿童作传达与侦探，如果把战区及敌后民众都动员起来，力量也就大了。人民自己选举的村街长，人民一定能服从信仰，有事时都热心去做，效果必然会好，浙江省的保民大会自选保长，在民众动员上收到了很大的成效。

广西本有很好的下层政组织基础，又有贤明的行政领袖，经过这次敌人的刺激，将来定有更大的进步。

只有政治进步，才是争取桂南抗战胜利乃至全国抗战胜利的最大保障。

载《国民公论》(汉口) 1940 年第 3 卷第 3 期，第 86—89 页

论南宁战局
——参观了昆仑关战地之后

昆仑关克复以后之南宁战局，已经到了一个新阶段。

敌去年十一月十五日从钦防登陆，二十四日入南宁，十二月四日占南宁北面险地之昆仑关。我军于十八日反攻昆仑关，三十一日又将昆仑关夺回。到一月十三日为止，敌我尚相持于八塘山地。敌亦正设法增援，我亦正在作各种部署中。昆仑关克复以后的南宁战局，无论在性质上态势上都与过去有不同的地方。我们对于南宁战争也应当有不同的看法和作法。

敌人攻略南宁的企图，本在以军事配合政治上"逼和"的阴谋，而希望由此而达成下述诸种任务。第一，切断我西南国际交通。首先是越桂公路的遮断，然后威胁滇越铁路。敌占南宁后，即以小队飞机不断炸云南与安南边境之蒙自，故其企图至为明显；第二，打击广西。企图以军事失利，堵住主战派的发言权，同时扰乱后方，予抗战以极大的威胁；第三，威胁英法，特别是法国。使他们感觉安南缅甸的危险，而更屈服于日本。因此，敌人对于南宁的企图，原则上在求守得着，不在急于求发展，但是如果南宁被敌人占牢，他对桂越滇都随时有威胁力量。他就可以达到他所希望的企图。

敌人在军事上要能确保南宁，而且取得攻守自为的地位，必须要有几个条件：第一，必须确保南宁的外围的据点，特别是昆仑关和大高峰坳。占据了这两点，方可以阻止我大军向南宁的反攻。而取得随时进袭柳州的态势。第二，必须确保邕钦路的交通，使南宁敌军的物资人员补给不生问题，始能持久作战。第三，必须有重兵屯驻南宁，策应四方，然后不至于为我反攻军所动摇。敌人于十一月二十四日占领南宁。即迅速向北进攻，十二月四日即占领昆仑关，宾阳迁江皆告紧急，柳州桂林亦受震撼。且在邕钦路上以重兵掩护修路，故其态势，最初甚为有利。如果昆仑关与大高峰均和邕钦路的必要布置，皆被敌人次第完成，西南军事大大可虑。

敌人此次用于南宁的兵力，也不能算小。从战争过程上所得实际的材料研究，敌人兵力共约两师团半。即第五师团，第二十八师团，和台湾守备队。第五师团有八个联队，二十八师团有七个联队，每联队有三千余人，故合约五万余人。且第五师团为敌军之精锐，与第六第九两师团，同为日俄战争时有名部队、卢沟桥事变以来，第五师团转战南口、忻口、太原、台儿庄、广州、山东以及诺门坎日苏冲突，此次调攻广西，事先亦曾作两个月的山地战训练，且在运输与钦防海岸的攻略上，曾动员三十余只军舰。空军方面，则出动一百余架飞机。

首先我们南路和敌人对抗的部队，只有×军，共计×个团。而且都是步兵，所以敌人在十一月中旬登陆之后，即直入南宁。

敌人这个兵力攻略南宁，是相当充足，而且已经有暂时的成功。但是要进一步维持南宁的外围和后方交通，就立即感到兵力不足和兵力分散的痛苦了。因为邕钦沿线计长约三百里，这三百里是完全暴露于我军攻击目标下的"侧面"。这条路至少要步骑炮兵等五六个联队来维持。昆仑关和高峰坳是我军反攻的正面，至少也要步炮兵三四个联队，才能保障南宁北面屏障的安全。而南宁的本身本是一个国防大要塞，亦有四五个联队的兵力镇守不可。于是敌军在占领南宁之后，即刻受到兵力条件的束缚，配合上我军各路的反攻，于是不得不由主动变为被动。从十二月四日敌军占领昆仑关起，敌军已不敢前进，处处暴露了兵力不够的现象，于是给我方以调集军备准备反攻的机会。整整两星期时间，我们准备已经完成。十二月十八日开始对南宁外围反攻。而主力战则集中于昆仑关正面。又经两星期，死守昆仑关之敌两个联队，被我歼灭大部。此桂南雄关乃复为我所有。

昆仑关作战之经过，证明敌人有誓死保持南宁外围的决心。尽守昆仑关者为第五师团之四十二及二十一两联队，及一炮兵大队。其旅团长中村正雄及二个联队长皆已阵亡，士兵伤亡大半，而仍用飞机增援补给，至死不退，直至全部歼灭而后已。则在敌方看来，要确保南宁则昆仑关绝对不可放手，与邕钦路之必须保全同等重要。

敌人没有估计到：中国军队作战力量的增强，更未曾经验到：自己已经占领的据点，能给中国军队反攻夺去。昆仑关是我们军队打硬仗下来的。打下昆仑关之后，南宁外围的形势，落到我们手中了。自然，到一月十三日为止昆仑关南面的八塘七塘两高地还在敌人手里。大高峰坳我还未曾正式攻击。如果上述各地再进一步扫荡之后，所谓南宁形势，只是邕江北岸平原中的要塞群而已，八塘七塘和高峰坳的克复，照目前情形看来只是不久将来的事情。

我们在收得南宁北面屏障之后，是否应当攻击南宁？根据昆仑关坚攻胜利的经验，不少人主张乘胜直入南宁。事实上恐怕将来有些变化。第一，过份强调"攻坚"，在我重兵器还不够和技术训练尚不成熟的情形下，攻坚对于优良步兵之损失太大，这对于最后反攻力量之培养上是一个很大的挫折，整个抗战形势，目前也不需要我们过分的攻坚。第二，南宁是我们自己作好的国防要塞区，而且针对由北面南之敌为假想敌，故我正面攻南宁，必须与南宁坚强之工事搏战，牺牲必大。盖昆仑关无永久工事，仅系野战堡垒，与南宁不可同日而语。我对昆仑关之进攻，仅有战车受地形限制未能施展威力，如即攻南宁并不能即刻得到绝对攻击优势的战斗条件也。

敌人对于南宁不会轻易放弃的,但是昆仑关克服之后,敌人欲利用占领南宁所起之作用,则已大为减少。如无特殊重大的条件发生,敌人今后欲从南宁向外发展,亦十分困难。因此敌人不断增援,但是它所能增加的援兵是不可能很大的。

因此南宁战局的最近将来是一个相持局面。

将来最可能的形势:是我方继续攻占八塘七塘大高峰坳之后,正面与敌相持于南宁要塞之外,我当不断予敌以陆空囗方的袭击。而敌我将来要激烈的争夺,恐将在邕钦路三百里之间。我以断敌后路——"困敌"为第一手段。使南宁敌的补给完全停止,而且消耗殆尽之后,始给予致命的要塞进攻。而敌人方面则利用一切力量,务望能保持邕钦路交通,不使南宁成为孤岛。

因此最近将来南宁战局的重心在邕钦路上。(一月十三日)

载衡阳《大刚报》,收入《星期文摘》1940年第1卷516期,第109—110页

国际新形势与抗战前途

一、似乎是一件怪事

一九三九年十二月十四日国际联盟大会，因苏芬战争认苏联为"侵略"，宣告苏联"出会"。在表决时中国代表受政府之命令，与墨西哥等九国一致放弃表决权，就是对于国联认苏联为侵略而加以制裁的事，表示不能同意，就是不愿意附和芬兰英法等国主张，而持独立自主的见解。在九一八以后，我们中国曾签请国联制裁日本，希望国联维持世界和平，反对世界上的侵略战争，国联调查团为中日战争（他们叫中日纠纷）到中国来，我们朝野皆曾热烈欢迎，一直到今天，中国还是遵守着国联盟约，尊重国联威信，为什么独独对于苏芬战争问题上，当芬兰政府也和中国九一八以后一样签请国联制裁苏联时，反而不赞同芬兰的主张，不同意开除苏联呢？岂不是中国今天也赞成"侵略"，也倾向帝国主义政策呢？

二、政府的三个立场

政府对于国联处分苏联问题弃权，不是偶然的事情，而且经过了最高××会议的讨论。这里面可以看到现在政府处理国际问题的基本立场。

第一，是中国的立场。

中国政府办外交，处理国际问题，是以中国国家民族利益为前提，对于中国这样有利就这样做，对于中国那样有利就那样做。我们不是英国的立场，也不是美国的立场。过去国际情形，对于日本侵略中国，国联还多少有点号召作用，所以我们的签请国联，号召会员国援助中国，制裁日本。但在新的国际环境下，国联在今天已经只是英法露骨的御用的工具，已经完全失去了维持世界和平的意义，而且也完全没有了维持世界和平的力量。苏芬问题的性质也与中日问题性质不同，中国自然没有盲目跟随人家尾巴后面的必要。

第二，是抗日的立场。

全中国人民今天的死敌，是日本帝国主义。日本帝国主义正在用全力来扑灭中国抗战，要奴役整个中华民族，所以全中国人民今天唯一的目标，唯一的要求，唯一的努力，都集中在打倒日本帝国主义上面。帮助日本帝国主义的是我们敌人，帮助我们的是我们的朋友。芬兰和苏联比较，芬兰对我们抗战没有什么帮助。苏联和英法比较，苏联给我们抗战的实惠比英法要大得多。那么我们自然无与芬兰英法一鼻孔出气的理由了。

第三，是现实的立场。

也有人认为苏联是"侵略"芬兰，中国与芬兰同受侵略，故应同情芬兰。而且苏联既为"侵略国"，则它对中国抗战之援助，也不可靠，安知其将来不"侵略"中国？这里姑且抛开社会主义本质不谈。从现实利益观点上看，苏联无条件地大量援助中国，是事实；比其他口中同情中国，而实际隔岸观火，甚至从中渔利的情形看来，不管将来怎样，今天还没有参加反苏阵线的必要。

中国这次弃权，显然是政府异常英明的处置。

三、国际新内幕

政府此次在苏芬问题上这种明敏正确之决定，在中国外交史上亦初放自主外交之光芒。实由于国际形势在一九三九年中已起巨大之变化，特别在欧战以后，国际内幕已非皮相论者所能得其真象。国际间习惯用之名词术语，皆因事实之变化，而发生真假之争议矣。

首先成为问题的，是真和平与假和平的问题，真民主与假民主的问题，真信义与假信义问题。世人都称英法为"民主"国家，而且是"和平"阵线的主力，讲法律重条约，在若干人习惯中，英法是标准国家。英法在九月初相继对德宣战，对世界宣称，其战争之目的在维护"民主"，打倒独裁的希特拉主义。大英帝国张伯伦政府要求各殖民地一致参加对德战争。然而印度国民会议之答复，却出乎张伯伦意料之外："民主原则必须在印度实现，俾与已宣布之作战目的相符。"尼赫鲁在新闻记事报发表声明："印度国民会议要求英政府明白宣布英国进行目前战争之目的，而英政府之答复，实与民主精种不相容。英政府作战之目的，显然欲维持并巩固大英帝国与帝国主义而已。"这里就发生了大英帝国的"民主"和印度的"民主"的不同。在中国这样的被压迫的民族看来，我们所要求的民主不是英国所标榜的民主，而是印度所要求的民主。

英法这次对德宣战，说是为了维持世界的"和平"。第一次世界大战后凡尔赛条约的经验暂且不去管它。英国大文豪萧伯纳十月十五日在伦敦工人日报所发表的"和平"意见，到也值得参考。他首先说，他也赞成和平，不过，从另一方面言之，不和平也无所谓，"盖一九一四至一九一八年之世界大战，既使德奥土俄各帝国毁灭，故并未虚费光阴。如目前之战争能扫荡大英帝国，则也当不致光阴虚费也"。萧伯纳是世界公认的正直的英国文豪，他并非是急进党人。日本侵略中国达两年以上，他也口口声声叫东亚的和平，我们不顾一切的抗战，也是为了亚洲的和平。这里却有真有假。

至于"国际信义"，英波本有互助协定，而在九月一日德波开战时，英政府曾通知波兰坚决抵抗，英国必为后盾。现在波兰已亡，英国之信义何在？萧伯纳说得好："请一询波兰人对'保证'有何感想！？"

除了真和平与假和平，真民主与假民主之争外，世界另一特点，为英苏两国的斗法。十月十五日英国名学者韦布在讨论英法对德之和战问题时，曾在《工人日报》上指出："英苏关系，乃整个形势中之最重要因素。"这一句话道破了新世界形势的特点，英苏斗法乃全局演化的主题，德法等国在英苏看来都是配角。为什么？因为大英帝国是旧世界的支柱，而苏联是新世界的先驱。在资本帝国主义与社会主义的总对立上，也就是新旧世界的斗争上，英苏互相间才是根本的绝对的敌人。苏联的坚固与发展，必定有摧毁资本主义世界的一天。首先是大英帝国的崩溃。至于资本主义内部法西斯国家和所谓民主国家的冲突，在老谋深算的大英帝国政治家看来，都是可以调和的，故一心一意想协和资本主义各国的利害冲突，而使之转变为反苏与侵略弱小民族的战争。如此可以一箭双雕，既可以缓和旧世界内部的矛盾，又可以打击新世界进步的力量。我们如果回顾慕尼黑协定与英法苏谈判的经过，当可以看出英国的用心。当一九三八年七八月间，希特勒要侵略捷克，捷克本是法国的同盟国，然而英法为了出卖捷克，收买德国，张伯伦这位尊贵的绅士曾三次亲自飞德，屈就希特勒。第一次为一九三八年八月十五日在柏提斯特登，第二次为八月二十二日在哥德斯堡，第三次为八月二十九日即有名的不光辉的慕尼黑会议。在出卖捷克的阴谋中，张伯伦平均每周去法国一趟。等到三月十五日捷克被吞，张伯伦宣称受骗，乃进行对苏谈判。以后法国也参加，好像真要联合民主国家制裁德国。但四月十五日英第一次提案后，至八月二十六日谈判破裂，其中共经过一百三十四日，其中苏联用以准备答案与提议者共十六日，而英法拖延浪费者至一百一十八日之多。以英国谈判人物言之，史特朗仅一外交部中欧司司长，与堂堂首相张伯伦之三见希特勒者，其差别不可以道里计。此当能使人明白英法苏谈判乃张伯伦外交上拖延时日之办法，英国真正之目的，在有充分时间，组织反苏战争，而诱德国为前锋，期一举而败德苏，以收"坐山观虎斗"之实效。苏联与德国同受英国阴谋所暗算，故翻然改途，谋彼此关系之调整，乃有八月十九日德苏商约之签订，与二十三日之德苏协定，苏联至此乃放弃其与虚伪的民主国家联合以镇压法西斯之政策，而转变为放任资本主义内部战争，而自己则采取中立自固的和平政策。转变法西斯之锋芒，以对付虚伪的民主国家之首脑。苏联一向所执行的镇压法西斯之政策，为张伯伦之反苏阴谋所逼迫，不能不在长期忍耐谈判之后，终于放弃。苏联外交政策一变，德苏协定签字，仅一星期而德波战争即起。

德波战争起后，英国又表面上支持波兰，誓遵守英波互助协定，而实质上则采取如下之步骤：①联合法国对德"宣"而不"战"，以欺骗世人耳目；②指使波兰抵抗，而实际上袖手旁观，诱德东进；③由法国顾问指挥一部分波军，东撤过维斯杜拉河，接近苏联，而故意放也将与德军在东部山地作游击战之空气；④英法德意代表在罗马进行秘密协商。这一些作法，当使苏联感受不安，而不得不谋所自卫之道。故九月十七日苏联迅速动员四百万大军，进入波兰，将波兰复杂局面予以解决，而与德国正面相向。九月十九日希特勒在但泽发表演说，声明德苏两国不愿为西方民主国家之利益而作战。可谓在波兰问题上，张伯伦政策又一次落空。至此以后，英苏对立日渐尖锐，苏联乃在波兰之外与苏联安全有关之地区，皆作万全之准备。两国斗争之焦点集中于波罗的海沿岸，与黑海及斯坎地那维亚半岛。在波罗的海沿岸三国问题上，苏联很迅速地缔结了互助协定，确保了三国所有之军事要地。在黑海问题上，土耳其之态度虽未能全如苏联所期望，但在英法土互助公约中，已明白规定不负反苏之责任，其唯一之目的在阻止德国发展至东南欧。此在土耳其为自卫，在英法为逼德东北向以反苏之老谋。第三个斗争焦点，遂集中于斯坎地那维亚半岛之芬兰。芬兰本非重要国家，全国人口不过三百多万人，只等于我战前上海与今日列宁格勒等大城一城之人口。无论就军事经济政治各方面言之，芬兰皆无口道者。如以其军火购入情形言之，一九三九年一月至九月，购入飞机零件总值不过四十万美元。而十月中一个月之购入价值则为八百四十万美元，即十月一个月之军火输入为九个月总和之二十一倍。则芬兰后面已有人从事操纵，高速度从事武装，盖彰彰明甚。苏联对此当不能坐视，要求若干有关国防之实施。对于北冰洋方面要求租借巴伦支海方面之彼特莎摩半岛，以掩护穆尔曼斯克和亚力山多斯克两个不冻港之安全。在波罗的海方面则要求汉科半岛或阿兰群岛之租借，以巩固荷兰旧门户。在陆路方面，芬边距离列宁格勒太近，只有二十二公里，故要芬兰国境西撤数十公里，而附于若干交换条件。这可以说是英苏斗争的短兵相接的一幕。芬兰如果再同情苏联，英国对苏联之军事进攻企图将大感不易了。所以英国不能放松，利用国联这个虚设，先指苏联为侵略，而自己挺身支持芬兰。目前苏芬战争如何演变，关键不在芬兰，而在莫斯科与伦敦。

　　国际上第三个特点是国际反动势力反解放运动的阴谋。即各国一部分顽固分子所企求的反解放运动的联合阵线。张伯伦所代表的不只是英国保守势力，而且也是法国的保守势力。他们眼中的世界，是现有的不合理的世界，就是他们作统治者的世界。他们企求的是现实的不合理的"和平"，在现实的和平中，他们才可以逐步加深剥削，巩固统治。统治者间的冲突，他们总惯用慷他人之慨的办法，牺牲弱小，以求自肥。他们要保持他们的政治军事经济力量，以维持永远的统治。除此以外，都是不相干的事情了。从九月英法对德宣战后，到现在已经四个月了。西线战事反越打越平静，英法在等什么呢？显然地各国的统治阶级都在考虑战争的前途。各帝国主义政府火并的结果是什么？是不是各国统治下的殖民地与国内劳苦阶级的抬头？是不是会招来自身统治地位的崩溃？

希特拉彻底了解英法资产阶级之无牺牲决心，故拼命向英法身上找出路，而英法资产阶级则瞻前顾后，玩弄虚玄，而无法以自拔。战争僵持局面愈长，各殖民地之解放运动与各国无产阶级之革命运动，必日渐抬头。此将使没落的资产阶级更不敢轻于真正从事战争。在欧洲方面，张伯伦始终没有停止英法德妥协的梦想。而远东方面，英美日协调共同制止亚洲民族的解放运动的计划，也有不少人在进行。他们相互间只是独占东亚与利益均沾的斗争，而并非有原则上的冲突。自然调和各帝国主义的企图，不会成为事实，但是有若干阴谋家在活动，则值得当心。

四、中国与苏联

在新的国际形势下面，中国与苏联的关系，又重新被人考虑了。特别在波兰与芬兰问题发生后，中苏关系的前途，有不少人提出若干忧虑的观点。从中国立场上再来研究中苏关系的本质，不是枉然的。

有人因为芬兰事件而对于中国今后总的国际路线，提出考虑。这里我们应先从大的原则谈起。首先我要从现实的转弯抹角的事实中，回到一个根本的问题。我们是三民主义的国家，抗战的目的也是为了实行三民主义。这里我们要问："中国将来是站在帝国主义方面，还是反帝国主义方面呢？"我们抗日战争，应当无疑问的是反帝国主义战争，我们是被压迫民族的解放战争。所以我们在本质上不能站在帝国主义一面，只能站在反帝国主义一面。无论如何曲折，苏联和帝国主义是不能相容的。

其次，以远东情形而论，共同现实的利害，也决定了中苏的关系。苏联在东方的大敌是日本帝国主义，而中国今天的死敌，正和苏联相同。姑且把苏联社会主义本质不谈，把苏联的援助被压迫民族的政策不讲。单讲利害，中苏也自然是一致。苏联援助中国问题，在中国不变为反苏政权的条件下，一定不会有变更，而且只有更加积极。

第三，中国不是波兰，更不是芬兰。所以绝对不会有波芬的前途，何以故？①波芬政府乃英法的爪牙，其任务在反对苏联，担任前哨。中国政府为独立自主的政府，与苏联同为有反帝国主义的民治主义之国家。②中华民族奋斗之目的在打倒日本帝国主义，而非如波芬两政府之目的在对苏战争，或至少尽包围苏联之责。③中华民族发展之前途，与苏联之发展相辅而不背，波芬乃为苏联国防安全之要地，其利害与苏联完全相反。

第四，就抗战两年多来，外国援助中国之实例观察。苏联援华实出至诚，而数量至巨。英国之五十万镑，美国之一千万美元，而苏联在无声无息之中，已给予中国之援助，至少有美国之二十五倍。此在我政府当局知之至深，故亦不必多赘。

故在中国不变更抗战国策及不转变为英法反苏工具之条件下，中国所得苏联援助，将继续加多。而中苏邦交亦必日即于良好。

五、日本侵华政策的新动向

配合着各方环境的变化，日本对中国的进攻将更加强其政治意味。如果说"诱降"政策已经失败，则"逼降"阴谋，则正在着发展。

日本帝国主义要彻底的实行以华制华，完全用忠于日本的中国人来治中国，还在日本主观上讲是最根本的办法。我们值得注意日本在南京北平一带所举办的新民会大民会等各级干部训练班，武汉的维持会训练所，汪精卫走狗叶蓬所主持的伪"中央军官学校"，但是这些走狗训练所只能供它维持一些占领地行政军事干部人员之用。而整个战争来解决之前，敌人最急切企求的，还是用各种方法，逼迫中国投降。

这里我们要领悟到汪精卫伪中央政权的酝酿，时而又说成立，时而又没有结果。其中曲折全在迫和问题的手法上。日本军人中有些打仗打急了，急切希望汪精卫上台来解决目前下不了台的局面。而日本若干稍有远识之士，知汪上台，不过安置一些官僚，而于中国问题之解决，不但没有正面的好处，反而阻挡了与中国妥协之路。这和国际反解放阴谋一致的，他们希望为中国留一条妥协之路，以增加妥协份子之动摇。故汪精卫一起一伏的消息，完全起着政治阴谋的作用。

在外交上我们也可以看出敌人一种狡猾新姿态。国际反动资产阶级中一些"死硬派"正在酝酿着新的反苏战争，那么凡是在苏联脸上涂黑灰的工作，日本都乐得与英法死硬派一致，死硬派说苏联无信义，苏联放弃了和平政策，苏联也变成了帝国主义，于是日本便作出了些日苏妥协的烟幕，如九月十六日之《诺门坎停战协定》日本更夸大其辞。最近之赤塔协商，日本恰合着苏芬战争，而显示苏联在远东有与日本妥协之意向，此点可增加全世界人士对苏联立国态度之疑虑，而更增加中国对苏邦交之系念。十一月十五日南宁战争起，敌军放出关东军调广西作战消息，亦即挑拨中苏邦交之一贯作用。就实质言之，日本除以空气与姿态以满足英法等政府希望外，它的一举一动，无不以打击英法类为依归。日本作战之目的，在囊括东亚之利益，除中国外，菲律宾安南缅甸印度及南洋各地，无不在日本想望之中，故赶走英法美出亚洲，为日本所不可少的要求。而实际上打击英美列强在亚洲之势力，亦为日本既定之步骤。一九三九年二月日本占领海南岛，可谓对今日之中国毫无关系。其意义盖在对西南太平洋之列强势力作斗争。蒋委员长认此为太平洋上之"九一八"，实有其明敏之见地。再就暹罗国言之，日本已在暹发展有强固之基础，暹罗被日本之指使，一九三九年四月二十六日更名泰国，谓系由泰民族组织而成。而所谓泰民族者，在安南缅甸广西贵州云南各省中，所谓苗猺等民族，皆属泰民族。苟所谓泰国逐渐成长之后，印度支那半岛及中国西南各省与印度，都将成为问题。十一月二十七日日泰已签订航空协定。日本飞机已访问过印度支那半岛的心脏——暹罗。今再取南宁，是对印度支那半岛的北面再下一包围棋子。这样逼迫英法考虑其根本利益，而更对日本让步，促成中国对日投降局面。最近日美日英又在进行谈判。日本很可以放弃若干独占的利益，与英美分肥，构成远东帝国主义的联合战线，共同制服中国等被压迫民族之解放运动。

如果说南宁之失守，是因为敌人在桂南半年来的走私等政治阴谋，作了多少预备工作。则西北目前之走私，则大堪注意，单以宁夏吴忠堡一地而论，平均每月走私达三千万元之巨。因走私而起家者、在吴忠堡一地有二十万元财产以上之居民已有五百余人。故继南宁战争之后，敌可能在西北再发动一次封锁中国国际交通线的战争。而他的目的，也是逼和。

六、我们的前途

我们抗战的前途，本来早已定好了"抗战必胜，建国必成"的大道，应当没有什么问题，但是国际和国内环境巨大变化之今日，中国抗战的前途又显现两种危机。

第一种危机是中途妥协。这是国际阴谋家和汉奸主和派的新计划。他们在国际上策动反解放运动的大团结；而把中国全民族一致奋斗以求解放之目标，转移到对中国内部政权消长的考虑。特别是芬兰与苏联战争开始后，芬兰顾西林政府的例子，使若干人更振振有词。这个阴谋包括三个部门：①英法等民主国家对中国政府之适当支持，与对日本之适当压制。②日本独占中国计划之相当让步，如开放长江珠江等。③中国在表面上得到领土主权之完整后，终止抗战。这个危机现在在各方面成长。当然此中间还有许多不易解决的困难。但是在一九四〇年中，这个危机如无适当之方法加以阻止，将给予中国以重大的损害。

第二个危机是观望。即徘徊于和战之间。这是对于国际与国内形势的变化把握不定，而徘徊观望。这在表面上比第一种危机稍胜一筹，而实际上观望态度必然发生两个现象：①国际上友敌之分不明，各方敷衍，以望时变；②国内之进步迟钝，分心内争。也由此必然发生两种结果：①外援不固，因我态度模糊，各国对我也存戒心，当然不会积极援助。这就迟滞了我们的反攻力量的准备。②团结不坚。今天全民族是在抗战建国一个大目标之下团结起来的。如果这一个总目标迷离不清，国内共信互信的力量，必然起相当的离心变化。外援不固与团结不坚，则客观上将使观望态度发展至于妥协之途。

故我们全民族必须重新警惕抗战危机之严重，而重新把握住整个民族的前途。

我们全民族第一件要把握的，我们只有站在求解放的人类这一面，不能和帝国主义站在一起，中国绝对不可能在帝国主义体系中找到出路。孙中山先生临终时致苏联的信上说得明白："我希望国民党在完成其由帝国主义制度解放中国及其他被侵略国之历史的工作中与你们合力共作。"所以中国革命的"历史工作"是要打倒帝国主义制度所加于中国之束缚。中国对日抗战，即执行中国革命的反帝国主义的历史任务。我们除坚持抗战得到最后胜利而外，实无第二条路可走。

第二，在国际形势变化中，有些人更加对于中国自身力量，没有自信。我们试回想两年余来抗战之经过，中国自身力量之成长为如何巨大：自政治方面言之，全国人民政治知识之进步，实超过平时五十年之国民教育。全国青年政治干部之普遍的锻炼与生长，此中必将产生无限的优秀政治人物。就外交与行政经验言之。中国亦属有非同小可之长进矣。如从军事言之，中国军事力量之成长，不但已经使自命世界强国的日本深刻认识，而世界人士考虑亚洲局势时，已不能不考虑中国陆空军之地位矣。至于经济方面，中国国家银行制度之强化，民族工业之成长，已渐使中国社会起着根本的变化。总之，中国过去两年多的抗战中，支持抗战的主要力量是中国自己，而不是其他。我们过去力量薄弱，还能抗到今天，以我今天已经进步了的力量，一定可以继续抗战下去，取得最后的胜利。

第三，即以外援而论，在抗战初期与今天情势，也完全不同。九一八以后至抗战初期，我们饱尝了"空气"的安慰，"道义"的支持。绅士们在大宴会中稍稍批评日本几句，我们已受宠若惊。然而今日如何？空话我们已不听，英法已有若干实物的援助。而苏联对我无担保的空前大借款，如非坚持两年余之抗战，绝对无此可能。坚决抗战始能得友邦的支持，坚持抗战，必能得友邦之继续的更大的援助。盖在抗战行动中，始能决定中国在世界解放斗争中的立场。而自身有相当力量坚持抗战，始能得一条战线上的战友的援助，故大胆抗下去，外援可以更多。

第四，有人顾虑国内党派问题，故不愿再战。其实这一问题，与抗日问题不同其性质。后者为全民族生死存亡的斗争，前者为有政治方法可以解决之内部事件。中国与日本帝国主义不能并存。而中国国内各党派则有方法可以合作。中国国内党派间的问题不是根本的生死存亡的问题，而是一般国家间所共有的问题。解决党派问题的办法，只有重视事实，实行民主。就可以纳党派关系于正轨，大家一致在民主政治机构中团结抗日。国民党六中全会决定在一九四〇年十一月十二日召开国民大会，制定宪法。这就指出了解决国内党派问题的途径。实施宪政来解决党派问题，当然不是很难的事情，与对日本帝国主义那样生死存亡的问题，性质太不相同了。只要真真实实实行宪法，尊重民主。国内团结不但不会成问题，而且将发出更伟大的抗战建国力量。

第五，有人以为国民党再继续抗战，将给其他党派以夺取政权之机会。这完全看轻了国民党，看轻了国民党在抗战中力量的发展。以中国之大，历史上能有一次比得上这次抗日事业的伟大乎？国民党已经领导了这次伟大的历史事业。全国各党派各阶层皆在国民党领导之下，一致为民族解放事业而奋斗。这应当是国民党过去历史上最辉煌的时代，最有权威，最有声望的时代，这就是了不起的成就。今后再继续坚持抗战下去，全国人民当然拥护国民党，如果国民党一直坚持抗战至最后胜利那一天,则国民党在全国人民的心理上,当已植下牢固的信仰,也就是不可动摇的地位。在此全民族共同生死存亡的时代,任何党派要想巩固政权或者取得政权。只有站在全国人民的生死存亡的大义上,为全国人民而奋斗,领导抗战之胜利,与建国之成功。此外都是末枝。因而为巩固政权着想,也只有坚持抗战,争取最后胜利。这一个最根本的办法。

所以,不论新的危机如何可虑,为全民族利益想,为全中国人民想,为今天领导抗战的国民党想,也只有打破一切困难,坚持抗战,巩固团结,以争取最后胜利,才是一条唯一无二的光明大道。(十二月二十日)

载《浙江潮》(金华)1940年第93期,第10—14页

集体主义的实践

国新社两周年了。两周年的经过，说明了什么呢？从它的实质上讲，只可以说是对于中国青年新闻记者学会三年来所号召的集体主义作了一个初步的实践，两年来若干新闻事业和个人都已经实践了和实践着某种方式和某种程度的新作风，国新社是用企业方式来实践集体主义的一个小小新闻事业。

国新社的同人大半都曾在或正在其他新闻机关工作，我们共同感受到的最大苦闷，是我们所担任的新闻工作，往往不能始终依照时代和社会的要求而服务。相反地，小集团或者少数个人的利害常常决定了一个新闻事业的方针，在这情形之下，我们新闻工作者就不再是"时代号角"，而成为私人工具。因此在两年前许多朋友就希望新闻界有一些永远为时代为社会而服务的新闻机关产生。这个新闻事业的基本态度，不是少数主持人可以自由决定，而是为全体同人所赞同，也就是同整个时代的要求一致。比如目前是抗战时代，中国新闻事业必须坚持抗战，为抗战而呼号。到任何艰难时候，中国新闻事业不能有第二个态度，纵使一个事业中有一二动摇份子，这只是少数个人问题，整个事业态度不能变更。就是说：一个新闻事业的目标或者它的政治态度，应当是这个事业的大多数人决定的，不是个人决定的。

其次，在态度上，有些经营新闻事业的个人，在一定时间也是很开明的。但是等到他们个人目前的利害和大众永久的利害相冲突时，他们往往会牺牲大众，背弃原来的目标。要能保障这一点，事业中的民主组织之有无，就成为决定因素。很多报馆只准他的从业员俯首应命，不能自有主张，而少数当局则有极大的自由。在许多新闻事业中同人很少讨论式研究问题，更谈不到共同决定。这一点我们国新社有点进步。

第三，既然工作的目的，不是为少数人，那么我们在工作与生活过程中，就要不断创造新的工作和生活方式。因此一般新闻事业中个人的浪漫的生活方式，必须过去，而代之以集体的严肃活泼的生活方式。要从集体中创造更好的生活方式来，增加生活上真正的快乐。在工作上，我们不在因付几个薪水，或者新闻工作为作官阶梯，那么，在工作中就应当用会议制度，随时改进工作，把工作效率提高到更高水准。国新社就是上述三种集体原则，干了两年。我们集体的目标，学习着集体的组织和集体的工作与生活方式。当然，我们这个实践的程度还非常浅，经验还非常缺乏。我们诚恳地盼望得到全国先进们更多的指导。

载《国新社两周年纪念特辑》（油印）

宁波同乡慈善工作的中心：上海四明公所
三厂停柩所具有悠久历史，战后受影响陆续运柩回籍

上海四明公所是旅沪宁波人最早组织的一个团体，而具有悠久的历史。远在清季，上海开头为商埠以前，即由万邵诸先哲集资发起创立，分头进行，劝募建筑费用。后来并举行了"一文捐"——由热心赞助的同乡，每人按日捐款制钱一文，维持困难——那时同乡响应捐助的非常踊跃。终于聚沙成塔，奠定了巩固的基础。

发起组织四明公所的宗旨，本就以建造丙舍，设置义塚，安归旅衬和设立医院等慈善事业，专为四明旅沪同乡服务。因为是由旅沪宁邑七邑旅沪同乡合组而成的缘故，于是就定名为四明公所。这实在是旅沪甬人慈善事业的中心。

前清嘉庆二年间，四明公所在法租界民国路八里桥兴工建筑所址，占地达十七亩许，房屋是非常宽大。并在宁波江北岸泗洲塘建造宁波四明公所和丙舍厂房。到民国七年，因为工作的开展，又在南市日晖港建设南厂，十年又在闸北横浜桥建立北厂。后来又因为寄停存柩的拥挤，便于民国十四五年间在浦东三角陈增筑东厂，专供同乡的寄停。

根据该所的章程，凡是有同乡寄停灵柩，须凭有捐款的团体商号或董事担保。普通停柩以一年为期，期满不领便由公所运到宁波泗洲塘甬厂去再停一年，假使仍不领取，即移至义山安葬。关于迁运棺柩回甬，

每年分清明冬至二期，或用轮船或用帆船，由管理人随时酌量情形而决定。至于贫苦同乡寄柩，假使家属是贫苦无力领运回籍的，得觅具保证，到公所报明住址代为运送。

南北两厂停柩所，除了普通统厂以外，还有特别高敞的房屋，分为厅堂舍三等，凡是寄停的须按等纳费。关于殇孩未成年棺柩，另外在北厂和南厂内设有专厂，可以纳捐寄停。

各厂里寄柩的数目，因为年久的关系，数目已是不能统计。公所方面曾于民国二十六年秋季，计划进行调查，后来因为战争猝发，便把这工作停顿起来。现在还没有准确的统计，只有一个约数：南厂约九千具，北厂存柩约四千余具，东厂最少，只有三百余具，总数一万二千具。以县籍来分，最多是鄞县，约占百分之四十五，次是镇海、慈溪、奉化、定海、象山。

售材赊材亦是四明公所的一种重要善举，是专为同乡而设。贫苦的同乡只要凭有捐款人来票领取。至经费来源，完全是由热心同乡捐助的。凡是捐款在一百元者，每年可以票取赊材一具，一千元者可取十具，捐款多寡依法类推。至于售材的总类，则分有许多等级，最好的是楠木（独幅和八仙），其次是松字、柏字、桐字、椿字、天字、地字、人字、福字、禄字、寿字、全字、吉字、祥字、喜字及小材等多种。

沪战以后，同乡售材的数量较以往增加，统计民国二十六年售出四千七百六十四具，内有赊材一千一百四十七具，占总数百分之二四·八。二十七年售材五千三百四十六具，内赊材一千三百三十七具，占百分之二三·一四。二十八年售材四三百八十三具，内赊材八百三十一具，占百分之一八·九六。

但是因为运输困难和百物高涨的缘故，制材的木料价亦已昂涨二三倍以上。普通赊材每具价在战前仅值二十六元，现在却需五十元左右了。

经济方面，除了公所房产租金及股息等收入外，外界捐款亦是十分踊跃，常年捐款和"一文捐"，二十七年份有三三〇四九·〇四元，二十八年份达三四三九四·七〇元。支出方面，事业经费占百分之一八〇，三厂开支占百分之一七，事务经费占百分之六五。

民国二十六年"八一三"沪战发生后，因为闸北南市浦东三厂，已成战区，交通阻梗，运输困难。租界区内所有同乡棺柩，便无法运送入厂寄停，于是就改堆积在法租界维尔蒙路四明公所的二十余亩空地上。战事西移以后，各厂所在地均成沦陷区，积于租界区内之棺柩，仍无法运入。同时因为沪甬间航运时断时续，往返亦极为不便。日积月累，先后堆积于租界区的棺柩，共达三千余具之多。后来法租界公董局卫生处方面，因为鉴于有妨卫生，于是就勒令迁离，但是当时既无法运入各厂，又不能运甬寄停。法公董局曾建议设法火化。后来经公所董事虞洽卿先生与法国驻沪总领事等折冲力争，始得在行驶沪甬线的德平谋福两轮，每班每艘装载二百具，运到宁波江北岸甬厂去寄停。逐渐将积置租界区内的棺柩清理。

在"八一三"沪战中，各厂因适当战事要冲，所以都受到了毁坏损失：其中就以日晖港南厂损失最重，陈殓的吉祥厅全被炸弹炸毁，附近孩厅亦有被毁，所有孩柩尽付乌有。东厂方面丙舍一部亦被炸毁，并毁坏了许多棺柩。北厂损失较轻，仅毁了一小部份房屋。这些毁坏的地方，因为当地已经沦陷的关系，所以迄今尚未动工修理。

自日晖港沦陷后，当地日兵曾损毁南厂里寄停的三十多具棺柩，强行搜查。后来经公所派员前往修理，但是不久又重被打开，以致棺柩破碎，尸骨狼藉，情状是很凄惨。这亦是公所成立后的一个浩劫。

近二年来因为交通受阻，已很少有棺柩运进厂舍，亦很少运出。

最近因日方又通知沦陷区内各公所寄停棺柩，限四月底以前迁出掩埋，否则即行火化。四明公所现在已经公告各寄停棺柩同乡，速即设法迁运至安全地区，或设法运甬。以致近几日来凡是寄停棺柩同乡，群情惶惶，纷纷设法迁移，四明公所的工作亦是十分紧张。

四明公所是宁波旅沪同乡慈善工作的中心，四明医院亦是由四明公所董事及各同乡发起募集捐款，就公所原设的各善会病院旧址扩充改建而成的。

百余年来，四明公所的工作，已在数十万旅沪同乡的脑海中，留下了不易泯灭的印象。

载《上海宁波公报》(两周年纪念特刊)1940年，第56页

重庆与昆明

前同盟社曾造谣说,在云南霑益被其击落的中航机"重庆"号,长江先生亦曾在内。但是后来事实却告诉我们,这是敌人恶毒的无耻的谣言。当时的情形怎样,想必为东南读者所关注,现将长江先生此文披露,当为读者诸君所欢迎的吧!

——编者

一、走向迷离之都

重庆与昆明只有三小时左右的航程,中国与欧亚两个航空公司每周共有渝昆班机四次,渝昆间公路交通,通常亦不过八日左右,故不能算十分联络不便的地方,但是昆明的政治消息,重庆的社会一般是奇怪的隔膜的。比方九月初旬,日本对越南进迫甚急,声言假道,志在云南,全国人心,皆热切关心云南的局势之发展,云南如有不测,则不但西南国际交通发生障碍,而重庆安全亦且难能巩固,越南对日军屈服,系于九月二十二日签订投降协定,日军于二十三日在海防登陆,知此印度支那半岛为之大变,龙云主席在日越协定之前一日在昆明发表谈话,大意谓日军图在越登陆,或者有声东击西,欲吸引重庆方面的防御兵力,而恃机攻川之阴谋,但我×战区,本分区作战,兵力独立支配,绝不会受敌人诡计影响,即以云南本省力量,独立作战,也可以击退敌军,这段谈话本无不妥之处,但在重庆作为密切情报传播着,好像云南问题相当严重,甚至某些外国记者对此更加渲染,好像日本只要在越南登陆,云南就会发生事端,当然,龙主席的谈话,是被人断章取义的了解着,不是事实真相,然而在重庆却曾发生这样严重的误解,至少可以说明,昆明的情形还未被国人清晰的了解,总多少觉得昆明是迷离恍惚的地方。

为了了解这个西南国防重镇的云南,和以云南为中心的印度支那半岛的状况,我们国新社需要我来云南一行,这一回却几乎结果了性命,十月二十九日在云南霑益被日方击落的中航机"重庆号"本来有我的座位,并且也有同业陆诒先生的座位,我们都偶然地在十月二十八日晚上临时设法改定了行期,没有让日本十月三十一日关于我殒命的广播得到真实的内容,实在,也非事先所料想得到的。

二、盆城,山城与山间盆地

云贵两省,在一般人心目中,和"山"字分不开,贵州是有名的"地无三尺平"的地方,而云南更是横断山脉所经,孔明南征的记载与传说,蛮山恶水之印象,深入人心,绝难想到云南有广大肥沃的平原。

我会过不少到过云南的朋友,但是从没有想到昆明附近竟有如此伟大的平原,十一月四日下午五时"康定号"飞机到达昆明上空,一望无边的平野,中间蜿蜒穿凿着森林的行列,平原的一边是连带着浩瀚无波的灰色湖面,昆明城整个被安置在昆明湖(滇池)的旁边,城内只有很少的一点高地,它的形式就很像北平城内的景山。

除开水路交通和政治的重要性等条件而外,重庆实在还不及昆明,昆明附近有平坦肥沃的平原,而且有非常完备的水利制度,这只有成都平原可以比美,以农产而论,重庆当不及昆明远甚,昆明有五百里的滇池，水产丰富，舟楫通畅，此点成都也不能赶上，如以风景而论，昆明酷似北平，北平城内有景山，昆明有五华山。

北平道道皆遵南北东西方向，昆明亦然，北平街上多牌楼，昆明牌楼亦壮观，城外，北平有西山，此地亦有西山，北平有汤山温泉，此地亦有安宁温泉，为昆明各界要人周末休息地方，至于北平的人工作成之昆明湖，比之昆明的天然昆明湖，自然难及于后者情趣于十一，再就气候而论，重庆夏季酷热，各季阴寒，而昆明则四季之气候，皆甚均匀，惟雨后稍冷，故此地有"四季无寒暑，一雨便成冬"之谚，这种天气对于穷苦的人方便不少，联大学生，经济困难者甚多，他们有不少出卖衣服来维持生活，也只有昆明这样地方，才能让他们苦撑下去。

三、不合理的苦与乐

我在十一月四日到昆明，正是敌机在十月十八日滇缅路重开后，狂炸昆明半月之后，在重庆动身时，我非常害怕到了昆明没有住处，托了许多朋友介绍住宿关系，谁知昆明市面，损失甚微，就市区而言，昆明和重庆比较，后者如受了重伤，前者只算抓破一点小皮而已，所以我们还能看到昆明市的本来面目。

当天晚上，我住到航空公司附近。名叫"西南"的一家大旅馆里，我非常惊异，离开北平之后，在中国的极西南又走进了北平的王府，画栋雕梁，碧墙红幔，室内设备，在重庆除了欧化的嘉陵宾馆与新都招待所而外，没有一个旅馆可以和他比拟。

夜来了，红绿的电灯光统治了昆明，咖啡馆诱惑的招牌，大电影院迷人的广告，大餐馆，小食店，漂亮的糖果店，广播的音乐放送，最新式的一九四〇年汽车，载着欢欣的男女，在电灯光的照耀下，驰向他们所喜欢的娱乐场所，在人行道上，红红绿绿的男女，肩并肩，手携手的走着，笑着，无论电影，饭店和咖啡馆，客人总是满的，许多衣冠楚楚的男女在高贵的享乐场所之前，作着虔诚的候补者，我们过惯了战时生活的人，突然遇到这种现象，好像又回到了战前繁华的上海，经过了今年夏季大轰炸的重庆，只中一路一段，才有点简单的市面，大家过惯了破烂的生活，从没有想到大后方的昆明，竟至如此的豪华，当然昆明的繁华不是说明云南民众一般生活水准的提高，而是暴露了"发抗战财"的暴发户在昆明这种比较安全的地带尽情在享乐，抗战是全民族拼死命的斗争，我们全民族对于任何艰巨的抗战任务，都当义无反顾的担当，但是我们不能任广大的军民的血肉为少数发国难财者作成了他们个人享乐的金字塔，政府一再提倡"统制"，我们要求政府首先统制这批发国难财的人们！

实在，在音乐悠扬，脂粉缭绕，有似上海大光明影戏院的新建大影戏院中，面对着与抗战无关的美国言情的怪诞的影片，偶一闭目回想，千千万万个面黄肌瘦，冬季仍赤足单衣到前线抗战的壮丁，又想想转战前线的士兵，往往因为米价过高，饭不够吃，每顿都要由连排长亲自分饭的情形，更难忘怀的是伤兵和病兵，他们已经因为抗战损伤了身体，或者侵蚀了健康，在凄凉的古庙中，或者在简陋的茅舍里，他们当然憧憬着伟大蒋鉴女士的照料，但无情的冷落事实，总摆在他们的面前。

抗战不是为少数人造成发横财机会，我们要彻底控制全民族的人力物力，为了全民族的生存而战争。

四、中国的一条大腿

昆明这种畸形的现象，不是那一个地方的人应负责任的问题，而是整个国家的政治经济组织有了极大的缺陷，要纠正昆明这种不合理的现象，不只是一纸命令所能取缔了事，而是政府要确实管理国家与地方特别是私人银行，不得像现在这样毫无限制的投机，政府更要严格管理交通制度，调整公私运输，不能让人任意从中得利，国内与国际贸易，必须通盘打算，流通有无，不能容许囤积居奇和私得外汇，只要发国难财有了限制，昆明目前这种不合理的奢靡现象，就自然会相当减除。

我们不能因为昆明曾为而且正是冒险家的乐园而根本否定了它的重要性，更不能因此而忽视了云南军民对于民族抗战之忠诚，我们要坚定的看到昆明今后在抗战中的重要，而且要充分发挥昆明对于抗战的积极作用。

如果说重庆是今天抗战的头，那么兰州和昆明，就是中国的两条腿，左腿兰州对于苏联的关系上有重大关系，右腿昆明对于英美远东关系之运用上是我们非常重要的据点。

九月二十三日，日本已侵入越南，八月二十日泰国已与日本订立允许日军假道之协定，缅甸迟早必有事，日英美在南洋的战争迟早必然爆发，中国为了配合一切反日力量，以便赶走日本出中国。在印度支那半岛上，日本发动侵略战争之时，中国为了巩固西南国际交通线，为了保卫西南边疆，那应对印度支那半岛的政治与军事态度，应当采取积极政策。

云南不是一个普通省区，昆明不仅是一省的首城，昆明是今后中国的一条大腿，必定要这条腿健康，才能在西南对国内站得稳对国际踢得出。

这条腿过去害着"黄肿病"，赶紧要治疗，我们同时要医治中国的"心脏病"，不许不好的血液到处横流，然后才能确保获得四肢健康，云南若干领袖与青年正在努力中，在某些地方确有不少进展，但是还待全国各方人士给他们以同情的援助与鼓励。

载《浙江潮》1940 年第 124 期，第 152—154 页

越南革命的新时代

一、统治的罅隙

读过本年十月十二日越南人民统一革命党致世界各友邦和敬告越南革命同志之寓在中国者两个宣言的人，都一定会惊异于越南民族革命力量之迅速成长，使对越南革命素抱悲观的人，也不得不对越南形势重新估计。一九三〇年越南独立党领袖阮世传曾说："越南革命成功，要再过四十年"，他最主要的根据是法国统治势力的强固，和越南革命力量本身的分歧。但是从去年九月欧战爆发到今年六月法国投降，法帝国主义本身的腐败与无能，已经将法国第一等强国之地位根本推翻，本年九月日本要求越南政府假道攻滇，在日本军阀威胁利诱之下，越南政府竟至卑躬屈节，允许日军在海防登陆，将越南最富庶之红河流域，拱手让予日人。法国越南殖民地政府已无力保护越南之安全，已为公认之事实。法国在越南之兵力不过三四万人，而越籍军队则有十万左右，在法国威信已失之情形下，这十万越兵不但不能为法国可靠的助手，而且无疑地是法国统治者一大威胁。

日军在九月二十三日在海防登陆之后，本可一鼓作气，并吞全越但美英在太平洋上反日态度之坚决，使日本对整个南进计划，不能不有所观望。要观望就暂时不能急进。所以已经在越南北部登陆之日军，又不得不大部撤退海南岛，以待太平洋外交的变化。

在法国旧的统治已经开始动摇，而日本新的统治还未曾建立起来的当中，对于越南革命运动来讲，的确是一个很难得的时机。所以我们看到在本年十一月中，越南人民的暴动接踵而起，据法方公布在十一月二十五日至二十八日三日间已被捕五百余人。

二、对于法国统治的清算

今日所谓越南，共分五部，法国最先并吞者为以西贡为中心首府的印度支那部份，又称南圻，南圻以北为中圻即以顺他为首都的安南部份，中圻之北为北圻，即以河内为首府的东京区域，法人之得中北两圻，系在一八八六军中法条约。我们的军队在一八八五年（光绪十一年）在冯子材、岑毓英领导之下，曾大破法军于谅山，因为那时通信不灵，昏庸的满清政府还不知道自己打了胜仗，竟把越南整个让予法国，之后在一八八八年，法又占领柬埔寨（即高棉区）一八九三年占领老挝（寮国）这五个区域中共有人口二千余万，其中约一千六百万为安南民族，其余四百余万是泰族。

法人统治越南；第一系将越南分离，而造成彼此对立，互相摩擦的局面。法以印度支那区为完全殖民地，其余四区皆为保护国，名义上皆有国王之存在，除东京区已无国王外，安南区与柬埔寨老挝皆有国王，这种傀儡的国王除完全听命于法人所设立之总督、参办，和高级留守使之外，只有领法人所给他的薪水，这样徒拥虚名的国王，法国人还要设法造成他们所属人民对他们的仇恨，比方保护国人民相互来往，限制甚严，而法保护国人民至殖民地（印度支那）旅行，则非常自由。于是使保护国人民非常羡慕殖民地，而仇视其国王。

中国古代专制帝王最专制的作法是以"偶语者弃市"为最高程度。然而越南新刑律（一九一七年实行）却明文规定"凡二人以上之商议，其行为者，谓之阴谋，处以放逐之刑"。因此越南人到饭店请客都没有了自由，必须先向警察们"讨人情"，否则就要犯大罪。法国统治越南，所用武力，除正规军三四万人，（海陆军在内）及越军十万人内外，还有警察二万人，密探五六千人。警察与密探十九为越南人，在法国所颁布的残酷新刑律下面，这些被法国人豢养的警察密探简直是吃人的魔犬，生杀予夺，无法无天。

法国统治越南在经济上所施行的掠夺政策，更是卑鄙无耻，所有越南的矿山工厂铁道航运出入口贸易，都是在法人手中，越南人根本无过问主权，就是越南人原来祖宗传下来的土地，法人也实行无理由的侵占，法人常将重要土地占去，再租与资本家经营，谓之租借地就东京区而论，在一九二五年已有一百五十五处二〇〇公顷以上之土地被如此办理，矿山附近平均在四五十公顷之土地，有三十四处皆被法人占去，此外则捐税重重，有人头税，生意牌税，田税，地税，产业税，街市税，乃至于婚丧事件，呈递公文，无一不税，照一九四〇年由总督所颁布的法令，自一九四一年起，狗也要上税，结婚而欲宴客，须缴六十元。如果说中国曾经形容某个地区军阀之苛捐杂税，用了如下的对联："自古未闻粪有税，而今只有尸无捐。"这实在可以来形容越南殖民地政府。所以法国作家魏馁笃痛（Ngre d Octon）看了越南情形，曾经感慨的说："法兰西这群鳄鱼、占夺了肥沃的土地，还要抽磽瘠土地的苛税——比封建时代更厉害百倍的苛税。"

三、越南革命的发展

越南民族革命，大致可分为三个阶段，一九二六年中国的国民革命以前为第一期，之后至中国抗战与法国投降为第二期。法国投降以后至现在为第三期。越南自身革命力量过去比较薄弱，因为历史地理关系，中国政治形势之发展影响越南至深，当然法国的投降对于越南影响之巨大，更有其决定意义。

中国大革命前之越南革命，是表现在零星自发出状态，革命组织尚异常薄弱。如一九〇三年以后之零星暴动；一九一七年梁王狷之泰阮事件；一九二三年范鸿泰谋炸越督于沙面；一九二四年南定纸厂五千工人之罢工，夏烈公司全体雇员之罢工，括林之农民暴动，高绵高朋镇市民之示威运动；一九二五年西贡兵工厂八百人之罢工，拒绝修理石力米奢力兵舰，因该兵舰系欲驶入中国海面以干涉中国革命者。

中国北伐运动自广州策源地发动之日，越南革命志士，深觉越南进一步组织革命之时期已至，若越南国民党，若越南青年革命同志会，若越南革命党，若越南共产党，以及在巴黎组织之安南民族独立党，皆先后产生，比较有计划有组织的领导越南各地的革命，如一九三〇年二月之大暴动，其范围及于燕摆、红河、河内、拦达、寓寿、兴安、海象、福斗，而谅山、山西、南定等处亦同时响应。此次革命虽未成功，而给予法人之打击，实异常重大。

但是越南各革命党派互相团结合作之精神，过去甚为欠缺，彼此虽皆甚努力，而在某些情形下，造成互相牵制，相互对消之局面。法国投降之后，越南各党皆重视越南革命力量发展上千载一时之良机，同时也慄于新统治者又将来临，乃联合各党，组成为统一之革命力量，正式产生"越南人民统一革命党"以领导越南整个之革命运动，越南统一革命党不但拥有各党原有之社会基础，而且在越军中有多少的力量，今年八月美施发生兵变，南圻要塞头顿地方，越军拒绝调防，结果造成法人大屠杀越兵之惨案。十一月中全越各地之不断暴动，皆与统一革命党有关。无疑的，越南统一革命组织成立之后，对于今后越南革命甚至于东方各民族的解放运动必有巨大之意义。

四、中国抗战与越南革命

对于已经统一起来了的越南民族革命运动，我们正在抗战中的中国对于越南革命应当采取什么态度？

一定有人主张应顾虑对法外交关系，对越南革命只好袖手旁观，这种态度貌似周到，而实际必受祸不浅。第一，法国无论如何在今后三年之内，在国际外交上，特别是亚洲问题上没有发言权，顾虑法国，实在不必。第二，在抗日观点上越南是敌人南进的跳板，越南革命爆发，就会让日本增加更多困难，第三，从西南国际交通上看，越南对中国与云南的交通，比今天滇缅公路的价值大得太多，越南革命如果能够成功，我们西南国际交通，就不必再去翻那横断山脉。第四，更基本地从中国抗战的本质上讲，根据三民主义的民族主义，我们应联合被压迫的民族，特别是和我们历史地理关系密切的民族，一齐来谋解放。这样才可以加大我们求解放的力量。第五，就技术观点上，我们要援助越南是没有什么困难，政治上予以扶助，军事上相当协助，外交上适当配合，越南形势，立即会有很好的转变。

载《精忠导报》1941年第4卷第3期，第13—16页

摧残新闻界人权之一例

——湖南《开明日报》受摧残之经过

国内政治逆流，首先是加紧打击新闻界，□□□□□□□□□□□□□□，□□□□□□□□，□□□□□□□□□□□□。国内新闻界被压迫的事实，实在不胜其记述。除将共产党机关报《新华日报》之横蛮压迫，为众所周知外，举其大者言之，四月二十六日重庆中央社会部无理封闭青年记者学会总会，无原则的加紧全国各地新闻检查。三月三十一日停止桂林救亡日报之发行，二十八年六月封闭河南战地之大众报，今年一月，在金华无故拘捕国新社东南特派员计惜英，通信站干事谷斯钦等。全民通信社无故不许发稿。而湖南《开明日报》事件，更为□□□□。下面为该报二月二十七日在该报上之记述：

"本报自二十八年八一三创刊以来，恪守政府法令，遵循政府指导，宣传抗建大业，从来不敢后人。乃突然本年一月十六日深夜，横遭便衣搜查，捕去本报重要职工十人及来客一人（另一人颇有内线嫌疑，故未计入），无罪状复无证据，一个半月，始略予讯问，案悬两月未决，尚不许本报公开。本报以一言论机关而竟遭此重大压迫，倘再隐忍不言，不仅本报与捕去同人将冤沉大海，永无昭雪之日，即全国新闻事业，亦将因开此恶例而失去保障矣。故不得不将事件经过，向社会公开，俾获得公正之评判：

"此次事件发生之前二日，即一月十四日深夜约一时许，突有一便衣来本报借口请登广告，而其后则随有十余人环伺本报门口，本报骆总编辑当告以时间已过，其人悻悻而去，且右手已一枪在握矣，事后有人劝骆总编辑暂时离社避锋，骆以本报为政府指导下之报纸，政府自当予以保护，故未之置理。乃十六日深夜十二时以后，突有便衣数十人冲入报社，各执手枪电筒，声势汹汹，如临大敌，先至印刷厂材料室搜查，前后三次，结果除印刷器材以外并无他物，至于编辑室之物件与资料室之书籍，反而丝毫未动，继而点名捕人，计捕去本报社会服务部长兼合作社经理袁邵光，总编辑兼印务主任骆何民，编辑主任高山，美术编辑陆田，校对兼代编辑魏奇英，会计刘桂吾，刻字工人侯镇南，排版工人张之健，传达何福生，厨工老刘，及来宾易绍培（易年已六十）等十一人。当时姜代社长曾请其出示逮捕机关之捕状，而彼等既无文件出示，更不肯宣布机关名称，但将被捕人员用绳索捆绑，扬长而去。临行时则语姜代社长，谓本报宜继续出版，吾人闻之，实不知其为安慰本报耶抑为讽刺？然其时编辑经理印刷三部重要职工皆被捕去，账目表册又被搜去，实已濒于绝境，幸赖全社上下咸抱不屈不挠之决心，而为代社长兼主笔，以校对充编辑，以检字工人排版，一人充作二人，一钱用作两钱，勉强支持，以迄于今，独于刻字一部份，则无人可以兼代，致两月来之本报，当有大标题而用出小字围匡代之者，于此本报不能不为过去两月之内容贫乏印刷不良而向读者诸君致歉，现本报正力图振刷一新，以期对国家社会多所供献矣。

"本报于次日多方探听，始悉被捕诸人，均押在本市郊外，而袁骆两君即以便条致姜代社长，谓为逮捕机关不许本报将事件公开。在衡阳拘押半日，仅各审问一二次，所问亦无非各人履历报社情形，而于本报印刷所方面较为注意，至于本报编辑内容，则并未提及，且表示对不住，其后袁、骆、侯、张、高五人押解耒阳，其余则改押域内某防空壕中，地卑湿，暗无天日，席地而居，复加镣铐，直被视为盗匪矣。被捕同人受此非人之待遇，多有病者。嗣本报因急需清理账目，经多方恳求，始得将会计刘桂吾保释，而其他一部分重要账目表册单据未见发还，同时管狱人员则谓刘无罪，故公家不供给伙食，而问之索费，实则全体留衡之被押人员皆未供给伙食，系由本社出费包饭，若云无罪则未见同时释放，若云有罪又不供给饮食，诚令人难索解，袁骆等押赴耒阳之后，约每十天提讯一次，在衡拘押之五人，后亦解耒，然迄日前为止，尚未经审问。至所间之事，均属陈迹。其最重要者，为本报副刊编辑成君莫铭有异党嫌疑，其人现在何处。按成君系以一读者进而入本报工作，其时在骆君回任总编辑以前，而在去年九月间由社长条说辞退，则成君是否有某种嫌疑，似于本报无涉，于骆总编辑更无干，另一则为骆在长沙《阵中日报》任编辑时，系何人介绍，事前与该报总编辑蔡鸿干是否熟识？其后复何故脱离该报？按骆君系于二十七年长沙大火前后，任省政府国民日报总编辑主任，蔡或因此知骆君之能力，其后省府改组，骆君离去《国民日报》，适值《阵中日报》扩大篇幅，蔡遂邀骆君参加阵中日报，且骆君言有中央社唐主任际清之介绍，后为人中伤，至于三月底改组，骆君遂退出，后经前九战区政治部主任兼阵中日报社长胡越先生召赴长谈数小时，一切误会冰释，并即为胡氏邀任秘书，至本报创刊时，始应刘社长之邀，在本报工作。则其事既非出于骆君之错过，更与本报无关，此外所闻者，均属枝节小问题，甚至本报走廊所用之三角灯架，亦被屡次讯问，而在审讯之中复屡次威吓，不许将事件公开，审讯之内容即已若此，则究为何故兴此大狱？据有关方面消息，谓系零陵破获一案，牵涉本报，惟仅此一案，尚不致出此，又于本报事件发生之前日，在报社附近之王家二爹屋内，破获一案，因而发动此事云云，然细追究竟，则王家一案，据衡阳专员公署某要人面称：实无甚关系，王案既无关重要，本案自无根据之价值，则此项消息，是否托词，不可知也。

"回想本报初创之时，外间即谣诼纷传。或谓本报宣传某种主义，或谓本报混杂异党分子，甚或谓省党部有少数委员，想要封闭本报等语，刘社长以人言可畏，曾于二十八年九月十五日，分访长沙各重要机关，询问情形，均无恶劣批评，惟省党部某委员谓本报刊有王亚平所撰长沙抗战阵容一文，及为育英儿童剧鼓吹，有宣传某种主义之嫌，又有与党部接近之人来告，谓本报职员月支薪水十五元，显受以"异党"津贴，又谓刘社长引用徐特立所介绍曾赴陕北之潘元隆为经理，尤为本报"容口"之确证云云，查王亚平为九战区政治部第三组中校组员，"长沙抗战阵容"内容为叙述九战区政治部领导下之各种民运与组织，其中且有薛主席夫人主持之妇女运动，是否为某种主义宣传，已不得辩驳，所谓为育英儿童团鼓吹之说，则为该团登载消息者，并不止本报一家，以时间论，最先为省政府主办之国民日报发表通讯"育英孩子在湘东"，次则正中力报大刚等报，均各有多次登载该团消息。省党部伍委员仲衡且拨寒衣捐款一百二十元为该团制服费，（据该团孙伟面告），教育厅朱厅长，中央候补监委彭国钧，省党部书记长萧逢蔚，委员谢祖尧诸氏，均曾为该团之纪念册题字，萧书记长曾出席该团欢迎会演说，鼓励备至，该团工作期限将满，向省党部请示行止时，萧氏复勉其继续努力，开展工作。姑无论该团为九战区政治部直接领导之一工作单位，领有护照出发为一合法团体，即就为该团宣传而论，本报尚不及他报之甚，中央候补监委与地方教育行政长官党部委员皆为其捧场，伍委员且予以物质帮助，均未闻社会有何非议，独本报为之登载消息，即有宣传某种主义之嫌，宁可谓平？本报初创时以经费有限，而报社同人皆为刘社长旧雨，故除饮食以外，每月支十元，当每一工作人员入本社之初，刘社长均邀之长谈，期以刻苦牺牲努力工作，其不能忍苦共事，相率离去者，亦为数甚伙，今谓刻苦工作即指接受某种津贴，似非我国民党员应有之态度也。

至潘先隆者，曾赴河南程司令长官处谋事，距离陕北尚有千里之遥。刘社长原知其在长沙市党部工作七年，为一国民党员，故用为本报经理，并非徐特立介绍，刘社长潘先隆均与徐不相识也，潘现任湘岸临务办事处职务,在本报事件发生之前数日,于视察外县临务后,经长沙时亦被捕,问官曾问渠称:"我们也明知你不是共党,但你在开明报干过,你过去又是做党务工作的,参加过党派斗争,恐怕总有点嫌隙。"(潘在狱中亲对湘鄂赣边区挺进军司令部某君言之)由此可知外间以往对本报谣诼,对潘之成份少而对刘社长个人之成份多,更非为思想问题,全系感情作用。去年十月间,省党部廖书记长曾电刘社长,谓奉薛主任委员而论,邀刘社长赴耒阳谈本报情形。刘社长接电后,当即赴耒晋谒薛主委,于谈话中曾数次提及本报,而薛主委均转而言他,直至临别之际,始语刘社长去:"关于贵报,有人在我面前说过,希望你注意,你还是去和省党部他们谈谈吧。"始知所谓面论云者,自又非出于薛公自动也,廖书记长去年春间曾与接近新闻界之某君谈数小时,意欲封闭本报,经某君劝阻未果,又曾在省党部纪念周中,公开诬蔑本报容共。此次事件发生后,廖氏复谓本报有如许异党分子,报社应负责,刘社长应负责,弦外之音,殆可想见。并闻熊梦飞委员,对本报亦有所误会,于本案之发生实不无影响,但不知熊先生究有何根据,而四处"批评"本报也?若熊先生以为本报混有异党份子在内,则十年以前之熊先生,不亦为人认为异党乎?(闻熊君在民国十六年春,因某党责其不应加入某社,要惩办他,熊哭,并做一篇对某党忏悔的文章,登之谢觉哉主办之湖南某报,其事乃寝,又有友人朱君云:熊君十年前在劳动大学维护湘省逃去的异党份子甚力,故社会如此认定。)果异党份子迳可被人认定,而又反复如是,假设本报真有不少被人认定的异党份子,如十年前之熊先生其人者,斯亦不足道也已矣。又有以本报寄出报纸中挟有异党传单为言者,则本报近来亦发现由渝寄交本报之《中央日报》《益世报》中,亦曾挟有同类性质之传单,由此可知此类情事,非由报社内部所为,而系出于外人之利用也。

"事件发生以来之两月中,谣言仍纷至沓来。如谓骆总编辑业已承认,并谓搜获大批证据,甚且谓本报尚有人属异党者,彼等于谣言之外,复有另造口实之模样。前次军委会政治部第三厅厅长兼青年团中央团部宣传处长何浩若先生,由耒阳返渝时,曾劝刘社长谨慎,因据其所知,本报被捕十余人中,就是来客有问题,现在罗季理业已自首云云。刘社长闻讯之下,不胜骇异,盖所谓罗季理者,原在行政院社会服务部直属衡阳社会服务处工作,去年末因发送该处对外新闻,得与本报一二人相识,后该处奉令结束,罗即暂居本报会计刘桂吾处,(在本报附近)平时对本报素不怀好意,如在事件发生之前数日,本报印刷所在扫除房屋以后,张贴新生活标语,罗即谓本报有不妥份子,张贴标语,操纵工人,经姜代社长仔细盘查,罗始自行承认错误,至事件发生时,刘会计以账目繁多,一时不易交待,故托罗将账簿转交姜代社长,而至次晨,罗与账簿均已不知去向,后传闻罗亦被捕去,但未与本报同人同时被捕,被捕之后,人始终未同处羁押,今忽以自首闻,不识是何神秘?倘罗季理之自首,果非别有作用,甚望当局严伸法纪,而不必有所姑息。至无端用非法手段,大批逮捕抗建宣传工作人员,此种蔑视人权,破坏法纪之行为,想当局亦有以惩处之也。党国先进与社会人士,深明本报发行之旨,及年来工作表现,对本报之横遭摧残,本报同人之横遭诬陷,定必一致主张公道,予以援助,是不仅本报之幸,亦中国新闻事业之幸,国家民族之幸也。"

该社总编骆何民先生为湖南优秀之记者,被拘两月,毫无罪名,他于狱中致书该报社长刘子奇先生,备极凄凉,而对于报社工作,犹念不忘。兹志其原信如次:

子公社长赐鉴:

记得去年回衡前夕,临别时,公语民曰:"你们好好努力,国家总会报答你们。"民即肃然答称:"倒不希望报答,只要能让我们好好做事",当时的情景和心情,回想起来,如在目前,可是现在信封上却不能写"开明日报"而改为"军人监狱"了,公不知作何感想？民自己只觉得惭愧，一惭愧自己德能不够，始终未得政府的了解，二惭愧对不住社长的嘱托，报社的事，已使社长精疲力竭，如今又增加这许多的困难，除惭愧外实不能说别的话。

到此转眼已是半月，问了两次，第一次是关于报社内的，第二次是追溯在长沙政治部工作时的往事，详情一言难尽，但过去在长，他人误会及得罪他人之处，早已告诉过社长了的，仅系乘此机会算清，亦无甚新鲜处，不过公若在外为民解释，必须向省党青年团，衡警备部，保安处，及新闻检查所同时进行，才能够容易解决。民对于此案之结束，想只有三条路：一，由公向社会解释一切。二，民请重庆张叶二先生来电证明。三，静坐以待。不过第三条路是消极的，第二条路关山远隔，张叶二先生是否完全明了此间环境，民之近况，尚未可知，故现在一切仍要请公主持，若始终还不能得到谅解，民也没有别的话，连气也不叹一声。

因为解释，答辩，调查，一切颇费时日，所以只望来一个人，将民等所需之物送来，以资长夜，至于报社的事，也乘此陈述一二，以作我公参考。（关于该报内部事务从略）

总之开明在公之领导之下，一定有他的前途，民之所以始终不失望，不退却者，亦即公之热忱所感动，并感公知遇耳。尚肃敬叩
道安

晚骆何民叩启二月十五日

该报对于当局之非法无理压迫，忍耐月余，终至不能不求社会之援助。乃于二月二十七日通电全国新闻界呼吁："中日新闻学者，中国青年记者学会，全国报社通讯社公鉴：本报以一政府指导下之报纸，而突遭残害，被捕人员达十一人之多，无故拘囚在二月以上，无具体罪状，无确凿证据，复不准公开，此岂抗战宣传机关应有之待遇乎？我报人诚如委座所言，非可比于普通职业，所负任务相当于教育，而影响及于国

运之消长,然亦为中国新闻学会宣言所云,近世以来,因文字狱而牺牲性命者,实不知其几何人,而大抵困难饥寒,消磨壮志,怀才莫伸,荏苒老死,吾侪回忆过去半世纪之中国报界,实觉无限悲痛,当此全面抗战时期,新闻事业在政府指导之下,报人已成为国家之宣传人员,此种摧残舆论之事实,应已绝迹矣,倘竟可任人以莫须有之问题,横加逮捕,则吾侪将何以尽其言论职责?现本报为求获得政府之合理处置,爰将事实公布报端,甚望全国同业,共起声援,不独促成当事机关对本报事件,应如委座所言,根据法律正常手续迅速办理,并为防止以后发生同类事件,应联合向中央建议,请重申保障记者之法令,俾任何人不得假藉口实,非法钳制舆论,而吾侪得克尽厥职,不再重复前辈之悲剧,抗建事业亦可因以获得更大之力量矣,诸希鉴察,衡阳开明日报叩。"

但是现在已经有五个月了,这批无辜被捕押的十位新闻记者,还是在暗无天日的牢狱中过非人的生活!因此保障人权的民主政治之要求,实刻不容缓,而人权保障,更为最起码的要求。(六月十日香港)

载《时代批评》1941年第73/74期合刊,第103—106页

九一散记

中国人差不多很熟悉这样一句古诗："每逢佳节倍思亲。"人每到可以纪念的日子，总是容易发生对于过去的回忆，对于当前环境的感想。我们作新闻记者的人，平时一贯的过着紧张生活，紧张惯了，许多事就觉得平淡无奇，在一般纪念日中，新闻记者照例是写评论，找资料和记当时的新闻。参加各种纪念会的一般人，总多少有些更深刻的感觉，而对于惯于新闻记者生活的人，不过是"例行"事件之一种而已。

然而"九一"是新闻记者自己的纪念日。在每年这一天，最容易引起自己岗位上所经历到的酸甜苦辣的回忆。作中国今天的新闻记者，要想在工作上有好的成就的，比较不大容易，因环境所给予我们的困难，都超乎一般工作之上。物质上的困难，尚可以忍受和克服，政治上的困难，往往使人啼笑皆非。全中国人民正以其全力向光明的目标追求，他们需要中国新闻记者给他们以真实的报导和正确的指示。而另一方面那些怕见光明，坚持黑暗的势力，他们怕见人民的抬头，特别对于说真话的新闻记者。

"御用记者"在人民面前是被看作卑鄙无耻的奴才，因说真话的人，往往又被少数人看作"洪水猛兽"。分别就在真话。一条路是：出卖人格，昧良心以博个人物质的尊荣。一条路是：严守正义，说真话，不顾个人生活的颠沛，甚至冒生命的危险。实在前一种只是升官发财之一道，不能算做记者的正途。要做记者，就不能违反人民的利益。正是因为这样，"记者"就不容易做了。

抗战开始以后，由于全国有了共同一致的目标——抗日，所以新闻工作，比较有顺利的环境。二十七年武汉会战时代，新闻工作之活跃，恐为中国有近代新闻事业以来，最光辉的时期。二十七年的"九一"节恐怕也是中国空前热烈的新闻界盛会。可惜，二十八年以后，"私利"的□□提高，抗日阵营渐生波折，说真话的同时，又走上艰苦的道路了。这其中最惨痛的遭遇，恐怕要算国新社特派员李洪先生于二十九年三月二十五日在安徽寿县临河集被我们自己军队一三八师武师长活埋这件事了。

二十八年的九一，虽不及武汉时代，各地报纸，还出过许多特刊。二十九年的"九一"，情形就比较苍凉，在重庆我们在"新闻记者月刊"上登了些纪念文章，今年"九一"，即全国新闻从业员自己的青记盛会，于四月二十八日被封，许多在抗战新闻工作上共同患难的朋友，已多流亡于海外——在今天，回首望望多难中的国家，和自己身受的现实环境，实又有无限愤慨与感慨！

历史不会倒流。我们深信中国新闻记者一定会有重新在祖国领土上大活跃的一天！

载《华商报》1941年9月1日第3版

悼季鸾先生

季鸾先生六日在渝逝世的消息，使我非常震动。因为他无疑的是一代的论宗，是中国近三十年来最杰出的新闻记者。我在《大公报》做过几年工作，和他接触的时间不少。在西安事变前后，他也是对我热心教育者之一，后来因为对若干重要问题之看法，渐有出入，二十七年武汉会战时代我离开《大公报》，和各位朋友创办我们新的新闻事业。关于中国政治的前途，和中国新闻事业发展的道路等问题，我近来总想找一个比较充分的机会，向他老先生就教。拿武汉会战以后三年来的事实，作为继续讨论我们三年前不同看法的基础。他确乎是天资卓越的老人，我相信加入上述的讨论能够成为事实，一定有丰富的内容，可资参考。三年来我有时在重庆，有时也和季鸾先生见面，不过，始终没有长谈的机缘。一年来，中国政治上一再发生骇浪，《大公报》自然在这些巨浪中起着重大的影响，季鸾先生在这些尖锐的政治问题上鲜明的站在一端。因此我想向季鸾先生就教的心理，也更加迫切。然而谁知此志已永无实现之日！一代报杰，已与世长辞了！

季鸾先生对新闻事业有特殊的兴趣，而且有非常可宝贵的丰富经验。二十七年武汉会战初期，青年记者总会出版之新闻记者月刊在武汉创刊，我请他写些教育我们后进记者的文章，他对于提拔后进的问题，非常感觉兴趣，因此就谈到把毕生作报经验写成专书的问题，他那时很高兴，希望有较空闲的时间，自己动笔，把他三十年心血，传诸后代，我鼓励他先把片断在新闻记者月刊上发表，他也有允意。以后武汉撤退，就没有机会再谈这个问题了。

如果说交游之广，季鸾先生恐怕也要算中国稀有的任务。他性情豪爽，对人热情，故在与他政治观点基本上相同之社会范围内，有极广泛的友谊。他对朋友，诚挚而宽恕，很少看见他疾言厉色。朋友们的好处，他极力赞扬；朋友们的缺点，他总是隐藏。他常说："我们作新闻，应当总报喜不报丧！"所以在许多问题上，他不赞同发表内容有暴露性的新闻报导。他说："我们是在作宣传，不是写历史！"这种态度在对事问题上，似尚有商量的余地，但在对私人问题上当无疑的是一种非常不容易的修养。

中国杰出的报人，本来太少，而他正是报人中的老将，我们正盼望他以老将资格，领导全中国抗战新闻事业，团结全国新闻记者，更有效的为中国之抗战事业而努力。乃天不假年，早陨巨星。这实在是中国新闻事业的大事，也是中国最近政治上的一件大事。我希望大公报同人与悲痛之余，能将季鸾先生生平言行，辑成专书，公诸社会，这不特是纪念季鸾先生本身，也是对中国近代新闻史和中国政治发展史提供一种重要的参考。

载《华商报》1941年9月8日第3版

云南在抗战中的新地位

从十一月四日至十一月廿九日，先后在昆明停了将近四星期，深觉云南现在和今后的形势，对于抗战有非同寻常的作用。它已不是普通一个省区可比，而是有巨大的国际政治军事意义的要害地带。

在昆明可以看到许多安南人、法国人、印度人、缅甸人，甚至尼泊尔人，当然容易引起我们一种新奇的观感。假如说在一九四〇年我们抗战大后方还有"国际都市"的气味的话，那么西北只有迪化和由迪化延展出来的兰州，在西南就只有昆明了。昆明中国银行经理王振芳先生曾说昆明是现在的上海。因为在目前大后方的城市中，只有昆明才是外汇市场最发达的地方了。

国内朋友谈昆明，总是有些忧虑的样子，总怀疑日本在那里有花样，因为日本的广播里，总是拿昆明作主题之一的。汪逆精卫的政治资本中，他也把昆明作若隐若现的法宝。其实，昆明不是毫无瑕疵的"圣地"，也不是可以脱离全国政治关联任意行为的地方。日本汪精卫的想法谁也不能去禁止，但是昆明的动向，还是主要地决定于抗战中国内在的因素，在整个中国都在抗战的情形下，如果我们对昆明过于忧虑，是看不起昆明的朋友，也太暴露了对于昆明了解不够。

我们要积极地去了解昆明。要把握新的环境，把昆明提到更重要的地位，担负更重要的任务。

中国抗战外交必须亲苏和联美英，这已经不是理论的问题。三国同盟以后的果实，中国必然而且已经只有走这条外交道路。要亲苏就要靠西北国际交通，要联美英，地理上要不靠云南就无从聊起。

其次中国的抗战，不但要运用外交，而且要对东方的小民族的独立运动有密切的配合，就目前来说，越南泰国缅甸以及南洋各岛，对我们最有关系。我们要和他们联系，也必须以云南作为根据，而印度支那半岛各国，又是我们和美英联络的桥梁，它们对于中日战争的态度怎样，对于我们和美英间的关系是有重大的地理上的影响。

是不是我们已经针对着中国和英美以及越泰缅各国的外交关系，而积极加强了以云南为孔道的国际安排呢？

努力是有的，程度是不够的。就拿滇缅路来讲，我们下了开通通过横断山脉的公路这个决心，而且居然成为了今日西南唯一的国际大道，当然是不容易。我们又组织了一个大规模的运输机关——西南运输处，我们投资于滇缅公路的工程费是□□□□余万，现在在西南运输处工作的司机，达□千人，单是华侨司机就占其中的□千□百人，每月已经差不参达到□万吨的运输量。但是这条与英美联系的国际大道是否作得很好呢？显然不能令人满意。第一，车辆派费太大，凡是走过滇缅公路的人，没有不为滇缅路翻车之多表示惊异的，稍有在滇缅路上旅行经验者，无不以搭西南运输处汽车为畏途。即如十一月中旬同业陆诒先生及中国制片厂摄影师朱叔洪先生由昆去缅，对于所乘车即还经局方再三斟酌，然而终于在离张成五十公里处由山上覆车而□，虽未毙命，实已足够受惊。因车辆损伤太大，故全部公有车辆中能有百分之□□可以使用已属不易。其次对于司机——特别是华侨司机之管理，缺点甚多，华侨司机先后回国共计九批，数达□千□百人，他们本在南洋有优裕的生活，回国服务，乃基于爱国之热诚，并非回国找职业。故对于华侨司机应当加以最合理之管理，最热情的招待，并给以充分的抗战教育。使之确感祖国对于爱国华侨之关切，更能提高其为祖国服务之热情，在服务过程中因为有适当之抗战教育，使他们对于抗战之认识可以更高，工作可以更力，而且将来对祖国之贡献也可以更大。但是华侨司机的情形怎样呢？他们是受着一般职业司机那样冷遇，在情形不明，语言不通的祖国广大原野中，终日只知"开车""吃饭""睡觉"，他们不能做一般职业司机中流行的"带私货"，"带私客"和"偷汽油"等勾当，而这点微薄的薪水，使他们生活万分困难。最苦闷的还是文化生活太差，他们本是为祖国抗战而来，等他们回到祖国之后，不消几个月，就会什么都不明白了。（中略五十字）因为整个办法有缺点，必然不断发生很多问题，西南运输处副主任垄学坚先生为了每日接见大批华侨司机，为他们解决个别问题，曾经害了一场腰病，在我们十一月十一日在昆明拜访他时，他的病还没有完全痊愈。

  如果从滇缅公路更多看一步，我们对于越南泰国缅甸的关系，也非常不够。我们某些特定机关在印度支那半岛有些情报成绩，这是不错的，但是如果从政治上讲，特别是配合抗战外交的民族政策上讲，到今天我们还是应当郑重考虑的。

  以越南来说，越南平日被法国人弄得四分五裂，（中略四字）今年九月以后，日本已在北圻登陆，越南民族又多了一重压迫，越南革命势力可以说在双重统治中，中国应当积极支持越南的民族革命力量，使他们能配合中国抗战，发生牵制日本，困摄日本的作用。已经成为德国傀儡的贝当政府，在国际舞台上已经失了作用，我们可以不必管他。我们切要关心的是不让日本得机会控制全部越南，要使他在越南革命力量之前，消耗疲困，等于又多陷入一个泥坑。

  更可注意的是泰国。泰国是一向走日本路线的。现在的銮披汶政权，就是以亲日为主要外交政策的政权，銮披坟所领导的大泰族主义，是得日本支持的。去年以来，我们在泰国的华侨被压得喘不过气来。十三家华侨报纸被封了十二家。许多华侨被迫跑到缅甸东部景东一带，和云南的车里佛海一带。但是当日本已经进兵越南，并且要染指泰国的时候，泰国不能不考察她的生存攸关的态度了。无疑地，泰国欲藉日本以自己发展，但绝对不甘心为日本之臣奴。日本武力迫进泰国，自然促成泰国之人亲英美与联中国的新动向，十一月中旬日本舆论一致警告泰国不可勾结英美，此可作为泰国已有新企图之反证。中国此时对泰外交应当特别加紧，而且应当在云南西南（中略四字）一带作相当政治军事准备，以增强泰国独立之自信力量。同时改善中国境内之泰族地位，以增加彼此之联系。

缅甸对我们西南国际运输关系最深。而缅甸防务最为可虑，数万印度兵加上一些尼泊尔籍的雇佣部队，实在没有多大抵抗力量。日本在缅甸作收买工作已经五年，超过三分之一的缅人政党已经倾向日本，将近二分之一的议员赞助我们的敌人，几乎一半的缅文报成了日本的喉舌。我们在缅甸虽然有二三十万华侨苦力，没有祖国积极领导与支持，他们除忙于日常生活工作，也不能有任何重大作用。

云南和越南泰国缅甸虽然都是地理上有联系，商业上有些往来，但是有远大计划的政治策动，几乎可以说是没有的。若干云南朋友处在云南新的形势中，因为缺乏国家全盘计划之促进与支持，对于新云南应有之措施，仍多漠视。

今后的云南是一个大有为的地方。希望中央和地方当局以及社会有心人士，有远见有魄力的把云南应有的新设施展开起来。（十二月二十三日重庆）

载《全民抗战》1941年第154期，第2421—2422页

正确估计
——港战杂话之一

一

太平洋战争爆发之前一分钟，民主国家方面还不相信日本敢于在此时向英美作战。而英美方固在主观上也不愿在希特拉未打倒以前，多添一个麻烦的敌人。于是我们许多朋友的看法，认为太平洋战争至少在希特拉今年春季攻击未到决定胜利阶段以前，不会爆发。

这一个错误认识的造成，一方面是低估了日本的真正力量，同时也忽略了纳粹对于日本内政的影响。以香港来说，"一二·八"的早晨，日本飞机已经来九龙投了炸弹，很多人还不相信太平洋平静的海上已经展开了大规模的战争。

二

日军进攻香港是十二月八日六时半，同时也是进攻马来亚菲律宾和夏威夷的时间，但是在十二月七日的香港英文南华早报上还刊载着如下的一段新闻：

"六日（十二月）星加坡路透电，据英皇家空军报告，在暹罗海外发现两个庞大的日军舰队，向西北急驶。似驶向泰国与马来亚北部，日本对英美的神经战已到高峰。"

其实，这两个舰队，就是在八日进攻马来和泰国的日军，他们并不是在示威，而是已经开始战争行动了。

八日早晨八时左右，我在九龙寓所被敌机轰炸声和高射炮声惊醒，我对于炮声略有经验，赶紧起身想找一个地方暂时避一避。在下楼的地方打一个电话到报馆，问问究竟。一位工友来接电话，说同事们都还没有起身，我说："打仗了，还在睡觉？！"他于是平淡地带笑告诉我："演习。不是打仗！"这时炮声已停，我也信以为真。回到房里。一会报馆同事打电话来，才知道在那天早上六时半（东京时间）日本已向英美同时宣战。

那天还有两位寄寓香港的中国外交家在上午九时有这样一段电话谈话：

"怎么样？打起来了吗？"住在香港的一位外交家问一位住在九龙半岛大酒店（香港最大酒店）的外交耆宿。

"不是，是演习。"后者冷静地答。

"演习！？怎么小钢炮都打起来了呢？"前者着急地问。

"现在是小炮演习，下午还有大炮演习。"仍然是平静地回答。

说也惭愧，战争爆发之前三四天，正英美和日本相互加紧撤退侨民的时候，有人特别来问我，时局是否真正严重，以便决定行止，我回答是："在本年冬季内大概没有太大的危险。"也许因为这句话，害得他没有早几天从事应有的准备。战前我住在九龙尖沙咀北京道，这条街有好几家日本商店，大都是卖玩具及日用器之类。开战那早晨许多英印华武装警察，都到各日本店去搜查，但都铁门紧锁，里面无人声。警士们乃斩破铁门而入，结果，内皆空无一人。原来港九的日侨已统于七日夜间乘最后的一只日本船离开香港了。住在九龙汉口道的萨空了先生，因为住在一间过去曾经住过日本人的房子，到几乎被作为"太郎""三郎"之类，被武装英警严密盘问，验了移民证才算没有发生问题。

有人也曾经在事后问过香港总督杨慕琦："为什么事先一点关于日本行动的消息也没有？"他说："华盛顿和伦敦也很少这样的情报。"

三

马来亚澳军总司令勃纳特少将，从星洲突围返澳后，他指出：英人这一般错误，为曾低估日本之力量，因为对日本估计过低，故对日防范不密。而认为日本至多只能咆哮示威，而不敢对英美公然作战。所以只要外加威吓，内绝小惠，日本即可以就范。基于这一幻觉，所以在突然动作中日本占了便宜。

当然我们对于民主国家在太平洋上初期的失败，毫无足以悲观的理由，我们绝对相信，在民主各国团结一致，积极抗战的情形之下，我们一定有最后胜利的把握。但是，这种失败的经验，我们却不能不接受。

第一，轻视日本是部分地基于传统的民族优越感。英美只看重德国，而忽视了亚洲的日本，没有警惕日本在暗中准备的力量，没有预见到日本敢于在现阶段向英美争夺太平洋上的霸权。太平洋之战证明了日本的海陆空兵力，远出在一般人平时估计之外，日本政府当然是日本人民和世界和平人类的仇敌。但在代表日本统治阶段进行对外侵略时，日本政府的布战工作，却证明了相当□□，□这次太平洋上暂时的成功着陆，日本的准备是高度的紧张机密和迅速。因此，传统的民族自大这些旧观念，必须迅速过去，对于自己和对于他人都要虚心估计，客观的检讨。世界上只有最能切实奋斗的民族，集团和个人，才是最不可轻视的。美国毅然惩罚太平洋舰队总司令季墨尔和夏威夷区陆军司令萧特，应当是上述错误心理的清算。

第二，日本人对英美的情绪和对中国不同。我们对日作战是"哀兵"，而日本对英美，也有多少以小敌大的情绪，日本人轻视中国，而暗中却严密提防英美。英美视日本为小丑，而日本以英美为大敌。日本兢兢业业切实准备，英美则从从容容先重宣传。日本之目的在打破太平洋现状，向英美要殖民地，而英美只求保守现状，不愿轻于战争。在精神上日本为"攻"，英美为"守"。日本为主动，英美为被动。日本侵略集团不惜冒险，而英美军民则不愿轻于牺牲。故日本士气虽比中国差，却比英美在最初阶段要好。特别是英国统治下的殖民地军民，因为没有正确的政治动员，统战力量表现得非常薄弱。因此只有在正确地反侵略反法西斯的真实政治基础上，才可以转变同盟军的士气，才能充分发挥同盟军区域内一切抗战力量。

四

关于日本的兵力，我们经过四年半的抗战，对于日本陆军可以说了解得相当清楚，而太平洋大战中，才看出了日本海空军的势力，日本不是了不起，但是在现阶段中对于日本还要当心。

此次南洋战争的主战场是马来亚，日本陆军分兵四路下南洋，一路对缅甸，二路对马来亚，三路对荷印，四路对菲岛。而马来一路集中三个精锐师团，第一师团（东京师团），第五师团（广岛师团），及第十八师团（久留米师团）。这三个师团皆曾在中国打过数仗，东京师团曾经于粤北，久留米师团曾困于沪滨。而自命横行一时广岛师团，即首创于南口，再败于平型关，台儿庄仓皇奔走，昆仑关半师丧命。因此日本陆军的力量，我们已略为领教过，大致不过如此，不过在马来亚战中，日本空军对陆军的配合，似乎相当值得注意，日本此次使用于南洋的空军，据说有一个飞行集团的一千八百架飞机，约占日本空军力量三分之一，因此英美虽在南洋拥有相当的空军，而制空权始终在日军手中，以致令同盟军的陆海军处于不利的地位。澳洲军在马来失败以及英海军威尔亲王号和回声号的沉没，都是吃了日本空军的苦处。在同盟国太平洋空军力量未转到优势以前，日本继南洋战争以后，把它的陆军和空军主力用到什么地方，是值得研究和顾虑准备的课题，南洋战争的痛苦经验，不应当重复！

日本对南洋战争所用的海军，是日海军的第五舰队，是日本占领越南以后才组成的。这个舰队只有主力舰两艘（金刚和榛名），以西贡金兰宝为根据地，外辅之以第四舰队（以对付苏联远东海军为目的，根据地为日本海中之舞鹤）之一部分，日本海军主力之第一第二舰队系分布太平洋正面应付美国海军。香港之战，日本陆军方面系由华南军三四万人担任，而海军方面只有原来分驻在中国海沿岸的第三舰队一部分参加，空军没有超过一大队（二十七架），故只是南洋之战的配角，不是太平洋上的正文。目前双方在太平洋上的海军力量的对比，日本在暂时还占一点优势，以主力舰一项来说，除巡洋舰外，日美主力舰同为十二艘，如威尔士亲王号和回声号不沉没，则英美共为十四艘。但星洲之战，英国巨舰不幸牺牲，而夏威夷日本的无耻袭击，又炸沉美方之阿克拉哈玛号和西勿基尼亚号，于是同盟军只剩下十艘。日本之"榛名号"在菲律宾被美轰炸沉。然日美目前仍□十一与十之比，故短期内似难望美海军之全面出击。

以同盟国的生产能力，至少在一九四三年春季，大规模空军攻势可以开始。□□的时间自然更有利于同盟军，但是在一九四二年内，我们反侵略各阵线应特别警惕，不使日本再侥幸得逞。

三十一、三、七、桂

载《野草》1942年第4卷第1/2期，第81—86页

苏北建设突飞猛进
政治经济文化提高　人民踊跃参加抗战

（新华社华中二十一日电）华中敌后根据地之各种建设工作，正猛烈进行中。非身临其地者，甚难想象敌后艰苦环境中，能有如此伟大的建设力量。即就江苏北部而言，本为被人轻视之"江北"地区，经济文化素称落后，而此"江北"地区中，愈北即愈苦。今依根据地之环境，全苏北已分为三个行政区：苏中区，包括大江以北东台与兴化以南地带，再北为盐阜区，主要部分为战前盐城阜宁两县辖境，更北为淮海区，即淮安东海旧地。以盐阜区而论，其主要地区，过去30年来，皆土匪遍地，民不聊生。新四军去年初来此间时，军政人员物资之被土匪杀害掠夺者，在在皆是。但仅有一年之努力，局面已完全改观，不但土匪已全部绝迹，旷野巨泽中也可畅行无阻。而此贫苦落后之地区，已在经济文化各方面，有了巨大的改造。盐阜区原有总人口约300万人，除敌伪控制区以外，在我根据地者约180万人，而此180万人中已参加各抗战团体者，至今年8月底止有43万人，几达人口总数四分之一。全区现分为九县，计有1200个乡；现各乡正民选乡长，预定在今年年底前全部完成乡选。各民意机关之参议会，正在纷纷组织中。各县参议会，皆定于今年双十节前成立，而全区最高行政机关之行政公署，亦定于双十节开会之全区参议会上，实行民选，确立真正之民主政治制度。

该区财政困难，但对于生产建设，与改善人民生活，已有明显之成绩。全区已有纺织机 9000 架，织布机 480 架，已投入并决定继续投入纺织工业之资本总额为国币 500 万元。筑堤挖河等水利工程，约百万元。垦荒投资决定 1000 万元。此外，造纸、毛巾、肥皂等，皆设有工厂。政府正放农贷总额 500 万元，今年夏冬借粮计有粮食 500 万斤，受惠农民 30000 户，今年春荒借粮 300 万斤，受惠农民 40 万人。人民经济生活，日见改善，贫农购买田地之事实，已日见于盐阜区中。据此间当局表示，经过今年冬季之后，该区建设，将更形深入云。

载 1942 年 9 月 23 日延安《解放日报》一版头条

论放手创作

一

　　和平实现，民主前途确定之后，对于解放区文化工作上提出一个急迫的新的任务，就是一方面我们需要把解放区政治军事经济文化社会各方面的建设介绍给近占中国人口三分之二以上的非解放区人民，使他们知道解放区曾经经过些什么道路，早已实现了（而且在某些部份是超过了）政协会所通过的和平建国纲领，作为他们为实现和平建国纲领而努力的有力的参考。因为我们解放区不仅是抗日的主要战场，而且是民主建设的先进地区。但关于解放区的事情，解放区外的人民还知道得太少，甚至还在一定程度上受了长期反动宣传的毒害，对于我们还有若干的疑虑。我们就有这样一个责任而且也开始有了这个广泛的可能，把真理普遍传达给非解放区人民，给他以具体的榜样，成功的经验，以提高他们胜利的信心，斗争的勇气，非解放区人民对于这点已不只一次的反映他们热烈的希望。现有的反映解放区现实的作品，已经在解放区外面受到普遍的欢迎，可惜数量太少。为了在全中国范围内开展民主运动，我们就应当大量运用各种文化艺术工具（如报纸、戏剧、图书、诗歌、木刻、小说、论文、散文、通讯、报告、文学等）作为民主运动的开路先锋。这就需要大批的作品，与这些作品的大量演出与发行。这是我们解放区文化工作上当前的伟大的政治任务，我们必须要把这一个任务负担起来。另一方面，我们解放区人民，在政治觉悟和经济文化地位大大的提高了的基础之上，在新的和平建设时期中，对于反映现实的文化艺术生活，迫切需要：各个地方，各个部门，已经普遍的反映文化食粮的饥荒，广大群众在自己可能运用的文化条件下，利用各种节目与群众集会的机会，积极地进行自己比较初级的文艺活动。但他们已经对此不能满足。

总的说来，新的时代需要解放区出产大批文化艺术作品，以此反映解放区的现实，以此推动全国的民主运动，以此指导解放区进一步的建设工作。

二

这样一个任务不是少数人所能完成。我们解放区内应当发动一个广泛的文化艺术的创作运动，把一切可能参加创作的人都发动起来，才能不断出现大量的新的创作。我们已经具备了发动这一个运动的十分有利条件：第一是解放区内外广大群众热烈欢迎解放区的作品，我们的作品就有了宽广的出路。第二就广大的读者群众的现有艺术要求说，他们在现阶段中急切希望我们作品中能表现丰富的政治内容，暂时还不是高度的技术成就，解放区外的群众更是如此。而我们解放区的一切现实，都有无比丰富政治内容的。第三就创作题材来说，我们经过八年的空前艰苦而胜利的斗争，无论在政治经济文化社会各方面，可写的东西太多了，是取之不尽，用之不竭的。第四就可以动员参加创作的干部来说，我们的阵营也是强大的。首先，我们有一批比较老的文化艺术工作者，他们都有比较熟练的创作技术。虽然其中大多数人担任了各种行政工作，一般比较忙，有些人对于工农兵的实际生活接触还不多，但如果就他们所主持的事业（也就是工农兵事业的一部份）范围内的材料来创作，则仍是很丰富的。少数还不大接触实际的作家只要他们肯眼睛向下,可供创作的材料还是无限的。而且这一批老作家对于帮助与指导千千万万的青年作家,将是有很大作用的。其次,我们有大批经过七八年锻炼的知识青年,他们在各种实际工作中逐步改造了自己的思想感情,体验了群众中各式各样的生活,参加了各种轰轰烈烈的斗争。换句话说,他们有了极可宝贵的新的生活经历;而且其中有不少的人是有高度的创作欲,并作了长期的创作准备的;他们过去之所以没有大批出现于创作事业中,一方面是工作繁忙,同时也是对于创作技术的顾虑太大所致。如果我们把技术要求放宽,就能发动这一支强大的部队出现于创作舞台,那时,将使解放区文化艺术的阵营上大放异彩。又其次解放区工农兵出身的干部中,有很多人已开始用编小调写通讯等形式参加了文艺创作,其中一部分先进的工农作家(如缪文渭等),已经有了较高的艺术修养,进行了而且进行着较高级的文艺创作。这些创作是解放区文化战线上独特的光荣。只要我们有经验的作家们能给新兴工农作家以耐心的帮助,经过一定时间之后,工农作家将层出不穷,并使中国文艺创造上大量注入最健康、最新鲜的血液。第五,和平环境与相因而来的日益扩张的出版条件,对于大规模的写作运动,已造成了大量发表的便利。因为在过去长期游击战争动荡不安的环境中,以及十分困难的出版条件下,我们还能够多少有些创作;那么,现在将有更多的机会和可能便利于创作工作的进行。

三

有了上面这些条件,如果各地领导文化工作的机关与负责同志能普遍号召与具体组织,一个轰轰烈烈的创作运动,一定会开展起来的。尤其是华中解放区,具备了更好的干部与出版条件。但是要使这个运动能够在正确道路上发展,并且一开头就要无拘无束的生动活泼的创作,我以为关于创作态度和创作方法问题上，还需要有正确的认识。

在创作态度上我以为在华中文化工作领域里面，过去还讨论得不多，因此事实上（不是口头上）存在相当大的分歧。"艺术至上"论和"个人灵感"论还保持着相当顽固的阵地，这个阵地还没有被毛泽东同志的文艺思想所改造。这一种思想在实质上（不是形式上）是脱离群众的。这一种创作态度，至少在客观上，只是为了表扬或打发小资产阶级个人主义的思想感情，而不分为了工农兵的解放事业。这样的创作态度如果听其自流下去，必至影响到创作运动，那就将为害不小。这里当然不是说只能写工农兵，不是说写工农兵都是好的，写小资产阶级就都不对，而是说要用工农兵（无产阶级）的立场与思想感情来写工农兵，更要这样来写小资产阶级。每个人（不管什么阶级出身）自己参加革命工作的经历，都是可以作为创作题材的，问题就在于从什么立场出发去分析与处理这些题材。

在创作方法上，我以为许多想从事创造，同时也确实占有了不少材料的同志——尤其是许许多多的知识份子出身的干部，对于这个问题，顾虑很多，以致不敢动笔。鲁迅讲得好，什么"小说作法"之类，是不合理的。最好的创作方法，就是向群众学习。无论你创作什么东西，首先要调查研究好，切实掌握着材料；其次是工农兵（无产阶级）的立场，很仔细的分析与消化这些材料，创作好之后，自己多看几遍，多修改几遍，然后多找与自己的创作内容有关系的群众看看，或念给他们听听，根据他们的意见，又一再的加以修正补充，然后拿出发表，这就是最基本的方法。至于中外古今的名作家的创作技术，能够加以研究，并能批判的吸收他们某些好的技术，当然很好；我们还没有机会作这种学习的同志，只要能虚心向群众学习，也就可以开始大胆创作。因为我们的创作是为此时的群众服务的，只要对群众有益处，又能为他们所喜见乐闻，一般就是好的作品。只要能不断学习，创作能力自然会提高的。

四

所以目前应该放手发动创作运动。造成解放区内的创作热潮。而目前阻碍这个运动的有害思想，主要是"技术第一"的思想，这个思想曾经而且还在压抑着广大的可以参加创作的群众。使许多可以创作的群众畏缩不前，不敢踏入创作之门。而"创作界"始终不出少数人的圈子，因此就使得我们的创作阵营上十分冷淡，十分贫乏，毛泽东同志明确指出的先求普及的方针，有些人还没有很好体会与执行。因此我以为我们现在在各地领导报纸刊物通讯社剧团及其他文化活动的同志，目前最重要的任务，是用尽一切方法鼓励大家放手创作，并十分耐心的帮助新兴的创作干部。要把创作运动开展到党政军民学各个工作系统中。千万不能过早提出"提高"的要求。创作如果不普及，许许多多的优秀新作家还没有从群众中涌现出来，要"提高"无从"提"起。如果仅仅满足于几个成名作家的活动，以为这就是"提高"，这恰恰不是提高，而至少在客观上是创作事业上的关门主义。

目前对于各种创作的取舍标准，应当注意是否有正确而丰富生动的政治内容，以及有否为预定的读者或观众所喜见乐闻的艺术表达能力。内容是第一个标准，而技术则是第二个标准。如果有了这个明确的观念。许多人就敢于大胆进行创作。

当然我们不是也不应当提倡标语口号式的创作，我们不是轻视创作技术的重要。相反的我们应当很重视创作的技术。但是在我们解放区的现状下，我们八年来惊天动地的斗争，没有千千万万的新作家与老作家共同创作，将无法表现出我们震古烁今的事业。也就无法以此为工具为全国性的民主运动作文化先锋。这是一个群众性的创作运动，离开了创作群众的技术水平，而提出过高的要求。这个运动是发动不起来的。

在这个方针下，将来一定会有相当数目的比较粗糙不成熟的创作出现。这就不要害怕，不要对这些作者当头一棒，不要大泼冷水。而是要耐心的帮助。使他们保持创作热情，继续努力去学习创作技术。

五

是时候了。解放区内的老作家们应当挤出时间多多创作，而且要帮助前途无量的新兴创作家们进行创作。久经锻炼的知识青年同志应大胆放手创作，不要束缚着自己的手脚。新进的工农作家们更应当无顾虑的创作。标志着工农文化上翻身的工农创作，是解放区自豪的旗帜。

和平民主确定了，是大家放手创作的时候了。

载《综合》1946年第1卷第9期，第5—6页

关于新闻工作中的三个问题
——在华中新闻工作座谈会上的总结

这次座谈会是华中第一次规模较大的新闻工作会议，除浙东与鄂豫皖外，其他地区的报社通讯社（包括苏中、苏北、淮南、淮北、皖中、苏浙）都有同志参加，这表示随着华中解放区的扩大，华中新闻事业亦正在由分散走向集中的新阶段。所以，其意义特别重大，这次座谈收获也不小。现在分三个问题来总结。

甲、新闻工作在革命工作中的作用问题。

这个问题，更具体的说，即许多同志争论的新闻工作是不是实际工作问题。这在华中是一个普遍存在的问题。正确的说，新闻工作是一种实际工作，而且与其他实际工作有密切联系。

但在过去，显然有两种错误的看法存在：（一）认为新闻工作不是实际工作，因此不重视这个工作，在这个岗位上的同志也有不少曾经或者不安心这个工作。（二）认为外勤工作是接触实际的工作，内勤工作和其他新闻技术工作（如无线电务等）不是实际工作。这些看法，都是由于不了解或曲解了"实际工作"的意义。一切工作只要是不可少的革命工作，都是实际工作。不过，因各项工作的性质、任务、作用不同，在不同的时间与环境下，有不同的重要性而已。

产生这些错误思想的主要根源是：

（一）社会根源。这是中国封建社会权威思想的残余，以为什么工作有"权",什么工作就"实际",就"吃得开",而不从这工作对革命贡献上来看。战争时期,军事当然重要。以敌后解放区而论,首先是军事上与敌人作斗争,接着开展群众工作,政权工作,然后才能开展文化工作。对于新发展起来的工作,当然在物质与干部配备上都可能要缺乏一些。因此,很多人就轻视文化工作,轻视新闻工作。

(二)历史根源。由于中国革命的特点,内战以来,我们一向是以武装斗争为主,这是完全正确的,没有武装斗争,就没有一切。但因此使某些同志发生了错觉,认为革命只要武装斗争,用不着什么文化工作。他们是将一定时期的现象片面化而且固定化,不从全面与发展的观点上看问题,不了解战争中也少不了文化工作,而且随着今后政治形势的发展,政治文化斗争的比重将逐渐增大,以致成为一种主要的工作。

为了克服这些缺点,我们必须与不正确的观点作经常的不调和的思想斗争:要在我们新社会中树立关于一般文化工作,尤其是新闻工作正确的认识,要大家认识到这是必不可少的一种工作,以后还要愈来愈重要。其次,必须正确解决新闻工作中的两个基本问题,即如何与其他实际工作相结合及如何与群众相结合问题。只有这两个问题有了正确的解决,我们对革命的贡献必然更大,就必然更成为不可少的工作。这就要靠我们不断地总结经验又不断地提高我们的工作。要学会掌握一般工作的规律,而且要掌握新闻工作的特殊规律。每个新闻工作者必须下决心把我们自己提高一步,彻底改变旧的立场观点与方法,确立新的立场观点与方法。

乙、华中新闻工作历史检查。

华中新闻工作,在党的领导下,对华中解放区的开辟巩固与建设都有一部分贡献。几年来主要成绩有三:一、在宣传组织群众进行对敌斗争与民主建设方面起了相当大的作用,得到相当大的收获;二、锻炼出一批新型的为人民服务的新闻工作者,虽然有些干部经验还不足,还需要很好的学习;三、学会而且创造出一些新闻工作经验。但上述这些成绩距我们应有的水平还很远，因为我们还有下面这些缺点：一、有些人（包括个别领导同志在内）对党报工作在革命工作中的任务作用认识不够或注意不足，不了解党报是联系群众最有力的武器之一，在和平时期更为重要。二、有些地区办报方法不得当（包括个别领导者的意见在内），不能在各地贯彻"大家办报"的方针，因此使有些党报孤立，不能发挥应有的作用。三、有些新闻工作同志还有相当浓厚的个人主义及自由主义，阻碍了我们的进步。这是个比较严重的缺点。

要巩固和提高我们已有成绩及克服缺点，我们必须：一、应普遍及时地进行总结工作，发扬优点，克服缺点。二、就我们新闻工作者本身来说，应积极帮助党委改进和提高对党报的领导。三、加强现有干部的思想修养，组织修养与业务修养，提高干部的质量。四、改进干部的学习方法，要善于运用毛主席的调查研究、联系实际的学习方法。一切技术都要服从于政治，反对单纯的技术观点；但也要反对轻视技术的观点。

丙、大家办报的方针路钱问题，这实质上就是通讯工作的方针路线问题。

（一）对大家办报的思想还不一致，有些人根本轻视地方新闻通讯，只重视国际国内新闻（应当必要的重视的）；有些人根本轻视通讯工作，只重视编辑工作（应当必要的重视的）；有些人不愿写"短"文章、"小"新闻，而喜欢写"大"文章、"大"作品（真正好的大文章与作品应当提倡的），这些思想，妨碍了我们的新闻事业与新闻干部真正地深入群众。要知道：地方通讯工作是报纸的灵魂，只有通过通讯工作才能更好的将党报与当地广大群众密切联系起来。

（二）通讯工作中的两条路线。通讯工作中存在两条路线：第一是群众路线，即"大家办报"的路线，这里所说的"群众"，就是一定报纸的基本读者，就是这个报纸的主要对象。通讯社同样要注意它所供给新闻的对象问题，所不同的，通讯社一般要经过报纸与读者发生联系，因此，我们办报不能从主观的愿望与兴趣出发，而应从群众（读者）的需要出发（包括直接的与间接的。以干部为对象的报纸，是经过干部以服务于工农兵基本群众的），而且应该依靠各自特定的群众来办的。也只有广大的读者群众，大家为报纸写稿，报纸才能办得好。其次是非群众路线，即少数人孤立办报的路线；这些人，把办报工作只限制于报社内外的少数专业人员办报写稿，不发动广大读者群众大家动手，这等于闭门办报，一定不能与其他工作相结合，一定脱离群众。

（三）通讯运动是个群众运动，必须按照群众运动的规律及方法做才能做好。主要的是下列四方面：首先是要反复地打通干部思想，加强党报观念，直到完全打通为止。其次，要善于"做样子"，在一定地区与部门创造通讯工作的典型，取得经验以推动其他地区。再次，要善于发现及培养骨干。通过骨干团结中间分子，提高落后分子。最后，是业务指导问题，照现在各地情形说，最大的问题还不是技术问题（当然技术指导是十分重要的），而是耐心帮助通讯员问题。这是个长期的艰苦的组织工作，这是一个伟大的无名英雄事业，需要党性很强的人才做得好。

要能胜利地领导通讯工作，必须将这四者密切的联系起来，相互影响，相互推动，但以思想领导为其决定环节。

（四）关于工农通讯运动中的几个问题：

1. 工农通讯运动，是整个通讯运动的方向，是工农在文化上翻身的一个重要步骤与途径。在目前通讯工作中过于求"实效"的观念，因此不敢发动群众性的通讯运动是错误的，目前不能苛求来稿的写作技术。

2. 通讯运动开展以后，为了使大量稿子有发表机会，应按照各级水准，报纸应作梯形配备。从墙报、黑板报、区县大众报、分区报以至全面性的大报。这样通讯工作才能普及；有了这个基础，通讯工作才能提高，而且一定会提高。有些地方轻视小型报的观念是不对的。

3. 应提倡集体写作。有些同志以知识分子写稿经验去教育工农干部写稿是错误的，知识分子本身也应当转变一般的单纯的个人写作方法。历史上，许多有名的作品都是一定程度的集体创作而来。《解放日报》的重要社论一般也是由中央有关负责同志大家集体讨论，修改而成。工农群众因文化水平限制，一开头就应该而且也只能集体写作，大家来凑。知识分子更应与工农分子相结合，互相学习，互相帮助。

4. 对工农稿件处理问题。就目前水平说，一个基本方法，是综合编辑法，对每篇作品，将其中可用之点（即使是很少的）按共同地点、时间、性质、问题等来综合。这是编辑方法的新道路。

5. 关于通讯小组和记者关系问题。通讯小组是基本组织，相当于地方兵团与民兵。专业记者，是野战军，是机动部队，二者同时需要，互相支援，不能偏废，记者使用上，要很好注意他们的学习，否则不能发挥作用。

载《新华日报》华中版 1946 年 2 月 17 日

附件：

总社致电范长江同志表扬四大队的工作

范：

三个月来临时总社在你协助与指导下，渡过难关，完成任务，甚为漂亮。今后还盼你与陆公在政治上方向上更多给我们帮助，尤其：

（一）每星期必须给我们政治军事方面宣传要点一次，定一如忙，须你负责向中央请示并电告我们，我们根据这要点来写各种述评。

（二）请你就近直接领导晋绥、西北各总分社。

（三）随时留意我们口、文、英播稿，并请随时提意见。

廖陈梅石徐祝
一九四七年七月三日

殷秀岑落难汉口

银幕上的丑角殷秀岑，听友人说，他最近不知怎么忽然在汉口街上出现，仍旧是那副老样子，不过显得瘦了一些，而且神色也相当沮丧。

殷胖子是自伪"华影"解散以后，就悄悄离开了瘦猴韩兰根，跑到汉口去的，目的是鉴于上海"孵豆芽"非长久之策，所以辛苦凑了一点钱，想做生意买卖，那晓得这年头非那年头，钱不是好赚的，没有多久，就赔得一干二净。

有一天一位友人在街上碰见他，拉他到咖啡厅去坐坐，他只是长吁短叹，一句话不说，后来才呐呐的表示，已写信到上海向友人告急，因为他很想回上海，可是连路费也无着落。殷胖子向来有福人之称，这一次可算倒霉了，正是应了门外汉"偷鸡不着蚀把米"那句老话了。

一个人倒起霉来无啥话。

载《海燕》1946年第2期，第7页

志大才疏阴险虚伪的胡宗南

蒋介石的最后一张牌——胡宗南，现在在陕北卡着了；进又进不得，退又退不得，胡宗南现在是骑上了老虎背。蒋介石培养胡宗南作他的忠实走狗，恶毒爪牙已经二十多年了，满心希望在最困难时用来救驾。蒋介石在走投无路之后，决定打延安，才使用了胡宗南的全部兵力。在占领延安时，蒋介石着实高兴了一番。三月召开的国民党三中全会，还拍了一个"嘉奖电"，把胡宗南捧得上天。然而不到两个月，事实证明蒋介石所依靠的胡宗南，实在是一个"志大才疏"的饭桶。

从蒋介石背叛大革命开始，胡宗南一直是蒋介石的内战工具。靠了打内战，胡宗南成了蒋介石的"得意门生"。蒋介石对他的信任甚至超过陈诚。但是胡宗南在内战（以及抗战）中却总是打败仗，是有名的"常败将军"。一九三二年至三三年，胡宗南在鄂豫皖首先出马与红军作战，立即被徐向前、蔡昇熙、陈赓等将军所部的人民军队所击败。一九三五年在川陕甘边作战时，又曾被红军一、四方面军困于川西北的松潘地区，几乎全军覆没。一九三六年陕甘边山城堡之役，胡军又被红军消灭了一个旅。这是十年内战的最后一仗，胡宗南随红军转战数千里，一直以红军手下一员败将的资格充当红军的运输队。

抗战后，胡宗南的第一军在上海愚笨地损失殆尽。以后日军进攻南京，胡宗南逃到浦口。一九三八年防守平汉南段之信阳一带。又连战连败。从此躲入潼关，远离抗日战场，徘徊陕甘宁边区门外。直至抗战末期（一九四四年）汤恩伯在河南惨败，洛阳等地所谓"第二战线"的胡宗南军，又是一触即溃，望风而逃。

从一九三八年武汉会战到现在十个年头，胡宗南一直躲在西北，专门压迫人民，制造内战。他曾经发动了五次反共战争：第一次于一九三九年夏，向我关中解放区进攻，先后侵占了淳化、枸邑、正宁、宁县、镇原五个县城，诚为抗战中挑起内战的第一人。第二次于一九四三年七月向鄜县进攻，立即受挫败退。一九四四年第三次向关中进攻，又败于爷台山。一九四六年第四次进犯关中，但亦被击退。今年三月的倾巢进入边区，是第五次了。这次规模较历次为大，动员其嫡系部队二十个旅，还配合宁夏、青海、甘肃、榆林等非嫡系的十一个旅，共达三十一旅之众。胡宗南不自量力的企图袭击中共首脑部与西北人民解放军主力，还大言不惭对记者团说"建设"什么延安。现在坐在延安的胡宗南，对于这一次军事冒险滋味大概会尝到一些了。单在陕北，胡宗南两个多月内牺牲了四个旅长，一死三俘，被消灭了三个旅（三个旅部，四个整团，一个保安团，另五个整营。其他零碎消灭的五千人以上不计）。平均约二十天被歼一个旅。至于晋南，胡宗南一年多的经营，已经大部完蛋了。其老巢关中则空虚万分，随时可以发生巨大变化。

胡宗南是决心拿西北起家的。西安事变后，胡宗南即乘机把持西安。从此不肯放手。抗战初期，虽曾一度调至东战场，但接连三次惨败后，他又赶快钻进潼关，再也不肯出去了。

在胡宗南的心目中，西北五省（陕、甘、宁、青、新）都是他要霸占的地盘。山西也在其范围之中。故过去蒋介石在西北的大员如朱绍良、蒋鼎文之流，对于胡宗南都是支配不动的。蒋介石派遣这些人的目的，也是为了掩护胡宗南的成长。

胡宗南要作西北王，他首先要消灭的并不是共产党，因他已经深深尝过"剿共"这"长期苦刑"的味道。他首先要消灭的还是陕西的杨虎城、高桂滋，甘肃的邓宝珊、鲁大昌，青海及甘肃西北走廊的马步芳、马步青，新疆的盛世才，宁夏的马鸿逵。这些人没有不吃过他的苦头的。杨虎城将军旧部已弄得支离破碎；盛世才、鲁大昌已根本垮台；邓宝珊空守榆林，等于充军沙漠；高桂滋的部队已被改编；马步青的部队已被充军新疆，永远不得回来；马步芳被逼缩回青海；只有马鸿逵、左协忠占点地位便宜，还保持苟延残喘的局面；不过胡宗南已把他们的得力部下分化收买，马鸿逵、左协忠也不是那样自由自在了。

胡宗南之图新疆，为时已久，他培养回教徒杨德亮，用意在此。当盛世才公开背叛新疆人民向蒋介石投降时，胡宗南乘机派了李铁军、杨德亮两军先后开入新疆，逼走了盛世才。胡宗南正洋洋自得，那知已逼成新疆西北一带的民族自卫战争。李、杨两军连战皆北，几乎全军覆没。于是胡宗南的左手便断在玉门关外。

胡宗南心目中自命是"蒋介石第二"，西北还不是他最后的目的，只是他的起点。因此日本投降后，他的野心转向华北。他把基本部队第十六军伸入北平，第三军控制平汉与正太交叉点之石家庄，而以其最精干之第一军及第九十军（现均改师）控制晋南。一军九十军调回进攻边区后，还将三师三十八□□□那里，成为进可以制平津，退可以夺阎锡山之太原的形势。胡宗南的野心甚至在一个时期扩展到东北。他原想作西北、华北，东北三北之王。蒋介石把杜聿明调去东北，曾使胡宗南极为伤心；但更伤心的是他连华北王也做不到。现在平汉、正太、同蒲口被解放军控制，他的右手又切断在黄河以北了。

胡宗南靠扩充吞并起家，内部派系复杂，而蒋介石的阴险狡诈也毫不例外的为胡宗南所承袭。胡宗南虽然是黄埔正牌，但他却最怕陕西黄埔自成一系。在这方面他不仅与杜聿明、关麟征（均陕西人）有矛盾，而且对董钊也极不放心；他把董钊的第十六军调到华北去，却把自己的嫡系第一师及九十师要董钊去带领。至于杂牌则全遭胡宗南分化解体。过去的十七路军即曾被其分化后来，由孔从周将军率领举行了反内战起义。高桂滋的一个军初被改编为师,再改编为旅(八十四旅);对于这个旅还不放心,又将其中一个团调到山西运城,另一个团则被调到陕西。刘茂恩部下的一个军也被其缩编为师(十五师),再编为旅(六十四旅)、而另以胡之一三五旅(现已被歼)编入该师,实行监视。榆林之邓宝珊部队更被调得稀烂。最近胡宗南深怕邓部"作战不力",又空运两个团到榆林,并且把邓部由榆林城内赶出城外。

由于胡宗南对于西北人民的横征暴敛,过去几年中陕甘各地民变峰起,这一民变曾一直发展到胡宗南统治最强的陇海线上。这种潜伏的仇恨,一旦当胡宗南失败,就会立即喷发出来。那时不仅陷身边区的胡军难得逃脱歼灭之网,其后方的老巢亦必为此种喷发的仇恨怒火所殆尽。

胡宗南"西北王"的幻梦,必将破灭在西北,命运评定这位野心十足、志大才疏、阴险虚伪的常败将军,其一生恶迹必在这次的军事冒险中得到清算。而这也正是蒋介石法西斯统治将要死灭的象征。

载《人民日报》1947年5月12日第1版

范长江同志关于在陕北坚持工作的
情况给总社社委会的信

廖社长及社委会：

沈建图同志奉调回总社，这是留在陕北的同志中第一个回到总社的同志，他这一次必能增加总社对我们工作的了解，因此能给我们更多的指示。

中央在陕北的坚持已过了最困难的时期。最危险是两次：第一次是六月中旬在安塞、靖边、吴旗之间，刘戡以六旅之众，向中央纵队扑来，而我们只有三个步兵连，一个骑兵连的武装，全靠"老头"们指挥灵活，调动敌人，使敌人迷了方向，竟至在中央附近十几里路处走了。当危急时，主席的警卫排已经上了战线，准备阻击敌人了，结果是平安度过。第二次是八月中旬葭县附近之役，敌人两三个旅，紧跟中央纵队，只差半日路程，最危急时，敌距中央只十余里。又遇山洪暴发，过河不得，此时副主席、弼时、定一等均亲自指挥架桥，冒着敌人飞机，白昼行军，直到八月二十日歼灭三十六师才转回局面。歼灭三十六师之战，中央即在战场附近二三十里内，已准备万一打不好的长途行军。这一仗打好了，敌人即开始退却，不久陈赓过河，陕北大局，从此变化。中央今后当能比较安定下来工作。这两次最危急时，都曾有狂风暴雨，老人们均冒风雨行进。六月那一次，他们也都淋着大雨，于深夜徒步上下于深山大谷之间。中央这种艰苦奋斗的精神，我们每个同志都受到了深刻的教育。半年来我们工作得不多，又不好，跑路时间不少。我们到过延安、三边、榆横及绥米四个分区，对于陕北之大，有了一些具体的体会。更重要的，我们获得了一生难得的向中央同志学习的极端可贵的机会。

首先是中央同志始终压倒敌人的气概，无论敌人如何猖狂，根本就没有考虑过敌人（无论远的或近的）是不可战胜的。因此能惊人的镇定，研究敌人的错误与缺点，不断出奇制胜，转劣势为优势，度过重重危难。彭德怀同志在陇东战役后说，我根本就没有想过"蒋介石是打不垮的"。

其次是真正的对人民负责，中央宣布与边区人民一道，坚持陕北。现在深深知道是很不容易的事情。没有根深蒂固的人民立场与对人民的高度热爱，是无论如何坚持不下去的。不少人劝过中央过河东，中央始终不动摇。主席及中央同志并不因陕北缺点众多而灰心，反而亲自动手，做群众工作，为西北党作模范。这种忘我的不计个人利害的伟大精神，是可以战胜任何困难的。

第三，是自力更生的精神。我当初决没有想到中央只带三四个连坚持陕北，以为起码有几个旅保护，而事实上中央绝不要大部队掩护自己，只要他们很好地去独立作战，自己的安全完全靠自己严密侦察与不畏艰难的行动来保证。无论对军队、对地方，只是为他们想办法，出主意，并不要他们对中央机关有些什么贡献。中央纵队的物质生活，比一般地方与军队的领导机关都不如，结果使许多机关都在中央精神感召下力谋改革。现在已收到极其明显的效果。

第四，科学的工作方法。这一点对我印象很深。中央同志在决定问题之前，用极多的时间与精力，广泛搜集材料与意见，然后反复加以研究，一而再、再而三地加以分析，决不作不成熟的决定，不等待真相弄清之后，就作结论，故作结论所费时间甚少。这一工作方法，也就是思想方法，无论在处理军事指挥，决定方针、策略，以及日常的工作中都是如此。

第五，动人的工作作风。中央同志对于许多日常琐碎的群众生活与工作有关的事情都很注意，而且经常亲自动手。中央纵队领导机关改组时，主席对弼时、定一、子龙、志高四同志说，你们四人负责组织一个政府，管理我们八百人这个"国家"，你们必须把这个国家办好。半年来，我们这个"政府"的确办得很好，从军事行动到马掌、麻绳，都深入负责考虑，并且认真把这些事办好。而且在任何问题上，只要发现自己有缺点，即无保留地进行自我批评，并且认真改正。并且把这个责任观念提到中央应有的高度。在写文章的过程中，这种认真与求精的精神，完全推翻了我过去十几年来所认为的最高的"认真"的标准。一篇社论，一个谈话，一个新闻，往往要改好几遍，甚至重写几遍，其中绝大部分都在任、周、陆等详细传阅研究之外，主席又加以一字不苟地修改。我回想过去写文章那种"大笔一挥"的作风，不觉满身出汗，实在可怕。这种"一挥"的作风，是对人民不负责的作风。

我的理论水平不高，对于中央思想、作风的体会极其有限，甚至可能认识有错，上面这些不过是仅供万一的参考。

我们本单位正在中央领导下，一面工作，一面学习立场与作风。学习运动已经开始，进行情形尚好，预料可能有较满意的结果，把全体同志提高一步。对此，望你们多给我们指示。

今后我们的工作重心，除日常工作外，主要将在时事研究方面。同志们正在学习上开动脑筋，进行分析。我们在学习中，导师是很好的，自己的能力和材料就很差，希望你们以后能在材料与工作方法等方面多多帮助与指示。我们很盼望总社能派人把总社多余的资料（如中英文报纸杂志等，甚至各解放区报纸，我们也没有）送些给我们。同时大家远离总社，大家都难免有"思家"之情，如能有人来看看大家，对于鼓励大家情绪，当有帮助。（一九四七年九月十一日）

载《新闻战线》1990年第1期

居院长农民本色

竞选总统失败的司法院长居正先生，平日深居简出。没有半点显宦达官的架子，他的性格尤其淡泊宁静，酷爱田园生活，抗战以前，在首都和平门附近买了一块十一亩大的地皮，但却只盖了数间平房，全部所费不过七千元，其余的空地都开成菜圃，每当夕阳西下，菜圃里便有一个短衣赤足的老农，手执锄耙，在那里种菜植花，劳动了片刻，便在树荫下席地而坐，悠然地燃上一支烟，如果你初到南京，经过和平门的时候，你的熟居在南京的朋友，一定会告诉你，那就是居院长哩！

居院长是湖北广济人，早岁在日本留学时，便追随国父，献身革命，从民国十八年国民政府成立以来，便一直任司法院长至今，已经将近二十年了。

载《内幕新闻》1948年第4期，第4页

北平办报初期的一些经验

一、一个半月的摸索

在新解放的大城市中办党报，我们还缺乏经验。《人民日报》北平版之出版，报社同志们在市委领导下就是在战战兢兢的心情下进行的。二月二日创刊到三月十五日改名为《北平解放报》为止，这一个半月中，我们得到各种各样的反映，有些意见是完全相反的，不仅在党外，而且在党内也有些分歧的意见。有些意见是异常的尖锐，工人们和大部分学生们则坚决地认为这是"自己的报纸"，爱护备至，也有人则认为这是"浪费报张"。报纸的发行数则逐日增加，由第一日的五万份，至二月二十八日为七万五千份。由于印刷能力，与纸张限制，虽尽量限制发行数，三月中旬每日仍达八万份以上。直接订户达两万余户。

二、城市办报的路线问题

新解放城市中，国民党官僚资产阶级与帝国主义的报纸被打倒了，这个反动的办报路线也没有人再公开提倡了。但是，另外一个路线，即自由资产阶级的办报路线，却在解放了的城市中，在自由资产阶级的各种代表人物的思想中抬起头来。他们认为解放了的城市中的报纸，应当按照他们的观点来办。他们的基本观点是:(一)城市正规报纸应主要以知识分子及工商业家为对象,不应以工农为主要对象,为了工农可以另外出版通俗小报。(二)报纸的内容,应多载英美通讯社消息,应多登国民党区消息,应多约社会名流发表文章,应多刊登名家永久性作品,不能多登工人与工厂消息,更不应多登工农兵"低级"的作品。(三)对帝国主义、国民党、官僚资产阶级的斗争不主张太坚决。(四)要求有经济新闻,而却并不是为工农大众的经济新闻。(五)新闻只求快,不求真实。(八)追求趣味,不问实质。(七)编排只重形式,不重内容。这一些观点结合起来,就形成一条路线。当然,今天还少有人公开地系统地提出这种办报路线,但是,用个别观点的形式,却提得不少。这种观点,在我们入城初期,在党外反映得相当强烈,在党内个别人员中对于这种观点也有若干的同情。这是因为在国民党反动统治时代,这种资产阶级办报观点和路线虽然并没有实现,但对于法西斯的办报路线来说,是有一定程度的进步意义的。但在解放了的城市,对于真正的人民报纸来说,就是脱离人民的错误的观点和路线了。我们批判了这些错误观点,拒绝了这条资产阶级的办报路线。执行了党的路线。党在城市中办报的路线,就是党的城市工作路线。党在城市工作中的路线是:全心全意依靠工人阶级,团结其他劳动群众,争取知识分子,争取尽可能多的能够和我们合作的自由资产阶级及其代表人物站在我们方面,或者使他们保守中立,以便和帝国主义者、国民党、官僚资产阶级作坚决的斗争,一步一步地去战胜这些敌人,同时,即开始着手建设我们的事业,一步一步地学会管理城市,恢复和发展城市中的生产事业。我们基本上执行了党的城市路线,主要表现在于我们紧紧地依靠着工人,放手地争取着学生,坚决地反对了帝国主义国民党和官僚资产阶级,同时清醒地掌握着发展生产特别是工业生产的方针。我们的报纸在工人中、在学生中及其他劳动人民中有相当高的威信,与劳动人民有了某种程度的联系。但是在执行党的路线上,我们有相当严重的片面性的缺点:(一)

"依靠工人阶级"这个问题上,我们只注意了公营企业工人,对私人企业工人注意很少。(二)对"团结其他劳动人民"如手工业工人、店员、苦力、独立劳动者也作得很不够。(三)对于"争取知识分子",只注意了学生,这虽是主要的,但在学生以外的其他知识分子如教员教授等作得较少。(四)对于自由资产阶级的争取工作则完全是停顿状态,这与联系私人企业中的工人不足有密切的关系,但在关于民主人士的报导中也有个别过分的地方。这都是对党的路线,认识不全面的结果。

三、关于联系群众

在党的路线基础上,报纸的任务,就在于联系群众并尽可能广泛与深入的动员群众为实现党在城市中的路线而斗争。报纸联系群众的方法,就是从群众中来又到群众中去的过程,经过这一个过程,来实现集体宣传者与集体组织的任务。为了执行这一任务,新解放城市报纸应当有些什么应特别注意的内容?以及表现这些内容所采取的形式有些什么应特别注意地方呢?在从群众中来到群众中去的过程中,报纸工作应增加什么环节,而各个环节又有什么应特别加以注意呢?

甲、在报纸的内容与形式方面:首先是关于内容方面,新解放城市人民希望从报上得到什么呢?从报纸来说,应当用什么东西来为群众服务呢?

(一)关于当前国内外时局与共产党的主张与看法。城市人民有关心时局的长期习惯,了解时局对于人民生活的密切影响,他们在解放之后,如拨云雾而见青天,但是他们就迫切要弄清楚时局新的动向,以及共产党对时局如何主张,以便决定他们的行动。这和老解放区农村人民是有极大区别的。

(二)关于解放军的宣传——特别是当面的解放军。新解放城市人民把解放军作为共产党的第一个代表,他们要在解放军身上看出共产党和民主政府的一切，解放军的一言一动被群众出奇地注意。因此，关于解放军一般的介绍特别是入城部队的宣传，必须加以特别注意。这主要是关于解放军英勇战绩与政策纪律的执行情况。在入城部队自身也很需要这方面的宣传，因为他们要经过报纸与群众取得广泛密切联系，以便进行城市工作。

（三）关于党对当面城市的具体方针与办法，如对金圆券、国民党、旧人员、日用品供给、工资、工会、学校、房租、外国人等如何处理等。

（四）党的理论、政策、历史、领袖人物等，如无产阶级为什么是领导阶级，工商业政策、文化政策、土地政策、又如什么是"八一"，什么是"十年内战"，毛主席与朱总司令的事迹等。

（五）对于党的各种疑虑与不了解之处，要求解答。这里，在初入城时，对于国民党的造谣作用，不能估计过低，如"公妻"之说，真有不少落后群众相信。

（六）群众生活（包括政治、经济、文化各方面）、感情、要求与呼声，这是群众经常注意的问题，要善于体会群众的意见。

（七）对先进国家如苏联，与先进地区如东北解放区等的介绍，工人特别注意他们的工业建设。

（八）干部们则要求有工作经验，如如何作接管工作、如何组织工会、如何组织学生会等。无论是老干部与新干部都需要这种经验。

我们对于上述问题，我们在初期对于第四、第五、第七三项认识不足，第八项本来原计划另出单页，也未坚决进行。第二和第六项作得不完全。除第八项外，以后都迅速改进了。

其次，是关于表现上述内容的形式方面。

（一）新闻城市报的新闻要多，才能满足广大城市群众多方面的需要，这里面要善于反映"群众的生活"，如学联办公时间有什么变动，对于学生群众就是很重要的新闻。除特殊情形外，一般新闻宜短。

（二）评论　城市地方报纸应经常有地方性评论，这对于利用城市人民匆促的时间指导他们，甚有关怀。各版均应提倡小评。

（三）通讯　这个形式除群众生活的描写外，应多使用综合报导的形式。

（四）读者服务　这一形式十分重要，应规定为主要形式之一。其中有学习、讨论、问答、批评、建议、代邮、寻人等项。

（五）副刊　应多刊登群众自己的作品。初期应办综合性副刊。

（六）理论性文章与经验介绍　这主要为干部与知识分子服务。

（七）每周大事记与每周综合评述等。

（八）图书照片应经常有。

（九）读报辞典、小常识等。

（十）信箱

（十一）广告　应作为联系群众的一种形式来看。

对于这些形式，评论一项最差，每周大事记等还未搞起来。对于其他各项，改版为北平解放报时，已大有改进。

乙、报纸联系群众的方法　整个报纸工作的过程，就是从群众中来到群众中去的过程。记者工作、通讯工作、社会调查访问工作、特约撰稿工作等，是从群众中来的第一步，编辑工作与评论工作则是集中起来的最后阶段，也是到群众中去的起点。然后经过印刷工作与发行工作最后才到群众中去。我们有些同志还不善于把整个报纸工作系统地联系起来看，就把自己的工作孤立起来了。

（一）记者工作　北平版的记者由三种人组成：一是老解放区记者，二是北平地下党员与进步记者，三是新参加的青年学生。这些记者一般地说，老解放区记者较注意政策观点，但对新鲜事物往往缺乏感觉，对城市情况，工业生产缺乏知识。后者对于城市解放，印象深刻，感情丰富，且对城市生活较熟悉，但对政策不易掌握。在不同对象的采访中，遇到不同的问题，首先是对于工人的采访，最初，一般都喜欢接近青年工人，对于老年工人与中年工人往往不易了解。另外则比较容易接近普通工人，不易接近技术工人。同时，大家比较喜欢采访产业工人，不喜欢采访手工业及私营工厂工人。但老解放区记者因有土地改革等群众运动的经验，比较容易发现工人中的问题。青年记者则在掌握了工人采访规律之后，进步也很快。其次是对于学生的采访，这两种记者都容易从不同角度出发忽视学生生活。第三是对军队的采访，前者比较容易懂得军队，但不易懂得写什么去教育新解放城市人民。后者容易懂得人民心理，但又不懂得军队，但只要经过一个学习过程，就能相当解决的。

城市记者要有科学的分工，才能逐步深入。按地区或机关分都是不对的，应按问题的性质分。主要可分为下列各方面：第一，政权方面，包括警备部队、公安系统、民政系统、统战系统以及外事系统，这一方面是镇压反革命，另一方面是建立革命政权。第二，是经济方面，这一部分甚为庞杂，下面应这样分：1. 工业与工人组，包括公营与私营两个方面。2. 财政金融贸易税收物价。3. 交通运输包括铁道、邮、电。4. 合作社，包括手工业、消费者等。5. 城市房屋与土地问题，包括房租、市区土地、市郊土地等。第三，是文化教育方面，包括学校、学生、教职员、电影、戏剧、音乐、文学等。第四，是党与群众方面，包括党务活动、群众团体等，这一组应与党委机关保持密切联系，了解党的各种方针，经常关心与推动各组的工作。

城市记者要多，少了办不成事，多了，领导记者是一大问题，记者不须有专门领导机关。但如何领导，颇为不易，我们已发现下面一些有效的办法：第一，领导采访应有两个人，一个人出去担负每日主要采访任务，对其他记者起示范作用，另一人在家接受各记者之电话或当面汇报，即时为他们解决问题，记者应有经常请求的作风。第二，记者每日应作书面汇报，交报社负责人批阅，及编辑传阅。负责人每晚在结束工作前（十二时左右），应召开记者会，简要指示记者明日工作。第三，记者要能随时迅速写稿，争取早交稿，不要通通挤在夜上一个短促时间。全体记者的口头汇报,只宜于对重大事件行之。不宜经常举行。第四,记者的工作条件,必须予以适当的保障,如交通、在外吃饭等最低条件,应当解决,长的距离徒步政策与粮票制度等万不宜再行使用,这种机械的"制度"论,必然妨害工作。

(二)通讯工作 在城市开展通讯工作比较农村容易,广大群众可以直接作通讯员,但由于党报与群众新见面,许多劳动群众不敢写稿,因此,应在出报初期,放手大胆地采用群众——首先是工人的稿件,只要头一开,以后就好办了。各种群众写稿的规律,已有这样一些发现:第一,工人。工人写稿内容大致可分为三个阶段:第一阶段是对解放的歌颂,对过去黑暗统治的控诉,大半用对比方法写。第二阶段则是开始提出些要求,如工资问题、工会问题、原职原薪下的有些旧职员问题、合作社问题、国民党员问题。第三阶段则开始写生产、歌颂机器、歌颂烟筒、提倡生产竞赛等。工人写作形式,大致分两阶段,最初大致都是写诗歌快板,以后就有些建议述叙报告之类了。第二,学生。学生写稿内容大致有两阶段,最初阶段和工人大致相同,第二阶段则为表现知识分子开始与工农兵结合的情况,即知识分子的改造情况,学生的初期写作、写本身、写本学校时,此较有内容,一写出了这个范围就容易空泛。学生写作的形式,大半为报告、杂文或长诗,这与工人很不相同。第三,军队。军队到城市,因为没有战斗任务,而且与广大群众直接接触,军队中写稿的需要和可能此平时增加了。但是军队中来的稿件,往往不了解新解放城市人民的经验,稿子很难采用。一则不善于选择城市群众所需要的材料,再则不善于在城市群众面前表现这些材料,则须要从事军队通讯工作的人对此有所注意。第四,民主人士大学教授。这些人写稿,大议论多,好表现自己,政策观点一般都有错误。对于城市通讯工作的领导,除应出版通讯刊物与经常改稿回信外,应采用两种方法:第一,应有计划地有重点地召开通讯员小型座谈会,此点,我们行之有效。第二,要照顾通讯员物质困难，如邮票、稿纸、稿费等。

（三）社会调查与服务工作 这是在城市中应大大开辟工作，这个范围也异常广泛，从政治讨论、科学技术问题到一般社会服务，其工作方式，除主要应在报上表现外，会客打电话也是一种重要方式。这一工作应有强有力的干部去领导，如干部不强，亦最易出大乱子，故一般问题的解答，切忌立时回答，应采"定期回答"的方法，以便报社领导机关能有时间考虑。

（四）编辑工作与评论工作 这是报纸工作中决定的一环。以一般解放区的报纸而论，编辑工作应大大加强政治化，不应停留在把大部分精力花在编辑技术工作上面。各版编辑要能多想多写。要有清醒的头脑与政治分析能力。因此，夜间编报过程所费时间要缩短，一般应十二点至一点截稿，以减少编辑的疲劳，并提早出版时间。为了减少时间的浪费，稿件管理应当科学化，应有很好的登记统计与处理过程的精密管理制度。旧报馆中若干事务工作制度，应当学习。地方性城市报编应当建立地方性的评论工作，此点万万不能不办，否则在宣传与组织城市人民群众这一工作上，必然会有损失。要使编辑工作与评论工作作好，资料研究工作一定要加强，没有资料研究工作。在编辑工作上必然是事倍功半。在编辑工作的领导上，每日在开始编辑工作之前，举行各版负责编辑的小型简短会报是完全必要的。这个会确定明日报纸的以及各版的计划，则各版编辑就能根据总的意图，事先作大致全盘的考虑，布置稿件与资料配合等，这才能使各版编辑掌握主动性。

（五）印刷工作 （略，因未很好总结这一工作）

（六）发行工作 应把发行工作作为重要的政治工作与复杂的组织工作来看，不应把它看做简单的技术工作。发行应当有政策，第一，是定价，定价不宜多变，以不低于废报纸为原则，有顾及战时纸价上涨情形，最初定价不妨稍高，以期可以少变。但为减轻军人、工人、学生及干部个人负担，可以定极高优待办法，甚至于可以五折。第二，时间，发行时间一定要早，城市报纸发行，一般应在八时前发行完毕，这不是技术观点，而正是政治观点，因为要使报纸能按照城市生活规律，在人们每日在进入工厂、学校、机关之前能看到报纸，才能使报纸的政治效果有可能在广大群众中发生普遍作用，否则，忙碌的城市人民就不易有时间来看当日报纸，这是属于政治性的损失。第三，组织，报纸应多争取直接订户，以便与群众保持密切联系，要予直接订户以多种便利。同时市面零卖，关系也很重大。因此，报社应考虑组织广大的报贩问题。要逐步地把报贩组织起来，从而削弱直到消灭派报社这层中间的不事生产的中间剥削。

四、对敌斗争

我们在城市中的直接敌人是残存在那一个城市中的帝国主义、国民党、官僚资产阶级，这也就是报纸的斗争对象。他们在北平解放后在新闻宣传方面活动的方式如下：

（一）帝国主义　他们利用在北平的记者的发电权利，向全世界造谣，污蔑共产党、人民解放军、民主政府与北平人民。同时，在北平也散发一些传单等文件。对于他们的造谣，应发动群众，公开加以驳斥，并号召群众发表处理他们的意见。这一斗争方式，在反对基昂、穆萨的斗争中，收到了明显的效果。至于他们的传单，可以完全不理他们。

（二）国民党　包括他们的特务组织在内。他们斗争的方式：1.伪装进步，组织党派团体，发表一些宣言、文告、新闻、与广告，企图经过党报在解放了的城市中取得公开合法的地位，为了这一目的，他们是不厌其烦的。2.伪造消息或投函，挑拨社会矛盾，造成党在群众中的困难。3.利用广告作联络工作。4.用一切方法争取参加党报工作，甚至冒充党报记者与工作人员，四处招摇。对于国民党的斗争，主要的方法，就是提高政治警惕性，凡在政治上无把握者，一定要经过确实的调查研究，对此等事之处理，万不得已时，宁慢毋快，盖稍一不慎，就要上当。

五、批评与自我批评

报纸工作本身的自我批评问题，我们还做得相当严格。但就整个北平工作来说，我们对于北平工作的批评与自我批评就差得很远。这是北平版最薄弱的一环。这就使党报大大减低其作用。要能对全般工作进行批评与自我批评，必须报社有很好的研究工作，并在党委的指导下，帮助党委坚持与仔细进行这一工作。北平市委会一再对此作号召，我们还未认真去进行。

六、领导作风与干部政策

第一，在领导作风上，城市报纸的领导，应明确地掌握政治第一的原则，否则必然变成终日忙碌不得要领的事务主义者。第二，领导干部应十分注意集中精力，摆脱杂务。万不能精力分散，或平均使用力量。第三，要特别虚心学习万不可自以为是，轻于决定，因为城市关系复杂，反应迅速，决定错了，影响甚坏。第四，要十分注意条理化，因为城市事情多，如果没有条理，就一定会乱，就一定会发生拖延、遗忘与混乱错误等现象。因此办公室的制度一定要建立起来。

在干部政策上，首先要有"现有工作人员是工作队同时是训练班"的明确思想。以后工作日重，老干部因分散而日少，必须依靠众多的新干部工作。因此，对新干部的有意识的教育，应提到重要地位。同时，对于干部保护健康的工作条件应予注意。必须知道，全中国即将解放，老新闻干部不可能再有其他来路。只有善于爱护这些干部，各地才有工作骨干。

（此项总结因时间仓卒，对于宣传中执行政策部分，除已在路线总结中指出大体情形外，未另行总结。)

正误：

页	行	误植	应改
1	6	由于印刷能力，与纸张限制	由于印刷能力与纸张限制
2	21	也有个别过地方，	也有个别过份地方
3	3	与集体组织的任务	与集体组织者的任务
3	18	如何处理等	如何处理等。
7	3	国民党员问题。	国民党员等问题
7	15	大大开辟工作	大大开辟的工作
8	2	地方性城市报编	地方性城市报纸
8	8	因为很有	因未很有
8	11	有顾及战时纸价	为顾及战时纸价
9	1	污巇共产党	污蔑共产党
10	1	遗忘与混乱	遗忘，与混乱

载《北平解放报》1949年5月12日

这一期的教学重心应当是什么？

北京新闻学校第二期已经开学了。这一期，在有一年修业的期限的情况下，主要应当教些什么呢？

我以为应当着重两个方面的教育，第一，是关于理论和政策方面初步的基本知识的教育；第二，是关于写作能力的初步的但是基本的锻炼。

根据近十年来解放区各地办新式新闻教育的经验，我们现在必须而且可能改变在过去短期新闻训练班所实行的实质上（不是名义上）是政治认识与思想改造为主、业务为辅的教育方针，而采取以理论与业务并重的教育方针。在过去那样的方针下面，培养新闻干部业务能力的方法，主要是在工作岗位上带徒弟。这一个方针，在过去是正确的，因为在过去那样的战争时期，胜利不断扩大，地区日渐推广，对于新闻干部量的需要很大很急，所以在那时对于有志于革命新闻工作的青年知识分子施以短期的教育，初步地在政治上分清敌我，树立了为人民服务的观念，并学习了一般的新闻业务常识之后，即分配到各新闻岗位，在新闻岗位中，在老干部的领导下，才开始真正的关于新闻业务的学习。用这种方法，曾经培养出不少的新闻干部。但必须指出，这种方法是很浪费的，而且学生的进步也是比较迟缓的。现在情况已经改变，革命已经基本胜利，大陆战争已经基本结束，全国各地主要的新闻岗位，大体上已经建立起来，新闻干部的配备，已初具规模。而另外一方面，由于我们已由农村进入城市，在宣传工作上面临着许多新的比较过去复杂千百倍的问题。这种客观形势，要求新闻干部有较高的理论水平，实际知识和较有修养的业务能力。当然更丰富的实际知识，主要靠在工作中逐渐的培养，但是关于指导实际的基本的理论的修养以及业务训练（主要是写作训练），是可以而且应当在新闻学校中用比较长的时间培养一定基础的。用这样的方法培养出来的干部，在进入新闻岗位之后，才能起较大的作用，而且才能更迅速地进步。这是比过去那样带徒弟的办法，更经济更有效的教育方法。

本校在普通班之外，新设了一个研究班。研究班的作用，在抽调一部分已有一定新闻工作经验的干部加以训练。上述教育方针和教育方法，对于他们基本上也是适用的。所不同的，在于他们是在已有的基础上，要继续提高。在进行业务学习时，研究班除受一般的训练外，还应当注意工作经验的总结。

整个说来，我们对于新型新闻教育的经验还是很不成熟的。在过去，我们比较熟悉于短期新闻干部训练班的方法。现在，我们要开始试验新的教育方法，不可避免地，我们会遇到许多新的困难，对于这个困难，没有预见，是不对的；在这些困难面前退却，也是不对的。我们应当谨慎地研究情况，总结经验，稳步地推动中国新闻教育向前发展。

载《新闻学习》1950 年 8 月 28 日创刊号

认清任务　虚心学习
—— 纪念北京新闻学校成立一周年

宣传和组织群众，是伟大的政治任务。革命的新闻工作者所从事的，正是这一个伟大的政治任务。在这个问题上，列宁曾经有很清楚的指示："报纸不仅是集体宣传员和集体鼓动员，而且是集体的组织者。"

不认识革命新闻工作的重要性，不能满腔热情地投身于伟大的革命斗争中，而斤斤于个人的也是渺小的前途的考虑，是政治上不开展的表现。这是必须加以克服的落后思想。

革命的新闻工作，是一个复杂的思想斗争的工作，不是很容易胜任愉快的。凡是决心从事于新闻工作的同志，必须在学习问题上下重大的决心，必须作长期的坚持不懈的努力。任何自满情绪，都表现对于这种工作的复杂性认识不够。对于革命者来说"自满"是一种极端危险的思想；在我们学校中，应当坚持虚心学习的校风。

载《新闻学习》1950 年 12 月 21 日第 9 期

拥护缔结和平公约，坚决反对武装日本

中国人民抗美援朝总会于五日发布了关于举行拥护缔结和平公约签名及举行关于日本问题投票的通知，这是中国人民拥护世界和平理事会的两大决议的进一步的具体行动。

世界和平理事会于二月二十五日，通过宣言，号召缔结和平公约，特别要求五大国——美国、苏联、中华人民共和国、英国及法国缔结和平公约，这是推进世界和平的重要努力。因为，如果五大国缔结了和平公约，并予以实施，世界和平就有了保障，世界战争就不可能发生。

从长期苦难的日子里奋斗出来的中国人民，是懂得和平的重要的。中国人民之所以派遣抗美援朝志愿军赴朝鲜作战，就是为了保障国家的安全，保卫人民的和平幸福生活。而帝国主义之侵略台湾、朝鲜，并阴谋扩大战争，就是企图用战争把我们拖回到黑暗时代。但是，中国人民愿意已被粉碎的牢笼又把我们重新枷锁起来吗？不能的！全中国人民都是不能同意的！

北京正在上演老舍先生的名剧《龙须沟》。龙须沟的改造，正是北京在人民政府治理下的最初步的成果之一。今天要龙须沟的居民重新过那样臭水沟的生活，受特务恶霸的欺凌，是不可能的。

从北京往东是我们中国的工业基地——东北，提到东北，谁都会知道工业劳动英雄赵国有和马恒昌，护厂模范赵桂兰和女司机田桂英。赵

国有愿意眼睁睁地看着自己的孩子病死而没有钱医治的日子再来吗？被全国人民尊重的作为今天工业生产竞赛的旗帜的马恒昌，还愿意过"动作稍迟，轻则挨打，重则被抓到宪兵队"的奴隶生活吗？被人公认为"党的好女儿"的赵桂兰，还愿意重新去讨饭吗？已经驾驶火车的田桂英能够回到吃不饱，穿不暖的以捕鱼抓蟹为生的苦日子吗？

在中国的中部，在直接影响五六千万人民的地区，正在进行根治淮河的工程。试问河南、皖北、苏北的人民，他们是愿意在人民政府的领导下，在两三年之内把淮河治好呢？还是愿意再回到过去帝国主义和国民党反动统治时期那种"大雨大灾，小雨小灾"的灾难的年月？

中国最大的城市是上海。一九四九年五月以前，上海一直是帝国主义侵略中国的主要的基地，帝国主义的租界，曾经是万恶的渊薮，帝国主义在黄浦江上的兵舰，表示过他们在半殖民地中国的"威风"。一九四九年五月二十七日，红旗招展在上海的天空上，开始了人民上海的新时代，中国人民才第一次真正作了上海的主人。一九五〇年二月六日，美制蒋机却又对上海进行了残酷的轰炸，严重地破坏了上海的工业和人民的生活。只有在我们加强了空防之后，上海人民才重新得到了和平。经过人民的短期的努力，已经给上海带来了经济上开始繁荣的局面。我们上海人民还愿意在黄浦江上再看到帝国主义的兵舰？或者还愿意看到"二六"轰炸重新发生吗？

如果我们问一问华东、中南、西北等广大地区内正在进行土地改革的农民，他们是愿意在人民政府领导下过着和平幸福的生活？还是愿意让帝国主义者用战争来迫害他们？很显然，他们是愿意和平的。只有正在被推翻的地主阶级才希望从帝国主义的侵略战争中来恢复他们在农村中的封建秩序，重新骑在农民的头上。正因如此，广大人民坚决地反对美帝国主义侵略台湾、朝鲜，协助人民政府镇压反革命特务、恶霸的破坏活动，不让那些大蒋介石和小蒋介石在中国土地上复活。

这种爱和平的心情，对于少数民族也是一样的。现在帝国主义和蒋介石匪帮还梦想在西南和西北少数民族地区进行挑拨离间的活动，他们幻想在那些地区可以找到很多的"乌斯满"，但是今天的少数民族也不愿意回到过去的生活，而为保卫现在的祖国而奋斗了。事情是很明白的，从来只有资格"进贡"的民族，现在受到中央人民政府、毛主席以及各级人民政府的尊重，少数民族占多数的地方已经开始实行区域自治。过去在国民党反动统治下，一百斤羊毛只能换到一块砖茶，现在同样一百斤羊毛的代价是三、四块砖茶了。中国的少数民族能愿意让帝国主义的战争贩子来破坏这样新的生活吗？

中国人民热烈拥护缔结和平公约，还有一个最突出的也是最迫切的理由，是反对美国重新武装日本，而希望用和平方法解决日本问题。美国在发动了朝鲜侵略战争将近一年并遭到决定性的失败之后，杜勒斯又对日本公开主张"把过去的敌人变为朋友"！然而日本帝国主义对于中国的侵略所造成的损失和痛苦，中国人民是不可能忘记的。仅仅根据一九三七年七月芦沟桥事变到一九四五年八月日本投降为止的极不完全的统计，由于日本在中国的侵略，中国人民牺牲了一千万以上，损失了一千万亿人民币以上的财产。中国人民还应当再受这样大的牺牲吗？美帝国主义与蒋介石相互勾结一直没有把大战犯冈村宁次判处罪刑，但是华北人民能够忘记冈村宁次所施行的三光政策吗？艾森豪威尔和杜勒斯希望欧洲和亚洲的人民"忘记过去"，但是，太行山、五台山、长白山的人民，冀中的人民，冀东的人民，山东、江苏和安徽以及华南各地的人民，是永远不能忘记日本帝国主义军队对中国人民所进行的扫荡、清乡、强化治安、人圈、无人区等等血腥的暴行的。人们怎么能够设想可以叫南京的人民忘记一九三七年十二月十三日开始达一月之久的三十万人的大屠杀？我们怎么能叫湖南常德、浙江宁波、金华以及平原的新乡等这一带人民忘记日本细菌战犯裕仁（日本天皇）和石井四郎的罪恶呢？麦克阿瑟已经把著名的中国人民的死敌重光葵、西尾寿造等从巢鸭监狱里释放了出来，日本细菌战犯裕仁和石井四郎不但逍遥法外，而且正受着美国的重用,他们沾满了中国人民鲜血的手,又在策划着重新侵略中国的罪恶的行业,我们能视若无睹吗?

美国正在着手武装日本,但是,只要日本人民明白侵略战争曾经而且将来可能给日本人民带来了什么结果,他们也一定会赞成缔结和平公约,反对美帝国主义的战争阴谋的。现在日本失业人口及半失业者达二千万人,许多贫困的工人农民被迫出卖自己的亲生儿女,福岛县的居民曾经一次出卖了三千个儿童。全国被迫卖淫的妇女有一百万,在东京就有三十万。无家可归的孤儿有二百万。东京大学(即前帝大)的学生每月靠出卖自己的血一百CC来糊口的学生有五百人。一九四九年一年中,转业停业的中小工厂有二十七万家,占日本中小企业总数的十分之三。这样悲惨的景象不是由于过去罪恶的侵略战争带来的吗?现在日本的人民正在团结起来反对美国利用日本进行侵略战争的阴谋。这种行动是完全正确的。因为如果按照美帝国主义者和日本反动派吉田茂、芦田均之流的罪恶计划,把日本人民重新推上侵略战争的战场,全世界人民都可以预料,战争的结局对于日本人民将是更大的灾难。将使更多的企业倒闭,更多的工人失业,更多的孤儿寡妇产生,日本知识分子也必然更没有出路。日本人民要走上和平的幸福的生活,只能走世界和平理事会所指出的和平的道路,而不可能从杜勒斯所策划的道路中找到任何的前途。

五大国以及世界各国人民之间,缔结和平公约是没有根本困难的。中国人民和苏联人民之间的和平友好关系,早已经是确定的了,彼此在经济和文化上的密切合作,正逐步地加深。目前威胁中国以及全世界安全的,是美帝国主义为首的帝国主义阵营。但是,美国加里福尼亚州的种葡萄的农民和我们中国太行山的农业劳动英雄李顺达有什么不能和平相处的问题呢?美国福特工厂的工人和我们的工业劳动英雄赵国有、马恒昌,又有什么仇恨呢?同样,上海纺织女工范小凤和英国兰开夏的纺织工人是没有利害冲突的。天津紫竹林的码头工人是完全可以和法国马赛的水手作朋友的。

不愿意缔结和平公约的，不是上面所说的各国人民，而是美国、英国、法国的独占资本家，拉丁美洲的一贯作血腥生意的地主和商人。他们在政治上的代表人物，就是杜鲁门，就是艾奇逊，就是马歇尔，就是艾森豪威尔，就是杀人魔王麦克阿瑟，就是邱吉尔之流。这一些生番，想用战争的魔掌来进一步压榨他们统治下的人民，来摧毁世界上已经解放了的自由幸福的国家。他们把人民的胜利看成"瘟疫"，他们要把人类真正的瘟疫——黑暗、贫困、落后、愚昧、烧人场、集中营、鼠疫、虎烈拉、伤寒、炭疽热作为"福音"向全球散发，以达到他们发财的目的。

很明显，保卫世界和平，反对世界战争的斗争，是目前全世界人民最主要的斗争。因为这是幸福和灾难的斗争，是文明和野蛮的斗争，是光明和黑暗的斗争。我们绝对不能允许洛克菲勒、杜鲁门、邱吉尔这一小撮野蛮人，掀起新的世界战争！我们决不能令全世界千百个的美丽的财富集中的城市都和朝鲜汉城一样被侵略战争所毁灭！

击败这批野蛮人的方法，在朝鲜那样已经受到武装侵略的地方，应当如朝鲜人民军与中国人民志愿军一样，用实际的战斗，把敌人逐步歼灭，给帝国主义者以沉重打击，使它侵略战争的火焰不能扩大。而在全世界来说，今天主要的任务是动员人民起来反对帝国主义的世界战争计划。如果美国人民、英国人民、法国人民、日本人民、西德人民以及其他资本主义各国人民都觉醒起来了，都不受战犯们的欺骗和蒙蔽了，都和苏联人民、中国人民、朝鲜人民及其他人民民主国家人民一样起来反对帝国主义的战争，杜鲁门邱吉尔等战争贩子还能发动战争吗？斯大林在这一方面的指示是十分正确的。他说："如果各国人民将维护和平的事业担当起来，并且把这一事业保卫到底，和平就能够保持和巩固。如果战争贩子用谎言的罗网陷害人民群众能够得逞，欺骗了人民群众，将人民群众拖入另一次世界大战之中，那末战争就可能变得不可避免。"

对于已经用人民革命的伟大胜利和抗美援朝的伟大行动有效地参加了保卫世界和平反对世界战争斗争的中国人民来说，根据世界和平理事会的号召，和中国人民抗美援朝总会的决定，在全中国举行拥护缔结和平公约的签名，以及举行关于和平解决日本问题的投票，仍然是有重要的意义。因为这将集中全国人民的意志，表明中国人民决不允许美帝国主义和国内反动派再来统治中国，决不允许美帝国主义把日本武装起来再来进攻中国，决不允许过去苦难的岁月回来，决不允许胜利的果实被敌人夺去，并决心以实际行动保卫祖国，保卫自己的土地财产，保卫今天自由幸福的生活。四亿七千五百万人民的进一步觉醒和团结，将对于保卫世界和平的伟大事业，产生不可估计的力量。

载《人民日报》1951年4月8日第3版

毕业是新的学习的开始

第二期的同学们已经毕业了。一股新的力量又参加到人民新闻战线中去了，这是值得欢迎的。

但是，"毕业"并不是学习的结束，而是新的学习的开始，即是工作中（在实践中）学习的开始。

人民新闻工作是思想工作，这个工作是重要的。因为它担负着宣传马列主义，反对反动思想，批判错误思想的严重任务。没有革命的思想工作，我们就不能动员群众，为伟大的革命而斗争。这个工作同时是艰苦的，因为，如果没有丰富的实际知识，没有深刻的马克思主义的分析能力，就不能作好思想工作，而要使自己的理论和实际知识都逐渐丰富起来，就要抱定学习的态度，而且在学习的大道上真正下苦功夫。"下苦功夫"学习，是问题的关键。抱定了学习的态度，认真下苦功夫，在实际工作中严格锻炼自己，就一定会使我们逐渐成熟起来。

这是一条光明的大道，我们应当坚决地沿着这条路前进！

载《新闻学习》1952年8月7日第24期

太原工人住宿问题今天仍然十分严重的主要原因在那里？

一、太原工人住宿问题的恶劣情况

太原是正在扩大的工业城市。两年来，工厂和工人不断增加。全市人口一九四九年是二十四万，现在已增加到五十万以上，工人及其家属约占二十万，其中产业工人计四万多人，连家属约十万人。在两年工作之后，特别在抗美援朝、镇压反革命以及调整工资和民主改革之后，工业的恢复和改造有很大成绩，工人的政治情绪很高，生产积极性很大。工人物质生活中的吃穿两项，有了显著的改善。但产业工人住宿状况，现在仍十分恶劣。解决最低限度的住宿问题，是今天太原大多数工人最迫切的要求。

根据本年十一月底调查，太原各厂矿自己原有和新修的宿舍，一般说来，只解决了各厂矿工人住宿需要的百分之二十至百分之三十左右。其余的工人绝大多数依靠租赁民房住宿。出租民房的质量一般很坏，而且数量万分缺乏。

我曾经调查过太原大小北门外城关一带的重工业工人混合居住区。这里的房子大半是些破烂不堪的小土屋，工人们这样地形容它们："屋外下大雨，屋里下小雨；屋外停了雨，屋里还下雨！"因而经常发生坍塌事故；有些勉强维持，也时有坍塌危险。例如有二十六年工龄的某厂老钳工和铣工张润耀现在住的房子，就是用几根木头勉强撑着的。在雨季里，如果天下雨，许多工人在工厂内就不能安心生产，他们顾虑家里漏雨，打湿被子，有些又怕房子倒，压坏自己的老婆孩子。太原北关公安分局的同志告诉我：有些房子实在太坏、太脏，过去曾有个别群众观点不强的公安人员不愿进这些工人住房内去进行户籍工作。但是，现在，房子坏还不是最大的问题，更大的问题，是这样的坏房子还很缺。因而更恶劣的现象，就到处出现了。例如有九年工龄的铁路工厂的铁路机关车工人张鸿江，他和母亲、妻子、女儿住在一个小房里。有一个小房里住了某钢铁厂原料工续福锁等两对夫妇，中间仅用纸隔开。有一间原来的小厕所，现在住着某厂铆工部张振远等六个人。十几二十个单身工人挤在一间房内是普遍的现象。一家马房里，除两匹马外，住着六四七厂的赵有福等三个工人，还有赶大车的马超祥一家四口。此外，有些小饭馆晚上也住工人，小客栈里也常住工厂工人。北关外，工人住宿情形是不是好一些？据调查，没有工厂宿舍住的工人，情形是差不多的。就是已经住在自己厂矿宿舍里的工人，因宿舍不足，有些处境也很困难。例如某钢铁厂古城村宿舍一个坏了的浴室里，住着炼铁工人张忠秀等四对夫妇和他们的子女。这个浴室十公尺长、六公尺宽，计有两个门，一个窗。四家人把浴室分割了，有一家是从浴室窗上进出的。又如古城村八号宿舍十一号房内，住有炼焦工人胡美光夫妇一家三口人，同时另外有七个单身男工人也住在这个房内。某煤矿，有二百五十对工人夫妇共住一百二十三间房子。换句话说，就是有许多家庭是两对夫妇甚至还有其他成员住在一间房内的，还有些是三对夫妇住在一间房内的。上面还没有算在临时工棚内住宿的建筑工人在内，他们的情形还更糟。有些厂矿工人在城区附近实在找不到住宿的地方，就分到四周一二十里甚至三十里以外的乡村居住；这样，上下工更不方便，生产和学习都受极大妨害。

二、铺张浪费是太原工人住宿问题仍然严重的主要原因

在国家财政还很困难的情形下,要求在现在完满解决工人宿舍问题是不可能的。但是,太原工人住宿问题到一九五一年冬季还这样严重,就主要部分、即国营工厂来说,基本上已不是因为国家财政困难,无力投资于工人宿舍,而主要是国家两年来在这方面的投资,大部分被铺张浪费掉了。因而新建宿舍只能解决很少一部分人的问题。就次要部分说、即就地方厂矿说,有些是经济还很困难,有些也还是不够重视这个问题。地方厂矿建筑宿舍时,一般比较朴素。不过,再加以节约,还可以多修一些宿舍。

太原各国营工厂企业新建的宿舍,除少数比较朴素并合于北方气候条件外,大多数都太铺张了。这些宿舍基本上是按"花园洋房"的理想来修建的。普通是,每家有一间卧室、一间客室、一个厨房;稍高一级的,并有两间卧室,一个客室、一个厕所、一个储藏室、一个厨房,甚至还准备有单人浴室。一般是很大很多的玻璃窗、漂亮的油漆,有些房屋用了很厚的东北松木作地板,房屋的其他部分,也用了很多很高级的木料。这些房屋外面,一般留有很宽的空地,作为种花木之用。在房屋这样困难的情形下,除比较低级的宿舍已住人外,现在有些已完工的较高级宿舍还空着没有人去住。因为一则房租太贵,每家每月要十几万元至二十几万元的负担,另一个重要的原因,是许多人在冬天在一个宿舍内安不起这样多的火炉子。这样,不仅是一般工人,有些较高级的职员也有很多人住不起。这些房子的建筑费用一般是很大的,如果把这些房屋所使用的材料(包括调拨木材)、人工、按现行市价计算,则国家要花多少钱才能解决一个职工家庭的住宿问题呢?仅就太原市内四个国营工厂内已完工的七种宿舍来说,第一种宿舍要一亿一千四百万元,第二种要一亿零六百万元,第三种要七千八百万元,第四种要五千二百万

元,比较节约的也得一千四百万元。

是不是在太原一定要花这样多的钱才能解决工人宿舍问题呢?事实不是这样。太原的国营企业中已经出现了一种十分节约而且合用的职工宿舍。这就是河北山西农村中普通的"平房",基本上和党中央一九四八年在石家庄西北的建屏县西柏坡村所住的房子差不多。平房的造价每间是三百四十八万元。平均以一间房住一个家庭计,则每家的费用,为第一种房子的三十分之一。在"花园洋房"风气流行的情况下,主张建筑这种节约的宿舍,而且在自己管辖范围内已经初步实行起来的是中央重工业部基本建设局太原工程处主任陈新同志。如果按陈新同志的办法,把太原的"花园洋房"都折算成平房,可以解决多少职工的宿舍问题呢?我现在还没有太原全部新建宿舍及工厂其他附属设备的建筑成本的材料,仅根据上述四个国营工厂中已完工的七种宿舍(其他附属设备未计入)的材料计算,照他们原来的住法,只可以住一千七百八十二家;如用这些投资改建"平房",每房一家,可住一万八千三百二十九家,等于前者的十倍以上。当然,有些人口多的家庭,要住两三间平房,但是,无论怎样,用节约宿舍,比过去那样要好得很多。据太原市政府建设局的材料,太原产业工人宿舍,除原有、购置和新建共约一万二千七百间外,现尚欠二万八千间。所以,如果两年来大部新建宿舍及工厂附属设备投资都修成"平房",再加上太原其他方面显然可以节约的建筑费用,太原工人群众(首先是产业系统)现在所忍受的那种艰苦的情况,至少已经大部分得到解决了。

所以,在修建太原工人宿舍问题上,是存在着两条路线的斗争的。一种实质上是铺张浪费的方针,一种是节约的方针。由于铺张浪费方针没有受到批判和制止,它在两年来占了上风,因而延长了太原工人群众在住宿问题上的痛苦。

三、各种错误思想的批判

在太原工人住宿问题上，许多同志之所以不主张用节约的能迅速解决问题的方针，而实质上采取了铺张浪费的方针，是有他们的思想基础的。

有些人误解了所谓"百年大计"的思想。他们在现在条件下要求在工人宿舍问题上实现"社会主义的标准"，是脱离实际的看法。因为，广大工人群众今天迫切的问题，不是要"洋房"住，而是要有可蔽风雨不至于两三对夫妇或公公媳妇住在一间房内的"普通房子"住。照现在这样，少数人住了好宿舍，大多数工人住在破烂的小土屋、马棚、厕所、小饭铺、小客栈里，成百对夫妇过着两对甚至三对共住一间房的生活，这是惊人的落后的生活，那里是什么"社会主义"呢？就拿已经住到洋房的工人说，很多人缺乏足够的被褥和窗幔等，弄得十分为难。所以有些工人说："好是好，就是太冷、太亮。"当然，在工厂的厂房建筑及重要生产设备上，是应实行"百年大计"方针的，而我们有些同志在这方面却考虑得还不周到。

又有人说：修平房"不经济"，且"不雅观"。"不经济"的理由是：这种房子寿命短；"不雅观"是说：和大的厂房和革命胜利以后的形势不相称，认为有些"复古"的味道。这种理由，都是站不住脚的。先说雅观不雅观，工人有"平房"住，叫作"不雅观"，难道两三对夫妇住在一间房内，反而"雅观"？反而是"革新派"？至于"经济"不"经济"，也是片面的观点。平房至少也能住上十年八年。现在能把工人住好，大家高高兴兴地生产和学习，十年之后，国家经济情况好转了，拆了再修，有什么不经济？难道工人因住宿不好，妨害了生产，反而"经济"？

还有些人说："宿舍不好，上海职工不肯来。"这个话有一部分的道理，不是根本的道理。首先因为，在上海，普通工人和下级职员并不是一般都住花园洋房的。少数高级技术人员当然可以照顾好一些。在生活习惯上，上海工人和北方工人当然不同，不能要求上海工人睡热炕。但是，动员上海工人到山西的主要条件是适当的工作，适当的工资和充分的政治动员，宿舍不是决定的因素。太原每年有五个月的冷天，防寒是一个大问题，现在太原的上海工人有不少已经懂得这一条真理了。我曾经到前述小东门外中央重工业部基本建设局太原工程处的"平房"住宅区去访问上海木工黄圣亭和瓦工沈金生等的家属，问他们对于所住"平房"有什么感想，他们说："这里很暖和，比在工地里好得多！"

四、改善情况的建议

那么以后应当怎样办？我以为应当这样：

第一，中央有关各部应规定：一九五二年起，太原各厂矿不能再随便修"花园洋房"式的宿舍及其他附属设备；国家对于工人宿舍及附属设备的新的投资，应严格按节约原则来修建。有打土窑条件的厂矿，应提倡多打土窑，争取尽可能多地满足工人住宿的需要。对少数高级工程技术人员的宿舍，可以好一些。

第二，现在已分配的宿舍和未住宿舍，应尽量调剂使用。除少数高级技术人员、高级工厂管理人员及家庭人口众多的职工，应住二间或三间房屋外，对于有两间或三间房屋的宿舍，应提倡两家或三家人合住。事实上，工人群众已自己创造了这种办法。例如某钢铁厂有一处八家宿舍，工人已自动地把其中六家改为十二家了。

第三，某些省营厂矿应在生产发展的条件下，拨付一定的资金，来解决工人宿舍问题。太恶劣的现象，应限期加以改善。

第四，对临时工的住宿问题，亦应采取负责态度，保证其一定的条件。

第五，山西和太原地方党政机关，对于太原各厂矿的工人住宿状况应加以检查，对各厂矿工人宿舍兴建及其分配，应实行方针性的领导和监督。（十二月十五日太原）

载《人民日报》1951年12月28日第2版

川底村的农业生产合作社

一、川底村的一般情况及当地农民的基本要求

为了研究农业生产合作社这个新问题，我于一九五一年十二月十一日到山西平顺县的川底村，调查这个村的农业生产合作社。参加这次调查的，有中共平顺县县委书记李先唐、县委秘书李玉贤等。调查时，曾先和这个村的中共支部书记、党员骨干，亦即农业生产合作社的社长、组长等骨干分子座谈，然后和全体社员座谈，然后和这个村尚未组织农业生产合作社的八个互助组组长或代表座谈，然后约八户过去曾与现在的农业生产合作社的社员们同在一个互助组、但在一九五一年春天对农业生产合作社抱怀疑态度、因而未参加农业生产合作社的农民座谈，最后约社员中五个妇女代表座谈。

川底村是一个有代表性的华北老解放区的山区村庄。它位于太行山区中，耕地很少，又缺水，人畜饮水问题也靠窖水解决，生产条件比较困难。现在全行政村共有九十四户，三百六十六人，七百二十四亩地。全村早已中农化，共有中农九十三户（其中旧中农九户），另外一产生活较差的，是过去被斗争过的旧富农。全村党员二十九人，团员十四人。一九五一年四月组织农业生产合作社前，全村已有十个互助组，共包括八十八户，即是说，绝大部分农民在不同程度上已经用互助

组的形式组织起来了。一九五一年春，两个互助组合并起来组成农业生产合作社后，还有八个互助组，包括七十户。这个村的互助运动开始于一九四三年，一直没有停止过。全村农业生产在一九五〇年平均已超过战前水平百分之五十。战前每亩平均产粮二百一十斤（一石四斗），一九五〇年每亩平均产粮三百一十六斤半（二石一斗一升）。一九五〇年全村共有耕畜五十八头，羊二百〇一只；一九四三年时，耕畜不足二十头，羊只有三四十只。在一九五〇年十一月山西省劳动模范大会上评选的十一个全省生产模范村中，川底村与同县李顺达的西沟村、杨峰山的斜道坡村同被评为生产模范村。全村现在已有若干公共财产，计：（一）农具：五寸步犁三张，铡草机一架，温度表两个，小型玉米脱粒机一个，喷雾器三个，旧式耧五个；（二）房屋及其他设备：房二间，窑五孔，水池三个，水井十五眼，碾九盘，磨五盘，板凳十九条，桌二十四张；（三）公有山林四五百亩，小树约三十万株（主要是松、柏、桃、杏）。

在文化教育方面，有小学、民校、图书馆各一所，图书馆内有书四百四十本，订有时事手册、宣传手册五份，《人民日报》一份，《山西日报》二份，《山西农民报》若干份，《山西青年报》一份。全村并有许多黑板报；每晚都有口头广播。

川底村现在最受群众尊重和向往的是农业生产合作社。这是中共山西长治地委所试办的十个农业生产合作社之一，在一九五一年四月成立时，有十八户，七十六人，内二十一个全劳动力，十六个妇女劳动力。全村的党员骨干分子大部入了社。全社有地一百五十二亩七分，入社地共一百零七亩，社员自留地共四十五亩七分，其中在一九五一年实际由社内统一经营的是九十二亩（有十五亩麦地系一九五〇年秋季下种，一九五一年仍由原种户收割）。这个合作社是由两个互助组合并成的，一个是郭玉恩互助组，一个是郭小有互助组。郭玉恩互助组成立于一九四三年，那时耕畜只有三头，羊只有七只，一九四四年当选太行区二等模范互助组；一九四六年因组员增至二十四户，分出十二户，另组郭小有互助组。郭玉恩互助组在一九五〇年的平均产量，每亩三百四十二斤（二石二斗八升），超过战前百分之六十三，到一九五〇年，耕畜增加到八头，羊四十三只。在一九五〇年，郭玉恩组已有公积金粮食一千二百四十五斤（八石三斗），公有旧式农具十五件；郭小有组已有公有旧式农具十九件（尚无公积金）。组织生产合作社前，两组共有二十六户，组社时退出了八户。

此外八个互助组的简单情况是：户数最多者十三户，最少者四户；平均每组有六七件公有旧式农具，其中有一组有公有母马一匹。

调查时，我们首先注意研究了川底村农民的基本要求。所谓"贫雇路线"的倾向在一九四八年被纠正后，从一九四九年起，川底村农民最基本的要求，是在原有的互助组的基础上，扩大再生产。但是，互助组的组织形式，已基本上不能满足农民进一步发展生产的需要。从一九四三年到一九四八年六年期间，互助组对于农民的生产，曾起了很大作用，关键是解决了劳畜力困难，其次是解决了若干农业生产上的技术问题（如浸种、选种、换种、推广金皇后玉茭、大垅谷、两脚耧等）。但是，一九四八年后，劳力畜力的困难一般地解决了。上述技术改进也一般能实行了。农民生活中"糠菜半年粮"的时代，基本上已经过去了。这个时候，这个村的农民在生产上主要有下面这样一些要求：第一，是深耕，但畜力不够，要买好牲畜，单个农户没有资本；第二，是增加肥料，但买不起羊群（当地农民主要用羊的粪便作肥料）；第三，由于互助组集体劳动的结果，劳动力有剩余，但不能有计划地使用这些剩余劳动力于副业生产，因为每个人必须照顾自己的一小块土地；第四，农民已不满足原来的土地使用方法，因为土地太分散，而且不能因地制宜地实行种植，只能按照自己小家庭的生活需要，在十分不经济的条件下进行生产；第五，买不起较大较好的农具；第六，对于较大的土地加工，无法进行。但是，互助组这样的经济组织却不能根本解决上述的问题。

因而互助组普遍发生涣散的现象。连郭玉恩那样比较进步的互助组，虽然比当地一般互助组好一些，但是照郭玉恩自己的说法："也形式主义化了。"正如互助组组员李喜存所说："互助组就是这个样了，永远也提不高了。"在一九五〇年二月，中共山西省委提出了"组织起来和提高技术相结合"的方针，曾对那时开始涣散的一般互助组的提高和巩固，起了显著作用。但如果把"组织起来"仅仅限于"互助组"这样的形式，而不包含更高级的形式，还是不能满足农民的要求的。就川底村来说，在互助组的基础上可能采取的技术，大部分都采用过了。在这种情况下，农民看不见走"组织起来"的道路可以更进一步发展生产的前途，因而自发地走单独发展生产的道路。他们对于现在的经济状况发生了自满情绪和自以为可以自己独立发展的情绪。他们说："早起圪坨地蔓（即玉茭饼和山药蛋），晌午老瓜闷饭（老瓜即南瓜），黑夜豆面稀饭，行了。"但是，在新民主主义制度下，农民单独发展的道路是很小而且很短的，这一方面并没有什么光明的前途。在政治上，当地农民从一九四九年起滋长了"革命成功"的思想，失去了敌情观念，他们以为地主阶级、日本帝国主义和国民党反动统治被打倒后，已经没有敌人了。因而对参军冷淡起来，对于缴纳公粮等很不热心，对于工作干部也疏远起来，干部到村上派饭吃已经很勉强了。这是农村工作松懈，农民和农村干部都感到十分苦闷的时期。一九五〇年冬季开始的抗美援朝爱国主义运动，和继之而起的镇压反革命运动，树立了农民新的敌情观念，鼓起了农民新的战斗意志。在经济上，从一九五一年四月中共长治地委根据中共山西省委的决定试办农业生产合作社之后，川底村农民才又发现了走组织起来的路以进一步发展生产的广大前途。在这个合作社筹备试办时，村里个别主要干部最初还有些犹豫；而互助组的绝大部分组员们，则对农业生产合作社表示了热烈拥护的态度，正反映了农民要求进一步发展生产的情况。

二、农业生产合作社显著地提高了农民的生产力，满足了农民进一步扩大再生产的要求

根据一九五一年四月至十月七个月来的总结，川底村农业生产合作社在生产上获得了远超过互助组的巨大的成绩。这个成绩表现在三方面：农业方面，副业方面，扩大生产投资方面。

首先，在农业方面：单位面积产量是大大地提高了。农业生产合作社，一九五一年每亩平均产量是四百五十四斤（三石〇二升六合），比一九五〇年每亩多产一百一十二斤（七斗四升六合），即比一九五〇年增产百分之三十二点七，比一九五〇年川底村的好互助组郭海北组的平均产量三百八十一斤（二石五斗四升）超过百分之十九点四，比同年川底村的强单干户郭天福的平均产量三百一十五斤（二石一斗）超过百分之四十四，比战前多产二百四十四斤（一石六斗二升六合），即增产百分之一百一十六。农业生产合作社的最高产量，每亩产金皇后玉茭一千〇五十斤，比互助组最高产量每亩六百十五斤多产百分之七十一，比单干户最高产量每亩五百二十五斤多产一倍。

农业劳动生产率提高了。一九五〇年互助组每亩地十八个工，一九五一年十四个工，每亩所用劳力的劳动生产率提高了百分之二十二点二，而且耕种质量比过去都好。

耕地面积也扩大了。由于取消了同一平面上社员土地间的七条土垅，因而取消了二十八个地角，扩大面积半亩，省工四十五个。不过，为了保障土地私有权，经过社员公议，在合并地的地下埋了地界。

其次，在副业方面：七个月，共生产粗粮一万〇二百五十斤，比一九五〇年两个互助组副业生产二千一百斤粮，多生产百分之三百八十八，占全社农业收入的百分之二十八，占全村副业收入的百分之三十。一九五一年从事于副业生产的主要是八个整劳动力，主要副业

是木工。

第三，在扩大农副业生产投资方面：七个月已投资于扩大再生产粗粮一万三千二百八十斤。此外，还有公积金粮三千五百三十二斤，即将大部投入扩大再生产。

农业生产合作社之所以能够显著地提高农民的生产力，是因为它有下述各方面的优越性：

第一，在土地问题上，农业生产合作社在农民土地私有的基础上空前地解决了全社土地在统一经营的原则下合理使用的问题。农民第一次从"吃甚种甚"的被动的生产情况转为"宜甚种甚"的主动局面。这就大大地发挥了土地的生产效力。其次，对土地普遍进行了加工，逐步进行了土地的基本建设。这个合作社计划在一九五一年冬一九五二年春，把十一亩坡地改为梯田，并把二十一亩凹凸地修成平地。

第二，在劳力问题上，有了很大的变化。首先是社员的劳动积极性空前提高了。社员每天都要求分配工作，没有工作时就感到不满，而且不愿休息，原来的懒汉也不懒了。原来互助组中零星的剩余劳动力现在集中了，并且扩大了剩余劳动力，为有计划地使用剩余劳动力于副业生产创造了条件。这个合作社一九五一年共集中了八个剩余劳动力长年从事副业生产，一九五二年计划把剩余劳动力使用在副业和土地基本建设两个方面。各个社员在劳动上的特长，现在可以实行合理的分工了。全社共分三个组（两个农业组，一个副业组），每组中又有具体分工。如：有木工技术的，从事副业；在农业生产上，长于犁地的负责犁地，长于播种的负责播种，长于养牲口的负责养牲口，技术经验丰富的担任技术指导，力气大的多作重活，力气小的多作轻活，妇女的劳动积极性也充分发动了。这个社一九五一年共有十六个妇女从事农业主要劳动，有七个老年妇女从事于打场等次要劳动。在七个月内，妇女共作了三百个"劳动日"，最多的做了三十四个"劳动日"，一般的二十来个"劳动日"。妇女和男子同工同酬。妇女也按身体强弱、特长，有适当的分工。在家庭劳动上，过去一向由男人负责的挑水等重活，现在许多妇女都负担起来了。

至于耕畜使用问题，这个合作社现在用折工资的办法；将来打算一律入社。现在在这方面还没有发生过什么争论。

第三，在肥料问题上，也有了下述的变化。首先，用作价投资的方法集中了全社大部分的肥料，计九千〇一十六担。社的羊群、牲口共积肥一千九百余担，增加了肥料来源。因而施肥增加。一九五一年每亩平均施肥九十八担，比一九五〇年平均每亩超过十三担，即百分之十五强，比同村好的互助组每亩超过二十三担，即百分之三十强。比同村单干户每亩超过四十担，即百分之六十九。社地每亩最高施肥量是一百二十三担。由于土地统一经营，肥料集中使用，可以因地施肥。如红土上绿肥，黄黑土上人粪、羊粪，白土上骡马粪；背阴地上人粪、羊粪、油饼肥，朝阳地上牛粪、猪粪等。在往地里送肥料时，则可以就近运送。如村北头的粪，即运到村北面的地里；村南头的粪，即运到村南面的地里。因此省工五十四个。一九五二年，这个合作社的羊群将要就地卧肥，省工将更多。

第四，在耕种技术上，也有很大的改进。最显著的变化，是普遍使用了新式农具，克服了某些社员的保守思想。他们已作到普遍深耕、多耕。过去一般耕深三寸，一九五一年一律耕深四寸。过去有的耕三遍，多数耕两遍，一九五一年一律耕三遍。过去由于劳畜力分散使用，秋收和秋耕不能及时结合，地力不能早日恢复。有些土地在地冻前还来不及耕完，要第二年春天才能开始耕种；现在已能作到及时秋耕。他们普遍采用了优良品种，并统一用进步方法，实行药剂拌种。锄地遍数也加多了，留苗普遍合乎规格。过去多数锄两遍，一九五一年普遍锄三遍。而且实行了因地留苗的办法。秋收时间也缩短了，减少了遭受灾害的可能性。打场时，把过去的十八个场合并为一个场，节省了大量劳力畜力和农具。

在耕地、播种、锄苗、收获四项工作的时间问题上，农业生产合作社比互助组，有根本性质的优越性。在农忙时，为了争取"及时"，互助组往往因此发生不团结甚至分裂的现象。这也是互助组领导上一个最感困难的问题。但是，农业生产合作社由于实行了统一经营、及时耕作，各户争夺时间的问题，已不复存在。

此外，在耕种问题上的另一个优点，是农业生产合作社设立了小型的农事实验场。这个实验场有一亩四分地，一九五一年曾作了十种作物试验，为一九五二年选种打下了良好基础。

三、社员的生活显著提高

社员的生活一年来有了很大的变化。

在纯收入方面：全社人口每人一九五一年七个月平均纯收入（包括自留地，除去公积金）为四十八万七千五百元，一九五零年全年每人平均纯收入为三十五万一千元，前者比后者多百分之三十八点七，其中最高者超过一九五零年收入的一倍。如果一九五一年以全年计的话，比例还要大一些。一九五一年同村的好互助组每人平均七个月纯收入为三十五万三千九百元，农业生产合作社每人平均比互助组多百分之三十七；一九五一年同村最强单干户每人平均纯收入为三十三万元，农业生产合作社每人平均比单干户多百分之四十七点五。

由于收入的增加，社员的生活有了这样一些变化：每户都存了半年煤。燃料问题，在整个平顺县是一个极端严重的问题，农民平时每天都要上山割柴作燃料，这是农民生活上一个巨大的负担。煤是最上等的燃料，过去普通农民只能在过年时用上一二百斤煤。现在社员每户存半年煤，是互助组员和单干农民办不到的。全社多数社员都准备了一身过年的市布衣服，小孩都准备了花布。全社各户现共添置四条毡子、四条被子、两条线毯、一条褥子。在吃的方面，细粮比过去多了，饭的花样也多了。一九五〇年每天三顿饭只有两顿吃盐,一九五一年秋收后,三顿都吃盐了,而且都有了咸菜。过去过年过节才吃醋,一九五一年平时都吃醋了。社员已普遍地点煤油灯,把剩下的麻油改善了伙食。盖房的人也多起来,一九五一年有两家盖了四间房,还有两家准备一九五二年春盖房,有一家糊了顶棚。

由于生活的显著改善,社员们都热爱着农业生产合作社。新死了父亲的青年郭圪毛的母亲,对郭圪毛说:"孩儿啦!你在社里可得好好干呀!要好好服从领导。咱们入了社,就有了靠山;过去咱的玉茭一只手捉三个,现在两只手才能捉一个呀!"

十八户社员中,十七户一九五一年都有余粮,一九五〇年只有六户有余粮。一九五一年余粮户中,余粮多的六七石,少的也有三四石。

四、社内社会主义经济成份显著增加

川底村农业生产合作社实行了以社会主义原则为主的分配方法。农业纯收入中,劳动的报酬占百分之五十二,土地的报酬占百分之四十,公积金占百分之八。劳动报酬以"劳动分"为计算基础,每十分为一个"劳动日"。劳动的数量和质量不够一个"劳动日"的标准时,计十分以下的分数;超过标准的就给予十分以上的分数。如有特殊技术或从事特别繁重的劳动时,一个"劳动日"往往计十二三分。农业劳动和副业劳动都按"分"计算。计"分"方法,采用"工票制"。"工票"每天发给一次,平均每十天结算一次。"工票"由组长负责分发,组长的"工票"由副组长发。根据一九五一年七个月的总结,每个"劳动日"报酬为十四斤粮。这个村的互助组和一般雇工的工资每天是七斤粮(即五斤米),比农业生产合作社少一半。

土地报酬的分配方法,是先把入社土地按常年实收评定产量。全社农业总收入扣除全部农业生产投资后的百分之四十作为土地报酬。分配时，用全社入社土地的评定产量的总和平分土地报酬总额，再乘以各户入社土地的评定产量，即得各户应得的土地报酬额。

副业纯收入，除公积金外，与农业纯收入中按劳分配部分合并，全部按"劳动日"分配。

公积金定为百分之八。分配方法是从农业、副业纯收入中各提出百分之八。公积金的使用方法，这个合作社规定：生产投资不能低于百分之六十，其他用于社员公益事业和文化教育事业。

按照这个合作社一九五一年分配的情况，劳动报酬占农业及农副业总纯收入的百分之六十二点五；土地报酬占百分之二十九点五。劳动报酬和公积金合计，共占总纯收入的百分之七十点五。

社会主义经济成份的增加，还表现在社内公有生产资料的增加上。这个合作社新添公有生产资料，计有大黄牛三条、铁轮车两辆、羊四十五只、农具八件、大锯五条、麻绳四十五斤。全社合作造林约三十亩，其中主要是榆、槐、椿、桃、杏。公共财产，特别是公有生产资料的不断增加，是巩固和发展农业生产合作社的一个重要因素。

载《人民日报》1952年3月21日第2版

川底村的农业生产合作社（续昨）

五、社员思想意识的变化 合作社七个月的经历，说明社员的思想意识已经而且正在发生相当明显的变化

最明显的是集体主义的思想加强了。社员郭东先说："在过去，自己的土地是个人的命根子，现在土地合作社（即农业生产合作社）是我们的集体命根子。"五十二岁的老妇女社员张庄秀说："从前是一个人一个心，现在是全社一个心了。"社员由长期的关心个人土地，变为主要关心全社土地及全社副业生产。这是一件大事。这是由于社员收入的来源已经不决定于原来自己的土地的耕作情况，而决定于全社土地的耕作情况和副业生产情况。由于劳动的收入占主要部分，社员的自留地在合作社成立时一般都要求多留；现在一般决定减少自留地，以免削弱他在劳动方面的收入。社员们现在普遍要求扩大社的公共财产，例如要求修羊圈、牛栏、打场时用的房屋等。对于公积金和公共财产的看法，也发生了很大的变化。过去普遍要求出社时能带走一份，现在则几乎全体社员都反对这种思想了。爱护公共财产的行为，逐渐增加。例如：四个青年社员，在秋收时夜间自动地负责看守场里的粮食。所有社员夜间以极低的代价轮流看护全社的羊群。有些社员把自己的扫帚、布袋，无代价地供给社里使用。为了合作社的需要，向任何社员借东西，社员们都很慷慨。社员有困难，都想依靠社来解决。有的社员病了，社里为他找医生，其他社员为他作饭。

集体思想的加强在政治方面的表现，是爱国主义思想增长了。主要表现在爱国捐献和优抚工作方面。全社共捐献四十三万元，占全村捐献总数一百一十三万一千元的百分之三十八。由于收入的增加，社员们支援抗美援朝战争的热情加强了。社员们都要求消灭美国侵略者于国门之外。副业收入的增加，增大了捐献的来源。因此，增产保证了捐献，捐献又鼓励了增产。这个合作社一九五一年的优抚工作，比一九五〇年有更大进步。全社订了代耕公约，保证军属烈属的土地耕作上不低于社员的这样高的水平。并保证军属烈属的柴水不发生困难。全社经常进行政治学习，社内订有三份报纸。全社提出不仅要做劳动模范，同时要学习李顺达的榜样作爱国模范。爱国公约已成为这个村推动爱国运动和生产运动的有力武器。川底村秋季总结时共有六十个各种类型的模范，这个合作社就占二十二个。

由于农业生产合作社的成立，社员对文化的学习有更迫切的要求。最突出的是男女社员普遍要求能认"工票"、能算账。不识字的社员，对发工票、收工票、算工票感到极大的困难。有了工票不会计算，使许多人对于社的经济状况以及自己的劳动所得，在实际分配以前无从了解。因此，全社现有二十九个人努力学珠算，二十九个人都有语文和算术课本，青年们每天都学写字，五十七岁的老社员李喜存每天也学写字，为的是便于学习和研究农业生产技术。社里为了鼓励社员的文化学习，经常奖给社员笔和纸墨。

由于农业生产合作社的成功，本村社外及邻村的农民也普遍起了思想变化。一九五一年春季筹备农业生产合作社时，有些人采取怀疑观望的态度。他们说："你们先办，我明年再看。"现在，他们已普遍地体验到农业生产合作社的好处。绝大多数未入社的本村农民，都要求参加或者另外组织农业生产合作社。他们异口同声地说："单干赶不上互助组，互助组赶不上土地社（即农业生产合作社）。"

一九五一年秋收总结时，中共平顺县委召集全县十二个模范互助组、三十三个代表，到川底村去参观。这些代表普遍要求照川底村农业生产合作社的模样组织起来。

六、基本经验

川底村农业生产合作社七个月来的基本经验，有以下几点：

第一，社员以自己的大部分土地的使用权交合作社统一经营，是组成川底村式的农业生产合作社的基本关键。因为只有土地入了社，才能发挥土地的生产效力，才能解放被分散经营的小块土地所束缚的分散的劳动力，才能够实行有计划的合理的统一经营，才能广泛地采用新式农具和进步的技术，也才能够有计划地从事专门的副业生产。如果土地不入社，或者只有小部分土地入社，就不能改变互助组所已经遇到的困难状况。但是，社员土地也不宜全部入社，应该有适当的自留地，供社员种植菜蔬等之用。自留地不能太少，也不能太多。太少了就不能满足社员个别的特殊需要；太多了则增加社员参加集体劳动的困难，并且必然减弱他在劳动方面的收入。但农业生产合作社不能否定社员的土地私有权，必须明确地认识农业生产合作社是在土地私有基础上的统一经营和集体劳动的经济组织，是互助组的更高级的形式，同时比起社会主义集体农庄来还是最低的形式，也就是走向社会主义集体农庄的过渡形式。

第二，在土地入社的基础上，川底村农业生产合作社之所以能够发生前述的巨大变化，根本的关键就是实行了以劳力为主、土地为副的分配原则。因为是以劳力为主，就根本改变着农民几千年来一向以土地收入为主的观念。为了多劳多得，农民逐渐改变着过去小生产者的散漫习惯，转而紧张地争取工作的机会。这就大大地提高了农民的劳动生产率。由于这种劳动是在统一经营方针之下的集体劳动,农民逐渐习惯了分工劳作的习惯,逐步改变着小农经济的"一揽子"的、迟缓的、粗糙的劳动作风。但是,在新民主主义制度下,以劳力为主的分配原则,并不能够取消社员私有土地的报酬。社员仍应取得他所私有的土地的收入。在目前时期,任何取消社员土地私有制的企图,都是过"左"的。在社员还不能同意以劳力为主的分配原则时,暂时实行以土地为主的分配原则,也是可以的。

第三,公积金必须有,但比例不宜过高。川底村农业生产合作社最初拟定的公积金比例为百分之二十。这个比例,使少数地多劳动力少的农民入社以后的收入不能增加,部分的且有减少的可能。后来实行了现在的比例(百分之八)。所有社员的收入虽然比上一年收入增加的比例有很大的不平衡,但是因为比自己过去的收入都增加了,所以都很满意。必须指出:农民们的生活虽然比过去好得多了,但是就实质上讲来,生活水平还是很低的。农业生产合作社必须保证社员每年的收入能不断地增加,即社员的生活能不断地改善。只有在这样的基础之上,才可以逐步地积累公积金,添置全社的公共财产。当然,公积金的比例也不宜太低,太低了就要削弱农业生产合作社扩大再生产的力量,使合作社丧失了前途;这对于每一个社员和国家的长远利益都是不符合的。

第四,劳动互助的经验,是农业生产合作社的重要基础。农业生产合作社和农民的个体生产,有很大的差异。个体农民如果没有劳动互助的锻炼,就没有集体劳动的习惯,不可能有计工算账分工合作的能力。在将来农业生产合作社已相当普及之后,个体农民如果要求组织农业生产合作社,也必须有经过训练的骨干作为核心。

第五,入社出社应是自愿的;社内应有充分的民主。只有入社出社自愿,才能免除社员们对于农业生产合作社的根本性质的顾虑。强迫命令和关门主义,对于农业生产合作社的发展都是极端不利的。必须认识:农民把自己的土地加入合作社,由社员共同使用,是农民思想和生活上的一个重大事件。如果用粗暴的办法来处理农民的这样关键性的问题，必然会造成严重的错误。在农业生产合作社组成之后，社内必须保持充分的民主，发扬批评和自我批评；必须坚决反对和防止社内的命令主义。因为以劳动为主的分配原则，对于社员是一个极大的支配力量。领导者实行在民主基础上的集中，是比较容易的。但如果不保证社员的充分民主，容易造成家长制的领导。由于注意了民主的原则，川底村农业生产合作社在分配比例问题上，在购买社员的肥料问题上，在社员内的团结问题上，都得到了顺利的解决。社内的账目必须定期向社员公开。

第六，必须有党的坚强领导。农业生产合作社是比互助组更高级更复杂的农村经济组织。村支部必须负责加以领导。在农业生产合作社中，必须配备坚强的党员和骨干。在试办阶段，上级党委必须派专门干部具体进行帮助，切实了解组社过程中的情况，及时解决所发生的各种问题。党必须保证农业生产合作社组织的成功。因为农业生产合作社实行了土地和劳力的统一经营而且有了公共财产，万一失败了收拾起来，是很困难的。

第七，必须有国营经济和供销合作社的帮助。川底村农业生产合作社的迅速发展，和人民银行贷款的作用是分不开的。国家银行贷款迅速扩大了再生产投资，并加速了公共财产的积累。其他的国家经济机关，如土产公司等，应结合自己的业务，尽量为农业生产合作社开辟副业的门路。长治专区土产公司经过平顺县供销合作社委托川底村农业生产合作社作五百个装党参的木箱子，对这个社是很大的帮助。但因农业生产合作社在经营上还缺乏经验，在订立合同等问题上，应给以指导。

七、几个问题

第一，社员出社时应否带走公积金和公共财产问题。在这个问题上,川底村社社员的意见是有变化的。初成立社时,他们主张应该带走;现在百分之九十九的社员都主张不带走。在争论这一个问题时,主张带走的理由只有一个,即认为公积金和公共财产是社员劳动创造的,"劳动"人各一份,既然出社,就应有带走的权利,否则是妨害了私有财产权。但是大多数的社员都认为:(一)公积金和公共财产,是社员集体劳动创造的,不属于任何个人,应由集体享受,不能分配;(二)出社的社员在社内时已享受了他劳动的成果,生活已经改善,他那一份土地也改良了;出社时带走他自己的土地和他的私有财产,已经得很大利益,不能要求再分;(三)公积金和公共财产的积累,不仅由于社员的集体劳动,还有国营经济和供销合作社等的帮助,个人更不能带走;(四)公积金和公共财产是不断发展的,社员也是变化的,不可能分清每个社员劳动所应得的部分;(五)公积金和公共财产如果分散,必然削弱社的扩大再生产的力量,削弱举办各种公益事业的能力,而且对于社的存在和发展是不利的。

此外,有些社员主张新社员入社时应带些入社费;也有些人主张在出社时不能带走公积金和公共财产的条件下,新社员入社时除土地外可以不缴入社金。

现在看来,在公共财产不能分的条件下,社员出社应否带公积金问题,可以由各社自己民主决定。

第二,组织规模的大小问题。社员们一致认为大比小好。认为大了劳力多、土地多、资金大,能够发展。这和互助组不同,互助组大了不好办。但是,关键问题在于领导力量的强弱。照目前领导干部的状况,农业生产合作社过大是不容易掌握的,应当实行逐步扩大的方针。

第三,领导干部问题。农业生产合作社的领导工作,一方面说比互助组要容易一些,互助组里农忙抢工不听指挥的现象已不存在。但是在另一方面,农业生产合作社所需要的生产上的指挥工作,却比互助组紧张复杂得多;不仅要指挥农业,而且要指挥复杂的副业生产。要有精密的计划,要有比较复杂的对外交涉,要有对内的多方面的说服教育工作。同时,领导干部还必须和一般社员一样从事体力劳动。这样,往往因为领导干部没有充分时间考虑社里的工作而造成不应有的损失。因此,对于领导干部的经营管理工作,在计工问题上,应给以适当的照顾。生产合作社的会计人员,十分重要。政府应有计划地逐步训练农业生产合作社的工作人员。

第四,适当地调节社员的劳动问题。由于劳动成为主要的分配根据,社员们一九五一年都是每天不停地劳动。社里没有规定统一的休息制度,任何社员都不肯单独休息。一方面,社员的劳动生产率是大大地提高了,改变了农民季节性的闲忙状态;但是,有些社员反映,照这样下去,要"缩短阳寿"了。所以,农业生产合作社应该根据实际情况,规定全社统一的适当的休息制度。

第五,社员的劳动保险问题。社员们对于农业生产合作社是不愿离开的。但他们感到,照这样劳动下去,社员一旦暂时或长期地丧失了劳动能力,生活将发生根本的困难。因此,应有适当的劳动保险的办法。

第六,对劳力弱的农户的照顾问题。目前劳力弱的农产,普遍不敢入社,将来的情况可能更加严重。农业生产合作社应随着自己的发展,设法使各种不同的劳动力都能得到适当的工作。这也是互助组在相当时期相当广大的范围内还须继续存在和发展的一个理由。(一九五一年十二月十六日于山西平顺)

载《人民日报》1952年3月22日第2版

韬奋的思想的发展

一

韬奋同志逝世已十一年，经过许多同志和朋友的共同努力，《韬奋文集》在一九五五年出版了。

韬奋是不幸早死的伟大的爱国者，他死时才五十岁。他自觉地参加革命斗争，是从一九三一年"九一八"以后开始的，到一九四四年流亡病逝，他的革命的政治活动，仅有短短的十四个年头。这十四年正是日本帝国主义铁蹄疯狂地践踏着中国广大的土地，全国人民在中国共产党领导下逐步团结起来，为民族独立、自由而艰苦奋斗，并取得抗日战争的胜利的年代。一九三五年"一二·九"运动以前的四年间，全国广大人民在国民党的不抵抗主义的亡国政策下，奔走呼号，苦闷徬徨，达于极点。韬奋在这四年间，以满腔热忱，反映了全国人民抗日救亡的要求，并与全国人民一道，寻求抗日救亡的道路，他在上海办周刊，在海外旅行考察，先后撰写了约五六十万字的言论，都是为着这个目的。韬奋从海外旅行回来正是"一二·九"运动前夕，从这时至一九三六年底他被国民党政府逮捕以前的一年多中，韬奋在中国共产党的抗日民族统一战线政策的领导下，更目标明确、热情奔放地发挥了他在宣传鼓动战线上的巨大作用。在这五六年间，韬奋那种有极大感染力的言论，在国民党统治地区的广大青年群众中引起了广泛的共鸣,成为黑暗中照耀他们的火炬和鼓舞他们前进的号角。那时国民党政权已日益感觉到韬奋的言论是对于他们的反动政策的威胁。

韬奋在一九三一年"九一八"以后所追求解决的问题,用他当时的话来说,是"世界的大势"和"中华民族的出路"问题[1]。这两个问题的答案,当时对于中国马克思主义者说来已经是基本上很明确的了。但是还受着资产阶级思想影响的爱国知识分子却不能不在这两大问题上苦心焦思,不易得到解决。当时的情况是:日本帝国主义企图灭亡中国的大进军开始了,亡国的惨祸临头了。怎么办呢?工人、农民和小资产阶级群众是主张抵抗的。民族资产阶级在一九二七年背叛革命之后,这时重新动摇起来,他们一般有一定程度的抗日要求。许多资产阶级、小资产阶级知识分子一方面已经看出,国民党所坚持的对日不抵抗和加紧内战的政策,如果不加制止,必然把中国带到无限危险的深渊中去;但另一方面,他们又看不出,究竟依靠什么力量才能打退日本的侵略,才能挽救中国的危亡。对于世界大势,他们一方面已经看到以英、美、法为背景的国际联盟的态度是为日本帮忙的,中国不可能依靠它们得救;但另一方面,他们受长期反动宣传的影响,不信任苏联,同时也误以为它没有力量。当时的紧急局势使广大知识分子要求对于世界和中国的前途有一个明确的认识,他们不能不看到世界资本主义没落的事实,看到在帝国主义压迫下的中国不可能独立走向资本主义的事实,但是他们对世界的社会主义前途还抱着怀疑,对于中国走资本主义道路还存着某些幻想。这些就是当时在许多知识分子中苦恼的问题。韬奋在一九三一年以后,在全国风起云涌的群众性的抗日运动中,在颠沛流离之中,逐步找到了马克思列宁主义的真理和中国共产党的正

---

1 参见《萍踪寄语》初集弁言,《韬奋文集》,生活·读书·新知三联书店 1955 年版,第 2 卷,第 4 页。

确主张，逐步认识了这些问题的本质和解决这些问题的方针办法和前途。千千万万的知识青年群众，因受他的影响，在政治上逐步觉醒过来，走上了在中国共产党领导下的民族解放斗争的大道。这是韬奋一生中对于中国革命事业最伟大的贡献。

抗日战争爆发以后，韬奋出了牢狱，在国民党统治区工作三年，他这个时期的斗争，是响应中国共产党的号召，坚持抗战，坚持团结，坚持进步，反对国民党反动派妥协投降，反共内战的阴谋。他这时斗争的中心突出地表现在要求实现民主政治以保证团结抗战。虽然在这个时期，中国共产党已有自己的政治代表公开驻在国民党统治区，并出版了公开的党报和党刊，但韬奋和他所主编的刊物在总的斗争中仍起着重大作用，他的言论的影响仍然是很大的。韬奋在这时期最大的贡献，是有力地揭发了国民党妥协投降阴谋和反民主的法西斯面貌。一九四一年韬奋出走香港时期的言论，是他在抗战时期言论的精华。他把国民党反动派从一九三七年七七事变以来因为被迫抗日所积蓄起来一些欺骗人民的政治资本，彻底加以清算，还它一个法西斯的本来面目。国民党对此是恨之入骨的。所以一九四一年十二月香港被日本占领，韬奋被迫回到国民党统治区时，国民党对他不能再有丝毫容忍，而作出发现时"就地惩办"的决定了。

二

韬奋一生，是从资产阶级思想影响下摆脱出来转到无产阶级立场的中国广大知识分子的典型。他的道路，是广大的有善良愿望的爱国知识分子的道路。中国有一部分知识分子早已在"五四"运动和一九二四到一九二七年的革命中逐步找到了马克思列宁主义，参加了中国共产党听领导的革命斗争。但是经过一九二七年的革命失败以后，资产阶级思想仍在很多知识分子中有深刻的影响，形形色色的反动和错误的政治思想,流行在当时的知识界。经过"九一八"以后的民族解放斗争,又有一大批知识分子逐步接受了马克思主义,韬奋就是其中之一。

韬奋在一九二六年接办《生活》周刊,已经使这个刊物从单谈"职业教育"和"青年修养"转而讨论一些社会问题。但韬奋在一九二六至一九三一年的言论中,对于当时的社会现象所作的批评和他所提出的一些改革社会的主张,都还是从资产阶级改良主义观点出发,而不是从马克思主义出发的。"五四"运动和一九二四至一九二七年的革命还没有使青年时代的韬奋的思想起重大的变化。一九二七年韬奋所规定的《生活》周刊的政治纲领,还是"力求政治的清明"和"实业的振兴",认为这是全国大多数民众的利益之所在。[1] 对于国民党的反动政权,他那时只是采取希望它改善的态度,并不主张革命。甚至于在一九三一年"九一八"以后的初期,他在一篇言论中对国民党还只采取警告的态度,他说:"我们一般原无政党组织和未有抢夺政权准备的平民,原拥护中山先生所主张用和平的政治的方法来实行社会主义,只须切实的做,无不欢迎,奈除随处发现'贪污''无能'而外,没有看见中山先生理想有丝毫实现的踪影;甚至在国难临头的危急时候,国民所听到的只是什么党的纠纷云云,和国难的补救是一万八千里的不相干!贵人大老爷深居简出,民间已经普遍的愤懑痛恨也许无从知道,记者敢大胆警告当局,政府如此积极广播革命种子,所恃者不过几枝枪杆子,'民不畏死,奈何以死惧之'。"[2] 不仅在政治上是如此,韬奋那时所宣传的教育理论,基本上也是杜威的实用主义学说。他那时对于"阶级"的观点也是模糊的,例如他把中国资产阶级分为:"虐待职工不顾人道的惨酷的资本家"和"优待职工热心群众利益的实业家",对前者表示痛恨,对后者

---

[1] 《本刊与民众》,《韬奋文集》,生活·读书·新知三联书店 1955 年版,第 1 卷,第 6 页。

[2] 见《政府传播革命种子!》,《韬奋文集》,生活·读书·新知三联书店 1955 年版,第 1 卷,第 50 页。

表示赞同。[1] 又如，他那时一再号召读者要有"傻子"的精神，乐于所业，为"社会"服务。这些也都带着资产阶级改良主义的色彩。

但是，自"九一八"以后，韬奋从群众抗日运动中受到了锻炼，接受了中国共产党的政策和马克思列宁主义思想的影响，他的政治觉悟，迅速提高。韬奋的思想转变过程，从他的言论看来，是很明显的。在抗日问题上，他不再把希望寄托在国民党军阀的"觉醒"，而把希望寄托在广大群众，因而坚决主张发动广大群众的抗日运动。他对于国民党反动政权本质的认识，以及对政权问题和武装问题的基本观点，和过去比较也有了根本的差异。他在一九三二年说："除非把政权和武力放在民众手中，或放在确能为民众奋斗的集团手中，绝对没有其他便宜的道路走。"[2] 对于民权问题，他在一九三三年说："民权之获得保障，决不是出于统治者的恩赐，乃全由民众努力奋斗争取得来的。"[3] 一九三五年，韬奋在考察了资本主义欧洲和苏联之后，鲜明地指出："中华民族解放的斗争，决不能依靠帝国主义的代理人和附生虫；中心力量须在和帝国主义的利益根本不两立的中国的勤劳大众的组织。这样的中心力量才有努力斗争的决心和勇气，因为他们所失的就只不过一条锁链！"[4] 他在这里所说的中心力量，当然是指劳苦大众和工人阶级的政党——中国共产党。韬奋找出了民族解放斗争力量的泉源以后，他就深信群众斗争必然胜利。他在一九三三年对于日本帝国主义进攻热河和汤玉麟不战而逃的事实，指出沉痛的教训说："无论帝国主义者和军阀的势力，都不过在加紧的自掘坟墓，被他们'置之死地'的大众，为客观的条件所逼迫，必要起来和他们算账的。大众努力的程度，和他们解放的迟早是成正比

---

1 见《本刊与民众》，《韬奋文集》，生活・读书・新知三联书店 1955 年版，第 1 卷，第 6 页。
2 见《劲儿多好！》，《韬奋文集》，生活・读书・新知三联书店 1955 年版，第 1 卷，第 57 页。
3 见《民权保障同盟》，《韬奋文集》，生活・读书・新知三联书店 1955 年版，第 1 卷，第 74 页。
4 见《萍踪寄语》三集弁言，《韬奋文集》，生活・读书・新知三联书店 1955 年版，第 2 卷，第 221 页。

例的,中途的挫折和困难,不但不应引起颓废或悲观,反应增强努力的勇气,增加猛进的速率。"[1] 这个时期,他对于党派的观念,也不同了,他并不是否认一切党派,而是完全肯定为大众谋福利的党派的必要性了。韬奋完全接受了中国共产党的抗日民族统一战线的主张,并为实现这一主张而进行了声势浩大的宣传鼓动工作。在统一战线运动中,他还注意了"领导权"问题,并且提出了他的正确的看法,他说:"怕大众力量抬头,用种种方法压迫大众力量的抬头,正足以证明这些人为的是他们自己和他们的一群的利益,所以提防大众如提防家贼似的!和大众既立于相反的地位,摧残蹂躏大众之不暇,还说得上什么领导大众呢?"[2] 他又在和读者讨论"领导权"的"信箱"的文章中说:"谁能把握着领导权,是要看事实上谁能坚决地英勇地领导救国运动。"[3]

韬奋在考察西欧和苏联之后,对于国际形势的看法,也已经是马克思主义的观点了。他在欧美考察的时候,正是国际资本主义经济在表面上还有某些"繁荣",德意法西斯势力正在抬头的时候,而苏联方面仅仅是在第二个五年计划期间,经济困难还很大,帝国主义对于苏联的包围封锁仍然很严重,然而,他已从马克思列宁主义的观点出发,肯定了"世界大势"发展的方向,认为资本主义必然灭亡,社会主义必然胜利;同时也肯定了中国发展的方向,中国应该走苏联的道路,中国民族解放斗争,应以社会主义苏联为盟友。[4]

所有这些问题,在当时都是群众共同关心的根本性的大问题,这些问题不解决,是不可能动员广大群众参加民族解放斗争的。

---

[1] 见《滑稽剧中的惨痛教训》,《韬奋文集》,生活·读书·新知三联书店 1955 年版,第 1 卷,第 79 页。

[2] 见《领导权》,《韬奋文集》,生活·读书·新知三联书店 1955 年版,第 1 卷,第 135 页。

[3] 见《民族解放与人民阵线》,《韬奋文集》,生活·读书·新知三联书店 1955 年版,第 1 卷,第 398 页。

[4] 参见《萍踪寄语》三集弁言,《韬奋文集》,生活·读书·新知三联书店 1955 年版,第 2 卷,第 217—221 页。

三

韬奋在作风上最突出的优良表现,是高度的群众观点和老实刻苦的精神。

毛主席说过:"热爱人民,真诚地为人民服务,鞠躬尽瘁,死而后已,这就是邹韬奋先生的精神,这就是他之所以感动人的地方。"[1] 韬奋在正确的阶级观点形成以前,初期的朴素的群众观点已在逐步形成中。一九二七年他在"本刊与民众"一篇论文中说:"农人的苦生活,工人的苦生活,学徒的苦生活,乃至工役的苦生活,女仆的苦生活……都是本刊已载过的材料,也就是本刊替民众里面最苦的部分,对于社会的呼吁。"[2] 不过,他对群众的态度,在"九一八"事变以前和以后,仍有原则的不同:在这之前,他对于群众,"同情"的成分重,以后,他对于群众的观点,就逐渐变为"依靠"了。他认为:"大众的伟大力量是:新时代的最最重要的象征!"[3] 所以一切有利于动员群众的工作,办报纸、办刊物、大众歌咏等等,他无不热烈赞助,极力支持。

韬奋从一九二六年接办《生活》周刊起就注意"信箱",韬奋在"信箱"这一栏中以无限热诚为读者解答各种疑难问题,其同情之深厚,关切之周到,谋划之细致,至今读之,犹令人感动不已。在"信箱"的内容上,"九一八"前后也有很大的不同,这以前以讨论青年婚姻、恋爱和职业问题为主,而他所指出的解决问题的办法,是基本上在原有社会制度的基础上,"尽其在我"地想些改良的办法。"九一八"以后的"信箱",方向上有明显的改变,斗争的锋芒主要是指向日本帝国主义和国

---

1 见毛主席题词,《韬奋文集》,生活・读书・新知三联书店 1955 年版,第 1 卷,插图。
2 见《本刊与民众》,《韬奋文集》,生活・读书・新知三联书店 1955 年版,第 1 卷,第 5 页。
3 见《大众文化的基本条件》,《韬奋文集》,生活・读书・新知三联书店 1955 年版,第 1 卷,第 156 页。

民党反动政权，指责当时的社会制度，已经不是从个人主义范围中用改良方法求出路，而是要在民族解放斗争中求出路了。不过，无论在政治水平上前后有何不同，在关心群众、热爱群众这一点上，基本上是一致的。

韬奋的文风，也是他的群众观点的一个主要的表现。他在一九二七年即对于《生活》周刊的文风，宣布了这样一条方针："力避'佶屈聱牙'的贵族式文字，采用'明显畅快'的平民式的文字。"[1] 他一生的写作，的确都是"明显畅快"的。韬奋的文章，多数系就当时最有意义的某些事实，加以认真的分析，用简短有力的文字，阐明问题的性质，指出发展的前途。无论是论文和"信箱"，都是从事实出发，既不是空洞的议论，也不是繁琐的叙述，总是浅易近人，生动活泼，引人入胜。韬奋这个文风的形成，不是凭空而来，而是由于他从来写作的目的在于对群众说话，是为了和群众讨论和解决各种问题，或者是为了和敌人作斗争，所以他的文章总是言中有物，有的放矢，他在写作时的喜怒哀乐的感情，都活跃在纸上。有些人只看到韬奋的文章在题材上有"枝枝节节"的毛病，殊不知在那时这样的写作正是战斗的需要。他在一九三二年出版《小言论》选集的序文中自己就说过："以时事为评论的材料，原有枝枝节节的毛病，但评论所根据之观察点则不得不有其中心思想以为权衡，故于分歧杂错的个别问题中，未尝没有一贯的中心思想为背景。"[2]

韬奋的群众观点，也表现在他对事业管理的原则上，他在《事业管理和职业修养》一书中，就生活书店的工作和生活，把集体和个人、民主和集中、目前利益和长远利益等基本原则，作了详细的科学的解释。他的基本精神在于生活书店是集体的事业，不是他个人的事业，只有依

---

[1] 见《本刊与民众》，《韬奋文集》，生活·读书·新知三联书店1955年版，第1卷，第6页。

[2] 见《小言论》序文，《韬奋文集》，生活·读书·新知三联书店1955年版，第1卷，插图。

靠集体的力量才能办得好，因而，他非常珍贵生活书店每一个工作人员的劳动，对于那些为工作而牺牲的优秀的工作人员（如韬奋会写文纪念的王永德等），则始终念念不忘。

韬奋作风另一个突出的优点，是老实的态度和刻苦工作的精神。

韬奋从来是言行一致，严肃不苟的。他在政治上从来都是采取老实的认真负责的态度。他在群众中，在朋友中，以及对敌斗争中，除秘密流亡时外，从来不隐瞒自己的政治观点，完全采取了光明磊落的革命者的立场。他的政治主张都写在公开的文章上，而且一写再写，力求日益明确。这些主张也就是他的实际的政治生活的根据。在上海和重庆时代，国民党先后曾两次派高级官员和他谈判，对他进行各种威胁和利诱，他在他们面前也坦然陈述自己的政治主张，在苏州的法庭上他也公开坚持自己的抗日救国的意见。他从不把自己装成"一贯正确"的样子，自己的思想有了改变，就老实承认，有了改变，不掩盖自己过去思想错误和不够的地方。前面说过，他的思想在"九一八"以后是有根本转变的，在一九三二年，他自己就公开说："作者自己和自己作前后的比较，自觉思想上的方向日趋坚定，读者于前后各文中或亦可看出一二。"[1] 他对人对事是非分明，是者是之，非者非之。对同一人同一事，其中有是的部分则是之，有非的部分则非之。他不弄阴谋，表里一致，当面如此，背后也如此。在朋友之间，他可以原谅人家的缺点，而不去掠夺人家的功绩。他从不在青年人面前装做自己是"天才"，是"领袖"，也从不投机取巧地耍些什么花招来欺骗青年群众。世界上只有真正老实的人，才是谦虚的人，韬奋从来对自己不满足，总是觉得自己各方面都很不够，自己的文章写的很不好，见解很不深刻。他在《小言论》的序文中说："自恨学识浅陋，且做且学，小言论各篇为每周忽促交卷之作，尤属一时文字，每于后几时偶尔翻阅前几时的拙作，辄觉汗颜，不愿再

---

[1] 见《小言论》序文，《韬奋文集》，生活·读书·新知三联书店1955年版，第1卷，插图。

看。"韬奋写文章,总是先找人座谈研究,虚心听取朋友们的意见,然后找些参考书,细加思考,再行下笔,决非闭门造车而来。

韬奋的刻苦精神,是特别值得我们处在革命胜利以后的同志们学习的。有些人常常说我们现在的工作条件如何困难,如何不便于工作,如果和韬奋当时的情况比一比,我们现在的条件无论如何苦,也比他那时好得太多太多了。韬奋接办《生活》周刊时,没有什么开办费,只能在上海一间过街楼上租了一间房间,这就是他们当时的大本营,三个人一间房,编辑部、总务部、发行部、广告部、会议室等等都在这一间房间里,他和他的朋友们就津津有味地干起来,而且一直干下去。他在一九三三年被迫出国,他本有晕船的毛病,但仍坚持为《生活》周刊的读者写海外通信,尽快地赶上轮船班期寄稿回国。在一九三三年七月至一九三五年四月不到两年的时间,他遍游西欧和苏联,并且写完了三十七万字的游记,这个工作量是很大的。一九三五年他到美国去考察了三个月,为了深入地向读者报道美国,他曾冒生命危险到美国南方去看黑人的悲惨生活和美国西部的农村生活。一九三六年三月,他又被迫出走香港,他在香港贫民区内于十分困难的情形下创办了《生活日报》,不到两个月又被迫停刊。十一月他和救国会的其他六个负责人一起在上海被捕入狱,他在狱中又继续坚持写作,《经历》和《读书偶译》是这时写成的,《萍踪忆语》是这时补写完成的。抗战爆发以后,他在上海、武汉、重庆都是在条件困难、任务繁忙的情况下进行写作。韬奋在重庆租赁的寓所,就是国民党反动派大头目之一的陈果夫所住楼房外的偏房楼下的一间房间,进出都要经过陈果夫住宅的大门,这个住所,对于韬奋这样从事政治斗争的人说,是很不利的,但他因为出不起租金,找不到另外的地方,只好住在这里。在重庆为了保持《全民抗战》的按期出版,他往往为了争取一篇文章免于被无理删扣,亲自跑到重庆郊外几十里的真武山上去和国民党的审查老爷们抗争。一九四一年他出走香港后,在生活上一切都尚未有着落的时候,他就全力写起战斗的文章来了。一九四三年,那时他被国民党通缉,又得了脑癌,化名在上海秘密就医,疼痛时满地乱滚,痛苦不堪,然而,就在这种恶劣的条件下,他仍计划写《患难余生记》、《苏北观感录》和《各国民主政治运动史》三书,并且在病床上写了《患难余生记》六万字,这种战斗精神是十分值得珍贵的。

四

从韬奋思想发展的过程,可以看出半殖民地、半封建的中国社会的革命知识分子思想发展的规律。这里有两个基本关键问题:一个是对帝国主义的态度问题,第二个是对工农群众和对工人阶级的政党——共产党的态度问题。这两个问题是互相关联的。

近百年帝国主义勾结中国封建势力统治着中国,"九一八"以后日本帝国主义直接用武力来灭亡中国。如何对待帝国主义是中国政治生活中一个根本性的问题。知识分子对于这一个问题的看法是不一致的。代表大地主,大资产阶级利益的知识分子崇拜帝国主义,看不起自己的民族,认为中国已经"衰老"了,帝国主义侵略中国是当然的现象,认为没有帝国主义的侵略,中国的经济和文化生活都不能进步。这是买办奴才的思想,是公开的汉奸理论。当然由于所依靠的帝国主义背景不同,他们中间某些人有时也表现为暂时同意反对某一个帝国主义,但就帝国主义制度来说,他们是不反对的。胡适一派就是属于这种思想体系的。这种人虽然是极少数,但因为他们有国内外反动势力的支持,特别是帝国主义的支持,把持着许多重要的经济、文化、教育和社会福利事业,对某些青年的暂时的麻醉作用还是不小的。除了这少数的买办知识分子外,在半殖民地中国的绝大多数知识分子是有反对帝国主义的要求的,有许多知识分子坚持反对帝国主义,并且努力寻求能够反对帝国主义的力量,他们在国内发现了工人和农民的伟大力量,在国际间,发现了苏联和国际社会主义力量。由于他们使自己依靠了国内和国际的真正反对帝国主义的强大力量,他们的反对帝国主义的立场就能够真正坚决起来,他们中有些人并且通过实际斗争而逐步提高认识,接受马克思列宁主义,使自己转向了革命的无产阶级的立场,从而成为反帝国主义斗争中的最彻底的战士。但是另外还有一些知识分子,在资产阶级思想的严重影响下看不到或不愿承认国内和国际的真正反对帝国主义的强大力量,他们要求脱离帝国主义压迫,但又害怕群众力量,害怕社会主义,这就使他们的反对帝国主义的立场不能不表现出妥协和动摇的成分。他们往往幻想不去同帝国主义针锋相对地斗争,而用妥协的方式来求得民族解放;他们在帝国主义的武力猛烈进攻时主张抵抗,进攻方式缓和一些,则又想妥协。他们如果不能克服动摇妥协,转到依靠人民大众力量来反对帝国主义的立场,他们就难免受到买办奴才思想的影响。

旧中国时代,知识分子思想发展上另一个关键问题,是对于工农劳苦群众以及对工人阶级政党——共产党的态度问题。是依靠工农群众并相信共产党的领导呢?还是鄙视和害怕工农群众并反对共产党的领导呢?有第一种思想的人,就会觉得自己有力量,有智慧,有依靠,有前途,敢于彻底反对帝国主义和封建主义,并且可能逐步改造自己的思想,逐步达到和工农群众相结合。有第二种思想的人,如果不改正,必然会相信和依靠帝国主义,走上完全反动的道路。那种又要反对帝国主义,又害怕群众的人,必然是摇摆的,最后也只能向前述的两种态度分化。

旧中国知识分子是走向革命?还是走向反革命?决定于对上述两大问题的态度,这是知识分子走向的分水岭。韬奋采取了革命的态度,所以能够从原来觉悟不高的地位迅速走上革命的大道,并推动了当时一代的青年前进。胡适等人则走着相反的道路,一步一步地下沉,以至完全成为美帝国主义豢养下的走狗。

解放后的中国知识分子,环境有了根本变化,在觉悟程度上有很大的提高，特别在对帝国主义态度这个问题上，经过人民革命的胜利，特别是抗美援朝斗争的伟大胜利，除少数人外，绝大多数知识分子都最后地抛弃了对帝国主义（包括对美帝国主义）的幻想，这是一个很大的进步。但这并不是说，对帝国主义的态度问题已经完全不成问题了。在今天的历史条件下，对帝国主义的态度问题是直接同建设社会主义的问题相联系的。帝国主义者无时无刻不在阴谋破坏我们的社会主义建设，而为了彻底粉碎帝国主义重新奴役我国人民的企图，我们就必须努力完成我们的社会主义建设事业。凡是对帝国主义还多少保持着幻想的人就必然在我国的社会主义事业中发生动摇，而凡是怀疑和反对社会主义事业的人就容易受到帝国主义的诱惑和欺骗，以至有受帝国主义利用、背叛祖国的危险。

对工农群众的态度问题和对党的领导的态度问题，当然至今也仍然是许多知识分子在思想改造中要解决的关键问题。依靠工农群众的力量和信任党的领导在实质上是同一件事。过去曾经有人反对共产党领导军事，反对共产党领导抗日民族统一战线；解放初期也曾经有一些人认为共产党只可以领导军事、政治，而不能领导经济建设；胡风反革命集团则认为共产党不能领导文艺；现在也还有些人认为共产党不能领导科学技术，所有这些思想都是错误的，其危害性是很大的，凡是真正革命的人必须和这种思想作坚决的斗争。从历史的经验看来，凡是有浓厚的资产阶级个人主义思想的人，一定是看不起工农群众，也不会赞成共产党的领导的，只有从集体主义出发，才能从根本上解决这一问题。韬奋是真正相信共产党的人，他生前虽然还不是党员，但他毫无个人利益的打算，一切听从党的意见，不但大事如此，自己的工作安排也是如此，流亡以后，更是如此。他不但尊重共产党的负责同志，也尊重下级机构和一般的党员。韬奋是有独立人格和独立思想的人。他尊重共产党，接受共产党的领导，不但不减弱他的独立思想和独立人格，相反地，是更加发扬了他的独立思想和独立人格。马克思列宁主义是给人以真理，而不是叫人盲从，韬奋从游历苏联之后，即坚决提出"克服个人主义"的口号，一九三五年《大众生活》的创刊词上，并把"克服个人主义"列为三大纲领之一。对于知识分子来说，认真抛弃个人主义，是一个极为重要的觉悟。

韬奋在二十年前所解决的问题，现在还有不少人没有解决，或没有完全解决，这也正是这些人在政治上停滞不前、经常犯严重错误的基本原因。

五

韬奋是在临终时申请加入中国共产党的，中共中央已追认他为光荣的中国共产党党员。如果从政治思想觉悟的程度来说，一九三二年以后，他在立场、观点、方法上已经逐步锻炼成为一个马克思主义者、一个相当优秀的党外布尔什维克了。从他所从事的新闻出版事业来说，韬奋是中国历史上最杰出的新闻记者，政论家和出版家之一。韬奋言论影响的广大，在近代的文化战士中，是不多见的。

韬奋早死，是中国人民和中国文化事业的一个损失。但是，他的事业、他的精神是永垂不朽的。

《韬奋文集》编辑委员会
一九五五年八月一日于北京

观国术[1]

观察一个国家的前途。应有正确的方法。在变化多端，错综复杂的情况下，更应该掌握正确的观察方法。只有这样才不至于迷失方向，误入歧途。

这个方法就是要分清主次。决定一个事物发展前途的，总是主要的因素。一定事物发展的过程不管有多少曲折，总是按照它的主要因素所决定的方向前进的。当然，这个主要因素因为内外原因发生不利的变化的时候。会使事物的发展过程发生曲折。但是曲折不管大小，总不过是曲折而已。

香港是五光十色的地方，各种互相矛盾的议论自然并陈，平时谣言就很多，有点风吹草动，就自然更加议论纷纷，谣言繁兴。作为曾经居留过香港一个时期的我来说，深刻体会到住在香港的朋友，有经常注意上述观察方法的必要。

不管如何说法，决定人类历史或一个国家命运的总是广大的人民，而不是其他。"人心背向"是决定任何一个政权的命运的最根本的东西。得人者昌，失人者亡，是千古不变的真理。

---

[1] 本文系范长江应孟秋江之约，于1962年9月9日《文汇报》（香港）出版14周年所写的评论文章。

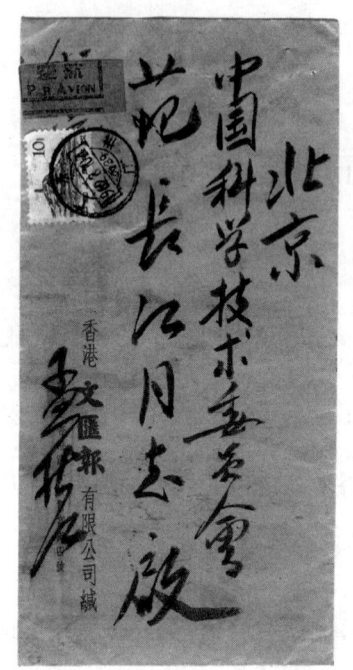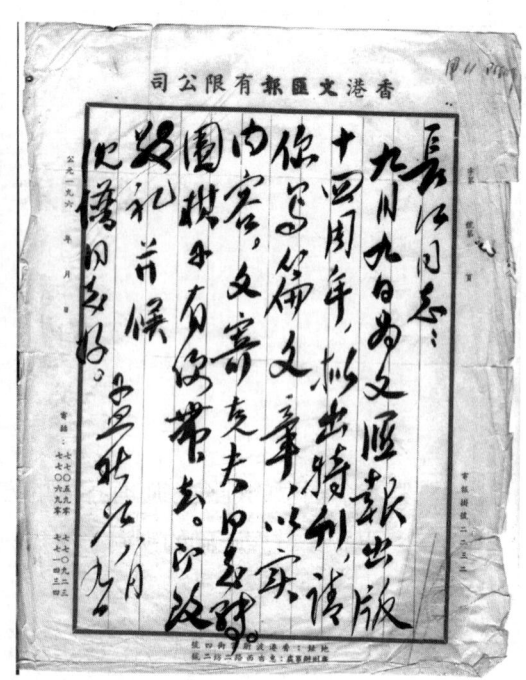

图1、图2　孟秋江致长江的约稿信

图3　《观国术》手稿

"人心背向"问题上的根本问题,是政权性质问题,即是政权属于谁的问题,代表什么人利益的问题。如果一个政权是代表少数人利益的,是压迫剥削多数人的,这个政权绝对不可能得到大多数人民的拥护,就绝对不能得"人心"。这个政权就不巩固。反之,就一定能得广大人民的拥护,就是"人心所向",广大人民就愿为保卫这个政权而付出任何的代价,这样的政权就是巩固的,推不翻的。

革命的古巴以500万人口的小国,离美国只有90浬(英里),而敢于反抗美国的武装侵略和经济封锁,没有旁的原因,最主要是卡斯特罗政权代表了古巴绝对大多数人民的利益,也代表了整个拉丁美洲人民的愿望,得道者多助,所以美国采用了许多毒辣办法都对古巴无可奈何。

蒋介石政权的经历就是大家熟知的反面的例子。蒋介石集团统治中国20余年,地非不大,兵非不广,粮非不多,帝国主义对它的援助也非不足,统治手段也十分毒辣,杀人如麻,白骨成山,监牢似海。曾几何时,土崩瓦解,众叛亲离,遁逃台湾,靠美国第七舰队保护苟延残喘。无他,蒋政权只代表以蒋宋孔陈四大家族为中心的中国大地主大资产阶级的利益,而与中国大多数人民为敌,所以终于被人民革命的怒潮所淹没。大陆解放以后,如果没有美国的武装干涉,台湾也早就解放了。

这好像是老生常谈,但其中道理是十分深刻的。今年上半年,美蒋似乎发现了"新天地",他们觉得大陆"人心不稳",有机可乘。于是美帝国主义打算"放蒋出笼",蒋介石集团也就想实行所谓"反攻大陆"。他们这一宝是压错了,当中华人民共和国宣布准备迎击的以后,他们就软下来了。因为他们所期望的"不稳"的"人心"并不存在。真正不稳的是台湾的人心。

海外的侨胞和港澳的同胞绝对大多数都是热爱祖国的,对于祖国的一事一物都是关心的,以祖国之爱为爱,以祖国之乐为乐。这是中国侨胞的十分光荣的传统。也是绝对大多数侨胞的共同的立场。

但是,在观察祖国的形势的时候,也要讲究正确的方法,才能经常保持正确的态度。中国地大物博历史悠久，文化发展源远流长，解放以后，社会主义改造和社会主义建设的成绩都十分巨大，可以毫无愧色地说"前无古人"。种种事实都是有目共睹的。但是，我们不能对于祖国的建设的进程有不切实际的一帆风顺的看法。

发现一些困难和缺点就苦闷彷徨起来，甚至于受些反动宣传影响，产生了某些根本性的疑虑。这是不应当的。在祖国光芒万丈地前进的时候，必须看到有另外几种的可能的因素：第一，大大小小的天灾。这是现在还无法用人力来完全控制的。现在世界上任何先进国家也无法控制巨大的天灾。第二，某些工作某些地区一时性的缺点和错误。这也是难于完全避免的。中国之大，社会主义建设事业之繁，我们建国不过十三年，怎样可能一点也不发生缺点或错误呢？世界上任何国家过去没有这种先例，今后也很难出现十全十美的例子。不过，我们应当力求避免缺点和错误的发生，使之缩小到最低限度而已。

我们祖国现在可以肯定地说是在正确的航道上航行的。最核心的问题是中华人民共和国的政权是属于人民，因而是绝对忠实于人民的，除了人民的根本利益以外，并没有其他的私利。而中国共产党对于人民政权的领导，则是决定政权性质的根本因素。人民是勤劳勇敢的，舵手是久经考验的，水手也是老练的，全国是团结的，发现了局部偏差，又能及时纠正的。因此，人民与共产党和人民政府是亲密合作的。我国的外交政策也是深得人心的。中国在世界人民心目中有良好的迅速增长的声誉。毛泽东主席已成为全世界广大人民爱戴的导师和朋友。这是关于祖国情况最本质的方面。中国将在这条道路上创造出远比今天已取得的成就百倍辉煌的成绩。但是总得有必要的比较长时间，一个晚上就实现中国的现代化是不可能的。

看准方向，辨别是非，多做些有利于祖国的工作，一定能看到祖国富裕、强大、繁荣、昌盛的未来。

1962 年 8 月 31 日于北京

一个光辉的榜样
——纪念韬奋同志逝世二十周年

韬奋同志逝世已经二十年了，但他的形象仍活跃在人们的记忆中。

他死的时候正是抗日战争胜利的前夕，中国人民还处在水深火热之中。他自己在长期的颠沛流离的情况下，又得了严重的脑癌，痛苦不堪。他在临终的遗嘱上，没有一点悲观的情绪，对中国人民的解放事业充满了信心，对中国共产党表现了无限的信任和爱戴。他这时已经不止是彻底的民主主义者，而且是优秀的共产主义者了。

韬奋死时才五十岁，如果他还活着，现在不过七十岁，还可以继续为人民服务；在新中国，很多七十岁的人还继续工作，不过这二十年的变化之大，新中国诞生和发展之快，世界形势发展之快，是许多人始料所不及的。韬奋遗嘱所希望的目标是"坚持团结抗战，早日实行真正的民主政治，建设独立自由幸福的新中国"。这个目标已经实现了，而且在许多方面已大大地超过了。人民群众力量之大，马克思列宁主义和毛泽东思想威力之大，不是亲自参加过这二十年斗争的人是很难想象的。

韬奋之所以感动人，也是不断推动他前进的最大的动力，是他自己所常说的"人民大众的立场"。也就是毛主席对他的评语："热爱人民，真诚地为人民服务，鞠躬尽瘁，死而后已，这就是邹韬奋先生的精神，这就是他之所以感动人的地方。"由于这一个基本精神，他才能经常关心人民大众，了解人民大众的要求，吸取人民大众的知识和经验，不断改造自己的思想和感情，全心全意为人民服务。只有从这一点出发，才能理解韬奋所从事的政治斗争和新闻出版等项活动中，那样不辞艰苦，那样不怕麻烦，而乐此不倦，甘之如饴的真实原因。在这个问题上，对于旧知识分子来说，可不是一个简单的问题。因为资产阶级知识分子由于阶级的局限性和长期的资产阶级思想教养，总是容易有形形色色的个人主义和主观片面的毛病。这就使自己容易脱离实际和脱离群众。我们这一代从半殖民地半封建社会出身的知识分子来说，在大多数的情形下，彻底反帝反封建是比较容易的，要彻底反掉形形色色的资产阶级个人主义，比较要困难得多，而这是社会主义革命阶段必须完成的任务。韬奋在民主革命阶段已注意到不断自我改造，这是十分可贵的。

正由于他有鲜明的立场，能以人民大众的利益为利益，以革命的利益为利益，所以他能嫉恶如仇和从善如流。他对于敌人从来不存幻想，绝不想在国民党统治下分一杯羹，来保持自己的地位和事业。在他所经营的生活书店已遍于全国的时候，在国民党看来，正是一个可怕的武器。他当然热爱他和同事们所辛苦经营的事业，但是他更爱真理。为了真理，不惜牺牲他的事业。这些事业没有成为阻碍他前进的包袱。另一方面，他对于人民大众方面的意见，却是从善如流，没有一般知识分子的虚伪和自大等毛病。他诚恳、谦虚，勇于改正自己的缺点，所以他能和许许多多人合作共事而融洽无间。

韬奋是中国的一个伟大的新闻记者，他在中国抗日斗争的整个历史时期，用他的笔参加了党所领导的抗日民主运动，在政治战线和思想战线上起了很大的作用。现在我们处于比那时更加伟大的时代，应当有更多更好的新闻工作者，在新闻出版战线上，在世界人民的解放斗争中做出更加光辉的贡献。（一九六四年七月二十三日）

载《人民日报》1964年7月24日第6版

编后记

  今年是我父亲范长江诞辰110周年,我很想为他做点什么。一年多之前,我确定要把《范长江新闻文集》中尚未收入或未被发现的作品集中在一起重新出版的时候,并无把握,只是有"试试看"的冲动。而今,当这本书的样书摆在我面前,我的心情很激动。

  我应该感谢许多人对我的鼓励和帮助。而第一个使我感动的人,是已经去世的蓝鸿文老师。2011年10月12日,蓝老师因患癌症离开了我们。蓝老师生前是大家公认的研究我父亲的"权威"教授,他生前出版的最后一本书《范长江记者生涯研究》,研究成果至今无人超越。书中收录的《范长江有哪些新闻作品未收入〈范长江新闻文集〉——给读者提供一个研究目录》一文,是蓝老师在抱病期间对他的爱人周凤文老师口述而成的。蓝老师去世后,我去他生前在人大宿舍的住所看望周老师,简陋的环境令我非常吃惊。书房里堆放着很多杂物和报纸,靠窗的位置是一张很旧的写字台,桌面上一半的地方是一个个牛皮纸盒,盒子上用红色的大字标示分类,里面都是蓝老师生前收集的方方面面的研究资料。周老师指着桌前那把已经有些变形的座椅,对我说:"他每天都是坐在这个椅子上,一坐就是一整天。"从蓝老师家回来,我的心情很不平静。每当想到蓝老师伏案工作的情形,一股强大的力量就在鼓励我,我希望自己可以努力完成蓝鸿文老师的遗愿。

2018年，经过不懈努力，收集到的文稿的数量不断增加，到年底时已经达到了116篇，30余万字。这个收集的过程，也是自己不断学习的过程。每找到一篇过去没有看过的父亲的文章，我的心情都很兴奋、很激动，越读越有兴趣。这些作品字里行间浸透着他对祖国和人民深深的爱，使我更加深了对父亲的了解。这几年，我曾和一些大学的新闻院校的老师、学生有过交谈，他们经常说起，现在图书馆里头，有关范长江的书很少，资料很缺乏；以前出过的书也基本都卖完了……想到这些，觉得自己应当更努力。

在收集资料的过程中，最大的惊喜就是认识了很多年轻人。他们也都进入了研究范长江的行列，而且都很有潜力，很有发展前途。学苑出版社的主任编辑陈佳，原先在群言出版社工作，从2004年到2012年，她编辑过六种关于我父亲的书，这本书已经是她责编的第七本了。在本书编辑过程中，她更是主动在民国报刊数据库里帮我查找到了许多新资料，大大充实了本书。原上海福寿园人文纪念馆的苗青博士，他从2017年开始，已经和我有过三四次合作，写过好几篇关于我父亲、我母亲的重量级的文章，他也非常注意收集资料。2018年期间他在图书馆也发现了一些我父亲的未发表的文章。特别让我感到意外的，是他发现有一本1938年7月出版的由我父亲亲自编选和作序的《淮河大战之前后》，里面13篇文章都是1938年上半年他在前线采访的战地通讯，近一半都是从未再版过的。还有一位是武汉大学在读博士生陈娟，她在2011年所写的"青记"研究的硕士研究生毕业论文，已经崭露头角。我在上海的时候和她交谈过，并且看了她的硕士论文。她是研究"青记"的，对我父亲也有不少了解。"青记"在抗战期间成立的刊物《新闻记者》一共有20期，居然都被她收集齐了，在这个杂志上也发现了一些我过去没有发现的我父亲的文章，她都提供给了我。第四位，是上海美术设计公司的年轻的张克令同志，我叫他小张，在上海"青记"成立会旧址纪念馆布展工作期间，他是负责文字整理工作的。他很注意学习，也找到了很多"青记"的新资料。在出版本书的过程中，每当我遇到困难，他总是很热心地帮助我解决。还要感谢麻正华和齐立娟同志，他们为本书出版付出了艰辛的努力，在此一并对他们表示感谢。当我看到这些年轻的同志进入了研究范长江的行列，这种兴奋是难以用语言来形容的。因为他们年轻，因为他们有活力，而使我们的工作更有成效，令我对未来充满了希望。

感谢原人民日报社副总编辑于宁老师，他是第二届范长江新闻奖获得者，曾在人民日报社评论部工作了17年。当他听说我要出版这本书，而且希望他能够为本书写一篇序言时，便毫不犹豫地就答应了！感谢学苑出版社的孟白社长，没有他的鼎力支持，这本书也是不可能顺利出版的！

感谢陆诒老前辈的儿子陆良年先生，在2017年他曾把他找到的《大公报》上发表的我父亲的一些资料提供给我。感谢《人民日报》的朱月华老师，是她提供了我父亲在新中国成立初期担任人民日报社社长时曾经发表过的几篇文章。感谢新华社的郑德金老师，是他最先发现了我父亲在苏北解放区工作时期及转战陕北时期写的文章。感谢广西党史办公室，他们在2012年出版的《范长江在桂林》一书，为本书出版提供了一些珍贵的史料。

最后我要感谢我的几个弟弟，范东升、范小军和范小建。当我把要出版这本书的计划和想法告诉他们的时候，他们一致坚定地支持我，给了我很大的信心，又向我提出了一些很好的建议，在此一并致谢。

范苏苏

2019年5月